Eduard Lübbert

Beiträge zur Tempus- und Moduslehre des älteren Lateins

In zwei Teilen

Eduard Lübbert

Beiträge zur Tempus- und Moduslehre des älteren Lateins
In zwei Teilen

ISBN/EAN: 9783743425934

Hergestellt in Europa, USA, Kanada, Australien, Japan

Cover: Foto ©Thomas Meinert / pixelio.de

Manufactured and distributed by brebook publishing software (www.brebook.com)

Eduard Lübbert

Beiträge zur Tempus- und Moduslehre des älteren Lateins

BEITRÄGE

zur

Tempus- und Moduslehre

des

älteren Lateins.

———

Von

Eduard Lübbert.

In zwei Theilen.

Erster Theil:

Der Conjunctiv Perfecti
und das
Futurum exactum.

Zweiter Theil:

Die Syntax von Quom
und die Entwickelung
der relativen Tempora.

Ferdinand Hirt,
Königliche Universitäts- und Verlags-Buchhandlung.
Breslau, 1870.

Vorwort.

Eine wissenschaftliche Syntax der classischen Sprachen stellt sich in allen ihren Theilen eine sehr hohe Aufgabe. Das Verbum fasst dasjenige Sein an den Dingen auf, welches seiner Natur nach ein fortwährend bewegtes, fliessendes, im Uebergang zwischen Dasein und Nichtsein, zwischen Möglichkeit und Wirklichkeit begriffenes ist. Für den Ausdruck dieses Seins hat der sprachbildende Geist in dem System der Tempora und Modi eine Fülle von Formen ausgeprägt, welche jene sehr verschiedenartigen Abstufungen in reicher Mannigfaltigkeit wiedergeben. Wie die Schöpfung dieser Darstellungsformen ein Werk der edelsten und höchsten Geisteskraft ist, so ist auch ihr Studium eine Quelle der wichtigsten und werthvollsten psychologischen Erkenntniss, denn in jene Formen ist sehr viel von der Innerlichkeit des Subjects übergegangen. Seitdem, hauptsächlich durch *Ritschl's* Verdienst und Anregung, die Texte der älteren Römischen Literatur in gesicherter und zuverlässiger Gestalt vorliegen, ist auch der syntaktischen Forschung ein neues, höchst ergiebiges Gebiet erschlossen worden. Das ältere Latein zeigt uns die Idiome noch vielfach in durchaus eigenthümlicher Form und in viel primitiverer Bedeutung als die spätere Sprache, so dass für die allmälige geschichtliche Entwickelung derselben die Vergleichung beider Sprachepochen höchst lehrreich ist. In den nachfolgenden Beiträgen ist es unternommen, zwei wichtige und bedeutsame Erscheinungen dieser Art, an denen eine tief innerliche geschichtliche Umbildung deutlich nachweisbar ist, mit erschöpfender Sammlung des Materials darzustellen. Der erste Theil sucht nachzuweisen, wie der Conjunctivus Perfecti, der im ältesten Latein nur Zukunfts-Bedeutung hatte, allmälig zu der Fähigkeit, die Vergangenheit zu bezeichnen, übergegangen ist. Der zweite Theil stellt den Uebergang der Structur des temporalen *Quom* mit dem Indicativ in diejenige mit dem Conjunctiv dar. Die Umwandelung beider Structuren steht im engsten Zusammenhang mit einer Veränderung der entsprechenden Auffassungsformen des intuitiven Denkens. Ihrer Gesammt-Aufgabe nach wenden sich diese Forschungen ebenso an die gelehrten Mitforscher auf dem Gebiet der wissenschaftlichen Grammatik, wie an die treuen Lehrer der Jugend, welche ihren grammatischen Unterricht zu vergeistigen und durch die belebende Kraft der Ideen für Gemüth und Verstand erhebend und fruchtbringend zu gestalten bemüht sind.

Giessen, den 21. April 1870.

Der Verfasser.

GRAMMATISCHE STUDIEN.

Eine Sammlung

sprachwissenschaftlicher Monographien.

In zwangloser Folge.

Erster Theil.

Der Conjunctiv Perfecti und das Futurum exactum im älteren Latein.

Von

EDUARD LÜBBERT.

Ferdinand Hirt,
Verlags- und Königliche Universitäts-Buchhandlung in Breslau.
1867.

Der Conjunctiv Perfecti

und

das Futurum exactum

im älteren Latein.

Ein Beitrag zur Geschichte der lateinischen Sprache

von

Eduard Lübbert.

Ferdinand Hirt,
Verlags- und Königliche Universitäts-Buchhandlung in Breslau.
1867.

Seinen

theuern, hochverehrten Lehrern

Friedrich Ritschl
in Leipzig

und

Friedrich Haase
in Breslau

aus Dankbarkeit und Liebe

der Verfasser.

Vorwort.

Die Grammatik ist schon seit lange nicht mehr, was sie einst
war: ein dürres System von Regeln und Ausnahmen, eine Methode
anatomischer Betrachtung einzelner Wortformen. Der mit klas-
sischem Humor unsrer wissenschaftlichen Vorväter spottende Vers:
γωνιοβόμβυκες, μονοσύλλαβοι, οἷσι μέμηλε τὸ σφίν καὶ σφῶιν καὶ
τὸ μίν ἠδὲ τὸ νίν vermag uns weder zu erzürnen noch erröthen
zu machen. Jede dieser kleinen Fragen, weit entfernt, kleinlich
zu sein, ist nunmehr in einen grossartigen geistigen Zusammenhang gerückt, dessen Verknüpfungen bis an die Wiege der Mensch-
heit zurückführen. Die Geschichte des Wortes ist der Ariadne-
Faden, der uns in dem Labyrinthe der ältesten Völkergeschichte
Weg und Steg finden lässt. Indessen ausser dieser Art der Forschung, welche das Wort mehr nach seiner lautlichen, körper-
lichen Erscheinung auffasst, besteht noch eine andre Betrachtung
der Sprache, welche in eine nicht minder lohnende Bahn der
Erkenntniss leitet. Die Sprache ist der Ausdruck der Gesetze
des Denkens. Die Bildung des Worts beruht nicht ausschliesslich
auf der Rückwirkung der äusseren Sinneswahrnehmung und Sinnes-
erfahrung nach Innen: sie ist ebensosehr typischer Ausdruck für
das intuitive (d. h. nichtreflectirende) und als unmittelbare That
der Seele sich vollziehende Denken, für Anschauungen, welche
die Seele nicht von Aussen nach Innen, sondern von Innen nach
Aussen schaut. So ist die Grammatik mehr und mehr berufen
aus einer Magd der Pädagogik, welche sie einst war, eine königliche Wissenschaft zu werden, eine echte Geisteswissenschaft.
Möchte doch der nachfolgende Versuch ein nicht ganz unwürdiger
Beitrag zu der grossen Aufgabe sein, die dem gegenwärtigen
Geschlecht obliegt. Nicht ohne Zaudern und mit Scheu übergebe
ich ihn der Oeffentlichkeit. Dieses Gefühl wird dadurch vermehrt,
dass in vielen wichtigen Punkten die Untersuchung mich auf solche
Resultate leitete, die im Widerspruch mit den Ansichten hoch-
verdienter und in der Wissenschaft in unsterblichem Andenken

fortlebender Männer stehen. Doch ermuthigt mich hierbei Eines. Bei jedem Theil dieser Untersuchung hat mich das lebendigste Gefühl dessen begleitet, was ich diesen Männern an Dank und Verehrung schuldig bin. Ihre Anregung war es ja, die diese Studien erweckt hat. Der schönste Ausdruck des Dankes wird nach dem edlen Sinn Derselben nicht darin bestehen dürfen, prüfungsscheu dem Meisterwort beizustimmen, sondern die von ihnen angedeutete Wahrheit weiter und weiter zu entwickeln und wo möglich von den noch anhaftenden Schlacken zu reinigen.

Mein Verleger hat geglaubt, einem wissenschaftlichen Bedürfniss entgegenzukommen, indem er eine Folge von zwanglos erscheinenden Heften eröffnete, in denen Specialforschungen aus dem Gebiet der Grammatik, besonders der klassischen Sprachen, niedergelegt werden könnten. Oft überschreiten solche Untersuchungen, wenngleich sie meistens einen fest und bestimmt begrenzten Gegenstand behandeln, doch den Umfang eines Aufsatzes, wie Zeitschriften ihn zur Bedingung machen müssen, und ausserdem sind für diese Art der Forschung reichliche Beispiel-Sammlungen eine ebenso erwünschte und nothwendige Zugabe, als solche dem Charakter einer Zeitschrift, der die Mittheilung des Detail-Stoffes fern bleiben muss, unangemessen sind. Wenn bisher vielfältig werthvolle Studien dieser Art ein Unterkommen in der Litteratur der Programme und Gelegenheitsschriften gefunden haben, so ist doch oft diese Veröffentlichung eine illusorische gewesen, denn über diesem ganzen Zweige gelehrter Schriftstellerei waltet leider das Schicksal mehr *blattarum ac linearum epulae* zu werden, als ein lebendiges Förderungsmittel wissenschaftlicher Forschung. Es dürfte daher gewiss eine Sammlung solcher Studien, welche vereinzelt dem Schicksal der Vergessenheit anheimfallen, eben so sehr im Interesse des in diesem Gebiet schaffenden, als des empfangenden Gelehrten-Publikums sein.

Giessen, am 15. Juli 1867.

Der Verfasser.

§ 1.

Psychologische Grundanschauungen in der Sprache.

Grammatische Untersuchungen führen mitunter bis an die Schwelle der Psychologie und lassen sogar von da aus schon Streiflichter über das Schaffen und Walten der noch recht unbekannten und dunklen Kräfte im tieferen Innern fallen. Der Volksgeist, wie er instinctiv in der Bildung der Sprache thätig ist, bildet die Anschauungsformen für die Dinge, stets ein überliefertes Material neu gestaltend. Wir gewahren namentlich bei den beiden klassischen Völkern, dass diesen Schöpfungen eine sehr sinnige und seelenvolle Auffassung des Seins der Aussenwelt zu Grunde liegt. Wir erinnern hier an einige Haupterscheinungen, an denen besonders die Grammatik, welche ja immer mehr und mehr aus einer τέχνη zur ἐπιστήμη wird, primitive Anschauungsformen und psychische Vorgänge hat nachweisen können. So stellt im Griechischen Optativ und Conjunctiv mit den zahlreichen Spaltungen und Schattirungen ihres Gebrauchs sich eine auf feinem Gefühl beruhende Abstufung des Seins der Möglichkeit dar, jenes eigenthümlichen räthselhaften Wesens, was nicht ganz wirkliches Sein und auch nicht ganz Nichtsein ist, was vielmehr eine unendliche Mannigfaltigkeit von verschiedenen Seinsstufen darstellt, sich der Wirklichkeit bald mehr annähernd, bald mehr entfremdend. Natürlich waltete hier kein Bewusstsein, keine Reflexion als schöpferische Kraft, sondern ein unmittelbares Gefühl. Neben dieser grossen und bedeutenden Schöpfung giebt es noch viele speziellere Thatsachen, welche Zeugnisse psychischer Vorgänge sind. Wir erinnern an den strengen Sinn der älteren Sprache für die objective Thatsache. Bei Homer wird noch nicht das historisch Dagewesene in indirecter Rede durch den Vorstellungsmodus bezeichnet, wie später ἤγγειλεν ὅτι ὁ Σωκράτης φάρμακον πιὼν ἀποθάνοι. Andrerseits wird das Zukünftige, welches dem Reich des Möglichen angehört, in älterer Zeit noch streng als solches bezeichnet. Dem Ausdruck des wirklichen Seins steht die Bezeichnung der Zukunft nicht gleich, und wenn auch neuerdings das Entstehen des Futurum aus einer modalen Bildung mit Recht in Abrede gestellt worden ist (vielmehr aus *as-jâ-mi* Schleicher, Compendium der vergl. Gramm. Zweite Aufl. S. 820), so lässt sich doch vielfältig eine grössere Bedingtheit in der Zukunftsaussage älterer Zeit als in derjenigen späterer Zeit nachweisen (*si defraudassis ubi juraveris*, nicht *si defraudassis ubi jurassis*). Zu zuversichtlich berechnender Voraussage der Zukunft hatte das Sprachbewusstsein sich noch nicht erhoben. Eine andere Thatsache dieser Art ist die, dass anfänglich alle Tempora absolute Zeitangabe enthielten, d. h. die Zeit der betreffenden Handlung vom Standpunkt des redenden Subjects aus angaben; dem gegenüber steht die relative Zeitangabe, in welcher die Zeit einer Handlung nach der Zeit einer andren, der Haupthandlung, bestimmt wird. Die Nebenhandlung ist der Haupthandlung vor- oder gleich- oder nachzeitig. Diese relative Zeitgebung entwickelt sich erst allmählich. Ursprünglich sind alle Zeiten Hauptzeiten. Die Darstellung kann nur erzählen, noch nicht schildern, denn die ganze Natur lag als ein Epos vor ihr, nicht als ein Gemälde. Im Homer entwickelt sich die Relativität der Zeiten. Aus dem semasiologischen Unterschied ist der syntaktische hervorgegangen. Auch im Latein finden sich Spuren einer gleichen Umwandlung. Auch hier enthielten die sogenannten Nebenzeiten eine absolute Zeitlage-Bestimmung vom Standpunkt des Redenden aus. Quum mit dem Indicativ Imperfecti bezeichnet absolute Zeitgebung. Das anfängliche Mittel, die absolute Zeit in relative zu verwandeln, d. h. die Zeit der betreffenden Handlung als durch die Zeit der Haupthandlung bestimmt erscheinen zu lassen, war die Umwandlung des Verbi in den Conjunctiv Imperfecti. Daher das quum temporale mit dem Conjunctiv der Nebenzeiten. Das ist es, was Em. Hoffmann meint in der schönen Schrift „Construction der lateinischen Zeitpartikeln. Wien, 1860“, wenn er pag. 47 von dem im Gebrauch der Zeitpartikeln sich

kundgebenden Denkgesetz der Sprache sagt: der Indicativ im
Temporalsatze bezeichne Handlungen der Vergangenheit *„unter
Bewahrung der ihnen an sich zukommenden Zeitgebung"*, der Con-
junctiv dagegen stehe, um *„gleichzeitige oder früher liegende Um-
stände in Zeitbeziehung zu einem historischen Ereignisse oder Zu-
stande setzen zu können"*. Wir wollen im Folgenden auch eine
Thatsache ähnlichen Charakters aus dem Gebiet der lateinischen
Sprachgeschichte zum Gegenstand einer Untersuchung machen.
Sie knüpft sich an die dem älteren Latein eigenthümlichen synkopirten Formen des Conjunctiv Perfecti und Futurum exactum.

§ 2.

Etymologie der Formen des Futurum Exactum und Conjunctiv Perfecti.

Im Allgemeinen herrscht über die etymologische Bildung des
Futurum exactum und des Conjunctivns Perfecti, dieser zwei nahe
verwandten Verbalformen, unter den neueren grammatischen Forschern Uebereinstimmung, es sind nur einzelne weniger wichtige
Punkte in der Entstehungsgeschichte dieser Formen, in denen die
Ansichten gegen einander abweichen. Was zunächst die volle
und unverkürzte mit *r* gebildete Form, die in der Zeit seit dem
zweiten Punischen Kriege die hauptsächlich übliche wird, anlangt
fecero, amavero — fecerim, amaverim, so ist kein Zweifel, dass
das *r* hier eine Abschwächung des älteren *s* ist, was oft im Latein zwischen Vocalen zu *r* herabsank. Als Hauptbestandtheil
liegt jenen Bildungen der Stamm des Perfectum zu Grunde, an
welchen sich zur Bildung des Futurum exactum *-so*, zur Bil
dung des Conjunctiv Perfecti *-sim* anschloss. Die den Charakter des Futurum exactum ausmachende Bildungssilbe *so* ist
nichts andres als das Futurum der Wurzel *es*, welches: *ero*, in
älterer Form *eso* lautete. Dieses *eso* ist wiederum enstanden aus
esio, einer Form, in welcher *io* nicht als aus dem Potential-
Charakter *ja* hervorgegangen zu betrachten ist, wie Bopp, vergl.
Gramm. § 651, glaubt, sondern vielmehr als das Classen-Suffix
der vierten Conjugationsclasse: *ja*, welches sich an die Wz. *as*

anhängte und ein Verb *as-jâ-mi* mit Futurbedeutung bildete, wie Schleicher Compendium der vergl. Gramm. 2. Aufl. p. 786, 818, 820 und Curtius Erläuterungen zur Griechischen Schulgramm. Prag, 1863, p. 99 glauben. Das Griechische *ἔσομαι* geht auf das gleiche *as-jâ-mi* mit Futurbedeutung zurück. Das -*sim*, welches Bildungs-Endung des Conjunctiv Perfecti ist, ist natürlich der bekannte Potentialis der nämlichen Wz. *es*, dessen ursprüngliche Modal-Endung im Latein -*iem* (woraus *es-iem*) war. Die auf diese Weise nachgewiesenen Formen des Verbum substantivum *esio* und *esiem*, welche zu *eso* und *esim* wurden, konnten nun als Bildungs-Endungen zur Formation von Modus- und Tempus-stämmen benutzt werden. Wenn nun diese Formen an den Stamm des Perfectum antreten sollten, so konnten sie diess entweder mit Beibehaltung oder Verlust des Anlauts-Vocals der Wurzel thun. Es ist kaum irgend ein Zweifel darüber vorhanden, dass der Anlaut der Wurzel verloren ging, dass also die Fuge der beiden Bestandtheile vor dem s war *amari-so, scripsi-sim* (vgl. Schleicher a. a. O. p. 830, Bopp. § 710, siehe jedoch auch Curtius Erläut. p. 100). Nachdem s zu r gesunken war, verwandelte sich *i* in das dem *r* mehr wahlverwandte *e* wie in *cinis cineris, pulvis pulveris*, worüber Corssen, Aussprache der Lateinischen Sprache 1, p. 275 genau gehandelt hat. Wir dürfen also mit Gewissheit ursprüngliche Formen wie *amariso amarisim, scripsiso scripsisim*, voraussetzen. Vermöge einer im Latein verbreiteten Vorliebe für Kürzung der Formen verkürzten sich nun diese allerdings ziemlich umfangreichen Formen dergestalt, dass sie die Sylbe, welche den eigentlichen Perfectstamm bildet (-*ri* und -*si*), einbüssten. Bei solchen Bildungen wie *scripsiso*, denen ein sigmatisch gebildetes Perfect zu Grunde liegt, ist dieser Ausfall leicht zu erklären. Corssen 2, 48 fg. hat vielfältiges Aehnliche angeführt. Allein über den lautlichen Vorgang durch welchen *amariso* und *amarisim* zu *amasso amassim* wurden, besteht eine Meinungs-Verschiedenheit. Curtius Sprachvergleichende Beiträge p. 339 nimmt an, es sei zuerst der auslautende Vocal des Perfect-Stamms ausgestossen worden und alsdann *r* zu *s* assimilirt worden, also *amarisim* ward zu *amarsim* und *amassim*, und diess glaubt auch Schleicher Compend. 830. Anders urtheilt Corssen Aussprache 2, 37. Er meint, es sei zuerst zwischen den beiden benachbarten Vocalen das *r* ausgefallen „*und das hatte wie ge-*

wöhnlich *den Ausfall des folgenden Vocals zur Folge"*. Der Hoch-
ton ferner, welcher die Aussprache der Penultima verschärfte,
hatte weiter die Doppelung des *s* zur Folge; so entstanden *amasso*,
amassim. Diese Controverse lässt sich, wie es scheint, mit Zu-
hülfenahme zweier merkwürdiger Zeugnisse über die Schreibung
und also Aussprache solcher Formen in Plautus' und der nächst-
folgenden Zeit entscheiden. Es sind nämlich sehr wahrscheinlicher Weise noch zwei Formen dieser Art erhalten, welche im
Vers zwar schon mit Synkopirung der Vorletzten ausgesprochen
werden, welche aber noch in der volleren Form geschrieben überliefert sind. Die Aussprache mit Synkopirung bedeutet hier nichts
andres als das, dass die vorletzte Sylbe zu einer irrationalen
Dauer herabgesunken war und nicht mehr die Geltung einer vollen
Kürze im Vers hatte. Wir wollen die beiden Stellen hier vorlegen.

I. Miles 328 sét fores concrepuérunt nostrae :: at égo illi *obser-*
cavisó fores

concrepuerunt *die Codices,* crepuerunt *Ritschl, Fleckeisen,*
allein fores ist pyrrhichisch gemessen wie oft z. B. Trinumm.
868. illas obseruis *CD.* illi obserui *Ba.* illas *und* va
über ui *übergeschrieben Bc.* illas observasso *Codd. des*
Pylades. illi observasso *Ritschl, der auch* illas servasso *zu-*
lässig findet. Auf observaviso *mit irrationaler Geltung des* vi
scheinen die handschriftlichen Lesarten wohl hinzuführen. Viel-
leicht hat Miles 669 *einstmals eine ähnliche Verschiedenheit der*
Lesarten aus ähnlichem Grund bestanden, wo für optassis *der*
B optassis, C optissis *hat. Denn allerdings wäre sonst die*
Vertauschung von a *und* i *wunderlich.*

II. Titinius bei Non. 102, 2 V. 76 ed. Ribb.
quam ego hódie extorrem
hác domo faciam, pílatricem pálli jam *evalláviso* pulcre.
Die Worte des Nonius sind: evallare dictum excludam et
quasi extra vallum mittam. *Um im Lemma ebenso wie in*
der Erklärung das Futurum herzustellen schreibt Mercier: evallaro dictum excludam; *doch kann man annehmen, dass Nonius*
evallave[ro] *geschrieben hat. Die Form* evallaviso, *die dann*
im Text folgt, wollte er als Form nicht erklären, er kann sie
also abgeändert haben. In den Worten des Titinius sind fol-
gende Varianten: qua ego *die Codices.* quam ego *Bothe.* pa-

       lia evallavito *die Codices.* pallii evallavero *Lipsius.* palli
jam evallaro *Ribbeck.*

Die Form auf *-aro* ist im ältern Latein so selten, dass bei
Plautus sie nur einmal steht Asinar. 720) *quid si optaro,* wofür
vielleicht *optasso* zu schreiben ist; bei Terenz kommt sie nie vor,
ebensowenig sonst in den Tragiker- oder Komiker-Fragmenten.
Es ist also recht glaublich, dass in *evallarito* die Form *evalla-
riso* steckt mit irrationaler Aussprache des *ri.* Im Anfang des
Verses haben die Codices *hanc,* gebilligt von Ribbeck; *hac* fordert der Sinn.

     Sind diese beiden Stellen richtig von uns gedeutet, so würde
nun entschieden sein, dass die Kürzung von *amariso* in *amasso*
durch allmähliches Tonloswerden (Ausstossung sagt Curtius a. a.
O.) des *i* stattfand und dass aus der übrig bleibenden Lautgruppe
rs dann *ss* wurde.*) Während so bei der ersten Conjugation die
Entstehung der synkopirten Form leicht verständlich ist, hat dieselbe bei der zweiten Conjugation, deren Perfecta auf *-ui* auszugehen pflegen, einige Schwierigkeiten. Aus dem Gebiet der
zweiten Conjugation finden sich Beispiele der synkopirten Form
nur bei *licere* und *habere* mit seinen Compositis. *Licessit* Asinaria 603. *habessit* Cic. de legg. 2 § 19. *prohibessit* Pseud. 14.
Wahrscheinlich sind Mercat. 1022 mit Ritschl die Formen *prohibessit* und *praehibessit* herzustellen, denn *si prohibúerit* giebt keinen guten Wortaccent (Corss. 2, 343). Das Compositum *cohibere*
scheint in jener Form erhalten zu sein bei Lucrez 3, 444

       aere qui credas posse hanc cohiberier ullo?

       corpore qui nostro rarus magis is *cohibessit?*
magis incohibescit *die Codices.* is cohibessit *Lachmann, wofür
man das syntaktisch ähnliche* optassis *Miles* 669 *vergleichen kann.*
magis usque liquescit *Bernays. Madvig Opuscula altera p.* 66
glaubt, dass cohibescit *aus dem vorhergehenden Verse eingedrungen sei.*

     Diese Formen auf *-esso, -essim* müssen in einer Zeit entstan-
den sein, wo die Verba der zweiten Conjugation noch ihr Perfect auf *-iri* bildeten, eine Endung, welche (Corssen 2, 325) durch
die Wirkung des Hochtons auf der drittletzten Sylbe dergestalt
zerstört ward, dass der Stammvocal des Verbalthema verloren

---

*) Vergleiche Zusatz, Seite 103.

ging und *v* sich vocalisirte. Aus dem ursprünglichen *-eriso,
-erisim* ward *-esso, -essim* (vgl. Curt. Beitr. 299, 340). Aus der
vierten Conjugation ist nur *ambissit* und *ambissint* erhalten Amphitr. 69, 71, zwei Formen die nur der Conjectur ihr Dasein verdanken, da die Codices dort *ambisset, -ent* haben. Doch ist die
Aenderung Lambin's sicher und nothwendig. Wir haben bis jetzt
die Entstehung der synkopirten Formen in den Conjugationen der
vocalisch auslautenden Verbalthemen kennen gelernt. Alle diese
Verben bilden ein zusammengesetztes Perfect auf *-ri*. In der
dritten Conjugation ist zunächst leicht erklärlich die Bildung der
synkopirten Formen bei denjenigen Verben, welche auch ein zusammengesetztes Perfectum und zwar auf *-si* als ihr regelmässig
gebräuchliches Perfect bilden. Hier sind auch die synkopirten
Formen am häufigsten: *dixis, induxis* Captiv. 149. *jussis* Capt.
343. *resperis* Rud. 678. *excessis* Andr. 760. *adspexit* Asin. 770.
excussit Bacch. 596. *extinxit* Truc. 2, 6, 43. *parsit* Curc. 381,
denn die mit dem Indicativ Perfecti gleichlautende Endung hielt
die Dichter nicht ab, diese Formen zu brauchen, da sie durch
ihre syntaktische Stellung kenntlich genug waren.

Wir betrachten nun weiter diejenigen consonantisch auslautenden Verbalthemen, welche in dem gewöhnlichen uns bekannten
Sprachgebrauch kein zusammengesetztes, sondern ein einfaches
Perfect bilden, oder deren übliches Perfect doch wenigstens, wenn
es zusammengesetzt ist, wie *rapui* und *nocui*, in keinem näheren
Zusammenhang mit den fraglichen kürzeren Formen wie *rapsit*
(Cic. de leg. 2 § 22) und *noxit* steht. Da giebt es nun zunächst
eine Gruppe von Verben, in denen der einfach gebildete Perfectstamm, der Gestalt der Wurzel nach, ebensowohl mit dem Präsensstamm gleichlautend ist, als er auch in den Formen des Conj.
Perfecti und Futurum exactum unverändert wiederkehrt. Es sind
folgende Verba: *incensit* (Paulus 107, 20), *empsit, rupsit, surrempsit* (Fest. 298, 10), *ausit, comessit*. Man könnte all diese
Verbalformen erklären (und dies wird das Richtige sein) nach
Analogie von *empsit*, von welchem Corssen 2, 34 sagt, dass es
durch Ausstossung des mittleren Vocals in *emisit* entstanden sei.
Schleicher Comp. p. 830 ist der Ansicht, dass Formen wie *ausit*
(*aud-sit*) und *incensit* (*incend-sit*) ohne das Zwischentreten des
Bindevocals des Perfectstamms durch Anhängung der Bildungs
Endung unmittelbar an den Consonanten gebildet seien. Corssen

will nach der Art, wie er *empsit* erklärt, auch solche Fälle beurtheilt wissen wie *accepsit, occepsit, incepsit, injexit, occisit.* Er meint, diese Formen seien aus *occepisit, injecisit, occidisit* entstanden. Was erstlich *accepsit, occepsit* und andere Composita von *capio* anbetrifft, so ist es wahrscheinlicher, dass sie mit *capso* und *capsim*, welche uns bezeugt sind, als dass sie mit *cepi* zusammenhängen. Das *e* in *accepsit, occepsit* ist kein zwingender Beweisgrund, dass sie aus *cepi* hervorgegangen wären, denn dieses *e* braucht nicht das nach Dehnung des *a* im Perfectstamm, wie Corssen will Krit. Beiträge p. 533, oder das durch Zusammenziehung aus *fefic-* entstandene, wie Schleicher Compend. p. 744 will, zu sein, es kann sehr wohl ein reiner Umlaut von *a* sein, wie er in der Composition häufig vorkommt, z. B. *perfectus, inceptum*. Diess ist die Ansicht von Curtius Beitr. p. 343, welcher sagt, „*dass das e in* accepsit occepsit *nichts mit dem e in* cepi *zu thun habe*". Was ferner *injexit, objexit* anlangt, welche Corssen aus *injecisit objecisit* ableitet, so ist zwar zuzugestehen, dass wir hier nicht eine ähnliche Form wie *capso, capsim* bezeugt haben, dass es aber wahrscheinlich ist, dass sie vorhanden war. Endlich zieht noch Corssen *occisit* in diese Gruppe der Verba, welche durch einfache Unterdrückung des Bindevocals die synkopirte Form des Futurum exactum bildeten. Schleicher Comp. p. 830 glaubt auch hier die Bildungs-Endung gleich Anfangs an den bindevocallosen Perfectstamm angehängt. Indess wenn auch bei *occisit* die Aehnlichkeit mit *incensit, comessit*, welche aus *incendi-sit comedi-sit* entstanden sind, sehr scheinbar ist, so kann doch aus später zu entwickelnden Gründen eine ähnliche Entstehung von *occisit* nicht zugegeben werden.

Wir kommen nun zu einer letzten Gruppe solcher Verben, welche verkürzte Formen des Conjunctiv Perfecti und Futurum exactum bilden, bei denen über die Erklärung der in Rede stehenden Formen sehr verschiedene Ansichten bestehen. Nämlich bei einigen Verben ist der gewöhnlich übliche und gebräuchliche Perfectstamm ein von dem Stamm der synkopirten Formen so ganz verschiedener, dass an einen näheren Zusammenhang zunächst nicht gedacht werden zu können scheint. Gleichwohl muss man doch beim Conjunctiv Perfecti und Futurum exactum um ihrer Bedeutung willen ein Hervorwachsen aus dem Perfectstamm voraussetzen. Die hier in Rede stehenden Formen sind *faxit,*

capsit, axit, rapsit, noxit, sponsit, taxit. Curtius Beiträge 341 fg.
hat mit Beistimmung von Schleicher p. 830 für die Mehrzahl
dieser Formen die Erklärung aufgestellt, dass sie aus einem reduplicirten Perfectstamm entstanden seien, an welchen sich ohne
Bindevocal die Bildungs-Endungen -so -sim angehängt hätten:
fefaxo, cecapso. Alsdann sei die Reduplicationssylbe abgefallen:
faxo, capso. Er beruft sich auf das bekannte *fefakust* (= *fefakusit*)
der Bantinischen Tafel, was sich nur dadurch in der Bildung
unterscheidet, dass ein Bindevocal u zwischen den Stamm und
die Bildungs-Endung getreten ist. Diese Ansicht stimmt ausserdem sehr gut überein mit der Ableitnng der Perfectformen wie
feci und *cepi* aus Reduplicationsformen **fefici, *cecipi*; der Abfall der Reduplicationssylbe fand nur vor der Umlautung statt
(vgl. Curt. 211). In *sponsis* (Fest. 351, 10) ist diese Bildung
auch recht annehmbar, nur müsste man hier die Wurzelsylbe
hinter der Reduplicationssylbe ausgefallen glauben (Schleicher
pag. 744). Auch für *taxis* eignet sich die Erklärung gut. Für
rapsit (Fest. 360, 21) und *noxit* (Cic. legg. 2 § 22) macht Curtius
p. 342 auf einen andren Weg der Erklärung aufmerksam. Er findet
hier reduplicirte Formen unzulässig und denkt lieber an sigmatisch gebildete Perfecta wie *rapsi* und *noxi*. Er scheint dasselbe
bei *axit* (Paul. 3, 3) anzunehmen. Die Erklärung der Mehrzahl
dieser Formen aus dem Abfall der Reduplicationssylbe hat Corssen
Ausspr. 2 p. 35 zurückgewiesen. Er nimmt für *faxit, axit, capsit,
transaxit, adaxit* Perfectstämme mit -si an, auf welche sie zurückzuführen seien. So wie es neben *peperci* von *parco* auch ein *parsi*
(ja *parcui*) gegeben habe und neben *pepigi* ein *pegi* und *panxi*,
so konnten auch für *capio* und *facio* neben *cepi* und *feci* noch
capsi und *faxi* bestehen und neben *egi axi.* So sehr scheinbar
die Ansicht von Curtius und Schleicher ist, so ist doch bei genauerer Prüfung dieselbe nicht stichhaltig und es ist der Erklärung von Corssen der Vorzug zu geben, welche sogar auch auf
sponsis ausgedehnt werden muss. Der Grund hiervon wird sich
im Folgenden ausführlicher darthun lassen; wir wollen jetzt nur
soviel darüber bemerken, dass jene synkopirten Formen ihrer
Bedeutung nach so klar, so unzweifelhaft und unleugbar historische Präterita sind, dass sie nicht aus einem so entschieden
als eigentliches Perfectum charakterisirten Tempusstamm, wie
der durch Reduplication gebildete es ist und sein muss, abge-

leitet werden können. Dies ist auch der Grund, warum *occisit*
nicht mit dem reduplicirten Stamm von *caedo* näher zusammenhängen kann, sondern wahrscheinlich auf ein sigmatisch gebildetes Perfect zurückgeht.

§ 3.

Die über die Grundbedeutung der synkopirten Form des Conjunctiv Perfecti gegenwärtig bestehende Controverse.

Wir wenden uns jetzt zu der Betrachtung der synkopirten
Formen nach ihrer syntaktischen Seite. Es wird gut sein, hier-
bei zunächst den Conj. Perfecti vom Futurum exact. zu trennen.
In äusserlicher Hinsicht sind diese beiden Verbalformen allerdings
nur in der ersten Person des Singular unterschieden; die übrigen
Personen (welche man zu kürzerer Bezeichnung *Jota-Personen*
nennen kann) sind völlig gleichlautend. Man hat früher einen
Quantitäts-Unterschied in dem Vocal *i* zwischen Futurum exact.
und Conj. Perfecti machen wollen, indem man im Perfect diesen
Vocal als Länge, im Futur als Kürze betrachtete, indess hat
dieser Unterschied sich nicht als stichhaltig erweisen lassen*).
Auch in der Bedeutung selbst, namentlich dem semasiologischen
Kern derselben, ist eine grosse Verwandtschaft zwischen Futur.
exact. und Conj. Perfecti; besonders macht diese sich in den
synkopirten Formen geltend, da die synkopirten Formen des
Conj. Perfecti ebenfalls, wie das Futur. exact., in der Regel auf
Bevorstehendes und Zukünftiges bezogen sind. Die semasiologische Aehnlichkeit beider Verbalformen besteht darin, dass sie
eine ähnliche Stufe des Seins ausdrücken, insofern sie beide als
hervorgegangen aus dem Perfect-Stamm ein in der Zukunft vollendet gedachtes Sein bezeichnen. Ebenso wie das Perfect das
vollendete Sein der Vergangenheit und Gegenwart bezeichnet,

*) Madvig, Opuscul. alt. p. 98, Anm. 1, und Fr. Neue, Formenlehre der
Latein. Spr. 2, p. 396.

drücken der synkopirte Conjunctiv des Perfect und des Futur.
exact. das in der Zukunft als vollendet vorgestellte Sein aus.
Trotz dieser Aehnlichkeit ist nun aber auch ein wichtiger Unterschied Beider zu betonen, welcher uns hier veranlasst, beide
Formen zunächst getrennt zu betrachten: nämlich in dem Tempusstamm des Futur. exact. ist die Beziehung jenes Begriffes eines
vollendeten Seins auf die Zukunft sehr deutlich durch die Endung
-so ausgedrückt, welche mit dem Futurum von Wz. *es* identisch
ist. Im Conj. Perfecti bildet sich aber die Endung nur durch
eine Modusform der nämlichen Wurzel, welche an den Perfectstamm antritt. Im Conj. Perfecti ist also der Grund der Bedeutung eines Bevorstehenden (z. B. *cave dixeris*, *cave faxis*) ein
ganz anderer als im Futur. exact. Ein zweiter Gesichtspunkt
für die Unterscheidung des Futur. exact. vom Conj. Perfecti ist
der, dass das Letztere ein bedingtes, oder nur vorgestelltes Sein
bezeichnet, während das Futur. exact. ein thatsächlich und bedingungslos Bevorstehendes ausdrückt. Es mischt sich allerdings
in die Bedeutung der synkopirten Formen des Futur. exact. dem
ursprünglichsten Charakter des Futurum gemäss noch immer
gleichsam ein Schatten von bedingter Auffassung; denn im synkopirten Futur. exactum kommt die rein temporale Bezeichnung
der „vorher“ (vor einer andern) vollendeten Handlung nur in der
ersten Person Sing. zur Geltung; aber im Ganzen lässt sich der
Conj. Perfecti vom Futur. exact. leicht und klar vermöge der
entweder bedingten oder nicht bedingten Darstellung des Seins
unterscheiden. Der Conj. Perfecti der synkopirten Form erscheint
hauptsächlich in Wunschsätzen (*utinam di faxint*), Verboten (*cave
faxis*), in negativen Absichtssätzen (*metuo ne faxit*) und in den
abhängigen Sätzen der indirecten Rede (*mihi certum est facere
in me, quae tu in te faxis*). Aus all diesen hier angegebenen
Gründen müssen wir die genauere syntaktische Analyse des Conj.
Perfecti in synkopirter Form von der Untersuchung über das
Futur. exact. sondern.

Wir wollen also zuerst die höchst interessante und fruchtbare Betrachtung des Conjunctiv Perfecti und zwar nach seiner
syntaktischen Seite hin vornehmen. Es bestehen unter den
neueren Gelehrten, welche sich mit der Erklärung und Feststellung der Bedeutung der synkopirten Conjunctivi Perfecti beschäftigt haben, eigentlich zwei völlig entgegengesetzte Auffassungen

dieses Modus, deren eine die andre ausschliesst. Als Vertreter jeder dieser Ansichten lassen sich Männer anführen, welche zu den bedeutendsten Forschern auf dem Gebiet der Grammatik zu rechnen sind. Gleichwohl ist eigentlich die Controverse in ihrem Kernpunkt noch nicht zur Verhandlung gekommen, man hat den Gegensatz der Meinungen noch nie recht streng formulirt und abgewogen. Indessen hat jede der beiden sich fast unbewusst entgegenstehenden Parteien ihre Principien in der Gestaltung der Texte angewendet und dadurch Lesarten eingeführt, die nach der Meinung der Gegner irrig und unzulässig sein würden. Der Grund dieser auffallenden Nichtbeachtung eines wichtigen Meinungsgegensatzes liegt wohl darin, dass in neuerer Zeit die grossartigen Aufgaben und Erfolge der vergleichenden Grammatik auf dem etymologischen Gebiet die Fragen nach syntaktischen Verhältnissen und Begriffsauffassungen ein wenig in den Hintergrund gedrängt und auf später vertagt haben. Es wird sich aber zeigen, dass die Frage nach der Bedeutung und dem syntaktischen Gebrauch der synkopirten Formen des Perfect. Conjunctivi keinem andern Problem der Grammatik an Wichtigkeit nachsteht, sie ist ebenso ergiebig nach der Seite der formalen Forschung, wie sie fruchtbar ist für die Erkenntniss der in der Syntax schöpferischen seelischen Grundvorstellungen.

Wir wollen nun zunächst den Meinungs-Gegensatz der neueren Forscher formuliren und dann zusehen, was für Beweise und Gründe jede der beiden Parteien für ihre Ansicht anzuführen vermag. Die erste dieser Ansichten, als deren Vertreter namentlich G. Curtius, Ritschl, Fleckeisen und Corssen anzuführen sind, geht dahin, dass ein Bedeutungs-Unterschied zwischen den volleren und unverkürzten Formen des Conjunctiv Perfecti einerseits und den synkopirten Formen dieses Tempus andrerseits nicht bestehe. Wenn die synkopirten Formen in einzelnen Idiomen erscheinen, z. B. im negativen Absichtssatz, nach *metuo* u. s. f., wo die volleren Formen in der späteren Zeit nicht mehr im Gebrauch sind, so liege diess in der Verschiedenheit der Sprach-Epoche. Ein principieller und wesentlicher Bedeutungs-Unterschied aber wird seitens dieser Gelehrten zwischen Formen wie *imperaverim* und *imperassim*, zwischen *fecerim* und *faxim* nicht angenommen. Das wichtigste Moment in dieser Bedeutungs-Gleichheit ist nun aber die Uebereinstimmung beider Formen in der Befähigung,

sowohl die Vergangenheit als auch die Zukunft auszudrücken.
In diesem Punkt kommt namentlich der Gegensatz der beiden
Partei-Ansichten zur Geltung. Die verkürzte synkopirte Form
erscheint nämlich im bei weiten grösseren Umfange ihres Gebrauches als eine Bezeichnung des Zukünftigen, in Wunschsätzen,
Verboten, negativen Absichtssätzen u. s. f., die vollere Form erscheint aber namentlich in der späteren Zeit bei weitem überwiegend in der Bedeutung der Vergangenheit, namentlich in der
indirecten Frage und referirenden indirecten Rede. Nun folgt
die erstere der beiden Partei-Ansichten der Auffassung, dass,
wenn auch die synkopirten Formen häufiger von Zukünftigem
und die volleren Formen häufiger von Vergangenem gebraucht
würden, gleichwohl bei den synkopirten Formen die Beziehung
auf das Vergangene nicht ausgeschlossen, sondern in der Grundbedeutung dieser Formen auch mit gegeben sei. Nach dieser
Meinung würde also möglich sein, dass z. B. Plautus in einem
Satze wie Trin. 1105 iubeto Sagarionem, quae *imperaverim*, Curare
ut ecferantur, falls es metrisch zulässig gewesen wäre, *imperassim*
geschrieben hätte. Oder Bacch. 735 in den Worten loquitur nec
recte pater Quia tibi aurum reddidi, et quia non te *defraudaverim*
konnte, nach syntaktischer Möglichkeit, *defraudassim* geschrieben
werden. Dass diese Annahme auch in kritischer Hinsicht nicht
unwichtig sei, geht z. B. hervor aus Amphitruo 206 eos legat:
Telebois iubet sententiam ut dicant suam Si sine vi et sine bello
velint rapta et raptores tradere, Si quae *asportassint* reddere:
se exercitum extemplo domum Reducturum. Hier haben die Codices
asportassent, Fleckeisen hat aber *asportassint* geschrieben. Es
giebt mehrere ähnliche Stellen. Die Anhänger dieser Ansicht
haben nichts Bedenkliches und Verfängliches darin gefunden,
synkopirte Conjunctive des Perfect in solchen Fällen in der Bedeutung der Vergangenheit in die Texte aufzunehmen. Sie betrachten diese synkopirten Formen als nur formell von den volleren unverkürzten Formen verschieden, dagegen in syntaktischer
Beziehung als auf demselben Grundbegriff beruhend. Wenn wir
bisher sagten, dass die Anhänger dieser Ansicht die synkopirten
Formen des Conj. Perfecti auch für die Bezeichnung vergangener
Ereignisse als zulässig betrachten, so ist dies eigentlich noch
nicht der volle wissenschaftliche Ausdruck dieser Ansicht ihren
innnern Gründen nach. Denn da dieser Auffassung gemäss auch

die synkopirten Conjunctive Perfecti reine und unverfälschte Conjunctive Perfecti sind, so muss eigentlich dem Wesen des Perfectum entsprechend gesagt werden, dass gerade die eigentliche und ursprüngliche Bedeutung dieser Formen eben der Ausdruck des vergangenen, in der Gegenwart des Redenden abgeschlossenen Seins war und dass erst später diese Formen, wie überhaupt der Conjunctiv des Perfectum, vermöge einer eigenthümlichen Verschiebung der Bedeutung oder einer significanten Energie des Ausdrucks von der Vergangenheit auf die Bezeichnung des Zukünftigen übertragen worden seien. Jedenfalls geht die Ansicht von der Zulässigkeit der synkopirten Formen für die Bezeichnung der Vergangenheit davon aus, dass diese Formen, wenn sie auch später häufiger zum Ausdruck des Zukünftigen verwendet wurden, doch in primitiver Bedeutung in der Vergangenheit wurzeln, wie überhaupt das Perfectum, und dass die Anwendung auf Zukünftiges eine nur abgeleitete Bedeutung derselben ist.

Diess ist also die erste der beiden entgegengesetzten Meinungen über den syntaktischen Grundbegriff und Gebrauch der synkopirten Formen des Conj. Perfecti. Die Gründe derselben und die Erklärungen der zu ihr sich bekennenden Forscher werden wir später genauer kennen lernen. Die andere der eben erwähnten gegenüberstehende Auffassung hat zu ihrem Ausgangspunkt die Voraussetzung, dass ein principieller Bedeutungs-Unterschied zwischen den vollen unverkürzten Formen des Conj. Perfecti und den synkopirten Formen desselben besteht. Während die vollen Formen auf *-erim* Vergangenheit und Zukunft in das Gebiet ihrer Bedeutung einschliessen, so sind dieser Auffassung zufolge die kürzern Formen auf *-assim -essim -sim (faxim)* auf das Bereich der Zukunft beschränkt und sie sind niemals zur Bezeichnung des in die Vergangenheit Fallenden, des thatsächlich Vollendeten verwendet worden. Eine Consequenz dieser Ansicht ist natürlich die Behauptung, dass solche Formen in dieser eben berührten Bedeutung der Vergangenheit in den Texten der alten Autoren unzulässig seien, und dass jede in diesem Sinn unternommene Exegese oder Textesumgestaltung eine unberechtigte sei. Nach dieser Meinung konnte Plautus an einer Stelle wie Bacch. 1012 nil est illorum quin ego illi *dixerim* nicht, auch wenn es durch das Metrum gestattet war, sagen *dixim*, er konnte ferner Merc. 221 retinebit rogitabit unde illam *emeris,* quanti *emeris,* nicht *empsis* sagen, was sonst vorkommt, auch wenn diese Form metrisch möglich war. Er konnte Asinar. 560 statt memorare multa possit Ubi fidentem *fraudaveris* ... libenter *perjuraris* nicht unter Voraussetzung metrischer Zulässigkeit sagen: *fraudassis* und *perjurassis*. Nach dieser Ansicht würde also z. B. die von Ritschl im Text von Menaechmi 597 vorgeschlagene, von Brix gebilligte Aenderung di illum omnes perdant qui mihi hunc hodie corrupit diem Meque adeo qui hodie forum unquam oculis *inspexim* meis (statt *inspexi* meis, was die Codices haben) nicht berechtigt erscheinen. In ähnlicher Weise würden andere Emendations-Vorschläge aufgegeben werden müssen. Auch dieser Ansicht fehlt es nicht an angesehenen und im Gebiet der Grammatik bewährten Vertretern, unter denen an erster Stelle zu nennen sind Madvig, Zumpt, Haase und Neue.

Unter der Voraussetzung der ausschliessenden Geltung der in Rede stehenden Formen für das Zukünftige hat es natürlich grosse Schwierigkeiten, den syntaktischen Grundbegriff, welcher in diesen synkopirten Formen zur Erscheinung kommt, in Einklang mit dem präsumirten Grundcharakter derselben als Perfecta zu bringen. Die etymologische Bildung dieser Formen weist allerdings den engsten Zusammenhang mit den volleren Conjunctiven des Perfect und mit dem Indicativ-Stamm des Perfectum auf. Es bleibt also eine schwer zu beantwortende Frage, wie eine ältere Nebenform des späteren gewöhnlichen auf - *rim* auslautenden Conj. Perfecti vermöge ihrer eigentlichsten und ursprünglichsten Bedeutung ausschliesslich der Bezeichnung des Zukünftigen dienen konnte, während das Perfect doch ein in der Vergangenheit gleichsam wie in seinem müttterlichen Boden wurzelndes Tempus ist. Die Anhänger dieser zweiten Meinung, welche nur eine Zukunfts-Bedeutung dieser Formen kennen, gehen daher in Hinsicht der Erklärung dieses eigenthümlichen Bedeutungs-Charakters und in Rücksicht auf die Bestimmung des ursprünglichen Wesens und Begriffs des in diesen synkopirten Formen sich darstellenden Modus und Tempus in sehr verschiedene Richtungen auseinander. Man kann innerhalb der Auffassung dieses zweiten Standpunkts, welcher die Anwendung dieser Formen auf die Vergangenheit in Abrede stellt, wieder drei verschiedene Ansichten über die für jene Erscheinung vorauszusetzende Grundbedeutung dieser synkopirten sogenannten Conjunctive Perfecti unterscheiden. Es ist wichtig, diese drei verschiedenen Erklärungsweisen der befremdenden Erscheinung schon jetzt in ihren Grundzügen kennen zu lernen, obwohl wir später noch einiges Genauere darüber zu bemerken haben werden. Madvig*) zunächst hat die Formen *faxim*, *laudassim*, von deren ausschliesslicher Zukunfts-Bedeutung er auf das Festeste überzeugt ist, als ausser jedem Zusammenhange mit dem Perfectstamm stehend erklärt. Er sieht sie als nicht synkopirte, sondern ursprüngliche etymologisch primitive Formen an. Er erklärt sie als Conjunctive der sogenannten Futura exacta auf -*so* -*asso*, welche er ebenfalls für nicht synkopirt, sondern für primitiv gebildet hält. Madvig nämlich will die Formen wie *faxo laudasso* nicht als durch Synkope aus *faxiso laudaciso* entstanden anerkennen, sondern er erblickt in ihnen einfach sigmatisch gebildete Futura prima, wie im Griechischen γράψω und γελάσω gebildet seien. Er hält also jene kürzeren Formen nicht für Futura exacta, sondern für erste Futura. Der Grund zu dieser Annahme kann für Madvig nicht in diesen Formen auf -*so* und -*asso* selbst gelegen haben, denn von ihnen gesteht Madvig selbst ein, dass, mit Ausnahme von faxo, sie thatsächlich immer die Bedeutung des Futur. exact. hätten. Also den Formen wie *faxo* und *laudasso* zu Liebe hat er seine Hypothese von dem sigmatischen ersten Futurum nicht ersonnen, und es wäre ein des grossen Forschers unwürdiger Einfall gewesen, der blossen äussern Aehnlichkeit des Klanges wegen diese Formen mit den griechischen entsprechenden Formen in Parallele zu stellen. Sein eigentlicher Grund war die ihm subjectiv gewisse und unzweifelhafte Beobachtung, dass die Conjunctive wie *faxim* und *laudassim* immer nur Zukunftsbedeutung hätten. Diese Conjunctive, so hat offenbar der treffliche Gelehrte geschlossen, können zu keinem Perfectstamm gehören. Sie sind aber doch aufs augenscheinlichste mit den Indicativen *faxo* und *laudasso* in einem sehr nahen Verwandtschafts-Verhältniss. Folglich (dies war sein Schlusssatz aus diesen Prämissen) kann auch faxo laudasso mit keinem Perfectstamm zusammenhängen, sondern diese Formen sind als Futura prima anzusehen. Wenn nun *faxim* und die ähnlichen Formen Conjunctivi

*) In dem sehr wichtigen und trefflichen Aufsatz *de formarum quarundam verbi Latini natura et usu* in Opuscula altera. Hauniae. 1842, p. 60.

nicht eines Perfectum, sondern eines ersten Futurum sind, so
ist der Umstand, dass sie niemals die Vergangenheit bezeichnen,
sondern ganz eigentlich der Zeitsphäre der Zukunft angehören,
leicht zu erklären. Dies also ist Madvig's Begründung der eigenthümlichen Bedeutung der Formen auf -*sim* und -*assim*.

Einen andern Weg der Erklärung und eine ganz verschiedene Bestimmung der Grundbedeutung jener Formen hat eine
Gruppe von Forschern vorgeschlagen, welche zwar im Allgemeinen
wie Madvig an der ausschliesslichen Beziehung auf das Zukünftige in der Bedeutung jener Formen festhalten, die aber den
Zusammenhang derselben mit dem Perfectum nicht aufgeben
wollen. Der Wortführer dieser Partei ist Lindemann gewesen.
Nach dieser Auffassung ist die Grundbedeutung dieser synkopirten Perfecta Conjunctivi diejenige von präsentischen Perfectis
im strengsten und eigentlichsten Sinn. Der Conjunctiv eines
präsentischen Perfectum in strengster Bedeutung kann sehr wohl
ebenso ein Bevorstehendes bezeichnen, wie ein Conjunctiv des
Präsens selbst. Wie also *meminerim, -is, -it* ein demnächst und
in weiter Ferne Bevorstehendes bezeichnen kann, z. B. Capt. 800
faciam ut hujus die locique meique semper *meminerit,* so sollen
auch die synkopirten Conj. Perfecti *faxim, laudassim* als streng
präsentisch gedachte Perfecta die Bedeutung des Bevorstehenden
haben. Andere Gelehrte wenden diesen Gedanken des Zusammenhangs jener Formen mit dem Perfect so, dass sie sagen,
vermittelst einer eigenthümlichen Energie des Ausdrucks werde
das noch Bevorstehende als ein schon vollendetes Vergangene
dargestellt.

Zu diesen beiden durch Madvig und Lindemann vertretenen
Ansichten über die ursprüngliche Bedeutung der synkopirten
Conjunctivformen und ihren ausschliesslich futuralen Charakter
gesellt sich noch eine dritte, welche, obschon sie in der neuesten
Zeit sehr in den Hintergrund getreten ist, doch nicht übergangen
werden darf. Es ist diese Erklärung in verschiedenen Zeiten
immer wieder aufgetaucht, doch haben die Verfechter derselben
niemals Einer im Zusammenhang und mit Bezugnahme auf den
Andern ihre Erörterungen hingestellt. Auch sind viele methoden-
lose Spielereien und willkürliche Combinationen mit dieser Auffassung von jeher verbunden worden. Der Kern dieser Ansicht
ist der, dass jene synkopirten, im Sinn eines Potentialis der Zu-

kunft gebrauchten Formen allerdings von den sigmatisch gebildeten sogenannten Perfectis herzuleiten seien, dass aber diese letzteren nicht als Perfecta, sondern als Aoristi aufgefasst werden müssten; nun aber bezeichnen die subjectiven Modi des Aorist ursprünglich und ihrer eigentlichen Bedeutung nach das Bevorstehende, der Optativ des Aorist im Griechischen das von einem festgehaltenen Moment der Vergangenheit aus Bevorstehende; der Conjunctiv des griechischen Aorist das vom Moment der absoluten Gegenwart aus Bevorstehende: ganz ähnlich seien jene synkopirten Formen herzuleiten von einem erzählenden Präteritum des Lateinischen, was im Indicativ gleich einem Aorist die momentane Handlung der Vergangenheit bezeichnete und im subjectiven Modus (Möglichkeits-Modus) die momentane, vollendet vorgestellte Handlung der Zukunft. Eine wissenschaftliche, eingehende Darlegung dieser Ansicht über die syntaktische Bedentung der synkopirten Formen giebt es nicht; doch lässt sie sich aus Andeutungen zusammenstellen. Bopp hält der Form nach das ganze lateinische Perfect, namentlich auf Grund der sigmatischen Bildungen, für einen Aorist. Ganz ausdrücklich hat Wex zu Tac. Agric. (Braunschw. 1852) p. 156 fg. die in Rede stehenden Formen für Conjunctive des Aorist erklärt. Unter den älteren Gelehrten haben Görenz und Walch die Vergleichung des Conj. Perfecti mit dem Aorist in sehr unmethodischer Weise zur Erklärung der verschiedenartigsten Idiome benutzt.

Wir haben nun die beiden Hauptansichten, welche über die syntaktische Auffassung der synkopirten Conj. Perfecti bestehen, im Allgemeinen kennen gelernt: der ersteren zufolge sind diese Formen ihrer anfänglichen und ursprünglichen Bedeutung nach befähigt, das Vergangene zu bezeichnen, sie sind nur späterhin durch den Gebrauch mit besonderer Vorliebe auch auf die Bezeichnung der Zukunft übertragen worden. Der andren Ansicht zufolge sind diese Formen nicht befähigt und nie befähigt gewesen, das Thatsächliche, Vergangene auszudrücken. Diese letztere Auffassung ist besonders dadurch merkwürdig, dass sie in auffallendem Widerspruch mit der nicht abzuleugnenden Entstehung der synkopirten Formen aus den volleren, noch mit dem *s* statt des *r* gebildeten Formen des Conj. Perfecti steht; die scharf ausgeprägte Bedeutung des Potentialis Futuri verträgt sich nicht gut mit dem Charakter des Perfect, und die Bezeichnung der Vergangenheit durch den Conj. Perfecti, welche der eigentliche und regelmässige Gebrauch der volleren Formen dieses Modus ist, kann schwerlich aus einer Bezeichnung der Zukunft abgeleitet sein. Wir wollen zur Herbeiführung einer Entscheidung in diesem Widerstreit der Meinungen an erster Stelle untersuchen, ob sich die Bedeutung der Vergangenheit in einer Summe von sichren Beispielen wirklich nachweisen lässt, oder ob diese Grundlage sichrer Beispiele der Annahme jener Bedeutung fehlt; und dann zweitens werden wir festzustellen haben, was aus der Ermittlung des positiven empirischen Gebrauches für ein Gewinn für die Erkenntniss des Begriffs und syntaktischen Grundcharakters jener Modusformen zu ziehen sei.

§ 4.

Der thatsächliche Gebrauch der synkopirten Conjunctivi Perfecti vom Standpunkt der Vertheidiger der ausschliesslichen Zukunftsbedeutung.

Wenn wir nun zunächst in Rücksicht auf den thatsächlichen Gebrauch nach den bisherigen Erörterungen und Ermittelungen der gelehrten Forscher fragen, so müssen wir leider constatiren, dass eben nur Versicherung gegen Versicherung, Meinung gegen Meinung steht, dass aber eine genaue Statistik der Beispiele und eine Prüfung der Glaubwürdigkeit derselben noch fehlt. Wenn wir zunächst den nachdrücklichen und wiederholten Erklärungen Madvig's Glauben schenken wollten, so fänden sich nirgends*) Beispiele der Vergangenheits-Bedeutung; freilich würden wir dann bald mit andren Forschern in Widerstreit gerathen. Madvig

---

*) Man könnte eine Stelle des Cicero als Zeugniss für die ausschliessliche Zukunfts-Bedeutung der synkopirten Formen anführen. Die Etymologie, welche er für *capsis* ersonnen hat, ist an sich unhaltbar, aber sie beruht auf der Voraussetzung, dass *capsis* nur die Zukunft bedeuten könne. Orator § 154 *Libenter copulando verba jungebant, ut sodes pro si audes, sis pro si vis: jam in uno capsis tria verba sunt.*

sagt in Opusc. altera pag. 71 „*Nemo enim dixit neque:* quaero quid faxit *pro eo quod est* fecerit, *neque:* adeo fuit severus ut nunquam amassit *pro eo quod est* amarit." pag. 81 „*ea teneamus quae supra dicta sunt de hac forma .. a praeterito exclusa.*" Madvig macht pag. 70 folgenden Unterschied zwischen der volleren Form des sogenannten Conjunctiv Perfecti und der kürzeren: *conjunctivi forma* (die vollere Form) *transit aliquando ad solam et veram praeteriti significationem, quod antiquae huic formae ... nunquam accidit.* Ferner pag. 72, 1 tadelt Madvig Lindemann's Ausdruck, dass diese Formen häufig die Zukunft ausdrückten: *non saepe hae formae praesentis sive futuri notionem habent, sed semper, veram praeteriti, ut dixi, nunquam* und p. 107 *quamquam quem poterit movere cum videat illa curassis excessis ... quae perfecta nunquam fiunt.* Zu dem Vers des Lucilius*) bei Cicero de fin. 2, 8, 23, wo die früheren Herausgeber mit den geringeren Codices *dempsit* schreiben und dasselbe neben *abstulerit* als verkürzten Conj. des Perfectum in der Bedeutung des Präteritum auffassen wollten, macht Madvig folgende Anmerkung: *dixi alibi .. nunquam vetustas has .. formas ... praeteriti, quae hic requiritur, significationem accepisse.* Der Werth dieser Beobachtung, welche auf ein empirisch thatsächliches Sprach-Herkommen gerichtet ist, kann nicht dadurch geschwächt und zu Nichte gemacht werden, dass Madvig eine falsche Erklärung über die etymologische Entstehung und den syntaktischen Grundbegriff dieser Formen an jene Ermittelung angeknüpft hat. Er hält diese Formen für Conjunctivi der nach seiner Ansicht ersten Futura *faxo amasso* (pag. 71). Er dehnt diese Auffassung insofern auf alle, auch auf die volleren Formen des Perfectum Conjunctivi aus, als er auch diese nicht für Perfecta Conjunctivi, sondern für Conjunctivi des Futurum exactum hält. Er sagt p. 99 ... *futurum exactum conjunctivi quod nomen inauditum ad aures accidet, sed parebunt aures veritati.* Auf diese Weise zieht Madvig aus jener ihm thatsächlich gewissen Beobachtung eine Menge unberechtigter Schlussfolgerungen. Es ist der neueren auf Sprachvergleichung gestützten Grammatik nicht schwer gefallen,

---

*) Diesen Vers schreiben die Früheren: *vinum ... Cui nil dempsit vix et sacculus* abstulerit *nil.* So hat auch Gerlach Lucilii Satur. reliq. Turic. 1846, pag. 15 geschrieben.

diese Folgerungen des Irrthums zu überführen. Curtius Beiträge p. 339, 355 hat sie gebührend zurückgewiesen; indess mit diesen Folgerungen, welche an die Beobachtung eines rein thatsächlichen Sprachgebrauchs von Madvig als subjective Auffassungen angeschlossen worden sind, ist keineswegs diese Ausgangs-Thatsache widerlegt, und die neuere Grammatik hat vielleicht nicht wohl daran gethan, sie zu leugnen*), denn die so bestimmt ausgesprochene Versicherung eines so bedeutenden Grammatikers, wenn sie sich auf einen rein objectiven Thatbestand der Sprachgeschichte bezieht, durfte auf eingehendere Prüfung Anspruch machen. Indessen steht Madvig mit seiner Wahrnehmung nicht allein da, auch C. G. Zumpt scheint aus eigener Prüfung auf dasselbe Resultat geführt worden zu sein. Er sagt Lat. Gr. § 161 (Aufl. 9), nachdem er als Beispiele der synkopirten Formen *faxit* angeführt hat Horat. Sermon. 2, 6, 15 oro ut *faxis* und Persius 1, 112 veto quisquam *faxit* und *ausim* bei Cic. Brutus § 18: „*Es ergiebt sich aber aus diesen und den zahlreicheren Stellen bei Plautus und Terenz, dass dieser Conjunctiv auf -sim niemals die Bedeutung eines Perfectum im Conjunctiv hat, sondern seiner Ableitung gemäss in der Bedeutung eines Conjunctiv Futuri verbleibt.*“ In dieser deutlichen und schönen Erklärung sind nur die Worte

---

*) Gotfried Hermann, welcher ebenfalls Madvig's Auffassung der Formen *faxo, amasso* als Futura prima lebhaft bekämpft und also auch die darauf gegründete Vermuthung, dass *faxim, amassim* Conjunctivi dieser Futura seien, ganz verwirft, hat dennoch die Thatsache, welche Madvig durch Beobachtung gefunden zu haben glaubte, nicht geleugnet. Er sagt in einem Programm *de Jo. Nic. Madvigii interpretatione quadam verbi Latini formarum (Lipsiae, 1843. Rector et senatus commilitonibus certamina eruditionis in annum 1844 indicit.)* p. 10 folgendes: *deinde etsi verum est non dici:* quaeso quid faxit, *neque:* adeo fuit severus ut nunquam amassit, *tamen num id eo factum est,* quod faxit *et* amassit *aliud quid quam* fecerit *et* amarit *significent? — Credo ego quoque cum hac quaestione conjunctum esse, ut videamus, quid caussae sit, ut illorum, quae neminem dixisse ait, nulla exempla habeamus, quum praesertim hoc* solum *ex iis, quae muniendo isti simplici futuro attulit, aliquam veri speciem praebeat eaque ipsa de caussa non possit non suspectum videri.* Hier sind besonders die letzten Worte beachtenswerth. Auch Hermann erschien die Thatsache, dass jene synkopirten Formen nur als Potentialia Futuri und nicht als Vorstellungsmodus des Präterium vorkommen, befremdend. Sein eigner, weiter unten anzuführender Erklärungsgrund ist ganz unstichhaltig. Das schön geschriebene Programm, welches voll Belehrung ist, verdiente neu abgedruckt zu werden. Ich verdanke es Otto Jahn's Güte.

dunkel: *seiner Ableitung gemäss*, denn Zumpt ist nicht der Ansicht Madvig's, dass diese Formen die Conjunctive eines Futurum primum seien (vgl. § 161), sondern leitet sie aus der Synkope der volleren Perfecta Conjunctivi her. In der wiederholten Ausgabe von Zumpt's Grammatik nach dessen Tode, z. B. in der 12. Auflage, ist vom Herausgeber jene ganze höchst wichtige Stelle fortgelassen worden. Es ist dies nicht zu billigen. Ueber jenen wichtigen zweifelhaften Punkt der Lateinischen Grammatik war die Erklärung eines aus selbständigen Forschungen heraus urtheilenden Grammatikers wie Zumpt von hohem Werth. Nur jener dunkle Ausdruck brauchte beseitigt zu werden. Einen Bundesgenossen besitzt diese von Madvig und Zumpt vertretene Ansicht über die Unzulässigkeit jener synkopirten Formen des Perfectum Conjunctivi auch in Haase, der in Anm. 274 zu Reisig's Vorlesungen über Latein. Sprachwissenschaft den Bedeutungs-Unterschied der volleren und der synkopirten Formen bespricht. Mit Hinweisung darauf, dass z. B. die Formen wie *ausim* bei Cic. Brut. § 18 *„nicht ausdrücklich die Bedeutung des tempus praeteritum führen“*, sagt Haase weiter, dass die volleren Formen immer für die verkürzten, wenn auch die verkürzten nicht immer für die volleren gesetzt werden können. Es schliesst sich weiterhin diesen Forschern mit Entschiedenheit in deutlichen Worten Neue an: Lat. Formenlehre 2, 428: *„Die Form auf -sim findet eine beschränktere Anwendung als die auf -erim, indem sie wohl in Gebeten, Wünschen, Aufforderungen und Abmahnungen, in der Angabe eines Zwecks und einer Besorgniss und mit potentialer Bedeutung*, nicht aber mit dem Ausdruck des Geschehenen *gebraucht wird.“* Der Schluss, welchen Neue p. 430 hieraus zieht, dass Rudens 1248 nicht *quom lusim* geschrieben werden dürfe, ist nicht ganz zutreffend, da dort *lusim* auch ein in unbestimmter Zeitangabe Bevorstehendes bezeichnen könnte. Richtig aber ist die Bemerkung, dass Rudens 129 *adduxit* als Indicativ anzusehen ist.

Einige andre Gelehrte haben sich nicht mit gleicher Entschiedenheit zu der in Rede stehenden Auffassung bekannt, sie drücken sich vielmehr mit einer gewissen Unsicherheit wie über eine noch nicht entschiedene Frage aus, doch scheint bei ihnen auch der Eindruck der Lecture der Annahme einer ausschliesslich auf die Zukunft gerichteten Bedeutung günstig zu sein. So spricht sich Lindemann aus zu Plaut. Capt. 1, 2, 43 (Leipz. 1823): *Saepe enim quae perfecti conjunctivi feruntur, praesentis habent notionem, certe habere dicuntur.* Ebenso in nicht ganz entschiedener Weise Krüger, Lat. Grammatik, Hannov. 1842, § 105, Anmerk. 1: „Faxim, faxis, faxit *findet sich auch in der guten Prosa bei gewissen Wendungen, z. B. Di faxint, Cic. Fam. 14, 3, 3 ... und um der Rede einen alterthümlichen Anstrich zu geben. Dabei ist der Gebrauch dieser Form für den* Conjunct. Praesentis *... zu merken. Ebenso steht* ausim *... als Conjunctiv Praesentis.*" Der „Conjunctiv Praesentis" wird in dieser Erklärung als Bezeichnung der Futural-Bedeutung gesetzt, weil eine grosse Anzahl neuerer Forscher die Möglichkeit der Futurbedeutung des Conjunctiv Perfecti aus der präsentischen Bedeutung des Perfectum ableiten (vgl. Madvig, p. 72, 1. Haase, Anm. 274).

∿∿∿∿∿

§ 5.

Beurtheilung des Thatbestandes vom Standpunkt der Vertheidiger der Vergangenheits-Bedeutung.

————

Es darf sich, wie aus diesen Anführungen hervorgeht, die Auffassung, nach welcher jene synkopirten Formen nur als Potentialis Futuri und nicht als Vorstellungs-Modus der Vergangenheit angewendet werden, einer ansehnlichen Zahl bald mehr bald weniger entschiedener Vertheidiger rühmen. Aber ebenso stehen auf Seite der entgegengesetzten Ansicht gewichtige Autoritäten. Wir wollen also auch nun zusehen, in welcher Weise diese Partei die Auffassung, dass die synkopirte Form des Perfect Conjunctivi nicht nur die Fähigkeit habe, die Vergangenheit zu bezeichnen, sondern von dieser Bedeutung als ihrem semasiologischen Kern ausgehe, zur Geltung zu bringen gesucht hat. Es tritt diese Ansicht, und dies ist vielleicht ihr erstes*) Auftreten

---

*) Es ist ein Vers des Lucilius bei Cic. de fin. 2, 8, 23 von den früheren Gelehrten allerdings meist so hergestellt worden, dass man bei den Urhebern dieser Lesart eine Anwandlung von Nachgiebigkeit zu Gunsten des Princips, welches die Vergangenheitsbedeutung der synkopirten Formen an-

bei den Neueren, zunächst bei Curtius auf in den Sprachvergl.
Beitr., Berl. 1846. Ausdrücklich ist sie zwar von Curtius in
klaren Worten nicht ausgesprochen worden, doch liegt sie stillschweigend manchen andren seiner Erklärungen zu Grunde und
ist für einige Punkte in der Auffassung der Tempora bei ihm in
wichtiger Weise entscheidend geworden. Curtius hat p. 340 und
355 mit Recht Madvig's Behauptung, dass die Formen wie *faxim,*
amassim Conjunctiv-Bildungen eines Futurum auf -*so* seien, be-
stritten; er scheint im Bewusstsein dieses Rechts nun weiter zu
der Ansicht vorgeschritten zu sein, dass Madvig's Wahrnehmung,
dass jene synkopirten Formen nicht die Vergangenheit bezeichnen
könnten, unrichtig sei. Der Glaube, dass auch diese synkopirten
Formen ganz ebenso wie die vollen und unverkürzten Formen
des Conjunctiv Perfecti Vorstellungs-Modus der Vergangenheit
sein können (obschon er allerdings direct nicht ausgesprochen
ist), beherrscht namentlich die von Curtius über die Grundbedeutung und Wesensbestimmung des lateinischen Perfectum dargelegten Ansichten. Curtius spricht p. 208 die Meinung aus, dass
alle Bildungen und Formen des lateinischen Perfectum, die
starken ebenso wie die schwachen mit einem Hülfsverbum gebildeten, auch in ihrer Bedeutung im eigentlichen und strengen
Sinn Perfecta waren, d. h. die zum zuständlichen Sein gewordene Handlung bezeichneten. Die Bedeutung eines erzählenden
Präteritum, wodurch die momentane Handlung der Vergangenheit
bezeichnet würde, sei, meint Curtius, aus einem Herabsinken,
aus einer Abschwächung der Bedeutung des eigentlichen Perfects
in den Ausdruck der historischen Darstellung entstanden. Er
beruft sich hierbei auf die Analogie des sanskritischen und des
germanischen Perfectum. Curtius bekämpft namentlich die Ansicht, als ob im lateinischen Perfectum ursprünglich zwei verschiedene Bedeutungsstämme, ein rein Perfectischer und ein
Aoristischer, verwachsen seien. Die Auffassung, als ob in den
schwachen mit -*si* gebildeten Perfectstämmen ein aoristisches
Moment ebenso der Bedeutung wie der Form nach liege, war

erkennt, voraussetzen muss. Man pflegte die Worte des Dichters zu schreiben: vinum .. cui neque *dempsit* ... neque *abstulerit.* Es wird sich weiterhin
zeigen, dass diese Lesart unrichtig ist. Sonst scheinen von der älteren Philologie keine Versuche und Neuerungen in diesem Sinne gemacht zu sein.

vielfach ausgesprochen worden, und wenn auch die Annahme von Bopp, dass alle Formen des lateinischen Perfectum Aorist-Bildungen seien (vergleichende Gramm. § 546), in diesem Umfange gewiss wenig Bestechendes hat, so konnte jene Gruppe der lateinischen Perfecta doch ein besonderes Recht auf Verwandtschaft mit dem historischen Tempus, dem Tempus der momentanen Handlung der Vergangenheit in der griechischen Sprache beanspruchen zu dürfen scheinen. Auch hiergegen erklärt Curtius sich auf das Bestimmteste und schliesst mit dem Satz pag. 303: *„Das lateinische Perfect ist seiner Natur nach Haupttempus, der griechische Aorist eine historische Zeitform.‟* Einer der Gründe, welche Curtius für die principielle syntaktische Verschiedenheit des Perfect und Aorist beibringt, involvirt nun auch ganz bestimmt eine Meinungsäuserung dieses Gelehrten über die den synkopirten Formen des Conjunctiv Perfecti ursprünglich innewohnende Bedeutung. Er sagt p. 208: *„Endlich dürfen die Modi des Perfects nicht vergessen werden. Wäre diess eigentlich Aorist, so würde der Conjunctiv, wie im Griechischen, nicht vergangene Bedeutung haben können, denn diese giebt dem Indicativ ja nur das Augment.‟* Es wird also hier geschlossen, dass das lateinische Perfect kein Aorist sei, weil der Conjunctiv desselben nicht nur die Bedeutung des Potentialis der Zukunft, sondern namentlich die der Vergangenheit habe; dagegen habe der Conjunctiv des griechischen Aorist nur die Bedeutung der Zukunft und nicht die der Vergangenheit. Hieraus folgt, dass Curtius auch den synkopirten Formen die Fähigkeit, Vergangenes in der Weise des Vorstellungsmodus zu bezeichnen, beigelegt haben muss; denn hätte er angenommen, dass es eine bestimmte klar und fest umgrenzte alterthümliche Gruppe von Conjunctivis Perfecti gegeben habe, welche (wie sein Ausdruck lautet) *„nicht vergangene Bedeutung haben können‟*, so würde er diese indirect für Aoriste erklärt haben. Man kann hier schon kaum die Frage zurückdrängen: Wie? wenn nun wirklich jene synkopirten Formen nur Bevorstehendes bezeichnen und von der Bezeichnung der Vergangenheit wirklich ausgeschlossen sind, sollten sie dann nicht eben in der Eigenschaft von Conjunctiven des historischen Tempus, jenes schönen Tempus der momentanen Handlung der Vergangenheit, diese Zukunfts-Bedeutung an sich tragen? Es liegt nichts am Namen des Aorist, es liegt einzig nur daran, zu erfahren, ob das Latein ursprünglich kein eignes erzählendes Tempus der Vergangenheit gehabt habe und ob die Aoristbedeutung des spätern Lateinischen Perfect wirklich nur aus einer Abschwächung der ursprünglicheren reinen Perfect-Bedeutung entstanden sei. Um diese Frage zu erledigen, müssen wir aber erst noch weiterhin einige vermittelnde Umstände ins Klare setzen.

Wir wollen nun zunächst noch die andren Forscher hören, welche sich derselben Ansicht, wonach die synkopirten Formen die Vergangenheit bezeichnen konnten, zuneigen. Es sind hier Männer zu nennen, welche um die Geschichte des älteren Latein und um die Sicherung der Ueberlieferung desselben hohe bleibende Verdienste erworben haben. Ritschl zunächst hat in den Text des Plautus an drei Stellen Lesarten aufgenommen, durch welche Formen des synkopirten Conjunctiv Perfecti in der Bedeutung der Vergangenheit zur Anwendung kommen. Es ist diess freilich eine geringe Zahl im Vergleich mit der etwa zwanzig bis dreissig Mal so grossen Zahl von solchen Stellen, in denen jene Formen Zukunfts-Bedeutung haben. Indess ist hier das Princip selbst von Wichtigkeit. Unter den drei von Ritschl in Anerkennung jener Bedeutung behandelten Stellen sind zwei, in denen die Form eines synkopirten Conjunctiv Perfecti durch Veränderung eines überlieferten Indicativ Perfecti hervorgebracht wird. Die erste Stelle ist Menaechm. 596: *di illum omnes perdant ita mihi hunc hodie corrupit diem Meque adeo qui hodie forum unquam oculis* inspeximus *meis.* Hier haben die Codices theils *inspexi meis,* theils *inspeximus.* Der neueste Herausgeber der Menaechmen, Brix (Leipz. 1866), hat Ritschl's Conjectur unbedenklich in den Text aufgenommen. Die andre Stelle ist Mercat. 758: *non ego sum qui te dudum* conduxim : : *quid est?* Hier haben die Codices *conduxi,* Acidalius vermuthete *conduxit;* es ist ungewiss, ob er diese Form als Indicativ Perfecti oder als synkopirten Conjunctiv aufgefasst wissen wollte. An einer dritten Stelle ist die handschriftliche Ueberlieferung und der Sinn des Gesagten von der Art, dass über das Vorliegen einer synkopirten Conjunctiv-Form des Perfectum kein Zweifel sein kann, indess kann je nach Auffassung und Gestaltung der übrigen Worte der Stelle die Bedeutung dieser Form entweder auf die Vergangenheit oder auf die Zukunft bezogen werden. Ritschl hat den Text so gestaltet, dass die Beziehung auf die Vergangenheit zu Grunde gelegt ist. Menaechm. 616: *nil equidem pareo — nisi unum: palla pallorem incutit.* :: *At ego, tu ne clam comessis prandium . perge in virum.* Der Sinn dieser Lesart ist: „Ich aber fürchte, dass du hinter meinem Rücken die Mahlzeit verspeist hast." Die Codices haben *at tu nec jam me* oder *at tu ne clam me comesses.* Bothe hat *comessis* richtig hergestellt. Brix hat die Lesart *at tu ne clam me comessis* aufgenommen, wo *comessis* Zukunfts-Bedeutung hat. Die Lesart Ritschl's billigt Holtze Syntaxis priscorum scriptor. Lat. 2, p. 80. Mit Ritschl begegnet sich in der Annahme der Zulässigkeit der Vergangenheits-Bedeutung der andre durch seine Studien um Plautus so hoch verdiente Forscher Fleckeisen. Seine Textes-Ausgabe bietet zwei Zeugnisse für seine Meinung in dieser Frage. Das Eine derselben ist die Stelle Amphitr. 206: *si sine vi et sine bello relint rapta et raptores tradere. Si quae asportassint reddere: se exercitum extemplo domum Reducturum.* Die Codices haben hier *asportassent.* An einer andern Stelle liegt eine Form vor, welche für sich allein betrachtet als Indicativ Perfecti aufgefasst werden könnte, welche aber wegen der Gleichstellung mit einem zweiten Prädicat, welchem Fleckeisen die Form des Conjunctiv Perfecti gegeben hat, gleichfalls der Auffassung als Conjunctiv Perfecti in synkopirter Form mit Vergangenheits-Bedeutung unterliegt. Es ist die Stelle Rudens 125: *rogo Ecquem tu hic hominem crispum incanum videris ... qui mulierculas Duas secum adduxit quique adornarit sibi Ut rem divinam faceret.* Die Codices: *adornaret.* Obschon trotz des folgenden *adornarit* Holtze in der Erklärung dieser Stelle a. a. O. 2, 90) dennoch *adduxit* für den Indicativ hält, scheint die Auffassung Fleckeisen's, wie besonders aus dem Vergleich der Stelle im Amphitruo erhellt, sich doch der Deutung dieser Form als synkopirten Conjunctivs Perfecti zuzuneigen. Die völlige Gleichgestaltigkeit der synkopirten Conjunctiv-Form mit dem Indicativ Perfecti in der dritten Person Singularis kann kein Verhinderungsgrund sein, da anderweitig solche Formen vorkommen, z. B. Bacch. 598: *excussit.* An Ritschl und Fleckeisen schliesst in seiner Auffassung dieser Formen sich auch Corssen an, er hat jene im Sinn der Vergangenheits-Bedeutung durch Conjectur in den Text gebrachten Beispiele synkopirter Formen billigend in das Verzeichniss dieser Bildungen aufgenommen, *conduxim* und *inspexim* Ausspr. 2, 28 und *asportassint* ibid. p. 33. Dass Brix im Princip dieser Auffassung beistimmt,

geht daraus hervor, dass er die Lesart *inspexim* Menaechm. 596
aufgenommen hat. Auch Holtze hat sich den Vertheidigern dieser
Ansicht in seinem durch Sammlung von Material nützlichen Werke
angereiht. Während er in seiner Special-Ausgabe des Amphitruo
(Leipz. 1846) in V. 206 (pag. 89) noch die Lesart *asportassent*
schützt, tritt er Syntax. 2, p. 100, der Fleckeisenschen Lesart
asportassint bei. Auch die Lesart Ritschl's, Menaechm. 617, wonach *comessis* auf die Vergangenheit zu beziehen ist, hat in ihm
Synt. 2, p. 80, einen Vertheidiger gefunden. Ausserdem sind
noch zwei Gelehrte zu nennen, welche in der kritischen Gestaltung des Textes zweier Stellen in Varro's Satiren so verfahren
sind, dass sie von der zweifellosen Zulässigkeit der Vergangenheits-Bedeutung ausgehen. In der ersten dieser beiden Varro-
nischen Stellen, dem Fragment bei Non. 26, 30, hat Vahlen
Conjectanea in Varron. Sat. (Leipz. 1858) pag. 49 geschrieben:
*praetor vester mihi eripuit pecuniam: de ea quaestum ad annum
veniam ad novum magistratum, cum hic rapo umbram quoque spei
devorassit.* Die Handschriften haben *devorasset*. Vahlen's Vermuthung billigt Riese (Varron. Sat. Fragm., Leipz. 1865) p. 187.
Die zweite Stelle des Varro ist die aus Ταφὴ Μενίππου bei
Non. 248, 14, wo durch die theilweise schon von Vahlen (Conj.
pag. 150) begründete, von Riese (pag. 222) festgestellte Lesart
*quo[m] qui certassit animo, bellus homo, magis delectatus [sit]
Stoicorum pancratio quam athletarum* die Form *certassit* die
Bedeutung eines Conjunctivs Perfecti im Sinn der Vergangenheit
erhält, denn *certassit animo* ist dann wohl von dem bestimmten
Individuum (Menipp), nicht vom Menschen überhaupt zu verstehen.
Die Codices haben *certasset*.

<center>~~~~~~~~~</center>

§ 6.

Feststellung der Grundbedeutung der synkop. Conjunctivi Perfecti auf Grund sämmtlicher vorhandenen Beispiele.

Wir sehen aus dem bisher Angeführten, dass der Streit über
Anerkennung der Bedeutung der Vergangenheit in den synkopirten Formen des Conjunctiv Perfecti noch nicht geschlossen ist.

Was die Ermittelung des Thatbestandes anlangt, so haben zwar die Männer, welche sich die Herstellung kritischer Zuverlässigkeit der Ueberlieferung zur eigentlichen Aufgabe ihrer Studien machten, sich zu Gunsten der Auffassung jener Formen als Conjunctivi Präteriti ausgesprochen, indess ist doch die Seltenheit der Fälle dieser Art und ihre nie unmittelbar von den Handschriften dargebotene, sondern stets erst durch Conjectur herbeigeführte Fassung ein gewichtiges Bedenken dagegen. Man war nur zu geneigt, die Frage aus allgemeinen Gründen zu entscheiden, und so entstand auf der einen Seite die Ansicht, es sei der Natur der lateinischen Perfecta zuwider, dass eine gewisse Gruppe derselben, welche ihrer Bildung nach nur durch die rein äusserliche Eigenthümlichkeit der Synkopirung von den übrigen Formen verschieden sind, nur und ausschliesslich Futur-Bedeutung haben solle; auf der andern Seite mochte die zum unabänderlichen Gesetz erhobene Meinung von der Unzulässigkeit dieser Formen für die Vergangenheit vielleicht den Blick für die unparteiische Beurtheilung solcher seltner Fälle trüben, in denen die Herstellung einer Form dieser Art im Sinn des Präteritum räthlich erscheinen konnte. Der einzige Weg, auf welchem man aus diesem Widerstreit der Meinungen zu einer festen Entscheidung gelangen kann, besteht darin, den thatsächlichen Gebrauch dieser Formen bei den alten Autoren genau festzustellen. Auf Grund einer statistischen Uebersicht dieser Formen nach allen verschiedenen Idiomen, in denen sie auftreten, werden wir auch das Verhältniss leicht ermitteln können, in welchem in Rücksicht auf den Umfang des Gebrauchs und die Häufigkeit der Anwendung die einzelnen Modificationen der Grundbedeutung zu einander stehen. Wir geben nun ein Verzeichniss der Beispiele des synkopirten Conjunctiv Perfecti, welches zugleich die Stellen, deren Zusammenhang diese Beispiele angehören, in etwas ausführlicherer Fassung mit vorführt, damit die jedesmalige specielle Bedeutung erkannt werden könne. Auch die kritische Gewähr der einzelnen Formen ist zur Prüfung mit angeführt. Der Anordnung liegen die Kategorien des syntaktischen Gebrauchs zu Grunde. Vorangestellt sind die Idiome, welche eine Anwendung im Sinne der Bezeichnung des Zukünftigen enthalten.

———————

Beispiele des Conjunctiv Perfecti.

1. Wunschsätze.

Es kommen bei Plautus nur vier nicht synkopirte Formen des Conj. Perfecti im Wunschsatz vor: *delicuerit* Cas. 2, 6, 47, *perieris* Men. 295, *perierint* Stich. 385, *abierit* Poen. 3, 6, 4. Das im Wunsch so häufige *facere* kommt nur als *faxim*, nie als *fecerim* darin vor. Im Wunschsatz überwiegen also noch entschieden die synkopirten Formen.

Stich. 505 ita di bene me ament measque mihi *servassint* filias
ita me di bene ament measque mihi bene *die Bücher mit A.*
serva sint *B.* servassent *Da.*

Trin. 384 tibi permittam, posce, duce : : di te *servassint* mihi
servasint *C.*

Pseud. 37 at té di deaeque quantumst ... : : *servassint* quidem.

Cas. 2, 5, 16 di te *servassint* mihi.

Cist. 4, 2, 76 confitemur Cistellam habere : : at vos Salus *servassit!* ubi ea nunc est?

Curcul. 577 at ita ... pecten speculum calamistrum meum Béne
me *amassint* meaque axicia (me *om. Ba.*)

Aul. 1, 1, 11 utinam me divi *adaxint* ad suspendium.

Asin. 654 di te *servassint* semper.

Pseud. 14 id te Juppiter *Prohibéssit* : : nihil hoc Jovis ad judicium attinet.

Persa 330 quae res bene vortat ... *Perénnitassitque* adeo huic perpetuom cibum
perennitatsique *A.* perennitatisque *B.* perhennitatisque
C. emend. von Bücheler, Rh. Mus. Bd. 14 (1859) *p.* 322.
perpetuo *A. B. C.* cibo *AC.* erbo *B.*

Pseud. 315 di meliora *faxint* : : face quod te rogamus, Ballio.
di melius faciant *BCD. richtig nur A.*

Poen. 5, 7, 29 di meliora *faxint* : : sicut video coenabis foras.
sicut *Geppert* sic est *codd.*

Merc. 285 di melius *faxint* : : di hoc quidem *faciant* : : quid est?
faciunt quid est *B.* fatiant quid est *C.* faciant quid est *D.*

Bacch. 626 heus Mnesiloche quid fit? : : perii : : di meliora *faxint*
: : perii.
di melius faciant *B. em. von Fleckeisen Exercitt. Plaut. p.* 19.

Curc. 131 quid id est? : : periisse ut te dicas : : male di tibi
faxint : : dice isti. — male tibi di faciant *B. verbessert von
Fleckeisen.*

Persa 652 divitias tu ex ista facies : : ita di *faxint* : : eme modo.
faxin te me *B. C. D.*

Most. 398 mórigerae tibi erimus ambae : : ita ille *faxit* Juppiter.

Pseud. 923 quid próperas? placide: ne time. ita ille *faxit* Juppiter.
ille *codd.* volo *früher Ritschl, der zu Most. 398* ille *vertheidigt.* faxet *Da.*

Amph. 461 nisi etiam is quoque me ignorabit, quod ille *faxit* Juppiter.
quod ille faciat *B. verbessert von Fleckeisen.*

Amph. 632 útinam di *faxint,* infecta dicta re eveniant tua.
rete veniant *B.*

Most. 463 di te deaeque omnes *faxint* cum istoc omine

faxint *B,* axint *CDa.* ᵖᵈᵘ axint *DB.* perduint *Turnebus Adv.*
XVI, 10. faxint *Bentl. Hec.* 1, 2, 59.

Captiv. 172 ita di deaeque *faxint* : : set numquo foras Vocatus es..?

Captiv. 622 át ita me rex deorum atque hominum *faxit* patriae
compotem.

Poen. 4, 2, 87 ita paratumst : : ita di *faxint,* ne apud lenonem
hunc serviam. — servam *B.*

Poen. 4, 2, 89 ita di *faxint!* numquid aliud me morare, Milphio?
nunc quid *B. C.*

Aul. 2, 1, 28 ita di *faxint* : : volo te úxorem Domum dúcere ...

Aul. 4, 10, 62 quaé res tibi et gnataé tuae Béne feliciterque vortat: Ita di *faxint* inquito : :
Ita di *faciant!* : : et mihi ita di faciant. audi nunciam.
queres *B.*

Cist. 1, 1, 52 di *fáxint!* : : sine opera tua nil di horunc facere
possunt.

Cist. 2, 1, 55 dei me omnes magni minutique et patellarii ...
faxint, ne ego [dem] vivos [hodie] savium Silenio.
nach patellarii *eine Lücke in B. Die Supplemente von Pareus.*
senio *B.*

Plautus in der Cornicularia bei Nonius 134, 32
.. mihi Laverna in furtis *celebrassit* manus.
militavi eram nam *Leid.* mi litaveram nam *Wolfenb.* mihi

Laverna in *Scalig.* celebrassit *Wolfenb.* celerassit *Leid.*
celebrassis *Scal.* manius *Leid. Wolfenb.* manus *Aldina.*

Hecyra 102 ita di deaeque *faxint*, si in remat Bacchidis.

Hec. 134 at te di deaeque *faxint* cum isto odio Laches.
deaeque perduint cum isto *Bembin.* faxint *Bentley mit Vergleichung von Mostell.* 2, 2, 33 (= 463).

Hec. 354 salvan Philûmenast? :: meliûsculast :: utinam istuc ita
di *faxint.*

Heaut. 161 utinam ita di *faxint!* :: facient. nunc si commodumst…
di faciant *vier Bentley'sche Codd.*

Pacuv. bei Varro L. L. 7 § 102, Paulus p. 373, Non. 507, 26
und 74, 22 und 27 Vers 112 ed. Ribb.
di *monerint* meliora atque amentiam *averruncassint* tuam.
minerint *cod. Wolfenb. bei Non.* 507, 28. minuerint *codd.
Non.* 74, 27. maluerunt *codd. Non.* 74, 27. averuncassent
Paulus. aberruncassint *Nonius.* tuam *fehlt bei Varro.*

Ennius (trag. Vers 323 Vahl.) bei Probus in Vergil. Ecl. 6, 31.
p. 16 ed. Keil
inspice hoc facinûs priusquam flat: prohibesseis scelus.
prohibesse *Vul.* prohibesse et *Par.* prohibesseis *Fleckeisen.*

Ennius bei Non. 342, 15 Vers 377 trag. Vahl.
qui illûm di deaeque magno *mactassint* malo.

Afranius bei Non. 342, 17 (Vers 264 Ribb.) . . ah, fûlica, bene
peristi; di te *mactassint* malo. — a *Codd.* ah *Ribb.*

Pomponius bei Non. 342, 12 Vers 137 Ribb. at te di omnes cum
consilio, calve, *mactassint* malo.

In der precatio auguralis bei Fest. 351, 10
'bene *sponsis* beneque volucris' in precatione augurali Mes-
sala augur ait significare 'spoponderis, volueris'.
Volueris *in Zeile 11 ist verdorben.* voleris *Scal.* volis
(*nach Priscian* 848) *Müller* (Fest. p. 411).

Das Gebet an Mars bei Cato r. r. 141.
Mars pater te precor … uti tu morbos visos invisosque …
calamitates intemperiasque *prohibessis* defendas averrunces-
que. utique tu fruges … grandire beneque evenire siris (*so
die codd. nach Keil Observ. crit. in Cat. et Varr. Halle* 1849.
p. 44, *gewöhnlich* sinas). pastores pecuaque salva *servassis*
*dui*sque bonam salutem.

Livius 1, 18 Juppiter pater si est fas hunc Numam Pompilium
 ... regem Romae esse, uti ut signa nobis certa *adclarassis*
 inter eos fines, quos feci.

Livius 29, 27 eaque vos omnia bene juvetis bonis auctibus *auritis*
 ... inimicorum hostiumque ulciscendorum copiam *faxitis*.

Fronto ad M. Caesarem 3, 3 p. 49 ed. Mai (Rom. 1856)
 tum me di omnes male *afflixint*, si ego verbo laedere ausus
 fuissem.

2. Sätze, die ein directes Verbot enthalten.

Mercat. 484 non taces? *cave* tu istuc *dixis*.

Mil. 283 tute sci soli tibi; Mihi *ne dixis* scire nolo.
 dixit scerere *Ba.* dixti scire *Bc.*

Asin. 839 *ne dixis* istuc : : ne sic fueris, ilico ego non dixero.

Aul. 4, 10, 17 *ne istuc dixis* : : quid tibi ergo meam me invito
 tactiost?

Mil. 1125 istúc *cave faxis*; quin potius per gratiam Bonam abeat
 abs te.

Mil. 1245 nisi pérdere istam gloriam vis, quam habes *cave sis faxis*
 summopere istam *B.* si non perdere istam *die übrigen Codd.*

Most. 1115 *né faxis* nam elixus esse quam assus soleo suavior.
 ne faxis sis nam *Ba.* ne faxis nam *Bb.* ne faxis sis unam *C.*

Asinaria 256 serva erum: *cave* tu idem *faxis* alii quod servi solent.

Asin. 625 verbum *cave faxis* verbero : : tibi equidem non mihi opto.

Capt. 149 *nunquam* istuc *dixis, neque* animum *induxis* tuum.

Poen. 3, 1, 50 nós tu *ne curassis:* scimus rem omnem, quippe omnes simul Didicimus.

Most. 526 *nil* me *curassis*, inquam. ego mihi providero. — pro-
 video *C.*

Pseud. 232 *nil cúrassis:* liquido es animo. ego pro me et pro te
 curabo.
     nihil *A. wofür* bene *die andren Codd.* ne curassis *Scalig.*
     vgl. Madvig Opusc. alt. pag. 105.

Rud. 1028 *néque* tu me quoiquam *indicassis* neque ego tibi quicquam dabo.

Asin. 467 hercle istum di omnes perduint. verbo *cave supplicassis.*
 perdunt *B. von zweiter Hand* i *übergeschrieben.*

Aul. 4, 2, 1 tu modo *care* quoiquam *indicassis*, aurum meum esse istic, Fides.

> quicquam *B. doch ist* c *von spätrer Hand getilgt.* indicasses *B.*

† Aul. 3, 6, 49 *care* sis tibi *Ne* in mé *mutassis* nomen si concreduo.

> ne tu in me *B.*

Mil. 1007 hanc quidem *Nil* tu *amassis* mihi desponsast

> tuam assis *B.* tua massis *D.*

Most. 1097 surge :: minume :: *ne occupassis* obsecro aram :: cur? :: scies.

> octu passis *B.* arma *Bc.*

Most. 523 quid faciam? :: *care respexis.* fuge: operi caput

> faciam *B.* operi atque caput *die Codd. verbessert von Guyet.*

Casin. 2, 6, 52 praecide os tu illi hodie! age, ecquid fit? :: *care objexis* manum.— precide *B.* fit ne oblexis *B.* oblesis *die Palatini.* fit ne objexis *sonst gewöhnlich* cave *Bothe.*

Trin. 627 sta ilico noli avorsari, *neque* te *occultassis* mihi.

Bacch. 1188 etiám tu homo nihili quód di dant boni *cáre* culpa tua amissis

> nihil dii *Ba.* nihil q dii *Bb.* nihili quod dii *CD.*

Bacch. 910 *cave parsis* in eum dicere :: etiam me mones?

Stich. 149 neque ego te celabo *neque* tu me *celassis* quod scias.

> scias *A.* scies *die übrigen Codd.*

Neque im Verbot kommt also an vier Stellen mit der synkopirten Form des Perf. Conj. vor:

> Captivi 149. Trin. 627. Stich. 149. Rud. 1028. Vgl. Haase Anm. 496 und Enn. annal. v. 200. ed. Vahl. *nec mi aurum posco nec mi pretium dederitis* und Epigr. 1, 4 *nec funera fletu faxit.*

Andr. 760 mane. *care* quoquam ex istoc *excessis* loco.

Andr. 753 verbum si mihi Unúm praeterquam quod te rogo.... *faxis care.*

Heaut. 187 atque [hércle] etiam nunc tempus est :: *cave faxis* non opus est pater

> hercle *hat Fleckeisen eingesetzt.* atque etiam nunc satis temporist *Bentley.*

Phorm. 742 *ne* me istoc posthac nomine *appellassis* :: quid? non obsecro es ...

Naevius Corollaria bei Charis. p. 214. V. 46 ed. Ribb.
>   St tace, *Cave* vérbum *faxis.*
>   Setale *Cod. Neap. emendirt von Haupt Philol.* 1, 376.
Ennius Epigramm bei Cic. Tuscul. 1 § 117 und Cato maj. § 73
>   (pag. 162 Vahl.).
>   nemo me lacrumis decoret *nec* funera fletu *Faxit.*
Varro in der Satire Modius bei Non. 176, 15 und 180, 6. pag.
>   168 Riese.
>   sed o Petrulle *ne* meum *taxis* librum.
Cic. de Legg. 2 § 19 Separatim *nemo habessit* deos, neve novos
>   neve advenas.

>   hebes* sit deos nemo habessit da *Leid. Voss.* 84. habens
>   sit decus *Leid. Voss.* 86.
Horaz Sat. 2, 3, 38 *cave faxis* Te quicquam indignum.

**3. Selbständige Sätze, eine Behauptung, ein Urtheil
enthaltend. Der Conjunctiv ist hier ein dubitativer.**

Menaech. 185 égo istic mihi hodie adparari *jussim* apud te prandium.
>   iussi *codd.* jussim *Acidalius geb. von Ritschl.*
Mil. 310 quid? nusquam? :: non ego tuam *empsim* vitam vitiosa
>   nuce.
>   mutuam ea ipsi tui tam *B.* mutuā ea ipsi tuttā *CD. em.
>   Lindem. geb. von Ritschl.*
Casin. 2, 5, 39 non égo istuc verbum *empsim* titivillitio
>   *über den Hiat Spengel „Plautus" Götting.* 1865. p. 191.
>   emissum tibi stalitio *B von zweiter Hand, anfangs Lücke.
>   Paul.* 336: empsi cum titivillitio. *Fulgent.* 562, 27 emsitem.
Asin. 503 si esses percontatus Me ex áliis, scio pol crederes nunc
>   quod fers :: *hau negassim. — vgl. Madv.* p. 109.
Mil. 669 *quid* ad illas artis *optassis,* si optio eveniat tibi?
>   optissi *B.* optis si *CDa.* optes si *Db. em. von Camerarius.
>   vgl. Madv.* p. 103.
Trucul. 4, 4, 39 né istum ecastor hodie astutis *confexim* fallaciis.
>   hastis confectum *BC.* astutis Saracenus confexim *edd. vett.*
>   conficiam *Geppert.*
Trucul. 1, 1, 44 *faxim* lenonum .. posthac minus .. siet.
Poen. 5, 2, 131 male *faxim* lubens.

Aul. 3, 2, 6 homo nullust … quoi ego … mali plus lubens *faxim*.

Aul. 3, 5, 20 ego *faxim* .. sint viliores.

Trin. 221 pauci sint *faxim*.

　　　paucis ini faxim *BC. em. von Camerarius*.

Pers. 73 *faxim* nusquam appareant.

　　faximus quam *codd. em. von Pylades*.

Merc. 815 *faxim* plures sint vidui.

Amph. 511 *faxim* .. malis esse.

Mil. 11 tam bellatorem Mars se haut *ausit* dicere.

Bacch. 697 quem si ego orem ut nil mihi credat id non *ausit* credere.

Bacch. 1056 ne cum illo pignus haut *ausim* dare.

Merc. 301 sed *ausimne* ego tibi eloqui?

Most. 923, 924 egone te joculo modo *ausim* fallere? :: egone abs te *ausim* non cavere?

Aul. 3, 4, 16 jam hunc non *ausim* praeterire.

Poen. 1, 1, 21 egone istuc *ausim* facere?

Poen. 5, 6, 21 haud aliter *ausim*.

Adelphi 886 et tibi Lubéns bene *faxim*.

Ad. 895 si quid usus venerit Lubens bene *faxim*.

Eunuch. 884 non *ausim*.

Eunuch. 904 neque pol servandum tibi Quicquam dare *ausim*.

Pacuv. bei Fest. 217 (v. 209 Ribb.)

　　　fac ut coepisti: hanc operam mihi des perpetem:
　　　oculos *transaxim*.

　　oculis traxerim *cod.* oculis transaxim *Müll.* oculus transaxim *Ribb. vgl. Welcker Gr. Trag.* p. 1155 *Anm. 6 und Ribb. Trag. reliq.* p. 293, *Düntzer Zeitschr. f. Alt.* 1838 (oculis te axim) p. 57—60.

Pacuv. bei Fest. 352 V. 424 Ribb. topper tecum sist potestas *faxsit:* sin mecum velit.

　　　sist] sit *cod.* po..stas *cod.* faxsit si *cod.*

Lucr. 3, 444 aere qui credas posse hanc cohiberier ullo?
corpore qui nostro rarus magis is *cohibessit?*

　　　magis incohibescit *codd.* is cohibessit *Lachm.* magis usque liquescit *Bernays. Madv.* p. 66 *annot. glaubt, dass* cohibescit *aus dem vorhergehenden Vers eingedrungen sei*.

Lucr. 2, 177 (cl. 5, 196) hoc tamen … *ausim* confirmare.

Lucr. 6, 412 an hoc *ausis* unquam contendere factum?

Horaz Sat. 1, 10, 48 neque ego illi detrahere *ausim* ... coronam.
Liv. 5, 3 in der Rede des App. Claudius: Quis non spondere *ausit,*
maximum hoc imperium ... futurum esse?

4. Objectssätze mit *ne* und *ut.*

Hier steht der Conjunctiv Perfecti fast ganz wie ein Conjunctiv Futuri. Den periphrastischen Conjunctiv Futuri (*amaturus
sim*) hat das ältere Latein sehr selten. Plautus braucht ihn nur
wenige Male z. B. Pseud. 567, Terenz häufiger. Im späteren
Latein ist dieses Idiom nicht mehr gebräuchlich. Madvig Opusc.
altera p. 103 sagt über dasselbe: *ultimus ex iis quos habemus eo
usus est Horatius Sat. 2, 6, 5.* Häufig ist dieser Conjunctiv im
älteren Latein besonders nach Verbis timendi.

Persa 478 nec metuo quibus credidi hodie *ne* quis mi in jure *ab-
jurassit.*
Bacch. 597 mihi cavitiost *Ne* nucifrangibula *excussit* ex malis meis.
Mil. 333 hic opsistam *ne* imprudenti huc ea se *suprepsit* mihi.
Menaechm. 861 sane ego illum metuo ut minatur, *ne* quid male
faxit mihi.
Trucul. 2, 6, 42 magis oppletis tritici opust granariis
ne ille priusquam spolia capiat hic nos *extinxit* fames.
Poen. 1, 3, 36 nunc mihi cavitiost, *Ne* meamet culpa meo amori
objexim moram.
Capt. 319 set te optestor, Hegio, *Ne* tuum animum avariorem
faxint divitiae meae.
Casin. 3, 5, 7 Cleóstrata abscédo ab ista óbsecro *Né* quid in té
mali *fáxit* ira éxcita. — percita *B. corr. Kampmann.*
Trucul. 5, 51 *cave sis faxit* volnus tibi jam cui sunt dentes ferrei.
cave faxis vomus *BC.*
6H Aulul. 4, 2, 4 verum id te quaeso *ut prohibessis* Fides.
Terenz Phor. 552 quaere obsecro, *Ne* quid plus minusve *faxit* quod
nos post pigeat, Geta.
Terenz Heaut. 197 nunc nil magis Vereór quam *ne* quid in illum
iratus plus satis *faxit* pater.
Pacuv. bei Non. p. 184, 4 und 160, 10 v. 122 Ribb.
... primum hóc abs te oro *ni* me inexorabilem   1.
Faxis, ni turpassis vanitudine aetatem tuam,
Oro nive plectas fandi mi prolixitudinem.   3.

V. 1 ni me *corr. Lachm. ad Lucr.* 2, 734.   nimis *codd.*
v. 3 nive *Lachm.* mi ne *codd.*

Attius bei Non. 179, 32 v. 555 Ribb.

... quod te obsecro aspernabilem
ne haec taetritudo mea me inculta *faxsit.*
faxit *codd., nur Leid.* faxsit.

Caecil. bei Non. 134, 9 v. 139 Ribb. hoc a te postulo, *Ne* cùm
meo gnato posthac *limassis* caput.
limassis *Leid.* limasset *Basil.* limasses *die Uebrigen.*

Turpilius bei Non. 334, 11 v. 112 Ribb. Verita sum *ne* amóris
caussa cum illa *limassis* caput.
limasset *Basil.*

Afranius bei Non. 109, 17 v. 83 R. deos ego omnes *ut fortunassint*
precor.

Ennius Annal. bei Non. 150, 30, v. 322 Vahl. libertatemque *ut*
perpetuassint Maxime.
perpetuitas sintque *codd. emend. von Bentinus.*

Attius bei Non. 257, 15 Vers 147 Ribb. quid est *cur* componere
ausis mihi te aut me tibi?

Titulus L. Mummi 608 a. u. c. in I. L. A. p. 151
tua pace rogans te
Cogendei dissolvendei tu *ut* facilia *faxeis.*

Lex agraria 643 a. u. c. I. L. A. p. 85, Z. 84 supsig]netur *neive*
quis quid *fax[sit].*

Lucilius bei Fest. Quat. XVI. p. 360, 21 Müll. p. 72 Momms.
inguen ne exsistat, papulae, tama, *ne* boa *noxit.*

Lucr. 2, 982 inde alia ex aliis nunquam consistere *ut ausis.* (*Madv.
p.* 104).

Lucr. 5, 728 quasi id fieri nequeat ... aut minus hoc illo sit *cur*
amplectier *ausis.*

Horaz Sat. 2, 6, 5 nil amplius oro Maja nate nisi *ut* propria haèc
mihi munera *faxis.*
Hierzu die Bemerkung von Madvig Op. all. 103.

Persius 1, 112 veto *cuce faxit* oletum.

Fronto ad amicos 2, 6 p. 216 Estne lege coloniae Concordiensium
cautum, *ne* quis scribam *faxit*, nisi eum quem decurionem
quoque recte facere possit?

Fronto ad M. Caes. 3, 13 p. 58 potius te caruero, ... quam ..
natare patiar .., *ne* fluctus, *ne* vadus, *ne* piscis aliquo *noxsit.*

Es mögen noch einige Beispiele der volleren Form in der Bedeutung der Zukunft in Sätzen nach Verbis timendi und ähnlichen folgen:

Attius V. 310 ed. Ribb. at contra *quantum obfueris* si victus sies
    Considera et quo revoces summam exerciti.

Rud. 305 nunc Venerem hanc veneremur bonam, *ut* nos lepide
    adjuerit hodie.

Casin. 2, 6, 44 deos quaeso *ut* tua sors ex sitella *effugerit*.

Bacch. 37 metuo mihi in monendo *ne defuerit* optio.

Mil. 526 nunc pol ego metuo *ne* quid *infuscaverit*.

Capt. 791 minor interminorque *nequis* mi [hodie] *opstiterit* in via.

Pseud. 654 haud ibis intro *ne* quid harpax *feceris*.

Eunuch. 611 metuo pater *ne* rure *redierit*.

Adelph. 282 quam primum absolvitote *ne* si magis inritatus siet
    aliqua Ad patrem hoc permanet atque ego tum
        perpetuo *perierim*.

Auch der Gebrauch des Aoristus secundus ist hier zu bemerken:

Pacuv. 228 *ne* vim qui *attulat neve attigat*.

5. Conditionalsätze, Temporalsätze, Relativsätze und Fragesätze in der indirecten Rede.

Poen. prol. 26 ne et hic varientur virgis et loris domi *Si minus*
    curassint cum eri [re]veniant domum
    curasint *B.*

Pseud. 943 taceo. sed quid tibi bene faciam *si* hanc sobrie rem
    adcurassis!

Aul. 2, 2, 51 nunc *si* filiam *locassim* meam tibi in mentem venit
    Te bovem esse et me esse asellum.

Asin. 603 ne iste hercle ab illa non pedem discedat *si licessit*.

Asin. 612 nam quid me facturam putas *si* istuc quod dicis *faxis?*

Amph. 69 nam *si* qui palmam *ambissint* histrionibus   69
    seu qui ipse *ambissit* seu per internuntium   70
    sive adeo aediles perfidiose quoi duint
    sirempse legem jussit esse Juppiter
    quasi magistratum sibi alterive ambiverit.

69. ambissent *B. und die Palat.*

70. ambissent *B. und die Palat.*

Die Formen -sint hat zuerst Lambin hier gesetzt; gebilligt von Fleckeisen.

Holtze in der Ausgabe des Amph. (Leipz. 1846) vertheidigt das Plusquamp., in der Syntax 2, 97 -sint und -sit.

Trucul. 1, 1, 40 quos (sc. parentes) cum celamus *si faximus* con-scios ... Faxim lenonum et scortorum minus ... siet.

facimus *BC. Madvig hält* faximus *als zu der von* faxim *abhängenden indirecten Rede gehörig für Conjunctiv des Perfect Op. alt. p. 103 und 98. Neue dagegen erklärt es für einen Indicativ* (Fut. exact.) *p. 397, Holtze dagegen 2, 80 hält es auch für Conjunctiv.*

Pseud. 1021 ne in re secunda nunc mi obvortat cornua Si occa-sionem *capsit.*

ceperit capsti *B.* cęperit Capsti *C. D.* capsit *Camerarius.*

Poen. 5, 4, 52 id ego *nisi* quid di aut parentes *faxint* quid sperem haud scio.

faxint *ist Conjunctiv Perfecti von* scio *abhängend. Holtze schwankt in der Erklärung; er hält es 2, 80 auch für Conjunctiv, doch 2, 85 für das Futurum exactum.*

Poen. 1, 3, 18 egone *si* istuc lepide *effexis* ... ut non ego te ho die ... emittam manu?

faxis *B.* effexis *A.*

Asin. 612 nam quid me facturam putas *si* istuc quod dicis *faxis?*

Asin. 613 mihi certumst ecficere omnia in me eadem *quae* tu in te *faxis.*

Bacch. 1193 non tibi in mentemst ... neque *si* hoc hodie *amissis,* id post mortem eventurum esse unquam?

amiseris *BCD.* amissis *Bothe, Ritschl, Fleckeis.*

Rudens 1345 *si defraudassis* dic ut in quaestu tuo

Venus eradicet caput atque aetatem tuam.

Rudens 1248 ego nisi *quom lusim* nil morer ullum lucrum.

ego mihi quom lusi nihil moror *BC.*

Neue p. 430 „cum lusi beizubehalten, nicht cum lusim zu schreiben."

Capt. 343 (alium misero) qui tua *quae jussis* mandata ita ut velis [ei] perferat. — quae juseris mandata ita ut velis perferat *BC.*

Ennius bei Non. 507, 22 fragm. trag. v. 342 ed. Vahl. plus miser
    sim *si* scelestum *faxim* quod dicam fore.
        sum *libri.* sim *Delrio.* scelestim *libri.* scelestum *edd. rell.*

Pacuvius bei Nonius p. 185, 26 s. v. verruncent und p. 505, 18
    s. v. axim, bei Ribbeck v. 298: veniam precor Petens ut
    quae ago egi *axim* verruncent bene.
        exim *die Codd. Non. p.* 185. vel axim *die Codd. Non.*
        p. 505 *verbessert von Ribbeck.*

Livius 3, 64 in der lex sacrata vom Jahr 306 a. u.
    tum ut ii *quos* sibi collegas *cooptassint* (codd. cooptassent),
    ut illi legitimi eadem lege tribuni plebei sint.

Liv. 6, 41 in der Rede des App. Claudius 387 a. u. c. *quod*
    faxitis velim deos fortunare.

Liv. 34, 4 Rede des Cato für die lex Oppia: vos *quod faxitis* deos
    omnes fortunare velim.

Syrus 515 Ribb. heu quam miserumst ab eo laedi *de quo* non *ausis*
    queri.

Lucret. 4, 505 vita quoque ipsa Concidat extemplo *nisi* credere
    sensibus *ausis.*

6. Vereinzelt angeführte Formen, welche allerdings auch Futura exacta sein können.

Paul. 3 *axit* egerit.

Paul. 28, 11 *adaxint* adegerint.

Paul. 61 *celassis* celaveris.

Paul. 75 *dicassit* dixerit.

Festus 229, 6 *propriassit* proprium fecerit.

Paul. 57 *capsit* prenderit.

Paul. 107, 20 *incensit* incenderit. *incepsit* inceperit.

Paul. 111, 11 inseque apud Ennium dic. *Insexit* dixerit.

Fest. 298, 10 *surempsit* sustulerit.

Fest. 348, 21 *serpsit* antiqui pro serpserit usi sunt cf. Paul. 349,
    6. Vielleicht ist 351, 13 zu schreiben „serpula *serpsit* (cod.
    serpserit)“ ait idem Messala „serpens irrepserit.“

Paul. 377 vallescit perierit; es scheint eine synkopirte Form in
    vallescit verborgen zu sein.

§ 7.

Prüfung der Stellen, welche Vergangenheits-Bedeutung zu haben scheinen.

——

Während die mannigfach entwickelte Syntax, welche aus der diesen Formen zu Grunde liegenden Bezeichnung des Zukünftigen hervorgegangen ist, gleichsam einer Fülle frischer Triebe gleicht, welche ein lebenskräftiger Zweig erzeugt hat, und für die kurze Dauer, während welcher wir geschichtlich dieses Idiom verfolgen können, ein anschauliches Bild sprachlichen Schaffens giebt, so erscheint hiergegen dasjenige Element der Bedeutung dieser Formen, welches der Bezeichnung der Vergangenheit dienen soll, sehr dürftig entwickelt, so dürftig, dass man leicht zu der Vermuthung gebracht werden kann, dieses präsumirte Bedeutungs-Element sei dem Grundbegriff jener Formen von Haus aus fremd. Es sind nur wenige Beispiele, für welche die neuere Kritik Anspruch auf jene Vergangenheits-Bedeutung erhebt. Wir wollen jedoch hier denselben eine ausführliche Erörterung widmen, denn an ihrer Beurtheilung hängt die Entscheidung einer Principienfrage, einer Frage, welche von grosser Bedeutung für einen interessanten und wichtigen Theil des lateinischen Tempus-Systems ist. Es ist hier zuerst eine Stelle anzuführen, welche in früherer Zeit in Folge der Textesgestalt, welche ihr einige ältere Kritiker gegeben hatten, als Beispiel des in Rede stehenden Bedeutungs-Charakters hätte aufgeführt werden können. Indess ist aus den ziemlich verderbten handschriftlichen Daten durch neuere Behandlung eine Gestalt hervorgegangen, welche an sich selbst grössere Wahrscheinlichkeit besitzt und durch welche jene synkopirte Conjunctivform beseitigt wird. Es ist eine Stelle aus Lucilius bei Cicero de fin. 2, 8, 23 (Buch IV Fragm. 6 bei Gerlach p. 15). Die besseren Codices, der Vat. 1513, Vat. 1525, Erl. 38 haben

> quibu' vinum
> diffusum e pleno siet hirsizon (ut ait Lucilius) cui nil
> dum sit vis et sacculus abstulerit nil.

dum sit] „dempsit *deteriorum codicum est*" *Madvig, und dieses* *ist die frühere Vulgata bei Cicero.* vis] nix *Lambinus.* `Gerlach schreibt* cui nil dempsit nix et sacculus abstulerit nil. *Madvig bemerkt, dass* dempsit *hier, wo es die Vergangenheit bezeichnen würde, nicht gleich* dempserit *sein könne. Mit Benutzung der Scaligerschen Conjunctur* hir, siphon (hir siphove *Orelli) schreibt Bouterweck Rh. Mus.* 1866, p. 346 quibu' vinum Diffusum e pleno siet hir siphove nihil cui *Dempserit* et cui nix aut sacculus abstulerit nil. *Labb. Gloss.* hir ϑέραρ. *Schol. zu Aristoph. Thesmoph.* 557 σιφωνίζειν τὸ τὰ ὑγρὰ ἀποσπᾷν *vgl. Eur. Cycl.* 439.

Ausser diesem zu keinerlei Schluss über die Bedeutung der synkopirten Formen berechtigenden Beispiele sind noch sieben (bereits oben angedeutete) Stellen vorhanden, an denen mit einigem Schein diese Formen als im Sinn der Vergangenheit stehend angenommen worden sind. In ihnen liegt der Angelpunkt der Frage, die uns bisher beschäftigte. Wir führen zunächst diese 7 Stellen mit kritischem Apparat auf und schliessen dann eine eingehendere Betrachtung an.

I. Menaechm. 596 ed. R.
> di illum ómnes perdant ita mihi hunc hódie corrupit diem,
> meque ádeo *qui* hodie forum unquam oculis *inspexim* meis

inspexi meis *BbFZ.* inspeximus *BaD.* inspicimus *C.* inspexim *Ritschl, gebilligt von Corssen* 2, 28 und *Brix.*

II. Mercat. 758 ed. R. non ego sum *qui* te dudum *conduxim* : : quid est?
conduxi *die Codd.* conduxit *Acidal.* conduxim *Ritschl, gebilligt von Corssen* 2, 28.

III. Menaechm. 616 ed. R.
> nil equidem paveo — nisi unum: palla pallorem incutit.
> : : at ego, tu *ne* clam *comessis* prandium . perge in virum.
at tu ne clam me *Bb, gebilligt von Brix.* at tu nec iam me *BaC.* aut tunectiã me *D.* aut tu ne etiam me *FZ.* at ego tu ne *Ritschl.* comesses *BCDZ.* comesses *F.* comessis *Bothe.*

In der Lesart von Ritschl *at ego* (scil. paveo) *tu ne clam comessis* hat *comessis* die Bedeutung der Vergangenheit: „ich fürchte, dass du hinter meinem Rücken das Mahl verzehrt hast." In der Lesart des *Bb* (von Brix aufgenommen) hat *comessis* zukünftige Bedeutung: „Du aber hüte dich, hinter meinem Rücken das Mahl zu verzehren."

IV. **Amphitr. 206 ed. Fleckeis.**

> Telebois jubet sententiam ut dicant suam:
> si sine vi et sine bello velint rapta et raptores tradere   206
> *si* quae *asportassint* reddere: se exercitum extemplo
>   domum   207
> reducturum.

asportassent *die Codd.* redderent *B. von erster Hand, nach-her nt ausradirt,* redderent *die andren Palatini.* asportassint *Fleckeisen.* reddere *Fleckeisen. Holtze in der Ausgabe des Amphitruo, Leipz. 1846, vertheidigt* asportassent (*p. 89 cl. p. 80*). *Er stimmt in der Syntax.* 2*, pag.* 100 *der Auffassung Fleck-eisens bei. Ebenso Corssen* 2, 33.

V. **Rudens 125 ed. Fl.**   dic quod te rogo,

> ecquem tu hic hominem crispum incanum videris,   125
> hic dico, in fanum Veneris, *qui* mulierculas   128
> duas secum *adduxit,* quique *adornarit* sibi
> ut rem divinam faciat.

adornaret *Codd. und Pareus.* adornarit *Fleckeisen und Holtze Synt.* 2, 99, *welcher bemerkt:* „*offendit quod in enuntiatione relativa primum indicativus deinde conjunctivus perfecti positus est.*" *Neue* 2, 430 *sagt:* „adduxit *kann nicht Conjunctiv sein, indem die Form auf* sim *wohl mit potentialer Bedeutung, nicht aber in dem reinen Ausdruck des Geschehenen gebraucht wird.*" *Nach Fleckeisen's Auffassung müsste aber* adduxit *eben so gut Conjunctiv Perfecti sein können, wie* asportassint (*Amph.* 207).

Am meisten günstig der Auffassung, dass die synkopirten Formen die Vergangenheit bedeuten können, sind folgende zwei:

VI. Varro in der Satire Papiapapae περὶ ἐγκωμίων („Paperlapapp, oder von der Lobrede" Mommsen R. Gesch. 3², 588) bei Nonius 26, 30 (pag. 187 der Fragmentsammlung von Riese, Leipz. 1865).

> praetor vester mihi eripuit pecuniam: de ea questum ad
> annum veniam ad novum magistratum, cum hic rapo umbram
> quoque spei *devorassit.*

devorasset *die Codd. Vahlen Conjectanea* (*Leipz.* 1858) *p.* 49 *sagt:* „*in quo nescio an rectius* devorassit *scribatur*", *gebilligt von Riese.*

VII. Varro in der Satire ταφὴ Μενίππου bei Nonius p. 248, 14
(bei Riese p. 222),   nach Riese

> in charteo stadio ἐπιτάφιον ago ἀγῶνα quom qui cer-
> tassit animo, bellus homo, magis delectatus [sit] Stoico-
> rum pancratio quam athletarum.

epitafion agoa (*ohne* ἀγῶνα) *die Codd.*   ago ἀγῶνα *Riese
nach Vorgang von Turnebus und Gerlach.*   quo quis *Codd.*
quom qui *Riese.*   certasset *Codd.*   *nur* certuset *Bern* 83.
certassit *Barthius.*   delectatus *Codd.*   delectatur *Gerlach.*
sit *fehlt in den Codd., ergänzt von Vahlen Conj. p.* 150, *gebilligt von Riese.*   quarum atletarum *Codd.*   ausser quam
Genevensis.

Mommsen R. Gesch. 3³ p. 590 giebt den Sinn der Worte
so wieder: „aber nichts geht doch über den echten Philo-
sophen-Zank — ein stoischer Faustkamf übertrifft weit jede
Athletenbalgerei.“

Es lassen sich an diese Stellen folgende Erwägungen knüpfen:

Zu I.

Die Grenzen des Indicativ und Conjunctiv sind im älteren
Latein noch keineswegs mit derselben Subtilität festgestellt, wie
im späteren klassischen Latein.   Es herrscht namentlich im Gebiet der indirecten Rede und in den einer subjectiven Auffassung
fähigen Relativsätzen noch ein auffallendes Schwanken zwischen
beiden Modi.   Es lässt sich die Beobachtung machen, dass solche
Relativsätze, welche nach späterer Sprachanschauung unbedingt
den Charakter subjectiver Reflexionen an sich tragen würden, bei
Plautus besonders dann der Auffassung als objectiv Thatsächliches getreu bleiben (einer Auffassung, der überhaupt die ältere
Sprache mehr zuneigt), wenn ein erstes Glied der Aussage vor-
hergegangen ist, welches diesen objectiven Charakter in unzweifel-
hafter Weise besitzt.   So bietet sich zunächst als ein sehr ähnliches Beispiel für den Indicativ *inspexi* in der vorliegenden Stelle
der Fall dar:

> Rudens 1166 qui te di omnes perdant, qui hodie me
> oculis vidisti tuis,
>
> meque adeo scelestum, qui non *circumspexi*
> centiens.

Indess auch ohne diese entschuldigende Veranlassung findet sich in zahlreichen Beispielen dieser Art der Relativsätze statt des zu erwartenden Conjunctiv der Indicativ.

> Rud. 1184 summe ego scelestus *qui* illunc hodie *excepi* vidulum.

> Curc. 616 meane ancilla libera ut sit, *quam* ego nunquam *emisi* manu?

> Merc. 588 sumne ego homo miser *qui* nusquam bene *queo* quiescere?

> Mil. 1376 stulte feci *qui* hunc *amisi.*

> Stich. 561 docte vorsutus fuit *Qui* seni illi concubinam dare dotatam *noluit.*

Die Stelle Stichus 558 nequam fuisse illum adulescentem, *qui .. denegavit* dare se granum tritici wird kaum mit angeführt werden können, da hier der Relativsatz in der indirecten Rede steht und also zwei Motive für die subjective Auffassung zusammenkommen. Mit Recht schreibt Ritschl *denegarit.* Doch können noch ferner beispielshalber hier stehen:

> Men. 852 sumne ego mulier misera *quae* illaec *audio?*

> Andria 646 heu me miserum *qui* tuum animum ex animo *spectavi* meo.

Durch all diese Beispiele ist wohl der von den Codices in unsrer vorliegenden Stelle qui hodie forum unquam oculis *inspexi* meis gebotene Indicativ als ein in der älteren Sprache nicht seltenes Idiom vertheidigt.

Zu II.

Die für den Indicativ in I. angeführten Beispiele gelten auch für diesen Fall: *non ego sum* qui *te dudum* conduxi. : : *quid est?* Man könnte Anstoss daran nehmen, dass hier der regierende Satz negativ ist, dass also ausdrücklich der Inhalt des Relativsatzes als ein Unwirkliches bezeichnet werden soll. Indess ist ein analoger Fall vorhanden.

> Curc. 616 meane ancilla libera ut sit *quam* ego nunquam *emisi* manu?

Um diesem unser vorliegendes Beispiel ganz ähnlich zu machen, wird statt *conduxi* mit Acidalius *conduxit* zu schreiben sein*), mit der Bedeutung des Indicativ. Die erste Person im Indicativ würde sich nur in bedenklicher Weise erklären lassen als ein Zeichen der Verwirrung und ein Sichselbstverrathen des Lysimachus.

Zu III.

Dass hier die Lesart der Codices *comesses* von Bothe mit Recht in *comessis* verwandelt sei, ist nicht im Mindesten zu bezweifeln. Indess kann *comessis* entweder Potentialis Futuri sein, oder als Vorstellungs-Modus der Vergangenheit aufgefasst werden. Ritschl's Vermuthung *at [ego* sc. paveo] *tu ne clam* comessis — giebt allerdings einen sehr passenden und in der Wendung des Gedankens feinen ironischen Sinn. Auch die Structur *parco ne* lässt sich belegen durch Andria 349 *id pares ne ducas tu illam*. Die handschriftliche Lesart *at tu ne clam* me comessis, welche von Brix aufgenommen ist, lässt sich indessen auch sehr wohl vertheidigen. Sie beruht auch auf einer Ironie. Der Parasit, welcher glaubt, dass die Mahlzeit ohne ihn abgehalten worden ist, spricht ironisch und bitter das Ersuchen aus: „Aber dass du ja nicht hinter meinem Rücken die Mahlzeit vertilgst." Man kann sich diese Worte als eine übertrieben angelegentlich vorgetragene Bitte gesprochen denken. Dann ist *at* (was allerdings bei Ritschl eine sehr feine Entgegensetzung hervorbringt) auch in der handschriftlichen Lesart leicht zu erklären. Es bezeichnet so viel als: „mag sein —, aber …" Ritschl's Vermuthung würde, wenn anderweitig die Bedeutung der synkopirten Formen als Ausdruck des Vergangenen feststünde, sehr glaubhaft erscheinen, aber sie ist nicht so sehr an sich nothwendig, dass jene Bedeutung dadurch als Thatsache erwiesen würde.

Zu IV.

Der Grund zur Veränderung von *asportassent* in *asportassint* ist hier die Tempusfolge gewesen. Es kommen hier noch einige Umstände hinzu, welche dieser Umänderung einen ganz besondern Schein von Glaubhaftigkeit geben. Die Codices haben *si quae asportassent redderent*. Wenn *redderent* richtig wäre, so

---

*) Nämlich *conduxit* drückt das Factische aus: irgend Jemand muss den Koch gemiethet haben; *conduxi* würde dagegen eine blosse Vorstellung bezeichnen, deren Wahrheit Lysimachos ableugnen will.

würde auch *asportassent* nicht angezweifelt werden können. Nun aber machen sehr gute Gründe die Lesart *redderent* verdächtig. Nämlich erstlich kann der doppelgliedrige Bedingungs-Satz doch unmöglich im ersten Gliede des Präsens *se velint* haben und im zweiten Gliede des Imperfect *si redderent*. Ferner ist im Codex *B* am Ende von *redderent* das *nt* ausradirt, so dass diese Handschrift eigentlich *reddere* bietet. Endlich aber ist auch ein sehr naheliegender Anlass nachweisbar, aus welchem die Corruptel des ursprünglichen *reddere* in *redderent* hergeleitet werden kann. Nämlich *reddere*, was ja syntaktisch sehr wohl hier zulässig ist und unter diesem Gesichtspunkt allerdings keinem alten Leser oder Schreiber Verdacht erregen konnte, scheint dennoch für einen weniger Erfahrenen ein metrisches Bedenken zu haben. Die Thatsache, dass die Infinitiv-Endung *-re* noch an zahlreichen Stellen der alten jambischen Dichter lang ist*), konnte den Abschreibern leicht unbekannt geblieben sein. Aus dieser Veranlassung ist in den geringeren Handschriften die Interpolation *redderent* statt *reddere* entstanden. Da nun das Plusquamperfect *asportassent* nach dem üblichen Modus der lateinischen Tempusfolge allerdings besser zu *redderent* als zu dem Präsens *velint*, welches für den Infinitiv zu ergänzen sein würde, passt, so könnte leicht der Anschein entstehen, als möchte derselbe Interpolator, welcher *redderent* aus *reddere* machte, nun auch aus einem ursprünglicheren *asportassint* das Plusquamperfect *asportassent* gemacht haben. Diese Argumente mögen Fleckeisen bewogen haben, zu schreiben *si, quae asportassint, reddere* (scil. velint). In der That haben sie auch ein gefälliges Ansehen. Doch ist hier die grösste Vorsicht von Nöthen. Der Irrthum und die Wahrheit liegen für das menschliche Auge allzunahe beieinander. Die Lesart *reddere* des Codex *B* ist ohne allen Zweifel das Richtige. Aber es ist durchaus nicht zufällig, dass der Wiederhersteller dieser Lesart im *B* sich hierauf beschränkt und *asportassent* nicht angetastet hat. Die Verbindung eines Nebensatzes im Plusquamperfect Conjunctivi mit einem Hauptsatz im Praesens historicum ist im Latein etwas durchaus nicht Beispielloses und Ungebräuchliches. Es

---

*) Es handeln hiervon: Lange, über den lat. Inf. Praes. Passivi. Wien 1859, p. 5. Bücheler, Lateinische Declination, p. 62, zu dessen Beispielen man noch Terenz Andr. 613 *qui sum pollicitus ducere* fügen kann. (Vergl. Zusatz Seite 103.)

kommt bei der Wahl zwischen dem Conjunctiv Perfecti und Conjunctiv Plusquamperfecti hier wesentlich darauf an, ob man die Handlung als einen in der Vergangenheit abgeschlossenen Act ansehen will, oder als einen Vorgang, der noch in der Gegenwart des Redenden in seinen Folgen fortbesteht. Als Beispiele für das Plusquamperfect innerhalb der im historischen Präsens vorgetragenen Erzählung sind zu nennen: Cic. pro Quinct. § 18 *Naevium certiorem facit, rogat ut curet, quod dixisset.* In Catil. 3, § 14 *L. Flaccus et C. Pomptinus praetores, quod eorum opera forti fidelique usus essem, jure laudantur.* Nepos Paus. 4 *huic ille quid ex litteris comperisset aperit.* Vgl. Krüger, Lat. Gramm. § 622. Es lässt sich also *asportassent* an unsrer Stelle sehr gut mit der Structur *si relint .. reddere* vereinigen. Es wird auch noch aus einem andren Grunde wahrscheinlich, dass wir an dem Plusquamperfectum festzuhalten haben. Nämlich in den Handschriften·des Plautus ist die Vertauschung des synkopirten Conjunctiv Perfecti mit dem Plusquamperfect Conjunctivi ein ausserordentlich seltener Fall. Für die erste Conjugation ist nur ein Beispiel in einem der weniger bedeutenden Codices vorhanden. Stichus 505 hat statt *serrassint* der Codex *Da: serrassent;* die übrigen *serva sint* oder *serrassint.* Auch ausser der ersten Conjugation sind nur ausserordentlich wenig Beispiele dieser Verschreibung. Rudens 678 haben statt *respexis* die Codices *respexes.* Ueber *comesses* statt *comessis* Men. 617 ist schon oben gehandelt. In der bekannten Stelle Amphit. 69 *nam si qui palmam ambissint histrionibus* und V. 71 *seu qui ipse ambissit seu per internuntium* ist die Schreibart des *B.* und der übrigen Codices *ambissent* und *ambisset.* Die Schreibweise mit *i* rührt von Lambin her. Fleckeisen hat dieselbe aufgenommen, Corssen, Ausspr. 2, 33 und Holtze, Synt. 2, p. 98 haben diese Lesart gebilligt. Es ist wohl auch nicht zu bezweifeln, dass allerdings hier die Conjunctivi des Perfect herzustellen sind, indess war bei diesem Verb ein Anlass zur Verderbniss auch um so mehr naheliegend, als ausser *ambire* kein Verb der vierten Conjugation in der synkopirten Form sich findet. Im Ganzen also ist die Zahl der Fälle, wo bei Plautus ein ursprünglicher synkopirter Conjunctiv Perfecti oder ein synkopirtes Futurum exactum von den Abschreibern in einen Conjunctiv Plusquamperfecti verwandelt worden sind, so gering (von *-assint* in *-assent* ist nur ein Beispiel vorhanden, in einem geringeren Codex), dass die Annahme einer solchen Vertauschung stets etwas Bedenkliches hat. Es ist also die Lesart *asportassent*, welche sich durch andre Stellen in ihrer syntaktischen Eigenthümlichkeit wohl rechtfertigen lässt, sicherlich nicht zu verwerfen.

Zu V.

Die Lesart, welche hier die Codices haben *ecquem videris qui adduxit quique adornaret sibi* hat natürlich Anstoss erregt wegen der Verschiedenheit des Tempus in zwei scheinbar sich logisch gleichstehenden Relativ-Sätzen. Es ist daher *adornarit* oder *adornavit* schon früher vermuthet worden. Durch die Lesart *adornavit* würde man nun zwar der Differenz zwischen diesem Prädicat und *adduxit* überhoben sein, aber der Indicativ hat in dem zweiten Glied desshalb etwas sehr Bedenkliches, weil der Inhalt desselben durchaus nichts Factisches, sondern etwas rein Hypothetisches ist. Der Indicativ steht ja allerdings noch vielfach bei Plautus in indirecten Fragen, wo nach der späteren Syntax der Conjunctiv stehen würde. Indess hat dieser Modus der Objectivität natürlich nur da einen Sinn und eine Berechtigung, wo der Inhalt der Rede in der Hauptsache factisch ist und nur nach irgend einer Seite hin der subjectiven Auffassung unterliegt. Daher ist *adornavit* entschieden unzulässig; wir haben nur die Wahl zwischen *adornaret* und *adornarit*. Schreibt man *adornarit*, so wird dadurch *adduxit* fast nothwendig zum Conjunctiv Perfecti im Sinn eines wirklichen Präteritum. So ist diess von Fleckeisen offenbar aufgefasst worden. Holtze 2, 99 freilich fasst *adduxit* neben *adornarit* dennoch als Indicativ, obschon dieser Gelehrte im Ganzen die Fähigkeit der synkopirten Formen, die Vergangenheit zu bezeichnen, nicht anzweifelt. Ebenso hält Neue 2, 430 *adduxit* für den Indicativ. Jedenfalls ist aber diese Zusammenstellung verschiedener Modi desselben Tempus sehr hart; ferner: wenn wirklich *adornarit* neben *adduxit* im ältesten Texte gestanden hätte, so würde die Verderbniss in *adornaret* schwer zu erklären sein, da für den äusserlich Betrachtenden *adornarit* viel bestechender als *adornaret* ist. Hierzu kommt, dass *adornaret* neben dem Indicativ *adduxit* sich sehr gut vertheidigen lässt und sogar eine sehr feine Distinction aufweist. Das Prädicat *adduxit* bezeichnet etwas durchaus Factisches, denn der Umstand, dass Labrax von zwei Mädchen begleitet war, bildete das charakteristische Kennzeichen für ihn. Wenn es sich um etwas durchaus Thatsächliches handelt, so kann auch in der indirecten Rede der Indicativ im Plautinischen Sprachgebrauche stehn. Man vergleiche folgende Fälle:

> Bacch. 664 lubet scire quantum aurum sibi *dempsit* et
> quid suo *reddidit* patri.
> Mil. 418 set facinus mirumst quomodo haec hinc huc
> transire *potuit*.

Ebenso wie in unsrem vorliegenden Fall ist der indicativische Relativsatz doppelt abhängig

> Hecyra 418 nescis quid mali Praeterieris qui nunquam
> *es ingressus* mare.

Charakteristisch wegen des Wechsels von Indicativ und Conjunctiv in parallelen Gliedern ist

> Andria 650 ah nescis quantis in malis *vorser* miser
> quantasque hic consiliis mihi *conflarit* sol-
> licitudines.

Es kann also *adduxit* sehr wohl Indicativ sein. Dagegen ist in dem *adornare* ein viel ungewisserer Zug der Beschreibung des Labrax enthalten. Der Wechsel des Modus also ist sehr erklärlich. Das Imperfect *adornaret* verdient vor *adornarit* dess-halb den Vorzug, weil die Bezeichnung der Vorbereitung zum Opfer als einer vollendeten Handlung hier eher störend ist, als angemessen; während *adornaret* den Labrax als beschäftigt mit den Opfer-Vorbereitungen hinstellt*). Es ist also kein Grund vorhanden, die Lesart der Handschriften abzuändern.

Zu VI.

In der Lesart der Handschriften *veniam ad novum magistra-tum cum hic rapo umbram quoque spei devorasset* ist Vahlen mit Recht das Plusquamperfect nach dem Futurum auffällig gewesen. Er schlägt also *devorassit* vor, offenbar, denn er fügt nichts hinzu, mit der Bedeutung eines Conjunctiv Perfecti in Praeterito. Es ist auch hier kaum denkbar, dass irgend eine andre Verbalform der syntaktisch unmöglichen Lesart *devorasset* sollte zu Grunde liegen. Ferner scheint hier mit Nothwendigkeit an ein Factum der Ver-gangenheit, einen vom Prätor gewissenlos zur Entscheidung ge-brachten Rechtshandel gedacht werden zu müssen. Wenn irgend

*) Vergl. Zusatz, Seite 103.

4*

ein Beispiel geeignet ist, die Ansicht, dass die synkopirten Formen auf -sim und -assim das Vergangene bezeichnen können, zu unterstützen, so ist es dieses, und die Vertheidiger dieser Ansicht müssten vor Allem auf diese Stelle sich berufen. Vahlen und Riese bemerken freilich nichts über die Tragweite und allgemeinere Bedeutung dieser Textesänderung. Indessen so scheinbar und naheliegend auch hier die Deutung der Form *decorassit* als Perfect im Sinn der Vergangenheit ist, so ist doch diese Auffassung ein Irrthum, und es ist alle Vorsicht nöthig, um hier nicht unbemerkt in ein Gewebe der Täuschung zu verfallen. Wir müssen nämlich bedenken, dass die synkopirten Perfectformen und auch die volleren Formen des älteren Latein häufig in den verschiedenen Arten abhängiger Sätze (ganz abgesehen von Wunsch-Sätzen und Verboten) statt des Conjunctiv Futuri stehen. Der spätere periphrastische Conjunctiv Futuri (*amaturus sis*) wird vielfach im alten Latein ersetzt durch diesen Potentialis Futuri (*amassis*), den die synkopirten Formen darstellen. Nach der Seltenheit des periphrastischen Conj. Futuri bei Plautus zu urtheilen, ist die Bezeichnung dieses Modus-Begriffs durch den Conjunctiv Perfecti ursprünglich die Regel gewesen. Es finden sich in den älteren Autoren in den allerverschiedensten Arten abhängiger Sätze dergleichen Beispiele.

Attius bei Non. 485, 15 (V. 310 Ribb.)
    at contra quantum *obfueris* si victus sies
    considera et quo revoces summam exerciti.

Persa 478 nec metuo quibus credidi hodie ne quis mi
    in iure *abjurassit*.

Rud. 730 ita ego te hinc ornatum amittam tu ipsus te
    ut non *noveris*.

Asinaria 613 mihi certumst eficere omnia in me eadem
    quae tu iu te *faxis*.

Pacuv. bei Non. 505, 18 (V. 298 Ribb.) petens ut quae
    ago egi *axim* verruncent bene.

Sallust oratio Lepidi § 19: quorum adeo Sullam non pae-
    nitet ut et facta in gloria numeret et, si liceat,
    avidius *fecerit*.

Es ist hierüber gehandelt von Madvig Op. alt. p. 103 fg.

Nach Analogie dieser Redeweisen ist auch das uns vorliegende Varronische Beispiel zu beurtheilen. Wir haben bei Varro

einen Causal-Satz mit quum. Der Redende, welcher vom Prätor
in seinem Recht gekränkt ist, sagt: „bei diesem Magistrat wolle
er es nicht mehr versuchen, sondern bis zum nächsten Jahr warten,
denn dieser Räuber (*rapo*) würde auch jeden Schatten von Hoffnung verschlingen." *quum devorassit* ist *quum devoraturus sit*.
Genau genommen steht hier der Conjunctiv nicht ganz eigentlich
für einen Indicativ Futuri des unabhängigen selbständigen Satzes.
Auch im selbständigen Satz würde hier der Potentialis der Zukunft zu setzen sein. Indess diess ist kein Hinderniss der Richtigkeit der Structur. Der Fall ist ganz analog dem oben angeführten aus Sallust.

Zu VII.

An dieser Stelle ist zunächst wieder anzuerkennen, dass
certassit von Barth mit Recht statt des überlieferten *certasset*
(der Bern. 83 *certuset*) empfohlen zu sein scheint. Ferner hat
Riese wohl den Sinn dieses Fragments sehr scharfsinnig und
richtig hergestellt, indem er *quo[m] qui certassit* schreibt. Hierdurch werden beide Glieder des Ganzen sehr passend in ein
Causal-Verhältniss gesetzt. Der Sinn ist dieser: An Menippos'
Grab muss als Leichen-Agon eine philosophische Disputation in
Scene gesetzt werden: denn wer zeitlebens mit dem eigenen
Triebe im Kampf gelegen, freut über ein solches Pankration sich
mehr als über das der Athleten. Es bleibt nur die Frage übrig,
ob *quom qui certassit animo bellus homo* von Menippos selbst zu
verstehen sei, oder ob es allgemein von jedem bellus homo zu
verstehen sei. Die Lesart *delectatus* [*sit*], welche Vahlen mit
Recht empfohlen hat, ist mit beiden Auffassungen zu vereinigen.
Nach der ersteren Auffassung würde gesagt sein: „Da der Bieder-
Mann (Menippus), der ja sein Leben lang mit dem eignen Triebe
kämpfte, mehr Ergötzen fand am Philosophen- als Athletenkampf."
Im letzteren Falle würde es heissen: „Da ein Biedermann, welcher
stets mit sich kämpft, sich wohl mehr ergötzen wird." Der
ersteren Auffassung nach wäre *certassit* Beispiel der synkopirten
Form zum Ausdruck der Vergangenheit. In der zweiten Auffassung ist *certassit* Potentialis der Zukunft, es könnte sogar als
Futurum exactum aufgefasst werden. Auch an dieser Stelle ist
also kein zwingender Grund vorhanden, *certassit* als Bezeichnung
eines Factums der Vergangenheit aufzufassen.

Somit hat aus der Prüfung des überlieferten Thatbestandes an Beispielen synkopirter Conjunctivi Perfecti sich das Resultat ergeben, dass die Bedeutung der Vergangenheit in dieser Form nirgends sicher nachweisbar ist. An zwei oder drei Stellen, wie wir sahen, ist der Ausdruck von der Art, dass die Beziehung dieser Formen auf ein vergangenes Sein nicht gerade unmöglich erscheint, obschon dort die Beziehung auf die Zukunft sich ebenso gut und besser aus dem Sinn rechtfertigen lässt. Indessen jener Schein verliert die Bedeutung einer Thatsache völlig, wenn man bedenkt, dass die volleren, nicht synkopirten Formen so häufig zur Bezeichnung des Vergangenen im Modus der Vorstellung angewendet werden (*sciunt quid in aurem rex reginae dixerit*), dass es ein fast unbegreiflicher Zufall sein würde, wenn bei so häufiger Gelegenheit*), ein Factum in indirecter Rede einzuführen, niemals die synkopirten Formen, wofern sie diese Bedeutung haben konnten, angewendet worden wären, sondern immer nur die volleren Formen. Es giebt etwa 62 Stellen bei Plautus, an denen zu der Bezeichnung eines Vergangenen im Conjunctiv Perfecti solche Verben dienen, welche ebenso volle als synkopirte Formen dieses Modus besitzen. Hätten die synkopirten Formen jene Bedeutung überhaupt annehmen können, so würden sie doch an einer oder der andren dieser Stellen zur Verwendung gekommen sein. Wer hier nicht dem Spiel des Zufalls eine ungebührliche Bedeutung einräumen will, wird bekennen müssen, dass in dieser Erscheinung ein innerlicher Grund maassgebend sein müsse.

*) Es giebt bei Plautus 215 Beispiele von Conjunctivis Perfecti in der Bedeutung der Vergangenheit, welche sich auf die einzelnen Stücke so vertheilen: Mercat. 16, Persa 10, Bacch. 6, Rudens 10, Trin. 12, Cistell. 10, Amph. 24, Miles 32, Curcul. 4, Capt. 9, Aulul. 4, Menaechm. 11, Casin. 5, Pseud. 7, Asin. 13, Stich. 9, Mostell. 9, Trucul. 6, Epidic. 5, Poenul. 13. Davon kommen aber sehr viele auf solche Verba, welche keine synkopi Form bilden können. Z. B. auf *fuerim* 35, *venerim* 26 u. s. f.

§ 8.

Die bisherigen Ansichten über die Gründe der ausschliesslichen Zukunftsbedeutung, besonders über die Auffassung jener Formen als präsentische Perfecta.

Wir kommen nach Feststellung des thatsächlichen Gebrauches nun zu der Frage nach der Ursache jenes eigenthümlichen syntaktischen Charakters dieser Formen. Die Thatsache kann man zunächst näher dahin bestimmen, dass, während die volleren Formen ebenso das Vergangene wie Zukünftige bezeichnen, die synkopirten Formen, obschon sie ja eben nur durch ein rein lautliches Pathos aus den volleren hervorgegangen sind, doch im syntaktischen Werth verschieden und auf die Zukunft beschränkt sind. Der Gedanke Madvig's, als ob diese Formen einfach gebildete Conjunctive des ersten Futurum auf -*so* seien, ist gänzlich unzulässig, und man muss durchaus daran festhalten, dass die Formen auf -*sim* und -*assim* aus Synkopirung der entsprechenden volleren noch das *s* statt des *r* enthaltenden Formen hervorgegangen sind. Der Widerspruch, welcher darin liegt, dass zwei etymologisch identische Formen verschiedene syntaktische Bedeutung haben sollen, verliert allerdings nun dadurch seine Schärfe, dass ja die synkopirten Formen jedenfalls die Eigenthümlichkeit ihrer Bedeutung mit den volleren sigmatischen Formen gemein hatten; von der Syntax dieser letzteren Formen wissen wir unmittelbar nichts, sie sind nur in fossilen Resten einer untergegangenen Schöpfungsperiode erhalten, aber aus ihren in die Litteraturepoche hinübergeretteten Stellvertretern, den synkopirten Formen, können wir mit Bestimmtheit abnehmen, dass sie der Bezeichnung der Vergangenheit unfähig waren. Der Gegensatz besteht also eigentlich zwischen den beiden Grundtypen der volleren Form selbst, nämlich zwischen der älteren sigmatischen und der späteren mit *r* gebildeten. In der älteren Epoche, welche in den sigmatischen Formen vertreten ist, hatte der Conjunctiv Perfecti also nur und ausschliesslich Zukunfts-Bedeutung und ward dann in der jüngeren, durch die Formen mit *r* vertretenen Epoche auch auf die Bezeichnung der Vergangenheit übertragen. Mit der Constatirung dieser Thatsache ist nun aber freilich zunächst nur ein Räthsel ausgesprochen, denn dass der Conjunctiv Perfecti seiner eigentlichsten und ursprünglichsten Bedeutung nach der Potentialis der Zukunft gewesen sei und die Fähigkeit der Bezeichnung der Vergangenheit erst später gewonnen habe, wird Manchem recht auffallend und paradox erscheinen. Indess diese Widersprüche mussten constatirt werden, um zur Wahrheit zu gelangen *ἐκ γὰρ τοῦ ἀπορεῖν καλῶς γίγνεται ἡμῖν τὸ εὐπορεῖν.*

Es ist nun unsre nächste Aufgabe zu prüfen, was von denjenigen Gelehrten, welche schon früher die ausschliessliche Zukunfts-Bedeutung der synkopirten Formen richtig anerkannt hatten, zur Erklärung dieser Thatsache beigebracht worden ist. Es sind im Ganzen von diesen Männern drei Wege eingeschlagen worden, welche ganz verschiedene Ausgangspunkte nehmen. Der erste dieser Wege ist der, wonach diese Formen als einfache Conjunctivi Futuri aufzufassen sind. Diese Auffassung Madvig's können wir hier als bereits genugsam widerlegt bei Seite lassen. Die zweite Erklärungsweise ist die, wonach die synkopirten Formen als streng präsentische Perfecta zu fassen sind, welche als solche das in der Gegenwart Unentschiedene, das mehr oder weniger nahe Bevorstehende ausdrücken. Die dritte Auffassung besteht im directen Gegensatz zur zweiten in der Deutung dieser Formen als Aoristi. Wir wollen zuerst nun zusehen, welche Vortheile die Ansicht bietet, wonach die synkopirten Formen als echte und eigentliche Perfecta aufgefasst werden, welche zwar ausgegangen sind von der Bezeichnung einer vergangenen Handlung, jedoch die Beziehung der Vergangenheit ganz aufgegeben haben und nur die Vollendung des Seins für die Gegenwart zum Ausdruck bringen. Dieser Ansicht zufolge ist den synkopirten Formen die Bezeichnung des Vergangenen eigentlich nur abhanden gekommen, während ursprünglich sie dieselbe besassen. Es fällt daher die Begründung der Zukunfts-Bedeutung der synkopirten Formen nach dieser Auffassung zusammen mit der Begründung der Zukunfts-Bedeutung der volleren Formen. Ein streng präsentisches Perfect geht leicht über in eine Bezeichnung der Zukunft z. B. Captiv. 800 *faciam ut semper meminerit* und das häufige *facito ut memineris* Mil. 354. Aulul. 2, 2, 79. Cur-

cul. 210. Cas. 3, 1, 9. Pseud. 515. vgl. Persa 494, 857. Stich.
47. Mil. 807, 1362. Aul. 3, 6, 5. Capt. 66 *adeo ut spectare
postea omnes oderit.* Hecyr. 542 *ut pol aderit se quoque etiam
quom oderit.* In gleicher Art sollen nun die synkopirten Formen
in intensiver Weise den Perfectbegriff enthalten, im strengsten
Sinne der Vollendung in der Gegenwart, und eben desshalb soll
die Fähigkeit das Vergangene zu bezeichnen in ihnen erloschen
sein. Lindemann hat in dieser Beziehung eine charakteristische
Erklärung gegeben zu Captivi 1, 2, 43: *Ego tamen in eam sententiam inclino ut haec omnia existimem perfecta, quae tamen non
raro natura sua ut omnia perfecta praesentis notionem asciscant.*
Auch Madvig scheint diese Erklärung für die nächst der seinigen
am Meisten wahrscheinliche gehalten zu haben, er sagt p. 71
*faxim et ausim et reliqua ejusmodi perfecta conjunctivi appellant,
sed qui paullo prudentius praecipiunt, addunt praesentis significationem habere, id est, futuri.* Es scheint also diese Auffassung
ihm als der δεύτερος πλοῦς erschienen zu sein. In sehr klarer
und bestimmter Weise hat Holtze Syntaxis 2, 79 sich zu dieser
Auffassung bekannt: *Saepissime tamen conjunctivus perfecti po-
tentialem habet significationem, ut pro praesenti videatur poni,
quod si fit actio per antecedens quasi jam praeterita fingitur et
animo repraesentatur.* Er führt nun solche Beispiele an wie:

> Capt. 149 nunquam istuc *dixis* neque animum *induxis*
> tuum.

> Most. 526 nil me *curassis*, inquam: ego mihi providero.

Indess in dieser Erklärung des Idioms liegt eine Schwierigkeit.
Wenn unzweifelhaft Formen wie *memineris* als präsentische Perfecta
eine Zukunfts-Bedeutung gewinnen, so ist es doch schwer, solche
Formen wie *dixis* und *in animum induxis* in jenen Verboten als
logische Perfecta zu fassen. Es handelt sich hier um nichts
Zuständliches, sondern um ein blosses Eintreten, ein Momentanes.
Diess hat Zumpt sehr richtig gefühlt und er hat daher die Ableitung des Idioms aus dem Begriff des logischen Perfect abge-
lehnt Lat. Gramm. § 528. „*Wenn die Form, welche wir insge-
mein Perfectum Conjunctivi nennen nur der Conjunctiv des Perfect ist, so ist es schwer, diese potentiale zum Futurum gehörige
Bedeutung aus dem Begriff einer gegenwärtig vollendeten Handlung abzuleiten. Es könnte nur geschehen auf dieselbe Weise,
wie .... das Futurum exactum in ein Futurum simplex übergeht,*

durch eine Energie des Ausdrucks, etwas Unvollendetes als schon vollendet zu setzen." Auch Haase zu Reisig Anm. 274 spricht gegen die Auffassung der synkopirten Formen als Präsentia: *„sie geradezu für Präsentia zu erklären scheint doch zu gewagt".* Die meisten jener synkopirten Verbalformen, ja man kann sagen alle, sind von der Art, dass sie den Begriff des logischen Perfects in der strengeren Bedeutung gar nicht einmal zulassen. Solche Fälle wie

Mil. 333 hic opsistam ne imprudenti huc ea se *suprepsit* mihi.

Aul. 1, 1, 11. utinam me divi *adaxint* ad suspendium.

können mit *memineris* und ähnlichem nicht verglichen werden, denn bei letzteren ist das in die Gegenwart reichende Perfect die Ursache, wesshalb der Conjunctiv als Modus der Zukunft erscheinen kann; diess ist aber bei jenen Verbalformen keineswegs der Fall. Die Erklärung also jener Formen als logischer Perfecta ist ganz unhaltbar.

Wir müssen im unmittelbaren Anschluss an diese Ansicht noch eine Modification derselben besprechen, welche den Schein der Richtigkeit und Annehmbarkeit in etwas höherem Grade hat und die schroffen Paradoxien der eben besprochenen Erklärung vermeidet.

Es ist diess die Auffassung, welche wir schon vorhin bei Zumpt und Holtze in den angeführten Stellen angedeutet sahen. Holtze a. a. O. sagt *actio per antecedens quasi jam praeterita fingitur et animo obversatur.* Zumpt sagt: es würde durch eine Energie des Ausdrucks etwas noch Unvollendetes als schon vollendet gesetzt. Er beruft sich hier auf die Analogie des Futurum exactum. Auch dieses, sagt Zumpt § 511, drückt eine erst noch bevorstehende Handlung als eine bereits vollendete aus und giebt der Darstellung dadurch den Charakter der Schnelligkeit, der raschen Vollbringung. Es könnte scheinen, als gäbe diese Erklärung den Grund dafür an, wesshalb *hoc ne feceris* übersetzt werden muss: „hüte dich, dies gethan zu haben", wobei das Perfect die rasche Vollbringung ausdrückt. Je bestechender dieses ἕρμαιον der neueren Grammatik scheint, desto vorsichtiger müssen wir es prüfen, denn in der That, es sind carbones pro thesauro: diese Erklärung verhüllt und verdeckt die Schwierigkeiten nur, ohne sie irgendwie zu beseitigen. Erstlich nämlich: selbst zu-

gegeben, dass diese Auffassung die Bezeichnung zukünftiger
Dinge durch den Conjunctiv Perfecti als thunlich und innerlich
möglich gerechtfertiget hätte, so wäre doch damit eben nur die
Möglichkeit dieser Zukunftsbedeutung, aber noch nicht die Unmöglichkeit der Vergangenheits-Bedeutung begründet. Wenn es
der Sprache möglich war, das noch Unvollendete durch lebhafte
Energie des Ausdrucks als schon vollendet darzustellen, so musste
sie doch erst recht das wirklich Vollendete als vollendet auffassen können: gleichwohl sind die synkopirten Conjunctivi Perfecti hiervon ausgeschlossen. Sollen wir hier an Zufall glauben?
Warum, während *faxim, faxis, faxit* an so vielen Stellen für Zukünftiges gebraucht wird, steht an den 11 Stellen bei Plautus,
wo die Vergangenheit im Vorstellungsmodus dargestellt ist, die
vollere Form *fecerim?* Warum ist an den sieben entsprechend
auf die Vergangenheit bezüglichen Stellen, wo *dixerim* steht,
niemals die synkopirte Form angewendet? Ferner kommt an
vier Stellen im Sinn der Vergangenheit *ceperim*, an fünf Stellen
emerim, an fünf Stellen *egerim*, an drei Stellen *cesserim* vor,
während nie die kürzere Form hier gebraucht ist. Sehr beträchtlich ist namentlich das Contingent der Verba erster Conjugation*).

*) Wir stellen diese volleren Formen des Conj. Perfecti in der Bedeu-
tung der Vergangenheit classenweise zusammen:
Poen. 3, 2, 24 *oraceris*. Cas. 2, 4, 25 *exorarerit*. Epid. 3, 4, 73 *liberarerit*,
Mil. 432 *immutarerit*. Asin. 374 *commutareris*. Asin. 561 *defraudareris*. Bacch.
736 *defraudacerim*. Menaech. 475 *sperarerit*. Rud. 401 *sperarerint*. Cas. 3, 3,
7 *adeocarerit*. Most. 1151 *ludificarerit*. Persa 79 *obreptarerit*, Trin. 1105 *im-
perarerim*. Amph. 136 *fugarerit*. Capt. 127 *turbarerint*. Mil. 66 *obsecrucerint*,
Truc. 4, 3, 47 *stuprarerit*. Mil. 263 *participarerit*. Stich. 558 *denegarim*. Asin,
572 *pernegaris*. Asin. 562, 570 *perjuraris*, unsicher ist Stich. 420 *mulcarerim*,
Ferner Pseud. 498 *habuerim*. Aus der dritten Conjugation: Stich. 266 *jusserit*,
Mil. 709 *ceperim*, welches auch Mil. 1287. Rud. 462. Ep. 3, 2, 34 vorkommt.
Amph. 746 *occiderit*. Mil. 908 *adjecerit*. Es findet sich *emerim* Capt. 205.
Men. 1101. Merc. 221, 504. *amiserim* Amph. 1053. Capt. 21. *cesserim* Merc.
61. Asin. 6. Capt. 649. *duxerim* Merc. 424. Capt. 763. *egerim* Trin. 952,
63, 550. Menaech. 116. Pseud. 1063. *dixerim* Trin. 206. Bacch. 1012. Stich.
556. Asin. 564. Pseud. 961. Menaech. 644. Mil. 860. *fecerim* Mil. 20, 498,
1167. Menaech. 397, 586. Asin. 48. Mostell. 1136. Cas. 3, 4, 27. Cist. 1,
2, 15. Merc. 957. Trucul. 4, 3, 54. Diese Verben besitzen synkopirte Ne-
benformen des Conj. Perfecti, doch finden solche sich nicht in der Darstellung des Vergangenen. Beiläufig sei hier mit Rücksicht auf Haase's schöne
Anmerkung 279 zu Reisig (p. 548) bemerkt, dass bei Plautus nach *factum*

Ein Grammatiker wie Zumpt wird hier nicht an Zufall glauben wollen. Zumpt und Holtze scheinen sich den Vorgang bei der Entwicklung der Zukunftsbedeutung des Conjunctiv Perfecti so vorgestellt zu haben, als ob die eigentlich der Vergangenheit angehörige Bezeichnung der vollendeten Handlung, welche im Stamm des Präteritum liegt (was Zumpt ausdrücklich nicht als reines Perfect gefasst wissen will vgl. § 528), durch eine gewisse Poesie des Ausdrucks sanft auf das Zukünftige übertragen worden sei, weil die Phantasie im Voraus (*per antecedens* sagt Holtze) sich dieses als schon vollendet vorstellte. Dagegen protestirt aber die Sprache mit allen Kräften. Während nämlich die volleren Formen des Conjunctiv Perfecti, welche *r* statt *s* haben, *dixerim, amarerim,* die Gebiete von Vergangenheit und Zukunft umfassen, während in ihnen in der Grundbedeutung die Fähigkeit der Bezeichnung beider Zeitsphären liegt, so sträubt sich die synkopirte Form gegen die Vergangenheitsbedeutung. In der Plautinischen Sprachepoche ist das Verhältniss dieses, dass die Sprache beide Bedeutungs-Momente in den volleren Formen indifferent behandelt und gleichsam amalgamirt erscheinen lässt: in den kürzeren dagegen die futurale Bedeutung energisch differenzirt gegen jenes Amalgam darstellt. Das Amalgam ist das spätere Product, denn die synkopirten Formen sind als hervorgegangen aus den Bildungen mit s (*faxisim, amavisim*) die älteren Formationen. Von Uebertragung also der Vergangenheitsbedeutung auf das Zukünftige, von einem nur prekären Eigenthumsrecht der synkopirten Formen an der Zukunftsbedeutung, von der Auffassung, als sei den synkopirten Formen die Vergangenheitsbedeutung nur abhanden gekommen — von all diesem kann nicht die Rede sein.

Wir müssen die Worte Zumpt's nun aber nochmals von einer andren Seite betrachten. Je grösser das Ansehn dieses Gelehrten ist, desto mehr verdienen seine Ansichten geprüft zu werden, zumal dieselben im vorliegenden Punkt die jetzt fast allgemein herrschenden geworden sind. Indess wird sich sogleich zeigen, dass ein Fehler der Zumptschen Ansicht hauptsächlich darin liegt, dass er seinen eignen Gedanken nicht fertig gedacht hat.

est ut dreimal der Conj. Perfecti steht. Mil. 1167 *ut abierit.* Amph. 432 *ut ebiberim.* Trin. 429 *ut perierit.*

Hätte er diess gethan, — es hiesse den Manen dieses grossen Forschers Unrecht thun, wenn wir nicht glauben wollten, er würde auf ein andres Resultat gekommen sein. Zumpt sagt § 528, dass der Conjunctiv Perfecti die Bezeichnung der Zukunft erlange, indem er ganz in der Weise des Futurum exactum, wenn dasselbe direct (ohne Bezugnahme auf eine andre Handlung) die Zukunft bezeichnet, etwas noch Unvollendetes als schon vollendet vermöge einer besondren Energie des Ausdrucks darstellt.

In diesen Worten können wir leider nicht umhin eine Unklarheit und Unrichtigkeit zu constatiren. Wenn Zumpt von einer als vollendet gedachten zukünftigen Handlung spricht, so meint er natürlich die ihrem innern Sein nach nicht sowohl zeitlich als begrifflich vollendete Handlung. Vollendung ist hier als Seinsstufe, trennbar von der Zeitlage, gedacht. Also das in der Wirklichkeit der Zeit noch Unvollendete wird im Voraus als innerlich vollendete Handlung hingestellt. Diese Denkoperation ist eine für die alten Sprachen besonders charakteristische und es manifestirt sich darin eine hohe geistige Begabung. Im Futurum exactum wird die Vorstellung der innerlich vollendeten Handlung durch die Bildungs-Endung -*so* (d. i. *esio*) in die Zukunft versetzt, aber im Conjunctiv Perfecti, wodurch wird in diesem diese Uebertragung bewirkt? Zumpt antwortet: durch Energie des Ausdrucks. Diese Antwort führt auf einen Trugschluss. Ist die durch den Stamm des Perfect ausgedrückte innerliche Vollendung der Handlung diejenige, welche das historische Präteritum bezeichnet, so ist keine Energie des Ausdrucks von Nöthen, um diese Vorstellung durch den Conjunctiv in die Zukunft zu versetzen, denn diese ist eben das eigentliche Bezeichnungsgebiet des Conjunctiv des aoristischen Präteritum. Wesshalb sollte es hierfür der Entschuldigung durch eine poetische ungewöhnlich lebhafte Auffassungsweise bedürfen? Ist dagegen jene Vollendung eine solche, welche durch das eigentliche Perfect bezeichnet wird, so ist keine Lebhaftigkeit des Ausdrucks, sei sie auch noch so gross, im Stande, diese Vollendung in die Zukunft zu übertragen; die Sprache selbst zeigt uns durch die Schöpfung des Futurum exactum deutlich, dass, um eine solche Uebertragung zu bewirken, eine Bildungs-Endung (-*so*) nöthig war. Auch im griechischen Futurum tertium lässt sich Dasselbe beobachten. Nicht durch eine Modal-Endung ist die Beziehung auf die Zukunft zu Stande gebracht, sondern durch eine Bildungs-Endung, die einen neuen Tempusstamm erzeugte. Ein Conjunctiv eines eigentlichen Perfectum führt immer nur auf eine solche Bezeichnung der Zukunft, wie sie im Conjunctiv Präsentis liegt: Die zum Zustand gewordene Handlung ist als gegenwärtig stattfindend vorgestellt und sie erhält durch den Modus den Charakter des Ungewissen und Möglichen und insofern des Bevorstehenden. Eine solche Art der Zukunfts-Bezeichnung aber ist all denjenigen synkopirten Conjunctivis Perfecti, welche uns erhalten sind, völlig fremd; sie sind semasiologisch, wie es auch Haase a. a. O. Anm. 274 sehr richtig gefühlt hat, dem Wesen des präsentischen Perfect gar nicht verwandt. Wenn Ennius sagt *prohibessis scelus* oder Plautus *ita te Salus servassit*, so ist diess etwas ganz andres in Rücksicht auf die Futurbedeutung, als wenn gesagt wird *faciam ut mei semper memineris* (Capt. 800), oder Capt. 66 *adeo ut spectare postea omnes oderit.* Wir müssen den Unterschied genau angeben, da eben solche scheinbare Analogien sehr zur Verkennung der wahren Natur von *prohibessis, servassis* und der übrigen beigetragen haben. In *memineris* wird der in der Gegenwart bestehende Zustand ohne Unterbrechung auch auf die entferntere Zukunft ausgedehnt. Der Eintritt des Zustandes, den memineris bezeichnet, fällt, obschon *faciam* vorhergeht, doch unzweifelhaft noch in die unmittelbare Gegenwart und setzt sich aus dieser fort in die Zukunft. Diess ist auch bei *oderit* der Fall. Ganz anders ist dies bei solchen Verben wie *dixis, faxis, servassis.* Hier wird ein einzelner in der Zukunft liegender Moment ins Auge gefasst, z. B. beim Verbot der Eintrittsmoment der Handlung *nunquam istuc dixis neque animum induxis tuum* (Capt. 149). Hier kann nicht von einer Fortdauer eines Zustandes vom Moment der Gegenwart an bis in die fernere Zukunft die Rede sein. Man könnte etwa einwenden, dass auch *memineris* und *oderis* zuweilen von einem erst dereinstigen Eintreten in der Zukunft gebraucht würden. Z. B.

Mil. 806 miles domum ubi advenerit, *Memineris* ne Philocomasium nomines.

Hecyra 543 at pol aderit se quoque etiam quom *oderit.* Indess im ersteren Verse ist doch von einem fortwährenden von der absoluten Gegenwart an bestehendem Gedenken die Rede, welches eben nur in einem besondern Zukunftsmoment sich bethätigen soll. Ferner *se quoque etiam quom oderit* ist durchaus auch kein beweisendes Beispiel des Gegentheils, denn oderit ist hier kein Conjunctiv Perfecti, sondern ein Futurum exactum, was vermöge der Bildungs-Endung die Zukunft bezeichnet. Es ist, um auch nicht das kleinste Bedenken zu verschweigen, darauf aufmerksam gemacht worden, dass der Conjunctiv Perfecti öfter dem Conjunctiv Präsentis in Bezeichnung des Bevorstehenden ganz nahe stehe. Z. B.

> Aul. 4, 10, 62 bene fecliciterque vortat, ita di faxint in-
> quito. : :
> Ita di faciant : : et mihi ita di faciant.
> audi nunciam.

Der Unterschied ist kein grosser und es bedarf auch dessen nicht. Der Unterschied würde aber dann allerdings bedeutend werden, wenn man faxint als Conjunctiv des zur Zuständlichkeit vollen-deten facere ansehen wollte. Zwischen dem Zuständlichen *feci* und *facio* ist ein bedeutender Unterschied. In dem Perfect, in strenger Bedeutung liegt die Negation der eigentlichen Handlung. Wenn man *faxint**) dagegen als Conjunctiv eines historischen (aoristischen) Präteritum auffasst, so bezeichnet es ganz einfach das bevorstehende Eintreten. In all jenen synkopirten Verbal-formen liegt viel eher der Begriff der aoristischen (thatsächlichen) Vollendung, als der perfectischen (Vollendung zur Zuständlich-keit). Alles dies hat offenbar Zumpt wohl gefühlt, denn er lehnt ausdrücklich die Auffassung der synkopirten Formen als logischer Perfecta ab (§ 528), weil ihre Bedeutung dagegen streite. Er hat aber weder dieses Bedenken, noch die Vorstellung einer Ueber-tragung der vollendeten Handlung des Präteritum auf das un-vollendete Sein der Zukunft durch Lebhaftigkeit des Ausdrucks klar zu Ende gedacht, sonst würde er auf die in dieser Frage von jeher verdeckten und überkleisterten Schäden aufmerksam geworden sein. Es kommt noch Eins hinzu, die Macht der Zeit-meinung. Nach dieser durfte einmal das lateinische Perfect keine Beziehungen zum Aorist haben. So hat er lieber Wahngebilden opfern, als der Göttin Wahrheit ins Auge sehen wollen.

---

*) Man vergl. Mercat. 285 *di melius* faxint : : *di hoc quidem* faciant : : *die, quid est?*

Es ist endlich noch einer Erklärungsweise zu gedenken, welche wegen ihrer Einfachheit bestechend erscheinen könnte, wodurch Gotfried Hermann im erwähnten Programm das Nichtvorkommen der synkopirten Formen in der Bedeutung der Vergangenheit zu begründen gesucht hat. Auch er geht, wie die soeben genannten Gelehrten, davon aus, dass den synkopirten Formen der Ausdruck der Vergangenheit eigentlich nur abhanden gekommen sei. Sie hätten sich besonders in Gesetzen, Wünschen, Verboten im Gebrauch festgesetzt, und weil der Inhalt solcher Rede-Darstellungen meist auf die Zukunft gehe, sei allmählich hieraus die Meinung entstanden, diese Formen selbst drückten das Zukünftige ihrem Begriff nach aus. Er sagt p. 11 *quae cum ita sint restat ut aperiamus, cur non dixerint „quaeso quid faxis“ neque „adeo fuit severus ut nunquam amassit“ . . . Hujus rei non difficile est rationem reddere. Nam quum formae istae magis magisque obsolescerent, unde jam apud Terentium rarissimas esse ipse (nämlich Madvig) animadvertit, quumque fere in legibus tantum et comprecationibus jus suum obtinerent, relando orandove inservientes, paullatim visae sunt voluntati potius quam rebus praeteritis significandis aptae esse, ut si distincte futuro exacto praeterquam in conditionibus, quod genus frequentissimum in legibus est, utendum esset, jam recentior forma praeferretur, antiqua autem, sicubi ea uterentur, referretur ad futura.* Diese Erklärung kann nicht befriedigen. Sie beruht auch auf der Voraussetzung, dass die in Rede stehenden Formen ursprünglich *res praeteritas* bezeichnet hätten. Als Ursache der Umwandlung ihrer Bedeutung aber betrachtet Hermann einen sehr äusserlichen Umstand, der eine so durchgreifende Aenderung nie hervorzubringen im Stande gewesen wäre.

<hr>

§ 9.

Ansichten Derjenigen, welche die ausschliessliche Zukunfts-Bedeutung jener Formen aus einem aoristischen Charakter des lateinischen Perfect herleiten.

Es ist nun noch übrig, die Letzte derjenigen Ansichten zu prüfen, welche zur Erklärung der Geltung der synkopirten Formen als Potentialis des Futurum aufgestellt worden sind. Die

vorhin erwähnten Auffassungen gehen davon aus, dass diese Bedeutung in irgend einer Weise aus der ursprünglichen eigentlichen Perfect-Bedeutung, d. h. dem Begriff der zuständlich gewordenen Handlung abzuleiten sei. Dagegen wird von der nunmehr zu prüfenden Ansicht die Zukunfts-Bedeutung des Conj.
Perfecti als eine unmittelbare und selbständige aufgefasst und
nicht als aus der Vergangenheits-Bedeutung abgeleitet hingestellt.
Sie erreicht dies, indem sie die synkopirten Formen als Modi
eines aoristischen Präteritum auffasst, welches im Indicativ die
momentane Handlung der Vergangenheit historisch darstellt, im
Conjunctiv dagegen das Bevorstehende ausdrückt. Auch die subjectiven Modi des griechischen Aorist bezeichnen bei Homer fast
noch niemals das Vergangene, sondern das Zukünftige, der Optativ nämlich das von einem festgehaltenen Moment der Vergan-
genheit aus Bevorstehende z. B. Il. α 191 $\mu\epsilon\varrho\mu\dot{\eta}\varrho\iota\xi\epsilon\nu$ $\ddot{\eta}$ . . . .
$\dot{\alpha}\nu\alpha\sigma\tau\dot{\eta}\sigma\epsilon\iota\epsilon\nu$ $\dot{\eta}\grave{\epsilon}$ . . $\pi\alpha\acute{\upsilon}\sigma\epsilon\iota\epsilon\nu$, der Conjunctiv dagegen das von dem
Standpunkte des Redenden aus Bevorstehende. In jenen älteren
Zeiten einer naiven und unmittelbaren Auffassung der Dinge und
Ereignisse der Aussenwelt war eben die Realität und Objectivität
des thatsächlich Dagewesenen noch ein so entscheidendes Moment
für die Darstellung des Vergangenen in der Rede, dass die Erzählung jene subjectiven Modi nicht annahm, sondern den Charakter der Wirklichkeit beibehielt. Das wirklich Gewesene konnte
nicht als ein rein Vorgestelltes aufgefasst werden, es widerstrebte
dem Sprachgefühl, einem thatsächlich Dagewesenen den Typus
der Vorstellung aufzudrücken, gleichsam die frische Farbe des
Lebens durch die Blässe des Gedankens abzuschwächen. Homer
also erzählt in der Regel (es giebt hiervon nur eine Ausnahme)
nicht im Optativ des Aorist; dieser wird erst in späterer Zeit in
der indirecten Rede bei der Erzählung angewendet, z. B. Plato
sagt im Phaedon 57b vom Tod des Socrates $\dot{\alpha}\gamma\gamma\epsilon\tilde{\iota}\lambda\alpha\iota$ ... $\ddot{\upsilon}\tau\iota$ $\gamma\dot{\alpha}\varrho$-
$\mu\alpha\varkappa\upsilon\nu$ $\pi\iota\grave{\omega}\nu$ $\dot{\alpha}\pi\upsilon\vartheta\dot{\alpha}\nu\upsilon\iota$. So wie also der griechische Aorist in der
älteren Zeit im Conjunctiv und Optativ nur ausschliesslich dem
Ausdruck des Bevorstehenden dient, so soll nach der jetzt zu
prüfenden, von einigen Gelehrten aufgestellten Ansicht der sogenannte Conjunctiv Perfecti im älteren Latein und zwar namentlich in den synkopirten Formen, sowie auch in den volleren noch
mit *s* gebildeten Formen (*-sisim*, *-visim*), seiner eigentlichen Bedeutung nach ein Conjunctiv oder Optativ des Aorist sein. Es

wird von diesen Gelehrten nämlich in den Bildungen des lateinischen Perfectum neben dem Grundbestand eines eigentlichen reinen Perfectum ein gleich primitiver Grundbestandtheil eines aoristischen Präteritum unterschieden. Die Vertheidiger dieser Ansicht sind bis jetzt eigentlich noch wenig zu Anerkennung und Beifall gelangt, weil einerseits Jeder von ihnen seine Sache vereinzelt geführt hat und andrerseits den in dieser Auffassung wohlberechtigten Erwägungen mannichfache Irrthümer beigemischt sind, welche bei einer nicht ganz maassvoll und zurückhaltend verfahrenden Vergleichung eines griechischen und eines lateinischen Tempus sich nur zu leicht einstellen konnten. Unter den älteren Gelehrten hat namentlich Görenz in seinen Commentaren zu Cicero's philosophischen Schriften die Ansicht ausgesprochen, dass der Futursinn des Perfect Conjunctivi aus jenem aoristischen Charakter zu erklären sei. Er wendet dies zunächst auf die vollen und unverkürzten Formen dieses Tempus an. So z. B. macht er zu Academic. post. 1, 10, 35 *Zeno igitur nullo modo is eral, qui ut Theophrastus nervos virtutis inciderit* folgende Anmerkung: *est illud optativi loco* „dass er sollte haben wollen" er vergleicht Catilin. 1, 9, 22 *ut te ratio a furore revocarit.* Er meint natürlich den Optativ Aoristi als Modus des in der Vergangenheit Bevorstehenden. Es besteht zu dieser Erklärung eine gewisse Berechtigung. Freilich kann sich Görenz des eigentlichen Verhältnisses des griechischen Optativ und Conjunctiv Aoristi zu dem lateinischen Perfect unmöglich klar bewusst gewesen sein, da er das Futurum exactum ebenfalls einen Optativ Aoristi nennt; so z. B. sagt er zu de legibus 2, 18, 45: *monemus „potuero" eadem prorsus ratione ut videro i. e. loco optativi aoristi poni.* und de finib. 1, 20, 69 *saepius de hujus futuri exacti vi optativa monuimus quod indigno modo VV. DD. ex tot Ciceronis locis expulerunt.* Ueber einen andren Vergleichspunkt zwischen dem lateinischen Perfect und dem griechischen Aorist zu de fin. 1, 15, 49. Görenz hat durch grosse Willkür und Aeusserlichkeit seines Verfahrens den Tadel, welchen Madvig p. 84 ihm zu Theil werden lässt, fast verdient.

Ein viel wissenschaftlicheres Verfahren hat Wex eingeschlagen (Ausgabe von Tacit. Agricola. Braunschw. 1852). Er stellt p. 152 das sigmatische Perfect des Latein dem griechischen Aorist gleich. Er vindicirt als Grundbedeutung diesem Präteritum die

Bezeichnung des Eintritts der Handlung in die Wirklichkeit, wie ja auch der griechische Aoristus I. wesentlich inchoative Bedeutung hat. Im Indicativ bezeichnet der Aorist ebenso eine Zeitlage, nämlich die Vergangenheit, wie er eine Seinsstufe, nämlich das vollendete Eintreten in die Wirklichkeit, bezeichnet. In den Modi der Subjectivität dagegen (wie auch im Infinitiv) bezeichnet der Aorist nicht eine Zeitlage, sondern nur die Seinsstufe, das vollendet Thatsächliche. Diesen Gebrauch des Aorist, zufolge dessen er nur allein die Seinsstufe, d. h. die vollbrachte Handlung bezeichnet, nennt Wex den *usus gerundivus* des Aorist. Seine Worte S. 152 sind: *Aoristi modi . . . plerumque neque praeteriti neque praesentis neque futuri temporis significationem habent, sed in una actionis, quae verbo significatur', denotatione acquiescunt. Hunc igitur eorum usum dixerim equidem usum gerundivum.* Ferner p. 156 fg. werden ausdrücklich zu diesem *modus gerundivus* die synkopirten Formen gerechnet: *atque hujus modi adeo peculiares formas habent Latini veteres uti faxit rapsit capsit ausit.*

Die Auffassung des lateinischen Perfectum als Aoristus ist im weitesten Umfang von Bopp durchgeführt Vergleichende Grammatik § 546 fgg. Bopp hat sich nur auf die etymologische Erklärung der lateinischen Formen des Präteritum eingelassen und die Frage nach ihrer syntaktischen Geltung gar nicht berührt. Hätte er nicht nur ausschliesslich den einen formalen Factor in Betracht gezogen, sondern auch denjenigen der Bedeutung, welcher die Seele des Wortkörpers ist, so würde er wahrscheinlich seiner Gleichstellung jener beiden Tempora engere Grenzen gezogen haben und damit der Wahrheit näher gekommen sein. Er würde, wenn er die ausschliessliche Futurbedeutung der synkopirten Formen bei seiner Vergleichung zum Ausgangspunkt genommen hätte, vielleicht mit Recht haben sagen können, dass diejenigen lateinischen Perfectformen, welche als primitive Formen den synkopirten zu Grunde liegen, einem ähnlichen Tempus, wie es der griechische Aorist ist, angehören müssen. In jener Ausdehnung dagegen, wodurch alle lateinische Perfectformen als Aoriste hingestellt werden, kann diese etymologische Hypothese für die Syntax keine Geltung haben.

Diese zu Gunsten einer Vergleichung von Aorist und lateinischem Perfect angestellten Ansichten haben vielfältige Missbilligungen erfahren. Die syntaktischen Idiome der Tempora des Verbum sind in so ausgeprägter Weise Erzeugnisse der Individualität und des speciellen Charakters jeder Sprache, dass hier ein äusserliches Hervorsuchen von Aehnlichkeiten leicht zu grossen Täuschungen führen und in Spielerei ausarten kann. Mit herbem Spott hat Madvig die Bequemlichkeit getadelt, welche schwierigere specifisch lateinische Idiome durch Vergleichung eines ähnlichen Gebrauchs des Aorist zu erklären meint. Er spricht p. 104 von dem *aoristi inane nomen semper paratum*. Er nennt p. 109 den Aorist die *virgula divina*, mit Hülfe deren das Unmögliche zu Stande zu bringen sei. Curtius weist ebenso vom etymologischen wie vom syntaktischen Standpunkt aus die Vergleichung des latein. Perfectum mit dem Aoristus ab. Er sagt Sprachvgl. Beitr. 302: „*Ebenso ist die Bedeutung* (des latein. Perfectum) *weil eher zu erklären, wenn wir es als Perfect, als wenn wir es als Aorist fassen.*" Freilich darf hier nicht verschwiegen werden, dass die Erklärung der futuralen Bedeutung der synkopirten Formen viel schwieriger ist unter der Voraussetzung, sie seien Perfecta, als unter der, dass sie Aoriste seien. Auch W. H. Kolster, der in einem schönen Aufsatz über die Tempora des Conjunctiv im Lateinischen in der Zeitschr. f. d. Alterthumswiss. 1844 Nr. 49 p. 385 die pädagogisch und wissenschaftlich nicht uninteressante Notiz aus seiner Schulpraxis mittheilt, dass ihn bei der Besprechung des lateinischen Conjunctiv Perfecti seine denkenderen Schüler in der Regel gefragt hätten, ob dieser nicht dem Conjunctiv des Aorist entspräche, hat sich selbst gegen die Auffassung des lateinischen Conjunctiv Perfecti als Conjunctiv Aoristi erklärt. Man hat jene Annahme eines aoristischen Elements im lateinischen Perfect gleichsam als Thorheit, als Irrlehre verfolgt, fast mit derselben Bitterkeit, wie sie oft gerade verkannten Wahrheiten gegenübergestellt wird. Gleichwohl soll all dieser Tadel und Spott, auch selbst die Gefahr, mit dem von Madvig so herb getadelten und in der That auch unwissenschaftlich tappenden Görenz in einem kleinen Theile des Resultats in Uebereinstimmung zu gerathen, uns nicht abhalten, der Wahrheit die Ehre zu geben, und den Richtern über jene Ansicht unser „e pur si muove" zuzurufen; ach, es ist eben wahr: die synkopirten Conjunctivi (*faxim, amassim*) dienen dem Ausdruck des Zukünftigen in ihrer Eigenschaft als Vorstellungs - Modi eines historischen

Präteritum, in ähnlicher Art, wie dies bei den Modi des griechischen Aoristus der Fall ist.

§ 10.

Versuch einer wissenschaftlichen Begründung des Bedeutungs - Charakters des ältesten lateinischen Conjunctiv Perfecti, vermöge einer Auffassung desselben als Conjunctiv eines historischen Präteritum.

Es wird nun unsere Aufgabe sein, diese Auffassung der synkopirten Formen als Conjunctivi eines historischen Präteritum durch stichhaltigere Gründe, als sie bisher vorgebracht worden sind, zu rechtfertigen. Wir werden im weiteren Verlauf unsrer Untersuchung auch genau angeben, innerhalb welcher Grenzen und welchen Umfanges der Name und die Geltung des Aoristus, wie er im Griechischen verstanden wird, auch auf einen Theil des lateinischen Perfect Anwendung findet. Die Aehnlichkeit beider Tempora untereinander ist doch immerhin so gross und betrifft so charakteristische Punkte des Wesens derselben, dass der Name Aorist nicht unberechtigt und nicht nur eine oberflächliche inhaltleere Bezeichnung ist. Wir könnten allerdings uns auch mit der Bezeichnung eines historischen Präteritum begnügen, indess die Unfähigkeit dieses Präteritum anfänglich, d. h. in der älteren Epoche der Sprache, im Modus der Vorstellung das thatsächlich Dagewesene, das Vergangene auszudrücken und die später erlangte Fähigkeit hierfür, ist schon ein Zug individueller Aehnlichkeit, welcher uns beide Sprösslinge der Schwestersprache als nahe stehende Vettern mit demselben Namen zu benennen nöthigt.

Wir müssen nun zuvörderst eine kurze Geschichte der Entwicklung der Bedeutung des Conjunctiv Perfecti in der ältesten Epoche der Sprache geben. Es wird aus dieser auch zugleich erhellen innerhalb welchen Umfanges in dem Gebiet des lateinischen Perfectum eine Aoristbedeutung anzuerkennen ist. Der

Ausgangspunkt, wovon wir in der Aufsuchung der Daten einer solchen Geschichte beginnen müssen, ist wiederum die Thatsache, dass die synkopirten Conjunctivi Präteriti nur Zukunftsbedeutung haben. Diese Bedeutung muss auch den volleren mit s gebildeten Formen des Conjunctiv Präteriti wie *faxisim, amavisim* innegewohnt haben; auch diese haben sicherlich nicht die Fähigkeit besessen, die Vergangenheit in der Weise der Vorstellung zu bezeichnen. Wären diese Formen wirkliche Perfecta, so könnten sie die Beziehung auf die Vergangenheit nicht völlig aufgegeben haben; das Perfect drückt eine Seinsstufe (Vollendung zur Zuständlichkeit) aus, die unzertrennlich von der Zeitlage der Vergangenheit und Gegenwart ist. Man darf hier nicht sagen, dass das lateinische Perfect sich bereits in früher Zeit zum erzählenden Tempus abgeschwächt habe. Wir erkennen aus der Thatsache, dass es noch in der späteren Blüthezeit des Latein ein logisches Perfect giebt, dass eine solche Abschwächung nicht stattgefunden hat. Für diejenigen Gelehrten, welche wie Curtius Beitr. p. 208 dieser Abschwächungs-Theorie folgen, ist die Existenz der synkopirten Formen mit Futurbedeutung ein unerklärliches Räthsel, denn diese können doch unter jener Voraussetzung nur als noch echt präsentische Perfecta gelten. Unter diesen Umständen ist es Pflicht, sich zu erinnern, dass in der griechischen Sprache das historische Präteritum, was die Handlung im Moment der Verwirklichung bezeichnet, im Optativ und Conjunctiv in der Sprachepoche Homer's ausschliesslich die Zukunft bezeichnet. Der Aorist drückt seinem Wesen nach nur eine Seinsstufe, nicht nothwendig an sich schon eine Zeitlage aus. Die von diesem Tempus bezeichnete Seinsstufe aber ist der Moment des Eintretens der Handlung in die Wirklichkeit. Daher bezeichnet der Aoristus primus ursprünglich oft den Anfangsmoment einer Handlung (ἦρξα, ἐβασίλευσα), und in dieser Inchoativ-Bedeutung liegt der wesentlichste Unterschied gegen den zweiten Aorist, welcher, mit der leicht erklärlichen Ausnahme von ἔσχον, die Inchoativ-Bedeutung nicht besitzt. Mit dem Begriffe der Seinsstufe verbindet im Indicativ des Aorist sich der Begriff der Zeitlage der Vergangenheit. In den subjectiven Modi des Aorist ist zu dem Begriff der Seinsstufe nicht eigentlich und direct derjenige der Zeitlage hinzugetreten. Im Modus der Vorstellung aufgefasst, konnte der Begriff des vollendeten Seins in der ältesten Zeit der

Sprache eben nur auf das Zukünftige bezogen werden, da der objective Sinn der ältern Sprache das vollendete Sein der Vergangenheit auch nur objectiv in dem Modus der vollen Wirklichkeit, im Indicativ, darzustellen liebt. In der älteren Sprache ist Mögliches und Vorgestelltes vielfältig ein und dasselbe mit Bevorstehendem. Der Optativ des Aorist bezeichnet also das in der Vergangenheit, der Conjunctiv das in der absoluten Gegenwart Bevorstehende. Das Factisch Dagewesene bezeichnen aber die subjectiven Modi noch nicht. Wir wollen einige Daten darüber aus Homer und Herodot geben. In der Ilias findet sich wohl kein einziges Beispiel eines Optativ Aoristi, der ein factisch Dagewesenes bezeichnete; in der Odyssee wohl nur das einzige im vielleicht späten Buch Od. τ 463 χαῖρον νοστήσαντι καὶ ἐξερέειον ἕκαστα Οὐλὴν ὅ ττι πάθοι. Sonst steht bei Homer der Indicativ z. B. Il. ι 534 χωσαμένη ὅ οἱ οὔτι θαλύσια Οἰνεὺς ῥέξ'. Bei Herodot ist der Sprachgebrauch schon fortgeschritten zu einer Darstellung des Factischen in der Form der Möglichkeit (der Vorstellung, d. h. der subjectiven Möglichkeit) z. B. 3, 73 καὶ δὴ ἔλεγε τὸν μὲν Κύρου Σμέρδιν ὡς αὐτὸς ὑπὸ Καμβύσεω ἀναγκαζόμενος ἀποκτείνειε und 1, 86 ἔλεγε δὴ ὡς ἦλθε ἀρχὴν ὁ Σόλων . . . καὶ θηησάμενος πάντα τὸν ἑωυτοῦ ὄλβον ἀπογλαυρίσειε. Später immer häufiger z. B. Platon Phädon p. 57 b. — Vergegenwärtigt man sich diese Entwicklungs-Geschichte der Bedeutung des Optativus des griechischen Aorist in ihren Hauptmomenten so müssen in der That die völlig gleichen Entwicklungs-Phasen des lateinischen Perfect Conjunctivi (oder doch eines gleich näher zu bestimmenden Theiles desselben) auffallen und die Vermuthung erwecken, dass wir es hier auf dem Gebiet des Latein mit einer sehr ähnlichen Spracherscheinung zu thun haben. Hierzu kommt ferner, dass die Bedeutung der Verba, welche in synkopirten Formen vorkommen, besser zu der durch den Aorist als zu der durch das Perfect bezeichneten Vollendung passt, z. B. im Wunsch *utinam te di servassint*, im Verbot: *cave dixis*, im negativen Absichtssatz *metuo ne faxit*. Durch die ausschliessliche Zukunftsbedeutung dieser Formen erledigt sich auch das Bedenken, welches Curtius p. 208 gegen die Annahme eines Aorist im Latein geltend macht, nämlich der Umstand, dass das lateinische Perfect einen Conjunctiv bilde, der „auch vergangene Bedeutung haben könne“, während der griechische Aorist im Optativ und

Conjunctiv nur Zukünftiges bedeute. Wir haben nunmehr in den synkopirten Formen eine Gruppe von Conjunctivis Präteriti nachgewiesen, welchen eben jenes Hinderniss der Auffassung als Aoristi nicht anhaftet. Wir dürfen also, ohne den Vorwurf zu grosser Kühnheit zu gewärtigen, sagen: die synkopirten Formen des Conjunctiv und diejenigen volleren Formen, aus welchen diese synkopirten hervorgegangen sind, gehören zu Indicativis Präteriti, die wir als Aoriste, als historische Präterita im eigentlichen Sinn zu bezeichnen ein Recht haben. Nun aber bilden alle schwachen Präterita auf *-si* und *-vi* synkopirte Formen, oder hatten doch hierzu die Möglichkeit, also sind diese Präterita ursprünglich nicht eigentliche Perfecta, sondern Aoristi. Es geht zugleich hieraus hervor, dass die Formen wie *capsim, faxim* nicht durch Abfall der Reduplicationssylbe (Curtius p. 342) entstanden sind, sondern aus der Synkope von *faxisim, capsisim* (Corssen 2, 35). Die reduplicirten Perfecta bildeten keine synkopirten Formen und sie sind jedenfalls von Haus aus eigentliche und reine Perfecta gewesen. Die sogenannten lateinischen Perfectbildungen stellen eine Gesammtheit dar, die aus zwei ursprünglich verschiedenen gleich primitiven Bedeutungsstämmen zusammengewachsen ist, einem Aoriststamm und einem Perfectstamm. Die Differenz war von Haus aus gegeben. Die feine Unterscheidung der momentanen und der zuständlich gewordenen Handlung war ursprünglich da. In diesen semasiologischen Unterscheidungen der sogenannten Tempora, welche die Seinsstufe zum Gegenstand haben, zeigt sich am meisten die Feinheit des instinctiven oder besser intuitiven Denkens der Sprache. Das Latein hat jene Unterscheidung für den Indicativ und die volleren mit r gebildeten Formen des Conjunctivs aufgegeben. Dagegen besteht der doppelte Grundtypus der Bedeutung in den zwar noch formell verschiedenen, aber in eine ideelle Gesammtheit verbundenen Perfect-Bildungen fort und ist in alle einzelnen derselben eingedrungen.

Die erste Epoche der Geschichte der Conjunctivi Perfecti ist also diejenige der volleren Formen auf *-sim*. Aus ihnen entwickelten sich durch Synkope die kürzeren Formen. In dieser Epoche herrscht durchaus noch die Beziehung auf die Zukunft, Möglichkeit und Zukunft sind noch zwei für die Sprache ebenso nahe verwandte Begriffe, als Vergangenheit und Wirklichkeit, während die Vergangenheit und Möglichkeit wie zwei elektrische

Pole einander abstossen. Es gab in dieser älteren Epoche neben
den der Synkopirung fähigen Conjunctiven auf -*sim* natürlich
auch solche, die dieser Synkope nicht fähig waren, nämlich diejenigen der reduplicirten Perfecta. Diese werden die Bedeutung
präsentischer Perfecta gehabt haben, z. B. also *tetigesim* für das
präsentische Perfect, aber *taxim* (*ne taxis* Varro bei Non. 176, 15)
für den Potentialis Futuri. Neben den mit *s* gebildeten Formen
entwickelt sich nun allmählich die Bildung der Formen mit *r*, deren
Aufkommen auch eine Erweiterung der Bedeutung über das
Gebiet der Zukunft hinaus in das der Vergangenheit bezeichnet.
In den alten Formen mochte Bedeutung und Wortform zu eng
verwachsen sein, als dass sie einen solchen Zuwachs der Bedeutung hätten annehmen können, welcher doch durch die fort-
schreitende Entwicklung des reflectirenden Denkens mehr und
mehr als nicht mehr abzuweisende neue Anschauungsform sich
der Sprache aufdrängte. Die Darstellung, vermöge deren auch
das historisch Dagewesene in die Form der bloss subjectiven
Vorstellung eingekleidet wird, hat sich besonders im Latein bereit-
williger Aufnahme zu erfreuen gehabt. Zum Ausdruck dieser
indifferenten Möglichkeit, in welcher das Vergangene und Zukünftige befasst waren, wurden nun die mit dem *r* gebildeten Formen
des Conjunctiv Perfecti gestempelt, welche damals, als die Bedeu-
tungs-Erweiterung aufzukommen anfing, auch eben in Uebung
kommen mochten. Bei Plautus giebt es, wie oben bemerkt ward,
215 solcher Beispiele mit *r*, in Vergangenheits-Bedeutung; etwa
62 darunter sind Verben, welche neben der Form mit *r* auch die
synkopirte Form mit *s* besitzen. Auf diese Weise wäre auch das
Problem gelöst, was Madvig p. 111 als ein der menschlichen
Erkenntniss verschlossenes hinstellt, nämlich die Frage, wie wohl,
wenn man doch in jenen Conjunctivformen wie *amaverim, fecerim*
die Zukunftsbedeutung als die ursprüngliche und als den eigentlichen Bedeutungskern voraussetzen müsse, die Uebertragung auf
die Bezeichnung der Vergangenheit zu erklären sei. Madvig nämlich, da er die Conjunctivi Perfecti sammt und sonders für Conjunctivi des Futurum exactum erklärt, glaubt ebenfalls, dass die
Zukunftsbedeutung die ursprüngliche in diesen Bildungen sei.
Muthig genug hat er diesen anscheinend paradoxen Satz gegen
die ganze grammatische Schule seiner Zeit vertheidigt, welche den
entgegengesetzten Gang der Uebertragung der Bedeutung, den

von der Vergangenheit auf die Zukunft, annahm. Madvig's Worte
sind p. 97 *erit ... perspicuum, formae ejus, quae vulgo perfectum
conjunctivi appellatur, varios usus a futuro sensim ortos et pro-
gressos esse, ut refutatione receptae doctrinae supersedere possimus.*
Ferner p. 97 *ejus quod est* a m a v i *nullus est omnino conjunctivus**).
p. 111 (die vollere Form des Conj. Perf.) *in alteram partem primae
notionis vergens ... deposita futuri significatione praeteriti solam
retinet sitque plane justum perfectum conjunctivi.* Von der Art
und Weise, wie diese Uebertragung geschehen sei, bekennt er,
nicht Rechenschaft geben zu können, und hat sich wohl dabei
mit den der menschlichen Erkenntniss gezogenen Grenzen getröstet.
p. 111 *sed hujus conversionis progressus notare non possumus
effectum videmus.* Madvig hatte also allerdings eine Ahnung des
Richtigen, doch man sieht hier deutlich, welcher Unterschied
zwischen einer genialen Divination des Wahren und streng wissen-
schaftlichem Erkennen besteht. Madvig's Ansicht über den Grund
jener merkwürdigen Thatsache der ursprünglichen Zukunftsbedeutung des Conjunctiv Perfecti, nämlich die Hypothese, dass der
„sogenannte" Conjunctiv Perfecti eigentlich Conjunctiv des Futur.
exactum sei, hat ihre Widerlegung genügend durch Curtius p. 355
gefunden.

Es könnte all diesen hier vorgetragenen Erörterungen gegenüber noch ein Bedenken geltend gemacht werden. Man könnte
nämlich fragen, ob eine so genaue Uebereinstimmung des Griechischen und Lateinischen nicht vielleicht doch auf Täuschung

---

*) Die Frage, wie ein Conjunctiv Perfecti das Bevorstehende, Zukünf-
tige bezeichnen könne, hat schon im Alterthum den Grammatikern Schwierigkeiten bereitet. Bei Gellius 18, 4, 14 wird unter den gelehrten Problemen,
mit deren Lösung man sich am Saturnalien-Feste unterhielt, auch dieses
angeführt: *postrema quaestionum omnium haec fuit:* scripserim legerim venerim
cujus temporis verba sint, praeteriti an futuri an utriusque. Dass die Entscheidung
auch damals schwer erschien, zeigt der Ausdruck § 6: *tempus in verbo per-
spicuo obscurissimum.* Es ist sehr zu bedauern, dass Gellius gar keine Andeutung giebt, wie diese Frage beantwortet wurde. Doch möchte man
schwerlich irren, wenn man sich dächte, dass die Erklärung auf eine Vergleichung mit dem griechischen Aorist hinauslief. Aehnlich hatte Didymus
gelehrt in dem Werke περὶ τῆς παρὰ Ῥωμαίοις ἀναλογίας, in welchem, wie
aus Priscianus VIII § 96 und 97 p. 838 erhellt, eine eingehende Vergleichung
des lateinischen Perfect mit dem Aoristus primus des Griechischen durchgeführt war.

beruhe und ob nicht, auch selbst das Vorhandensein des Aorist
in beiden Sprachen vorausgesetzt, die Entwicklung desselben in
ein so specielles Idiom, wie es der Gebrauch des Conjunctiv für
die Zeiten der Vergangenheit und Zukunft ist, innerhalb jeder
Sprache nach deren individuellen Gesetzen habe vor sich gehen
müssen, so dass also die Erscheinung zweier vielfach äusserlich
ähnlicher Idiome schon desshalb, weil sie aus verschiedenen Wurzeln hervorgewachsen sein müssten, ein trügerischer Schein sei.
Es ist diess ein Einwand, den ein sehr theurer und sehr gelehrter
Freund dem Verfasser brieflich machte. Hierauf ist zu erwiedern:
Der Begriff eines momentanen, historischen Präteritum, welcher
sehr wohl ein gemeinsames Geistes-Eigenthum der Gräko-Italischen
Volksstämme gewesen sein kann, ist, wie das Obige gezeigt hat,
von Haus aus nicht etwa nur ganz allgemein vorhanden, sondern
eben schon gleich näher so bestimmt gewesen, dass er Eintritt
in die Wirklichkeit und Vollendung der Handlung als Seinsstufe
getrennt von dem Zeitlage-Begriff bezeichnete. Dieses zugegeben,
konnte der Conjunctiv (resp. Optativ) dieses Modus, zufolge der
am Objectiven hängenden Anschauung der älteren Sprache, eben
nur die Zukunft, nicht aber die Vergangenheit bezeichnen, da die
Vorstellungen der Möglichkeit (des bedingten Seins) und des
Zukünftigen wesentlich zusammenfielen. Griechen und Italiker
werden nicht nur manchen dem Wortschatz und der Flexion zugehörigen Besitz gemeinsam gehabt haben, sondern auch manches
noch edlere dem schöpferischen Denken der Sprache zufallende
Geistesgut. Es ist ein nicht minder gefährlicher Fehler wissenschaftlicher Methode, das Zusammengehörige grausam zu trennen,
als das Ungleichartige widernatürlich zu verbinden.

Da wahrscheinlich die oben ausgesprochene Ansicht, dass die
sigmatischen Perfecta (*scripsi, dixi*) anfänglich und ursprünglich
Aoristi gewesen seien, Manchen befremden dürfte, so wird es gut
sein, zur Bestätigung hier noch ein bis jetzt verkanntes, obwohl
viel besprochenes Beispiel einer recht charakteristischen Form
dieser Art anzuführen, bei welcher, wenn nicht der Schein gänzlich trügt, auch die aoristische Bedeutung in recht interessanter
Weise an den Tag tritt. Diese Form ist die Glosse bei Paulus
p. 26, 3 *astasent statuerunt.* Diess ist die Lesart der Handschriften,
welche bei den neueren Forschern viele Bedenken erregt hat.
Scaliger corrigirte sehr gewaltsam *astassint stelerint.* Schon

Dacier bemerkt hiergegen sehr besonnen, dass die Form astasent (er selbst schreibt *astassent*) auch ohne Veränderung des *e* in *i* als Conjunctiv Perfecti (derselbe geht ja auf die Bildungs-Endung - *sient* zurück) gelten könne, ähnlich wie bei Paulus 27, 14 *addues addideris* sich finde. Müller hält die Glosse für sehr unsicher: *fateor tamen hanc glossam incertissimam esse.* Corssen 2, 33 hält das Ueberlieferte für zu verderbt, als dass sich damit etwas anfangen und eine sichere Erklärung darauf bauen lasse. Ein Lichtstrahl fällt aber auf das über diesen Worten schwebende Dunkel aus einer geistvollen Erklärung, welche Bergk Philologus Band XXI (1864) p. 592 von der Zauberformel für Heilung eines verrenkten Gliedes bei Cato de Re rust. 160 gegeben hat. Nur zufällig kann es dem gelehrten Forscher entgangen sein, dass *astasent* bei Paulus sich sehr nahe an das Wort der Zauberformel *astataries* anschliesst. Die Zauberformel sagt: *daries dardaries astataries.* Das letztere Wort erklärt Bergk sehr überzeugend von dem wieder Aufrichten und Aufstellen des kranken Gliedes, worum die Gottheit gebeten wird. *Astatare* ist *anstatare.* Diese Präposition ist in *anhelare* deutlich erhalten; vor *s* ist das *n* öfter verloren gegangen oder in den Handschriften verdorben; so muthmasst Bergk, dass bei Vergil. Georg. 3, 545 statt *squamis adstantibus* zu schreiben sei *astantibus.* Wenden wir diese Belehrung auf unsre in Rede stehende Glosse des Paulus an, so ist eine doppelte Möglichkeit der Emendation vorhanden. Wir könnten entweder *astatasent* statt *astasent* schreiben und alsdann, da *astatare* transitive Bedeutung haben würde, *statuerunt* einfach in den Conjunctiv *statuerint* umändern. Dieser Weg der Emendation ist aber nicht räthlich, er würde uns um ein interessantes Beispiel des alten Wortschatzes bereichern, aber zugleich um eine noch interessantere und schätzbarere alterthümliche Sprachform bringen. Wir wählen also die zweite Möglichkeit, wonach *astasent* beibehalten und ebenfalls *statuerint* geschrieben wird. *Astasent*, eigentlich *astasient*, ist dann ein von *astare* (d. i. *anstare*) gebildeter sigmatischer Aorist mit transitiver Bedeutung, welcher in Form und Sinn ganz dem griechischen ἔστησα entsprechen würde. Die Modus-Endung in *astasent* ist ähnlich wie in *addues addideris* (Paul. 27, 14) aus einem älteren *astasient* hervorgegangen, welches sich entweder in astasint oder astasent verkürzte; über solche Formen Schöll, Lex XII tabb. p. 87.

Das Ergebniss der voranstehenden Beweisführung lässt sich nun also seinem allgemeinen Inhalt nach dahin bestimmen, dass erstens im Lateinischen das historische Präteritum nicht aus einer Abschwächung der ursprünglichen Bedeutung des eigentlichen Perfect, wie Curtius p. 208 lehrt, entstanden, sondern ein gleich ursprüngliches syntaktisches Element gewesen ist, und dass zweitens der Conjunctiv dieses historischen Präteritum als solcher die Fähigkeit der Bezeichnung der Zukunft hatte. Die Idee einer momentanen Handlung, d. h. einer Seinsstufe, welche den Eintritt in die Wirklichkeit bezeichnet, ist neben und zusammen mit der Idee der zuständlich gewordenen Handlung eines der Fundamente für die psychische Entwickelung des Denkens bei den beiden in eminentem Sinn „antiken" Völkern gewesen. Diese beiden Ideen gehören zu demjenigen Geisteseigenthum, was die Sprache nicht sowohl aus der Vorstellung schöpft und der Aussenwelt verdankt, sondern was ein Schatz der Seele unabhängig von der Erfahrung ist. Die Existenz eines zweiten Aorists im ältern Latein ist von Curtius (de aor. Lat. reliq. Winterproöm. Kiel 1858) so klar und überzeugend dargethan worden; möchte nur es unsrer Untersuchung gelungen sein, das dem ersten Aorist lange Zeit hindurch durch Verkennung angethane Unrecht gesühnt zu haben.

Zur Vervollständigung der Geschichte der etymologischen Umwandlungen der Conjunctivi Perfecti mögen hier noch einige Bemerkungen über die Formen auf -*arim*, die aus -*arerim* entstanden sind, stehen. Es ist merkwürdig, dass diese Formen, deren Entstehung also nach der Uebertragung der Bedeutung des Conjunctiv Perfecti auf die Bezeichnung des Vergangenen fällt, bei Plautus eben diese Bedeutung mit Vorliebe an sich tragen, gleichsam als ob sie den älteren Formen auf -*assim* mit der ausschliesslichen Zukunftsbedeutung hätten entgegengesetzt werden sollen. Bei Plautus sind nur zwei Beispiele eines Conjunctiv Perfecti in der Zukunftsbedeutung auf -*arim**), doch

*) Asinaria 764 *ni quadriduo* abalionarit, *quo ex argentum acceperit* und Poen. 2, 1 *di illum infeliciterm ... qui .. ullam Veneri unquam* immolarit *hostiam, Quire .. sacruficaverit.* In der Stelle Mostell. 183 ist durchaus die Lesart der Codices *ita ego istam amarem* beizubehalten. Im Wunsch und im Verbot braucht Plautus die Formen auf -*arit* noch nicht (schon desshalb ist *ita ego istam amarim* nicht zu billigen), sondern nur die auf -*assit* oder -*arerit*. Terenz braucht

werden sie gestützt dadurch, dass bei Terenz die Zukunftsbedeutung in diesen mit r gebildeten verkürzten Formen schon mehr
entwickelt ist.

Wir lassen hier das Verzeichniss der Stellen mit dem Apparat
folgen. Bei Plautus giebt es 9 Stellen mit der Bedeutung der
Vergangenheit:

Trin. 587   nullo modo Aequom videtur, quin quod *peccarim* ... : :
   i modo.
    peccarem *B.*   peccarum *C.*   peccarim *D.*

Trin. 656   ut rem patriam et gloriam majorum *foedarim* meum.

Mil. 1415   quod ego hic hodie *vapularim* jureque id factum arbitror
   vapularī jure qui *B.*   vapulo sed mihi id eque *CD.*, *verb.*
   von Camerarius.

Stich. 203   alienum aes cogat an *pararit* praedium.
   cogant *und* pararint *vielleicht Ambr.*

Stich. 558   qui ilico Úbi ille poscit *denegarit* dare se granum tritici
   denegavit *Codd.*   denegarit *Acidal. wegen V.* 555, 556.
   Anders qui noluit *V.* 562.

Curc. 268   siquidem incubare qui *perjurarint* velint.
   incubare velint, qui perjuraverint *B., verb. von Fleckeisen.*

Rudens 191   si me érga paréntia aut deós *impiárim.*
   si erga parentem aut deos me impiavi *B., verbessert von*
   Fleckeisen.

Asin. 562   ubi verbis conceptis sciens lubenter *perjuraris.*

Asin. 572   ubi creditum quod sit tibi datum esse *pernegaris.*

die Formen auf *-arit* sieben Mal von der Zukunft, auch im Verbot, z. B.
Heaut. 975 *nec tu aram tibi Nec precatorem pararis*, ein Fall, in welchem Plautus
sicher *parassis* gesagt hätte.   Terenz hat nur einmal eine Form auf *-assis*,
Phorm. 742 *ne me istoc posthac nomine appellassis.*   Die Form auf *-aro* hat Plautus
nur einmal, Asinaria 720 *opta id quod ut contingat tibi vis* : : *quid si* optaro? : :
eveniet.   Hier scheint, obschon keine Variante überliefert ist, *optabo* zu
schreiben, vgl. Merc. 506.   Vom Futurum exactum kommen Jota-Personen
auf *-aris, -arit* u. s. w. bei Plautus nicht vor.   Man sieht deutlich hieraus,
dass diese Form in ihrem frühesten Entstehen sich für die Vergangenheits-
Bedeutung des ConjunctivPerfecti festsetzte, gleichsam als hätte die Sprache
diese Bedeutung gegen die Zukunfts-Bedeutung differenziren wollen, wie
die letztere sich in den Formen auf -assim fixirt hatte.   Doch dieser Versuch blieb ohne Erfolg.

Folgende 2 Beispiele gehen auf die Zukunft:

Asin. 764   ni quadriduo *Abalienarit* quo ex argentum acceperit.
    abalienarit *B.*   abalienavit *die übrigen Palatini.*

Poen. 2, 1   di illum infelicent omnes qui post hunc diem
    leno ullam Veneri unquam *immolarit* hostiam
    quive ullum thuris granum sacruficaverit.

Most. 183   quid ais scelesta? quomodo adjurasti? ita ego istam
amarem!

    Diess Beispiel gehört wohl nicht hierher, denn: *amarem*
(nur *amaraem* C.) die Codd., gebilligt von Lorenz Ausgab.
Berl. 1866. p. 245: „Die ganz correcte indirecte Wieder-
gabe des directen *ames* V. 182." vgl. Phorm. 383.   *amarim* Guyetus und Ritschl.

Bei Terenz giebt es 7 Beispiele von der Zukunfts-Bedeutung:

Andr. 379   sed si tu *negaris* ducere ibi culpam in te transferet.

Heaut. 487   dare *denegaris:* ibit ad illud ilico

Heaut. 726   quom is certe *Renuntiarit*, Clitipho quom in spe pendebit animi: Decipiam
    renuntiabit *Bentl.*

Heaut. 975   nec tu aram tibi Nec precatorem *pararis* —
hier im Verbot hätte Plautus gewiss parassis *gesagt.*

Adelph. 601   bene facis, Nam et illic animum jam *relevaris* ...
    et tuum officium fueris functus.
    relevabis *Codd., verbessert von Bentl.*

Adelph. 844   eo pacto prorsum illi *adligaris* filium.

Adelph. 858   et quae tibi *putaris* prima in experiundo ut repudies.

Bei Terenz 3 Beispiele von der Vergangenheits-Bedeutung:

Adelph. 519   ita se *defetigarit* velim.

Andr. 520   scimus hanc quam misere *amarit.*

Hecyr. 796   nam si est ut haec nunc Pamphilum vere ab se
segregarit.

Bei den Tragikern und Komikern überwiegt wie bei Plautus
die Vergangenheits-Bedeutung; es giebt nur ein sehr zweifelhaftes
Beispiel der Zukunfts-Bedeutung.

Attius bei Cic. pro Sest. 56 § 120. V. 360 Ribb.
    Haut *dubitarit* vitam offerre nec capiti pepercerit.

Attius bei Prisc. de metris Terentii 2, 16 p. 1325 Vers 610 Ribb.
    quantam Tyndareo gnata et Menelai domus
    molem *excitarit* belli pastorque Ilius.

Caecilius bei Cicero Lael. § 99 V. 244 Ribb.

ut me hodie ... *Versaris* atque elusseris lautissime.

atque jusseris *Gudian.* atque ut jusseris *die andren Codd.*

atque emunxeris *Bentl., Ribb.* atque elusseris *Halm.*

Caecil. bei Gell. 2, 23, 10 Vers 155. Ribb. quis vestrarum fuit ...

Quae hoc idem a viro *Impetrarit* suo.

Pompon. bei Non. 18, 3 V. 158 Ribb.

numqui hic restitit qui nondum labeas *lerarit* mihi —

Resistit *die Codd.*

Nur ein unsichres Zukunfts-Beispiel:

Att. 649 bei Non. 355, 11 sed nisi [tu] *clamaris* regem auferre

ab regina occupo Puerum.

tu *fehlt in den Codd.* clamoris *die Codd.* clamaris *Bothe, Ribbeck.*

Bei Cato R. R. finden die Formen auf -*arit* sich oft in der Zukunfts-Bedeutung, was vielleicht aus späterer Ueberarbeitung zu erklären ist.

---

§ 11.

Die synkopirten Formen des Futurum exactum, und zwar erstens die Jota-Personen.

Wir gehen nun über zu der Betrachtung der synkopirten Formen des Futurum exactum, über deren syntaktische Eigenthümlichkeiten ebenfalls noch in einigen Punkten Dunkelheit herrscht. Man hat auch bei diesen Formen, ganz ähnlich wie bei den synkopirten Formen des Conjunctiv Perfecti, gewöhnlich der Meinung gehuldigt, dass ein syntaktischer Unterschied der synkopirten und der volleren Formen nicht bestünde. Gleichwohl ist die etymologische Umwandlung der früher mit *s* gebildeten Formen, deren letzte Ueberreste die synkopirten Formen sind, in die mit *r* gebildeten (*amarisit* — *amaverit*) begleitet gewesen von einer Veränderung auch der syntaktischen Bedeutung, welche bezeichnend ist für den Fortschritt, den die Sprache in der Richtung des reflectirenden Denkens machte. Die volleren Formen

des Futurum exactum bezeichnen nämlich in dem ausgedehnteren
Theile ihres Gebrauchs das rein zeitliche Bevorstehen einer vollendet gedachten Handlung. Sie enthalten gewöhnlich eine reine
Zeitangabe, indem sie die Vollendung der bezeichneten Handlung
mit Bezugnahme auf eine andre Handlung als den Anfangspunkt,
von dem ab diese andre beginnt, bestimmen; z. B. Capt. 434
ne tu me ignores quom extemplo meo e conspectu apscesseris.
Es ist diess die gewöhnliche Auffassung der Vorvollendung in
der Zukunft, aber diese Bedeutung des Futurum exactum war
nicht die ursprüngliche. Sie ist erst mit dem Aufkommen der
mit *r* gebildeten Formen dem Futurum exactum ganz und unbe-
schränkt zu eigen geworden. Die synkopirten Formen nämlich,
welche ja gleichsam die Vertreter der ganzen Epoche sind, in
welcher noch die Bildung des Tempusstamms durch *s* herrschte,
haben die Fähigkeit der rein temporalen Bedeutung nur in der
ersten Person Singularis *(faxo, amasso)*, in allen übrigen Personen dagegen bezeichnen sie noch ein bedingt bevorstehendes
Sein, sie enthalten noch nicht eine directe Zeitangabe in der
Zukunft, sondern drücken das bevorstehende Sein gleichsam mit
einem Anflug, einer leisen Färbung von hypothetischem Charakter
aus. Es versteht sich von selbst, dass das Futurum exactum,
welches ja seinem Wesen nach Indicativ ist, nicht so stark den
Charakter des Hypothetischen und Vorgestellten an sich trägt,
als der Conjunctiv Perfecti; aber da nun einmal innerhalb des
möglichen Seins verschiedene Grade der Approximation an die
Wirklichkeit denkbar sind, so ist es leicht begreiflich, wie gerade
die älteste Sprache, welche das ganze Gebiet der Zukunft
noch als ein Reich der Möglichkeit auffasste, mit feiner Distinction
die Grade der Potentialität in dem Futurum exactum und Conjunctiv Perfecti unterscheiden mochte. Man kann hier an die
mannigfachen Schattirungen des Möglichkeits-Begriffes im Griechischen durch die Hinzuziehung von ἄν und κέν denken. So zeigen
uns also die Jota-Personen des Futurum exactum in der synkopirten Form eine Uebergangs-Stufe, auf welcher die vollendete
Handlung der Zukunft noch nicht ausschliesslich mit Rücksicht
auf ihre Lage in der Zeit dargestellt werden kann, sondern ihr
Eintritt immer noch, eben weil sie der Zukunft, dem Gebiet der
Möglichkeit, angehört, einigermaassen bedingt erscheint, während
diese Formen des Futurum exactum doch in dem Grade der

Möglichkeit, den sie ausdrücken, schon weit über der Bedingtheit, die im Conjunctiv Perfecti liegt, stehen und die Handlung der Wirklichkeit näher stellen. Die Grenzen lassen sich hier scharf und klar ziehen. Es ist so interessant, zu sehen, wie mit dem zunehmenden reflectirenden Denken auch mehr und mehr die Nebel schwinden, die über dem Zukünftigen liegen, und die berechnende Voraussicht des Verstandes den instinctiven Ausdruck der Sprache für das Bevorstehende immer klarer und bestimmter und zuversichtlicher gestaltet. Es ist gewiss nur natürlich, dass die bestimmtere Art der Vorhersage des Zukünftigen zunächst in der ersten Person Singul. zum Ausdruck kommt, denn der Redende weiss am meisten über seine eigenen Pläne und Absichten für die Zukunft Auskunft zu geben und ist über diese am besten unterrichtet. Wir wollen nun diese allgemeinen Bestimmungen über den Unterschied der Bedeutung, welcher zwischen den späteren volleren Formen der Jota-Personen des Futurum exactum und den älteren synkopirten Formen besteht, durch einige Beispiele verdeutlichen. Die älteren Formen also bezeichnen die Vollendung der ausgedrückten Handlung nur der Seinsstufe nach, noch nicht der Zeitlage nach, d. h. sie bezeichnen noch nicht die Vollendung der betreffenden Handlung vor einer andren Handlung in der Zukunft (praeteritum in futuro), sondern nur einfach die Seinsstufe der Vollendung der Handlung in der Zukunft. Wir wollen die Exemplification dieser Regel mit einer Nutzanwendung auf die Kritik verbinden:

Pseud. 946   ut ego hodie te accipiam lepide, *ubi* [tu]
    effeceris hoc opus :: Hahahae.

Ritschl hat das durchs Metrum geforderte sicher richtige *tu* eingeschoben. *effeceris* haben die Codices. Bothe hat *ecfexis* vorgeschlagen. Diess ist grammatisch unmöglich, da hier dieses Verbum rein temporale Bedeutung hat „wenn du es durchgesetzt haben wirst". Die Vollendung ist hier nur Vollendung in der Zeit, nicht Vollendung als Seinsstufe. Sehr ähnlich ist eine benachbarte Stelle desselben Dialogs:

Pseud. 949   lepide accipis me :: immo *si effcies* tum
    faxo magis id dicas.

Für *efficies* hat Cod. B. *effici*, die übrigen Codices *efficis*. Fleckeisen hat *ecfexis* vermuthet; dies ist unzulässig. Es muss mit Hermann und Ritschl *efficies* geschrieben werden. Es sind hiermit nicht solche Fälle zu verwechseln, wo eine indirecte von einem Verbum sentiendi oder dicendi abhängige Rede vorliegt; in dieser tritt der Conjunctiv Perfecti in synkopirter Form als Bezeichnung eines Zukünftigen völlig gesetzlich ein, z. B. in der Stelle:

> Trin. 722   atque aliquem ad regem in saginam [*quom*] crus
> se *conjexit* meus
> *credo* ad summos bellatores acrem fugitorem fore.

quom fehlt in den Handschriften und ist von Ritschl eingesetzt, während Hermann *si* vorzog; statt *conjexit* haben die Codices *conjecit*, verbessert von Parcus. Die ganze Rede hängt hier von *credo* ab; *conjexit* ist also nicht Futurum exactum, sondern Conjunctiv Perfecti. Bei Cicero de legib. 3, 6 ist schon aus andren Ursachen an der Verbindung *cum magistratus iudicassit inrogassitre* Anstoss genommen worden, es ist wahrscheinlich mit Halm *quoi* zu schreiben. Nach *quom* steht ganz richtig bei Cicero de legg. 3, 9 die volle Form *jusserit*, während er bei *si* die synkopirte *jussit* hat (2, 21), weil nach *si* das Prädicat doch in höherem Grade in seinem Eintreten bedingt erscheint, wie nach *quom*. Es bezeichnet nach *si* ein nur angenommenes Wirklichsein. Es folgt hieraus, dass die Conjunction *ast*, welche öfter mit synkopirten Formen sich verbindet, dem *si* näher steht, als dem *quom*. Nach *ubi* findet sich auch mitunter die synkopirte Form, doch bezeichnet sie dann keineswegs eine bloss temporale Bestimmung, sondern drückt eine in ihrem Eintreten bedingte Handlung aus. So z. B.

> Casin. 4, 4, 6   malo maximo suo hercle ilico *ubi* tantillum *peccassit.*

> Persa 70   *ubi* quadrupulator quoipiam *injexit* manum.

Diess heisst nicht: „sobald er das und das wird gethan haben," sondern: „falls er thut". Sehr belehrend zur Vergleichung hiermit ist eine Stelle, wo *ubi* ganz temporal mit dem Prädicat verbunden ist, wo aber dieses Prädicat eine Sache darstellt, an deren wirklichem Eintreten nicht gezweifelt werden kann. Hier steht natürlich die vollere Form.

> Rud. 1345   *si defraudassis,* die ut in quaestu tuo
> Venus eradicet caput atque aetatem tuam.
> tecum tam [tute] habeto hoc *ubi juraveris.*

Hier merke man die Verbindung *si defraudassis* (das stark Bedingte, das Unwahrscheinliche) und *ubi juraveris* (das sicher Bevorstehende). Es geht aus all diesen Beispielen deutlich hervor, dass die synkopirten Formen die Vergangenheit in der Zukunft, das praeteritum in futuro nicht bezeichnen können, weil diesen synkopirten Formen noch die Gewissheit der Zukunftsvorhersage fehlt. Sie bezeichnen vermöge des in ihnen enthaltenen Perfectstammes das bevorstehende Sein nur als ein zur Thatsache vollendetes (dem Begriff nach vollendetes), nicht als ein vergangenes (der Zeit nach vollendetes). Daher kommt es, dass die synkopirten Formen nie in unabhängigen selbständigen Sätzen stehen, sondern nur in abhängigen, meist in Bedingungssätzen, seltener in Sätzen mit *ubi, ast* und in Relativsätzen*). Das Idiom, wodurch in grammatisch selbständigen Sätzen im Futurum exactum eine directe Zukunfts-Aussage gemacht wird, ist bei Plautus ausserordentlich häufig, aber stets bedient er sich in der volleren Form jenes Tempus in dieser Redeweise. Es würde wiederum heissen den Zufall ungebührlich anerkennen, wenn in all diesen Fällen die synkopirte Form für nur zufällig nicht angewendet und beliebt erklärt werden sollte. Natürlich sind auch hier nur die Jota-Personen zu verstehen. Wir wollen beispielshalber einige Fälle anführen, in denen die vollere Form des Futurum exactum eine directe bedingungslose Zukunfts-Aussage enthält, wo sie also nicht durch die synkopirte Form konnte vertreten werden:

> Capt. 314   is uti tu me hic habueris proinde illum illi
> *curaverit.*
>
> Amph. 314   quid si ego illum tractim tangam ut dormiat? ::
> *Servaveris.*
>
> Merc. 140   resinam ex melle Aegyptiam vorato, salvom
> *feceris.*

*) Nach *donec, quando* und *priusquam* finden sich die Jota-Personen des Futurum exactum nicht. Nach Relativis sind sie im Gebrauch z. B. Casin. grex 6 *qui faxit*; auch nach Relativis generalibus z. B. Macrob. 3, 9, 11 *quisquis hoc votum faxit.* In derselben Devotionsformel hat *ubi faxit* nicht temporale Bedeutung, sondern locale, *ubi* d. i. *ubicunque.* Hier liegt überall der Charakter einer leise bedingten Wirklichkeit vor. Ein eigentlicher Conjunctiv würde die Bedingtheit viel greller erscheinen lassen. Aber der zarte Sinn für die Abstufung des Möglichen bis zur Wirklichkeit (τὸ ὂν πολλαχῶς λέγεται) ist eben ein tief mit dem Wesen der antiken Sprachen verwebter Zug.

Trucul. 4, 4, 3 spes animam *efflaverit*.

Pseud. 573 tibicen vos interea hic *delectaverit*.

Poen. 5, 4, 60 bonus bonis *benefeceris*.

Von all diesen Stellen sind die synkopirten Formen ausgeschlossen.

Es ist eine Folge hiervon, dass zwei Idiome, welche eigentlich als Specialitäten unter dieses allgemeine Gesetz fallen, die aber Madvig besonders behandelt hat, ebenfalls nur in der volleren Form erscheinen. Nämlich erstlich bezeichnet das Futurum exactum öfter eine Handlung, deren Vollendung eigentlich nur das selbstverständliche Resultat der Vollendung einer andern ist; es drückt die letzte Summe einer andren vorhergehenden Handlung aus, z. B.

Pseud. 512 si abstuleris mirum et magnum facinus *feceris*.

Pseud. 531 si haec perfeceris Virtute tu regi Agathocli *antecesseris*.

Hier konnten in den selbständigen Sätzen keine synkopirten Formen stehen. Ein recht belehrender Wechsel zwischen verkürzter und vollerer Form findet sich

Captivi 659 pol *si* istuc *faxis* haud sine poena *feceris*.

Madvig hat diese Thatsache p. 80 in sehr scharfsinniger Weise festgestellt. Er sagt: *pro eo quod dicimus* „si hoc feceris (faxis) magna me cura levaveris" *nemo dixit* „si hoc feceris (faxis) magna me cura levassis." Er hätte aber den Satz weiter ausdehnen und sagen sollen, dass keinerlei individuell bestimmte und bedingungslose Vorhersage des Zukünftigen durch die Jota-Personen der synkopirten Form ausgedrückt werden kann.

Das zweite Idiom, für welches Madvig die synkopirten Formen als ausgeschlossen nachgewiesen hat, ist dasjenige, wodurch im Futurum exactum das zukünftige Resultat einer bereits in der Vergangenheit vollendeten Handlung bezeichnet wird. z. B.

Mostell. 1113 nunquam edepol [tu haec facinora] hodie inultus *designaveris*.

Menaech. 521 faxo haud inultus prandium *comederis*.

Hier konnte nicht designassis oder comessis stehen; Madvig hat p. 80 auch diess schon bemerkt *neque in eventu futuro rei praeteriti ... haec forma ponitur*. Dieser Fall ist indess wichtiger für den synkopirten Conjunctiv Perfecti als für das Futurum

exactum. Auch der synkopirte Conjunctiv Perfecti steht in dieser
Bedeutung des zukünftigen Resultats der vergangenen Handlung
(z. B. Eunuch. 942 *ulciscar ut ne impune nos inluseris*) nicht.

Das allgemeinere Resultat dieser Erörterung ist also dieses,
dass die synkopirten Formen des Futurum exactum in allen Personen ausser der ersten Person Singularis das zukünftige Eintreten einer thatsächlich vollendet gedachten Handlung nicht als
ganz direct und bedingungslos bevorstehend, sondern als mit einer
gewissen Bedingtheit behaftet hinstellen. Es liegt hierbei nichts
im mindesten Befremdendes in der Thatsache, dass diese Formen
in Gesetzen so häufig sind. Man könnte auf den ersten Blick
meinen, dass das unbestimmt Bevorstehende nicht Gegenstand
der Gesetzgebung sein könne. Indess beruht dieser Einwand auf
falschem Schein. Das Futurum exactum setzt die Seinsstufe der
Vollendung einer Thatsache in die Zukunft. Der im Stamm des
Futurum exactum enthaltene Stamm des Präteritum bezeichnet
die begriffliche Vollendung der Handlung und die Futur-Endung
-*so* versetzt dieses vollendete Sein in die Zukunft. Nicht die
begriffliche Vollendung der Handlung ist also unbestimmt gelassen,
sondern nur die zeitliche; nur die zeitliche Vollendung unterliegt
hier der Bedingtheit des Seins. Der Geist des Gesetzes fordert
auch nur die begrifflich vollendete Thatsache als Gegenstand
seiner Bestimmungen, die Bedingungen des zeitlichen Eintretens
sind völlig neutral und irrelevant für den Standpunkt des Gesetz-
gebers. In den älteren Zeiten der Sprache, in denen die mit
s gebildeten Formen und die synkopirten Formen des Futurum
exactum (*faxisit, faxit*) noch in Uebung waren, konnte aber dem
ganzen Standpunkt des Denkens nach die Zukunft nur in der
Weise des bedingten, des möglichen Seins ausgedrückt werden;
und wenn auch das Futurum exactum seiner Bildung nach unzweifelhaft ein Indicativ ist, so ist es doch syntaktisch ein Ausdruck des bedingten Seins lange Zeit hindurch geblieben, nämlich
bis zum Aufkommen der volleren mit *r* gebildeten Formen, denn
Zukünftiges und Mögliches galten der ältesten Sprache als ebenso
nahe verwandt, wie das thatsächlich Dagewesene und Wirkliche
als eng verwandt von der Sprache angeschaut oben von uns bei
Besprechung des Conjunctiv Präteriti erkannt worden sind. Wir
lassen nun zur Erhärtung der aufgestellten Beobachtungen über
den syntaktischen Gebrauch der synkopirten Formen des Futurum

exactum eine Zusammenstellung der sämmtlichen Beispiele folgen, aus der sich ergiebt, dass die Fähigkeit der bestimmten temporalen Zukunftsangabe den synkopirten Formen fehlt.

Conditionalsätze, Relativsätze, Sätze mit ubi in mehr bedingendem, als temporalem Sinn.

Persa 393   *Si* hoc *adcurassis* lepido quoi rei operam damus, Dabuntur dotis tibi . . .

Amph. 454   nam *si* me *inritassis* hodie lumbifragium hinc auferes.

Stich. 345   praeterhac *si* me *inritassis* . . : :   edepol essuries male.

Persa 828   jam ego tibi *si* me *inritassis* Persam adducam denuo.

Rud. 775   maxumo malo suo *Si attigerit* sive *occeptassit.*

Rud. 731   vos adeo ubi ego innuero vobis *ni* ei caput *exoculassitis.*

Rud. 811   *ni* istunc istis *inritássitis* Peristis ambo.

Mil. 164   disperistis *ni* usque ad mortem male *mulcassitis.*

Rud. 1150   *si* hercle tantillum *peccassis,* quod posterius postules . . .

Stich. 725   age ergo observa *si peccassis* multam hic retinebo ilico.

Mil. 416   periisti *si intrassis* intra limen. : :   quin tu tace modo.

Asin. 818   *nisi* quidem illa ante *occupássit* te, ecfligés scio.

Cas. 2, 4, 28   *si* sors autem *decollassit* gladium faciam culcitam.

Epid. 1, 2, 18   pistori dabo *Nisi* hodie prius *comparassit* mihi quadraginta minas.

Epid. 5, 2, 62   nunquam hercle hodie *nisi* me *orassis* solves.

Epid. 3, 2, 26   uno persuadebit modo: *si* illam . . . mihi *adempsit* Orcus.

Rud. 304   *nisi* quid concharum *capsimus* coenati sumus profecto.

Rud. 678   *si respexis* scies.
        (*codd.* respexes.)

Aul. 1, 1, 19   aut *si respexis* donicum ego te jussero.

Curc. 381   qui quaesivit pecuniam *nisi* eam mature *parsit,* mature essurit.
        parsat *oder* parset *B.*

Mil. 700.   nam *si* istam *amissis* semel Libertatem haud facile . . . restitues.
            nam si ista semel amiseris *BCD.* si istam semel *A.* nam si semel amiseris *Bothe.*

nam istam semul amiseris *Ritschl.*   si istam amissis semel
  Fleckeisen.

Madv. Op. alt. p. 65 hält die Form amisis für an sich richtiger.
Casin. 3, 5, 91 *si ecféxis* hoc soleas tibi dabo.
  vgl. Fleckeisen Krit. Miscell. Leips. 1864. p. 11.
Rud. 1118 *si* practerhac [Unum] verbum *faxis* hodie ego tibi
  comminuam caput.
Capt. 124 *si faxis* te in caveam dabo.
Mil. 624 *si* quidem te quicquam quod *faxis* pudet, nihil amas
  umbra es amantum.
  taxis *BaCDa.*
Capt. 695 pol *si* istuc *faxis* hand sine poena feceris.

Hier konnte im Nachsatz nicht faxis stehen, denn da, wo durch
das Futurum exactum eine Handlung als Ergebniss und Resultat einer
andren dargestellt werden soll, werden die synkopirten Formen nicht
gebraucht, wie Madvig p. 80 richtig bemerkt.
Pseud. 531 sed *si* id non *faxis*, num quid caussae est ilico . . .
Stich. 610 *si* hercle *faxis* non opinor dices deceptum fore.
Menaech. 112 *si* mihi tale post hunc diem *faxis*, faxo visas patrem.
Casin. 4, 4, 6   malo máximo suo hercle ilico, *ubi* tantillum *peccassit.*
Persa 70 *ubi* quadrupulator quoipiam *injexit* manum.
  inlexi *die Codices.*
Casin. grex 6 *qui faxit* (flaxit *B.*) clam uxorem ducet semper scortum.

Die Bedeutung eines Relativ-Satzes hat auch:
Stich. 723 Agedum Stiche *uter demutassit* poculo multabitur.
Attius bei Non. 483, 10 v. 453 Ribb. nunc *si* me matrem mansues
  misericordia *Capsit.*
Laberius bei Non. 122, 11 v. 145. Ribb. Lavite item hillam! cocus
  si lumbum *adussit* caedetur flagris.
  fragilis cedetur *Leid.*   flagris caeditur *die übrigen Codd.*
  vgl. Neue 2, 427.

Aus den Leges regiae.
Paulus 6. ed. M. in legibus Numae Pompili: *si* quisquam aliuta
  faxit ipsos Jovi sacer esto.
Festus p. 178 ed. M. in Numae Pompili . . . : *si* hominem fulmen
  Jovis (fulminibus *cod.*) *occisit*, ne supra genua tollitor.
Fest. p. 230 in Servi Tulli haec est: si parentem puer verberit
  ast olle *plorassit* puer divis parentum sacer esto.

Aus dem Plebiscit der Silier de ponderibus et mensuris:

Fest. p. 246 *si* quis magistratus adversus hac .... *faxit jussitve*
(jussit vere *cod.*) fieri dolumve adduit ...

Aus der Lex XII tabularum:

Festus p. 371 ed. M. und Festi Quatern. XVI ed. Momms. (Abhandl.
der Berl. Akad. 1864 pag. 85)
vias muniunto. *ni* sam *dilapidas*[*sint*], qua volet jumento
agito.
vias muniunt onisandi lapides qua *die Codices Vat. 2731 u.
Leidens. bei Momms. p. 78, verbessert von Mommsen. vgl.
Paul. 73 delapidata, lapide strata.* viam muniunto *Schöll
Legis XII tabb. reliq. Leipz. 1866 p. 139.* jumenta *cod.
Ursini. Schöll.*

Fest. p. 363 Müll. Festi Quat. XVI ed. Momms. p. 72. *Si* membrum *rupsit* ni cum eo pacit talio esto.
Die Codd. Valicani 1549 u. 2731 bei Mommsen haben: si
membrum rapserit. *Schon Turnebus* rupsit, *so auch Schöll
p. 141, sonst gewöhnlich* rupit. *Dieses Fragment ist zu vergleichen mit Fest.* 264 rupitias XII significat damnum dederit. *Hier schrieb Scaliger* rupsit *in XII. Diese Form
hat Schöll p. 97 scharfsinnig vertheidigt.*

Plin. n. h. 28, 17 qui fruges excantassit.
Jan merkt keine Variante an. vgl. Neue, Formenl. 2 p. 422.
Seneca Nat. Quaest. 4, 7, 2 ne quis alienos fruges excan-
tasset. *Schöll p. 143.*

Plin. n. h. 28, 17 *qui* malum carmen *incantassit.*
So Schöll p. 151. Vgl. Fest. p. 181 ed. Müll. occentassint
antiqui dicebant quod nunc convicium fecerint dicimus. *Cic.
de rep.* 4, 12 si quis occentavisset sive carmen condidisset.
vgl. Schöll p. 141.

Macrob. 1, 4, 19 *Si* nox furtum *faxsit si* im *occisit* jure caesus esto.
factum sit *codd. Macrobii.* faxit *Cujac.* faxsit *Schöll p. 144.*
ast im occisit *Schöll p. 111 u. 144.*

Ulpian. l. 2 § 1 D. de noxalib. action. IX, 4 *si* servus furtum
faxit noxamve *noxit.*
gewöhnl. nocuit. noxit *Pithoeus, gebill. von Schöll p. 160.*

Gellius 20, 1, 12 *si* injuriam alteri *faxit* viginti quinque poena sunto.
So Schöll p. 142.

Ulpian. fragm. XI, 14 *uti legassit* super pecunia tutelave suae rei
ita jus esto.
> *S. Schöll p.* 127. *Gaius 2, 224, wo der Cod.* legasset *hat.*
> *Pomponius l.* 120 *D. de Verb. Sign. L,* 16.

Fest. 173 nexum cum faciet *uti* lingua *nuncupassit* ita jus esto
id est uti nominarit.
> *S. Schöll p.* 133.   *Cic. de Orat.* 1, 57, 245 uti lingua
> nuncupassit. *Der Cod. des Festus und diejenigen des Cic.*
> nuncupasset.

Fest. 166 *nancsitor* in XII nactus erit, *praenderit.*
> *S. Schöll p.* 163.   *Cod.* nancitor.   *Corssen 2, 38 und 1, 5*
> *zeigt, dass* nancsitor (cs = x) *zu schreiben ist, wie* ucsori *Inscr.*
> *Regn. ncap.* 5173.

Fest. 166 item in foedere Latino: pecuniam *quis nancsitor* habeto
et: *si* quid pignoris *nancsitur* sibi habeto.
> nancitor *u.* nasciscitur *Codex.*   *vgl. Paul.* 276: renancsitur
> reprehenderit.   *Codd.* renaucitur, *vgl. Neue a. a. O. p.* 428.

Alte Gebetsformeln:

Macrob. 3, 9, 11 in der Formel für Devotion feindlicher Städte:
Haec *si* ita *faxitis* ... tunc *quisquis* hoc votum *faxit, ubi faxit*
recte factum esto ovibus atris tribus.

Alte Gebete und Sprüche aus Livius:

Liv. 22, 10 aus dem Gelübde eines ver sacrum:
Si quis *clepsit* ne populo scelus esto ... *si* atro die *faxit*
insciens, probe factum esto ... *si* servus *sive* liber *faxit,*
probe factum esto. Si antidea senatus populusque jusserit
fieri ac *faxitur,* eo populus solutus liber esto.
> *vgl. Corssen* 2, 38.

Liv. 23, 11 altes Orakel: *Si* ita *faxitis* Romani vestrae res meliores
facilioresque erunt.

Liv. 25, 12 Orakel des Marcius (vgl. Macrob. 1, 17, 28): Hoc *si*
recte *faxitis* gaudebitis semper.
> *Macrobius:* facietis *vgl. Neue a. a. O. p.* 426.

Liv. 1, 24 aus der Fetial-Formel: *si* prior *defexit* publico consilio
dolo malo.

Cato de r. r. 14 parietes omnes *uti jussitur* calce et caementis (scil.
faciat).

Lex agraria 643 a. u. c. V. 25 (Inscr. Latin. Antiq. p. 80
Mommsen).

> *sei* quis *faxit, quotiens faxit*
>
> *dagegen V.* 30 fecerit. *Auf Inschriften finden sich sonst die
> synkopirten Formen des Futurum exactum nicht.*
>
> Ebendas. V. 71 (p. 84) ei *qui* eo nomine ab populo *mer-
> cassitur.*

Cic. de legibus:

2, § 19. qui secus *faxit.*

2, § 21. portenta ad Etruscos haruspices *si* senatus *jussit* deferunto.
jussit *haben die Handschr., früher stand in den Texten jusserit, beseitigt von Madv.* Opusc. alt. p. 65, 1, *welcher* jusso
aus Vergil. Aen. 11, 467 *u. Silius* 12, 175 *belegt.*

2, § 22. sacrum sacrove comissum *qui clepsit rapsitve* parricida esto.
clepit rapsitve *codd.* em. *von Lambin., gebilligt von Madv.
Op. alt. p.* 67 *und zu de fin. p.* 748.

3, § 6. *ni* par majorve potestas populusve *prohibessit.*

3, § 6. cum magistratus judicassit inrogassitve per (penes *Bücheler*)
populum multae poenae certatio esto.

> Dies ist das einzige Beispiel eines synkopirten Futurum
> exactum nach *cum,* und es würde dadurch die Bedeutung
> einer rein temporalen Bestimmung in jene Form kommen.
> *cum* ist schon der Form nach sehr zweifelhaft, da Cicero
> sicher in einer Darstellung, welche den Charakter des
> Alterthümlichen haben sollte, nicht diese Form, sondern
> *quom* gebraucht haben würde*). Halm will *quoi,* Bake *quam.*

3, § 6. quodque is *qui* bellum geret *imperassit* jus ratumque esto.

3, § 9. plebes *quos* pro se ... auxilii ergo decem *creassit* ei
tribuni ejus sunto, quodque ii *prohibessint,* quodque plebem
rogassint, ratum esto.

3, § 10. tribunisque *quos* sibi plebes *rogassit.*

3, § 11. de capite civis nisi per maximum comitiatum ollosque
quos censores in partibus populi *locassint* ne ferunto.
locasint *Leidens.* 84.

3, § 11. *quod* quis earum rerum *migrassit* noxiae poena par esto.

---

*) Vgl. Hainebach: de particula q u u m. Giessen 1867. Gymn.-Progr. p. 1.

Nach *ast*:

3, § 11 Par majorve potestas plus valeto; *ast* quid *turbassitur* in
   agendo, fraus actoris esto.

Nicht hierher gehörig ist:

3, § 10 ejus decreta rata sunto. [*ast* potestas par majorve *prohibessit* perscripta servanto]; das Eingeschlossene von Bücheler
   und Halm als unecht bezeichnet.

In den Acten der Arval-Brüder kehrt öfter wieder die Formel:
quod hodie vovimus *ast* tu ea ita *faxis*, z. B. Orelli-Henzen 7419
Z. 20. 11. 13.

Es sind nun noch die Formen zu erwähnen, welche eine
Aufforderung, ein Geheiss bezeichnen. Dass die Formen auf -*eris*
und -*sis* mit dieser Bedeutung nicht Conjunctivi Perfecti, sondern
Futura exacta sind, hat Madvig Opusc. alt. p. 92 u. 96 gezeigt
und auch Haase Anm. zu Reisig 455 fasst sie so auf. In der
synkopirten Gestalt sind indess nur sehr wenige und unsichere
Beispiele dieser Art vorhanden.

Ennius bei Varro de l. l. 7 § 101 Vers 432 Vahlen.

   vócibus concide: *faxis* ... musset obrutus.

      facimus et *codd.* fac is musset *Müller.* faxis ... musset
      Ribbeck u. Vahlen.

Nicht glaubhaft, aber der Vollständigkeit wegen zu erwähnen
ist eine Lesart *faxis* in guten Handschriften des Terenz:

Eunuch. 311 (= 2, 3, 19) age inepte :: hoc hercle factumst . *fac
   sis* nunc promissa appareant.

Hier hat der Bembinus *faxis* und Cledonius pag. 1916 sagt:
faxo faxis. Terentius: faxis nunc promissa appareant. Klotz hat diese
Lesart aufgenommen. Bentley und Fleckeisen schreiben *fac sis.*

Auch die vollen Formen sind selten in dieser Bedeutung, doch
wollen wir einige Beispiele anführen:

Eun. 307 (= 2, 3, 16)

      qui quaéso? :: amo :: hem :: nunc Parmeno te *ostenderis*
      qui vir sies.

         te ostendes *Bemb. Basilic.*   te ostende sis *oder lieber* te
         ostenderis *Bentley „modo potentiali hoc est: possis ostendere“.*

Bacch. 840 frustra es :: quis igitur obsecro est? :: *inveneris.*

Mil. 572 posthác etiam illud quod scies nesciveris.

Cato r. r. 23 eam quassato crebro ... *indideris* defrutum .. aut
   resinam.

Es giebt von den präsentischen Perfecta mehr Beispiele:

Mil. 807 *mémineris* ne Philocomasium nomines.

Persa 494 mei *memineris* dum vitam vivas.

Persa 857 Toxilum te convenisse *memineris*.

Attius bei Cic. de Off. 1, 28, 97 *oderint* dum metuant.

Syri Sententiae V. 20 Ribb. amici mores *noveris* non oderis.

In den nicht gut beglaubigten Sentenzen des Syrus:

V. 570 p. 292 Ribb.
      conscientiae potius quam famae *attenderis*.
V. 674 p. 298 Ribb.
      nullum *putareris* locum sine teste.

Es ist nun noch eine Stelle anzuführen, in welcher eine ziemlich starke Textesverderbniss überliefert ist und in welcher aus diesem Grunde auch nicht ganz sicher entschieden werden kann, ob die dort vorliegende synkopirte Verbalform *cenassit* ein Futurum exactum oder ein Conjunctiv Perfecti ist. Die Stelle lautet nach dem Fleckeisenschen Text:

Stichus 191   ei hercle verbo lumbos defractos velim
            ni vere perierit, *si cenassit* domi.
      v. 191 hercle verbo *Ambr.*   hercle ego verbo *die übrigen Codices.*   v. 192 ni vere perierit si *B.*   nive repleverit si *CDFZ.* ni vere perierit *Camerarius und hiermit, wie Ritschl sagt, scheint der Ambr. übereinzustimmen.* ne perjure iteret suac si cenassit domi *Ritschl.*

Die in den Codices überlieferte Verbindung *ni perierit* ist gewiss richtig. *perierit* hängt mit *periero* zusammen, d. h. *periuro*, welches in der Form mit kurzer Penultima *e* bei Plautus noch häufig erhalten ist, z. B. Poenul. 5, 4, 86 (72) *du pignus ni nunc perieres in sacium uter utri det.* Mehr Beispiele hiervon hat Usener in Jahn's Jahrbüchern f. Philol. 1865 Heft 4. S. 226. Die Form *perierit* mit der Endung *-it* braucht auch nicht in *perieret* verändert zu werden. Es mag neben *perierare* ein primitiv gebildetes Verbum der dritten Conjugation *perierere* bestanden haben, wovon *perierare* abgeleitet ist. Aehnlich ist nach der scharfsinnigen und schönen Erklärung von Schöll legis XII. tabul. reliq. p. 89 sqq. die bekannte (Fest. p. 230) Form *verberit*

nicht von *verberare*, sondern von dem entsprechenden einfachen
Verb *verberere* der dritten Conjugation abzuleiten. Ebenso ist
temperint (Trucul. 1, 1, 41) nicht eine irgendwie synkopirte Form
des Präteritum von *temperare*, sondern ist Conjunctiv Präsentis
eines entsprechenden Verbum dritter Conjugation. Die Formen
auf -*it*, wie *verberit*, können ihrer Form nach ebenso Indicativi
als Conjunctivi Praesentis sein. *Verberit* ist in der Lex regia bei
Festus p. 230, wie Schöll sehr ansprechend darthut, Indicativ.
Es könnte aber freilich auch als Conjunctiv nach der Analogie
von *edint*, *nolint* aufgefasst werden. An unsrer vorliegenden
Stelle kann *perierit* also entweder Conjunctiv oder Indicativ sein
und darnach wird sich auch die Entscheidung über den Modus
von *cenassit* richten. Nun scheint ferner die Verbindung *ni
perierit* darauf zu führen, dass zwischen Vers 191 und 192 ein
Vers ausgefallen ist, in welchem das Anbieten einer Sponsio vom
Parasiten gestellt ward, einer Sponsio, die er mit Jedem bereit
sei einzugehen, welcher ihm nicht glauben wolle, dass jenes Ent-
schuldigungswort eine Lüge sei. Der Gedanke, den der ausge-
fallene Vers enthielt, war also etwa folgender: *nam cum quovis
ego pignus duim ni* . . Steht dieses fest, so ist nicht zu bezweifeln, dass auch *cenassit* nicht mit *si*, sondern mit einem zweiten
ni (also *nive*) zu verbinden ist, denn eben auf die Möglichkeit
hin, dass der sich entschuldigende Freund etwa nicht zu Hause
speise, will der Parasit jede auch noch so hohe Wette wagen.
Es ist also nicht *si cenassit* zu schreiben, sondern mit Berücksichtigung der Buchstaben von *si* schreiben wir *nive iste cenassit
domi*. Das Wort *vere* vor *perierit*, was der Ambr. und B. haben,
kann nicht richtig sein, es ist wohl ein missverstandenes und daher umgestelltes *nive*. Darauf führt auch die Lesart *nive reple-
verit* in CDFZ. Es kann also die ganze Stelle etwa so gelautet
haben:

> ei hercle verbo lumbos defractos velim.   .
> [nam ego cúm quovis nunc pignus in coenam duim]
> ni perierit *nive* iste *cenassit* domi.

cenassit ist hier wohl Conjunctiv Perfecti, der die Bedeutung
eines Conjunctiv Futuri hat (*cenaturus sit*) ähnlich wie *metuo ne
abjurassit* (Persa 477). Die Structur von ni in der Sponsio,
welches sowohl mit dem Indicativ als Conjunctiv vorkommt, kann
aus Plautus selbst erläutert werden; wir finden bald eine mehr

gerichtliche strengere Art der Wette, indem ein *arbiter* oder *judex* entscheidet, bald die einfache Privatwette mit Einsatz eines Pfandes; die letztere Art scheint hier vorzuziehen. Von der ersteren Art sind folgende Beispiele anzuführen:

Rudens 1380   cedo quicum habeam judicem
ni dolo malo *instipulatus sis nive* etiamdum [hau] *siem* quinque et viginti annos natus.

Rudens 712 [ergo dato] de senatu Cyrenensi quemvis opulentum arbitrum
si tuas esse *oportet nive* eas *esse oportet* liberas
nive in carcerem compingi te *aequomst* . . .

von der letzteren:

Persa 186 da hercle pignus *ni memini* omnia et *scio.*
Epidic. 5, 2, 33 vel da pignus *ni* ea *sit* filia.
ibid. 34   *ni* ergo matris filia *est*
in meum numum in tuom talentum pignus da.

§ 12.

Die erste Person Singularis des synkopirten Futurum exactum.

Die Jotapersonen also des Futurum exactum bezeichnen das Zukünftige als noch mit einer gewissen Bedingtheit behaftet; sie drücken zwar eine, ihrem inneren Sein nach bestimmt vollendet gedachte Handlung aus (denn das ist die Bedeutung des Perfectstamms im Verbalstamm des Futurum exactum), doch bezeichnen sie die zeitliche Vollendung als bedingt. Sie entbehren daher der Fähigkeit, ein direct und bedingungslos Bevorstehendes auszudrücken, und eben desshalb können sie auch nicht zu der rein zeitlichen Darstellung der Vorher-Vollendung einer Handlung vor einer andren verwendet werden. Anders ist diess bei der ersten Person Singularis, welche als das redende Subject sich ihres eigenen Verhaltens in der Zukunft viel klarer und bestimmter bewusst ist. Sie drückt fast ganz in der Weise der späteren vol-

leren Formen eine sichere Zukunftsaussage aus und nimmt desshalb gern die Bedeutung der Vorhervollendung der betreffenden
Handlung vor einer andren an. Die Bezeichnung der Vorhervollendung nämlich in der Zukunft ist eine unmittelbare Folge
der Fähigkeit dieser Tempusform, die Zukunft in unbedingter
Weise anzugeben. Dadurch dass ein bedingungslos und sicher
bevorstehendes Ereigniss in der genaueren Bestimmung seiner
Zeitlage innerhalb der Zukunft von einem andren Ereigniss abhängig gemacht wird, entsteht die Bedeutung der Vorher-Vollendung. Prüfen wir den Gebrauch der synkopirten Form des Futurum exactum in der ersten Person Singularis, so sind eben
zwei Idiome zu unterscheiden. Nämlich entweder wird diese
Person in selbständigen Sätzen gebraucht zur Bezeichnung einer
bedingungslos bevorstehenden Handlung ohne Bezugnahme auf
eine andre Handlung, oder sie erscheint in Conditionalsätzen und
zwar mehrfach dann in der Bedeutung der Vorhervollendung in
der Zukunft, also im Sinne des eigentlich so genannten Praeteritum
in Futuro. Im ersteren dieser beiden Idiome ist nun der weit
überwiegende Gebrauch von *faxo* zu bemerken, was formelhaft
die tägliche Rede und fast alle Gattungen schriftstellerischer
Darstellung durchdrungen hat. Es pflegt von unsren Grammatikern gelehrt zu werden, dass *faxo* die einzige Form eines synkopirten Futurum exactum sei, welche auf diese Weise im selbständigen Satze ohne die Bedeutung der Vorhervollendung in der
Zukunft angewendet werde. Madvig z. B. sagt p. 75: *is tamen
usus in uno remansit verbo* faxo, *cujus ita positi apud Plautum
et Terentium plus quam sexaginta sunt exempla.* Madvig lässt
ausser *faxo* nur noch etwa Poenul. 4, 2, 65 als Beispiel eines
solchen Futurum gelten, welches nicht nothwendig als mit der
Bedeutung der Vorher-Vollendung versehen zu betrachten sei:

Poen. 4, 2, 62 nunquam edepol mortalis quisquam fiet a me
          certior
   nisi ero meo uni [id] *indicasso,* atque ei quo-
       que ut ne enuntiet.

Hermann sagt in dem erwähnten Programm p. 13, dass auch
dieses Beispiel im Sinn der Vorhervollendung aufgefasst werden
könne, und dass also nur *faxo* übrig bleibe. Indess sind noch
andre Beispiele vorhanden, welche den Gebrauch der ersten Person des sigmatischen Futurum exactum in selbständiger Aussage

erweisen. Es ist hier zunächst die schon früher von uns besprochene Stelle anzuführen:

Miles 328 sét fores concrepuerunt nostrae :: at ego illi *obserrariso* fores, und

Titinus bei Non. 102, 2 pilatricem palli jam *erallaviso* pulcre. Wir können also mit Sicherheit behaupten (denn wenn auch wirklich Miles 328 die gewöhnlichere Form *observasso* herzustellen ist, folgt für die Syntax dasselbe daraus), dass die erste Person des sigmatischen und synkopirten Futurum exactum in absoluter Zeitbestimmung Zukunfts-Aussagen ausdrückte. In den volleren mit r gebildeten Formen ist dieser Gebrauch sehr häufig; er hat sich aber keineswegs erst aus der Bedeutung der Vorhervollendung entwickelt, sondern ist ursprünglich. Wir wollen einige Beispiele anführen: Stich. 607 *qui defendant ire advorsum* jussero. Pers. 135 *immo alium* adlegavero. Casin. 4, 2, 2 *ruri* coenavero. Pseud. 721 *robis post* narravero.

Wir kommen nun zu dem zweiten Idiom der ersten Person des synkopirten Futurum exactum. Der Gebrauch desselben bezieht sich auf das Vorkommen dieser Form in Bedingungssätzen; es finden sich hiervon verhältnissmässig zahlreiche Beispiele, und namentlich auch solche, in denen die Bedeutung der Vorhervollendung deutlich ist, z. B.

Bacch. 712 invadam ... oppidum antiquom et vetus

Si id *capso* geritote amicis vostris aurum corbibus.

Plautus in Fretum bei Gellius 3, 3, 8 peribo si non fecero, si *faxo* vapulabo.

Pacuv. bei Non. 74, 31 haud sinam quidquam profari *priusquam accepso* quod peto.

und das bekannte *levasso* des Ennius. Diese Bedeutung der entschieden und rein temporalen Auffassung der zukünftigen Handlung ist der ersten Person eigenthümlich, die Jota-Personen der synkopirten Form entbehren derselben.

Es könnte nun nur noch die Frage aufgeworfen werden, ob in der ersten Person des synkopirten Futurum exactum und den späteren volleren mit *r* gebildeten Formen in allen Personen des Singular und Plural die Bedeutung der einfachen und absoluten Vorhersage der Zukunft (*haud invita fecero* Menaech. 424) oder die Bezeichnung der Vorhervollendung vor einer andren Handlung in der Zukunft das ältere und ursprünglichere Bedeutungs-

element sei. Man hat in der Regel aus dem Umstande, dass der
Tempusstamm eines Präteritum im Stamm des Futurum exactum
enthalten sei, schliessen wollen, dass die Vorhervollendung in der
Zukunft der eigentliche Bedeutungskern des Futurum exactum
sei. Zumpt spricht sich in diesem Sinne aus § 511: *„Alsdann
gewinnt das Futurum exactum auch ohne eine solche ausgesprochne
Verbindung mit einer andren Handlung an und für sich die Bedeutung eines rasch vollbrachten Futuri"*. Hermann im erwähnten
Programm p. 14 meint wahrscheinlich dasselbe, wenn er gegen
Madvig bemerkt: *non satis erat dictitare futurum simplex tra-
ductum esse ad futurum exactum, sed monstrare debebat, quod
neque ipse potuit nec quisquam unquam poterit, unde in simplex
futurum notio illata sit praeteriti*, und Curtius sagt p. 341 *„Hermann hat sehr scharfsinnig gezeigt, dass ein Uebergang vom einfachen Futurum in das Futurum exactum nicht wohl denkbar sei"*.
Wenn unter Futurum exactum das Futurum der ihrem inneren
Sein nach vollendeten Handlung verstanden wird, so ist hiergegen Nichts zu erinnern; wird aber, wie Zumpt es meint, die
zeitliche Vollendung der betreffenden Handlung vor einer andren
Handlung verstanden, so kann diese Ansicht nicht gebilligt werden. Jedenfalls ist die Vorhersage ohne Rücksicht auf die Zeit
einer andren Handlung die ursprünglichere. Der Bedeutungskern
des Futurum exactum ist der, dass es das vollendete Sein in die
Zukunft verlegt. Die Zeitlage der Handlung vor einer andren
Handlung ist etwas erst später Hinzukommendes. Nicht jede
Vollendung ist Vergangenheit. Diejenige Bestimmung der Zeitlage einer Handlung, welche vom Moment des Redenden aus gemacht wird ohne Bezugnahme auf ein andres Zeitereigniss, können wir absolute Zeitgebung nennen. Dagegen diejenige Bestimmung der Zeitlage einer Handlung, vermöge deren sie nicht unmittelbar vom Standpunkt des Sprechenden aus, sondern abhängig
und in Rücksicht auf die Zeit einer andren, der Haupt-Handlung,
angegeben wird, können wir relative Zeit nennen. Die in relativer Zeitlage dargestellten Handlungen empfangen ihre allgemeine Zeit durch das Hauptereigniss, welchem sie vor- oder gleich-
oder nachzeitig sind. Um das Hauptereigniss, einen festgehaltenen
Moment der Erzählung, gruppiren sich gleichsam die übrigen als
Neben-Ereignisse. Nun ist es ein höchst interessantes Entwick-
lungsgesetz der griechischen und lateinischen Sprache, dass die

absolute Zeitgebung in allen Temporibus die ursprüngliche war
und dass später erst das Prinzip der relativen Zeitgebung in den
von der Grammatik so genannten Nebenzeiten sich entwickelte.
Dass im Homer die später ausschliesslich relativen Tempora noch
vielfältig absolut gebraucht sind und überhaupt die relative Zeitgebung noch nicht ganz entwickelt ist, ist schon im Einzelnen
vielfach bemerkt. Im Latein hat die theilweise noch absolute
Geltung des Imperfect und Plusquamperfect namentlich bei den
Historikern in geistvoller Weise Em. Hoffmann in der Schrift:
„über die Construction der lateinischen Zeitpartikeln" nachgewiesen.
Dieses nämliche Grundgesetz der erst späteren, secundären Entwicklung der relativen Zeitgebung, d. h. der Bestimmung der
Zeit eines Ereignisses nicht vom Standpunkt des Redenden aus,
sondern von einem festgehaltenen Moment eines andren, der
Zeit nach bekannten Ereignisses aus, findet nicht nur in der Zeit-
Sphäre der Vergangenheit, sondern auch in der der Zukunft statt.
Auch hier kann der zweite Schritt nicht vor dem ersten gethan
worden sein. Die relative Zeitlage-Bestimmung im lateinischen
Futurum exactum, d. h. die Bestimmung der zeitlichen Vollendung mit Bezugnahme auf eine andre Handlung, ist also später
als die absolute Weise der Zeitbestimmung eines Bevorstehenden
durch dieses Tempus. Auch das sogenannte Futurum tertium
bei Homer hat noch absolute Zeitgebung, bezeichnet also nur
den Eintritt des zuständlich vollendeten Seins in der Zukunft
ohne Bezugnahme auf die Zeit eines andren Ereignisses.

Von der synkopirten Form der ersten Person des lateinischen
Futurum exactum finden sich folgende Beispiele:

Epidic. 3, 4, 5 adulescens *si* istunc hominem quem tu quaeritas
  tibi *commonstrasso*, ecquam abs te inibo gratiam?

Most. 212 Perii hercle, *ni* ego illam pessumis exemplis *enicasso*.

Most. 222 di pol me faciant, quod volunt, *ni* ob istam orationem
  te *liberasso* denuo et ni Scapham *enicasso*
  enecasso *Bb.*

Capt. 576 *si* hujus huc *reconciliasso* in libertatem filium.
  hunc *B.*

Most. 228 ego *si* bonam famam mihi *serrasso* sat ero dives.

Bacch. 712 *si* id *capso* geritote amicis vostris aurum corbibus.

Rudens 1348 illut ego advorsum *si* quid *peccasso* Venus.
  illa egat vorsum si quid *B.*

Amph. 673 *ni* ego illi puteo si *occepso* animam omnem intertraxero.
occepto *B.* occepso *Nonius* 148, 11.

Poen. 4, 2, 65 nunquam edepol mortalis quisquam fiet a me certior,
nisi ero meo uni [id] *indicasso*, atque ei quoque ut
ne enuntiet.

nisi ero *Codd.*, *was Madvig op. alt. p.* 76, *Neue a. a. O.
p.* 430 *billigen. Geppert hält den Hiat* uni indicasso *für zulässig. Es scheint* id *ausgefallen.*

Cas. 5, 4, 29 (= 22) *si* unquam posthac aut *amasso* Casinam aut
occepso modo
nedum eam *amasso*, si ego unquam adeo posthac tale admisero.

ne ut eam *B.* nedum ut eam *Pareus.* nedum *ohne* eam
Geppert. eamasso *Ambr.*
Madvig a. a. O. p. 81 *und Neue a. a. O. p.* 422 *verwerfen
den zweiten Vers.*

Ein einziges Beispiel der Endung *-aro:*
Asin. 720 opta id quod ut contingát tibi vis : : quid *si optaro?*
: : evéniet. — Vgl. Mercat. 906 quid si optabo?
Plaut. in Fretum bei Gell. 3, 3, 8 Peribo si non fecero; *si faxo*
vapulabo.

Rud. 800 ego te hodie *faxo* recte acceptum ut dignus es.

Von Terenz ist nur *faxo* zu erwähnen (kein Verb auf *-aro*):
Heaut. 341 quid dixti? : : ademptum tibi jam *faxo* omnem metum.
Phormio 1028 *faxo* tali eum mactatum atque hic est infortunio.

faxo tali sit mactatus *Bemb.* faxo tali eum mactatum *die
meisten Bentlejanischen Codd. und Fleckeis.* faxo eum tali
mactatum *Codd. Regius, gebilligt von Bentley.*

Pacuv. bei Non. 74, 31 Vers 325 Ribb. haud sinam quidquam
profari *priusquam accepso* quod peto.

Attius bei Non. 185, 20 Vers 293 Ribb. qui *nisi* genitorem *ulso*
nullum meis dat finem miseriis.

ullo *die Codd.* ulso *Vossius.* nullum eis *Wolfenb.*

Afranius bei Non. 343, 23 V. 67 Ribb. immo olli mitem *faxo*
faciánt fustibus.

immo li mitem *die Codd.* *nur* inolitem puxo *Basil.* immo
illi mitem *die Ausgg.* immo olli mitem *Ribb. zweifelnd.*

Ennius bei Cic. Cat. maj. 1 § 1 o Tite *si* quid te adiuero curamve
levasso.

si quid te adiuuero *Par.* si quid ego adiuto *Monacens.*
abc. l'levavero *übergeschr. im Paris.*

Liv. 6, 35 *faxo* ne juvet vox ista: veto.

Paulus p. 28, 13 amasso amavero.

Wir führen nun noch die Beispiele an für *faxo*, wenn es parataktisch mit dem Futurum primum oder dem Conjunctiv oder dem Futurum exactum verbunden wird. Ausführlich handelt Madvig hiervon Opusc. alt. p. 77 Anm. 2. Der Indicativ des Futurum primum ist das bei Weitem Häufigere. Madvig meint, dass wahrscheinlich das Futurum primum ausschliesslich in dieser Verbindung in Gebrauch gewesen sei. In der That kommt auch ein Verbum der ersten und zweiten Conjugation niemals im Conjunctiv mit *faxo* parataktisch verbunden vor; nur bei Verbis der dritten und vierten Conjugation findet sich der Conjunctiv überliefert und in diesen Fällen kann der Conjunctiv leicht in's Futurum verändert werden. Hermann in der schon öfter erwähnten Abhandlung p. 13 nimmt den Conjunctiv in Schutz und macht namentlich auf die Beispiele von sit aufmerksam, durch welche der Conjunctiv gesichert erscheint z. B. Amph. 972 *faxo haud quicquam sit morae* und Adelphi 846 *farillae plena fumi ac pollinis Coquendo sit faxo et molendo.* Ein Unterschied der Bedeutung zwischen Conjunctiv und Futurum primum in dieser Bedeutung lässt sich wohl angeben. Der Conjunctiv bezeichnet mehr die Nöthigung eines andren Subjects, während das Futurum ein einfaches Hervorbringen einer Wirkung ausdrückt. Der Unterschied tritt durch die Situation der Verhältnisse deutlich hervor in Bacchid. 506 *ego faxo hau dicet nanctam quem delusserit* verglichen mit Bacch. 864 *faxo se hau dicat nanctam quem derideat.* Mitunter ist aber auch der Unterschied nur gering oder gar nicht mehr wahrnehmbar, wie Asin. 876 *faxo manufesto opprimas* und Menaechm. 562 *faxo manufesto opprimes.* Hier dürfte Madvig's Vermuthung einer Textesverderbniss, durch welche das Futurum verdrängt worden wäre, berechtigt erscheinen. Die Beispiele bei Plautus und Terenz sind folgende:

Faxo mit dem Futurum primum.

Amph. 355 accipiere, 997 deludetur, 1107 dices; Asin. 749 horrescet, 132 erunt; Bacch. 506 hau dicet, 715 erunt, 831 scies; Capt. 1010 venies; Casina 2, 8, 47 aberit; Cure. 587 reperies; Epid. 1, 2, 53 erit, 3, 4, 37 possidebit, 5, 1, 49

scibis, 5, 2, 46 scies; Mil. 463 erit, 1366 dices; Menacchm.
327 madebunt, 468 dices, 562 opprimes, 661 referetur, 791
amabit, 950 potabis, 956 erit; Pers. 161 aderunt, 446 aderit,
439 erit, 194 laudabis; Pseud. 49 scies, 387 scies, 393 aderit,
766 erit, 1039 scibis, 1043 amplexabere, 1329 feres; Poen.
1, 1, 45 scies, 1, 1, 34 habebit, 1, 2, 161 dabit, 2, 14
erunt, 4, 2, 86 disperibit, 4, 2, 88 eris, 5, 3, 40 laudabitis,
5, 4, 31 faciet, 5, 4, 72 eris, 5, 4, [47] scibis; Rud. 365
scibis, 578 exarescent, 1351 exibit; Truc. 2, 4, 77 aderit,
4, 2, 52 erit.

Faxo mit dem Conjunctiv.

Amph. 589 expetant, 972 non sit; Bacch. 864 hau dicat; Asinar.
876 opprimas, 902 scias; Mostell. 68 adferat, 1133 ferare;
Men. 540 referantur, *so die Codd. (Madv. will a. a. O. p. 77
das Futurum)*, 644 scias (*BC. Madv.* scies), 113 visas (*BC.
Madv.* vises); Pseud. 949 dicas; Trin. 63 nescias (scias *ABC.*
scies *Madv.*), 882 scias; Truc. 2, 8, 13 dicat.

Faxo mit dem Futurum exactum und Conjunctiv Perfecti.

Aul. 3, 6, 42 perdiderit; Capt. 801 obstiterit; Men. 521 comederis; Poen. 1, 2, 136 constiterit; Trin. 60 dederis.

Bei Terenz finden sich:

Phorm. 308 aderit; Andr. 854 audies; Adelphi 209 accipiat, 847 sit.

Die Plusquamperfecta auf -*sem* in synkopirter Gestalt sind
nur bei sigmatischen Perfectstämmen sicher nachzuweisen. Folgende Fälle nichtsigmatischer Stämme sind sehr unsicher:
Capt. 711 nam cogitato, *si* quis hoc gnato tuo
        tuus servos *faxet* qualem haberes gratiam?
faxit *Codd.* faxet *Fleckeisen. Die Lesart der Codd. vertheidigen Madv. a. a. O. p.* 69 *und Neue a. a. O. p.* 420.
Ein tragischer Dichter bei Cicero off. 3, 26, 98 bei Ribb. incertae
incert. fab. 59.
        quod *ni* Palamedi perspicax prudentia
        istius *percepset* malitiosam audaciam.
percepisset *Codd., nur im Bamberg. ist i ausradirt.* percepset
die Ausgaben, gebilligt von Madv. a. a. O. p. 69. ejus percepisset *G. Hermann.*

Zusätze.

Während des Drucks der vorliegenden Abhandlung haben sich noch folgende Bemerkungen dargeboten, welche hier als Zusätze einen Platz finden mögen:

Zu S. 6. Für die Art des Ueberganges von *amaviso* in *amasso* durch allmäliches Tonloswerden des i bietet sich ein lehrreicher Vergleich in der Aussprache des Wortes *cavillator* in der lingua rustica, woraus Plautus Trucul. 3, 2, 15 einen artigen Scherz macht. Wir lernen zugleich an diesem Fall, wie positionslange Sylben, wenn sie mit einer vorhergehenden Kürze verbunden sind und wenn eine betonte Sylbe darauf folgt, zu Kürzen werden konnten. Es heisst bei Plautus:

    ST. dicax sum factus; iam sum cauillator probus.   15

    AST. cauillationes vis fortasse dicere.   17

    ST. ita ut pauxillum differant a caululis (cavilibus *codd.*).

Zu S. 48. Ueber die ursprüngliche und in den Komikern noch sehr vielfältig erhaltene Länge der Infinitivendung *-re* hat neuerdings eingehend gehandelt W. Wagner im Rhein. Mus. Bd. XXII, 1867 p. 118 und 425, zu dessen Beispielen noch hinzuzufügen sind: Mil. 1239 *si pól me nolet dúcere uxorem genua amplectar.* Mil. 1275 *ad se ut eas: tecum vivere volt atque aetatem exigere.* Heautontim. 724 *decém minas quas mihi dare pollicitust. quod si is núnc me . . .* Für *dare* vgl. Trucul. 2, 4, 74 und Trinum. 584.

Zu S. 51. Vergl. S. 44. Zu noch besserer Beglaubigung der Lesart der Handschriften *adornaret* kann die Wiederholung der gleichen Frage in einer späteren Scene desselben Stücks angeführt werden. Rudens 316 *ecquem* [vidistis] *. . . qui duceret mulierculas.* Es ist ferner zu erinnern, dass an der Tempusfolge Rudens 129 *quique adornaret sibi Ut rem divinam faciat* nicht Anstoss zu nehmen ist. Ein ähnlicher Fall des Präsens im Absichtssatz nach einem Präteritum im Hauptsatz findet sich Phorm. 934 *ut filius Cum illa hábitet apud te, hoc róstrum consiliúm fuit.* Hier ist habitet nicht von einer Thatsache gebraucht, die eine dauernd bestehende sein soll, sondern von etwas Vorübergehendem.

Inhalt.

Kritisch behandelte Stellen.

Plautus Amphit. 206 S. 27. 44. *47. Asinaria 720 S. 78. 100. Menaechm.
596 S. 26. 43. *45. Menaechm. 616 S. 26. 43. *47. Mercat. 758 S. 26. 43.
*46. Miles 328 S. 5. Miles 669 S. 5. Most. 183 S. 77. *79. Rud. 125
S. 27. 44. *50. Stich. 192 S. 93. Trin. 722 S. 83. Titinius bei Non.
102, 2 V. 76. Ribb. S. 5. Lucilius bei Cic. de fin. 2, 8, 23 S. 20. 23. *42.
Lucret. 3, 444 S. 6. Varro Satur. Menipp. bei Non. 26, 30 S. 28. 44. *51
und bei Non. 248, 14 S. 28. 45. *53. Festus p. 351, 13 S. 41. Paulus
p. 26, 3 S. 75.

Druck von Grass, Barth und Comp. (W. Friedrich) in Breslau.

Papier von F. Nendler in Alt-Friedland.

GRAMMATISCHE STUDIEN.

Eine Sammlung

sprachwissenschaftlicher Monographien.

In zwangloser Folge.

Zweiter Theil.

Die Syntax von Quom

und

die Entwickelung der relativen Tempora

im älteren Latein.

Von

EDUARD LÜBBERT.

Ferdinand Hirt,

Königliche Universitäts- und Verlags-Buchhandlung in Breslau.

1870.

Die Syntax von Quom

und

die Entwickelung der relativen Tempora

im älteren Latein.

Ein Beitrag zur Geschichte der lateinischen Sprache

von

Eduard Lübbert.

Ferdinand Hirt,
Königliche Universitäts- und Verlags-Buchhandlung in Breslau.
1870.

Druck von Grass, Barth & Comp. (W. Friedrich) in Breslau.
Papier von F. Hendler zu Alt-Friedland in Schlesien.

Den beiden

um die Wissenschaft und ihre Lehre

hochverdienten Männern

Gottfried Bernhardy

in Halle

und

Ludwig Lange

in Giessen

in herzlicher Verehrung und Dankbarkeit

der Verfasser.

Vorrede.

Nicht ohne Grund ist die wiedergeborene Sprachwissenschaft der Stolz unseres Jahrhunderts geworden. Ein unermesslich reiches, früher unergiebiges Material ist durch sie, indem sie darin den Pulsschlag geschichtlichen Werdens und organischer Entwickelung nachwies, zu neuem Leben erweckt. Die Bezeichnung der todten Sprachen, des todten Buchstabens ist wissenschaftlich bedeutungslos geworden. Alles in der Sprache zeigt ein unerschöpflich quellendes Leben. Eine reiche Fülle von Aufgaben winkt der Detail-Forschung: auch das Kleinste hat als Glied im grossen Ganzen seine nothwendige Stelle erhalten. Die Geschichten der einzelnen Laute, Wurzeln, Suffixe, die in ihren Anfängen die Dämmerung menschlicher Geistescultur berühren, sind Gegenstände der belehrendsten und fruchtbarsten Erkenntniss geworden. Auch der Syntax ist dieser allgemeine Aufschwung der grammatischen Studien wesentlich zu Gute gekommen. Während die frühere Forschung in einseitig theoretischer Auffassung bei der Betrachtung der syntaktischen Idiome meist von dem in der Litteratur fertigen Typus derselben ausging und ihr Wesen durch Zurückführung auf eine Kategorie des Denkens oder eine Begriffsdefinition erklärt zu haben meinte, verfährt die neuere Sprachwissenschaft wesentlich historisch. Sie sucht vor Allem sorgsam die sinnlichen Elemente zu bestimmen, aus denen das Idiom hervorgewachsen ist. Es unterliegt wohl kaum einem Zweifel, dass die Genesis aller Idiome in das Bereich der sinnlichen Thätigkeit des Geistes fällt. Theils sind es räumliche Anschauungen, theils Aeusserungen eines psychologischen Affects, welche den Casus-Structuren, den Grundformen der verbalen Syntax und den Partikel-Structuren zu Grunde liegen; sie bilden den materiellen Boden, aus dem eine geistigere Auffassung sich entwickelt. Durch diese genetische Betrachtungsweise sind die auf dem Wege abstracter Begriffsbestimmung gefundenen Definitionen häufig hinfällig geworden, und manche, scheinbar sehr wohl in sich gegründete systematische Erklärung hat sich als Illusion erwiesen.

Indessen liegt hier die Gefahr einer neuen Einseitigkeit nahe. Es kann leicht scheinen, als ob mit dem Nachweis der genetischen Vorgänge und der sinnlichen Elemente eines Idioms das Wesentliche gethan sei, und als ob die fernere Entwickelung und Lebensgeschichte desselben nur noch von den mechanisch wirkenden Factoren der Sprache: Gewohnheit, Bequemlichkeit, Accommodation an äussere Vortheile und Analogien abhängig sei. Allein dem ist nicht so: man würde gerade die werthvollsten Erkenntnisse, die uns die syntaktische Forschung gewähren kann, Preis geben, wenn man auf eine weitere theoretische Betrachtung. der Idiome Verzicht leisten und die Durchdringung jener sinnlichen Elemente durch ein geistiges Princip verkennen wollte.

Es hat sich bei den beiden intellectuell begabtesten Völkern des Alterthums namentlich in den syntaktischen Idiomen der Tempora und Modi sehr früh ein Element speculativer Auffassung geltend gemacht, welches mit wunderbarer Tiefe die Grundformen des Seins zu ergreifen wusste. Es ist selbstverständlich, dass hier nicht von einem auf Reflexion und Schlussfolgerungen beruhenden Denken die Rede ist, sondern von jenem intuitiven Denken, welches unmittelbar die Gesetze seines eigensten Wesens zum Ausdruck bringt. Vor dem Geiste des Subjects lag die unendlich mannichfaltige Welt nicht nur des festen substantiellen Seins, sondern auch des bewegten fliessenden Seins, welches das Gebiet des Verbal-Ausdrucks ist. Es kam nun darauf an, die unendliche, proteusartige Verschiedenheit, welche dieses fliessende Sein zeigt, das halb Sein, halb Nichtsein ist, zu bewältigen, und an diese Arbeit setzte der Geist den Reichthum seiner ganzen Schöpferkraft. Er musste dieses fliessende Sein zu Demjenigen machen, was es innerhalb des reflectirenden Denkens sein sollte. Gerade nach dieser Seite hin ist die Sprache nicht mehr Naturproduct, sondern Geistesproduct. Der Sprachgeist hat die Grundformen des ontologischen Verhaltens jenes fliessenden Seins mit einer solchen Feinheit und Tiefe zum Ausdruck gebracht, dass allen diesen Schöpfungen die volle Schönheit echter Ideen innewohnt. Mit liebens- und bewunderuswürdiger Feinfühligkeit sind in der Gliederung der Modi nicht allein die beiden grossen Unterschiede des Wirklichen und Nichtwirklichen ausgeprägt, sondern namentlich auch jene leisen Abstufungen des Nichtseienden, des Möglichen, welches der Wirklichkeit bald näher kommt, bald ferner bleibt. Es ist eine von höchster Begabung zeugende Geistesthat, durch welche die griechische Sprache die Modi Conjunctiv und Optativ nach den Principien der von ihnen dargestellten Möglichkeit schied: während Ersterer alle in den wesentlichen und nothwendigen Bedingungen der Dinge begründete, also die auf Entwickelung beruhende Möglichkeit (das δυνάμει ὄν, die Potentialität, — nicht 'geheischte' Wirklichkeit, was blosser Affect wäre) darstellt, bezeichnet Letzterer Seinsverhältnisse, die nur in der Seele des vorstellenden Subjects, neutral der Wirklichkeit gegenüber, bestehen. Indessen wie es nirgends einen Sprung in der Natur giebt, sondern überall sich Mittelglieder ausbilden, so sind auch diese beiden Seinsarten durch Uebergangsformen einander angenähert.

Die Hauptaufgabe der Modalsyntax wird es nun sein, auf Grund einer genauen geschichtlichen Erforschung der Modusidiome auch die theoretische Auffassung eines Jeden derselben zu prüfen und die Stufe und Qualität des Seins zu bestimmen, welche durch dasselbe zum Ausdruck gelangen soll. Die nachfolgende Untersuchung will ein Problem dieser Art, nämlich die Entstehung und Bedeutung der Construction des Conjunctiv der Nebenzeiten nach *Quom* temporale, geschichtlich und theoretisch aufzuklären versuchen. Es ist gerade bei dieser Structur das Moment des Nichtseins, welches den Conjunctiv hervorrief, kein so klar zu Tage liegendes, und es bestehen unter den neueren Grammatikern die verschiedenartigsten Ansichten über seine Deutung. Es war um so verlockender, hierauf näher einzugehen, als in diesem Beispiel jene allgemeine theoretische Aufgabe der Modalsyntax wegen der Häufigkeit des Idioms und wegen seiner nothwendigen genauen Berücksichtigung beim Schulunterricht eine noch besonders praktische Bedeutung erhält.

Bereits der erste Theil dieser Studien beschäftigte sich mit einer auf der gleichen Gesammtanschauung ruhenden Aufgabe. Es ward dort gezeigt, wie die syncopirten Formen des Conjunctivus Perfecti *(faxit, capsit)* im älteren Latein nur von Bevorstehendem gebraucht werden, und die Deutung dieser Thatsache ward darin gesucht, dass die älteste Sprache, indem sie das Vergangene überhaupt noch nicht als ein rein Vorgestelltes auffasst, diejenigen Modusformen der Tempora praeterita, die ein Vorgestelltes bezeichnen, zum Ausdruck des Zukünftigen ähnlich verwendet, wie es mit dem Optativ des Aorist im Griechischen geschieht. Während die Thatsache jener eigenthümlichen Bedeutungs-Beschränkung dem Verfasser als erwiesen zugestanden wurde, hat man mehrfach an der Deutung derselben Anstoss genommen. Indessen bekenne ich, dass keine der von den Gegnern vorgebrachten Erklärungsweisen dieser Erscheinung geeignet gewesen ist, mich in meiner Auffassung wankend zu machen. Ich muss hier einer Polemik besonders erwähnen. In der *Revue de l'instruction publique en Belgique, Tome XI. Gand. 1868, Mai p. 26 fgg.* hat Herr *H. Courtoy* die ganze Frage von neuem erörtert und die von mir aufgestellte Theorie bekämpft. Der Gegensatz des Herrn *Courtoy* ist ein bewusst principieller: er der reine Empiriker bekämpft in mir den Idealisten. Aus diesem Gegensatz der Grundanschauungen allein ist auch eine gewisse Leidenschaft und Gereiztheit der Sprache in jenem Aufsatz erklärbar, zu welcher weder in der Sache selbst noch in dem Ton meiner Darstellung ein Anlass gegeben war. Indessen ist trotz der Zuversichtlichkeit dieser Polemik gerade die ganze Ausführung des Herrn *C.* ein recht deutlicher Beweis dafür, wie bei der Erklärung feinerer syntaktischer Idiome mit der beliebten Berufung auf die Sprachgewohnheit und den usus tyrannus eigentlich nichts gethan ist. Herr *C.* ist natürlich der Ansicht, dass der Conjunctiv des Lateinischen Präteritums von Haus aus ebensowohl Zukünftiges als Vergangenes bezeichnet habe. Er wäre es, nachdem er meine Deutung als eine Reihe in die Luft gebauter Hypothesen bezeichnet hatte, nun der Sache gewiss sehr wohl schuldig gewesen, für jene eigenthümliche Erscheinung, dass gerade jene alterthümlichen syncopirten Formen nicht Vergangenheits-, sondern ausschliesslich Zukunfts-Bedeutung haben, eine wenn auch nur äusserlich begründende und das Verständniss der Thatsache als solcher vermittelnde Erklärung beizubringen. Allein was sagt er? P. 35 *Je me résume et je conclus ... Comme il n'y a à l'indicatif qu'une seule forme . . ., il n'y avait originairement aussi qu'une seule forme au subjonctif pour l'un et pour l'autre temps; cette forme caractérisée par la désinence * isim . . ., se contracta en perdant la voyelle, qui précédait la sifflante (servassim, habessim, incensim), et ainsi contractée n'exprima plus que le futur ou si l'on veut, finit par ne plus exprimer que le futur*, und weiter: *que la forme syncopée était restreinte au futur, c'est apparemment parce que cette dernière ne fut jamais d'un usage général et que certains verbes ne l'admettaient pas.* Wenn diess überhaupt eine Erklärung ist, so ist es eben nur die, dass man nicht weiter wisse, denn diese Beweisführung sagt nichts anderes als: es ist so gekommen, weil es so gekommen ist. Und doch lässt gerade dieses Idiom, wenn irgend eines, den inneren Zusammenhang zwischen seiner später ungebräuchlich gewordenen Form und einer alterthümlicheren Auffassungsweise einer bestimmten Seinsform so deutlich ahnen. Allein was sind Herrn C. solche Ahnungen!

Indessen ganz abgesehen von dem vorliegenden Streitfall: es liegt gewiss eine Gefahr für die Wissenschaft in derjenigen Richtung unserer Zeit, welche jede Aeusserung und Kundgebung eines selbständigen, von den Sinnen unabhängigen Geisteslebens mit der Feindseligkeit und Unduldsamkeit des Unglaubens abweist. Für die syntaktischen Idiome bedarf es einer Forschung, die sich liebevoll in die Arbeit des sprachschaffenden Geistes hineinzuleben und zu vertiefen vermag. Auf diesem Gebiet muss die Wahrheit oft durch speculative, nicht nur durch eine rein empirische Methode gesucht werden. Geist will von Geist erkannt sein. Wir besitzen gewiss in den Idiomen der Syntax, namentlich denen der Tempus- und Moduslehre, Schöpfungen des Geistes, die gleichsam Ausströmungen seines innersten Wesens und Zeugnisse derjenigen Denkoperationen sind, durch die er, seiner selbst unbewusst, schöpferisch das Sein der Dinge sich gegenständlich machte. Diese Denkformen, reine und unverfälschte Offenbarungen seelischen Lebens, gehören zu jenem eigensten Besitze des Geistes, der

nicht der äusseren Erfahrung, nicht der Sinneswahrnehmung
entstammt, sondern im innersten Grunde der Seele geboren ist.
So wird die Grammatik echte Geisteswissenschaft, ein (unsrer-
seits reflectirendes) Denken jenes (unmittelbar intuitiven) Denkens,
eine *νόησις νοήσεως*.

Da die nachfolgenden Blätter schon seit längerer Zeit in
den Händen des Druckers sind, so musste manche inzwischen
erschienene Arbeit unberücksichtigt bleiben. Mit Freuden trage
ich nach, dass *Otto Ribbeck* in seiner trefflichen und scharfsinnigen Schrift: *Beiträge zur Lehre von den Lateinischen Partikeln
(zur Begrüssung der 27sten Philologen-Versammlung in Kiel) S. 23*
in Rücksicht auf die Bestimmung der Grundbedeutung von *Quom*,
welche sich mir als locative: *uo* (unten S. 41) ergeben hatte, zu
demselben Resultat gelangt ist. In der etymologischen Erklärung weicht seine Ansicht in so fern ab, als er (S. 5) das Loca-
tivsuffix -*fim* als ursprüngliche Endung der Partikel betrachtet,
so dass aus *Quofim* mit Ausstossung des *f Quom* geworden sei.
Auch hält Ribbeck S. 23 eine Identität der Präposition *Quom*
mit der Conjunction für annehmbar. Für mich hatte die Auffassung des Schluss-*m* in *Quom* als Rest des Locativ-Suffixes
-*mem*, welches im Umbrischen regelmässige Locativ-Endung des
Singularis ist, besonders wegen der Existenz der Form *cume*
etwas Ueberzeugendes. Indess auch diese Form ist von Ribbeck S. 27
durch Aenderung des bekannten Verses in *cum é tonas Leucesie*,
in Frage gestellt worden. Diese neu und fruchtbar angeregten
etymologischen Untersuchungen, die auf meine wesentlich syntaktische Behandlung nicht von entscheidendem Einfluss sind,
werden jedenfalls noch wiederholt in nächster Zeit die Studien
der vergleichenden Grammatik beschäftigen. Mögen inzwischen
dem theuren Freunde, der sie in Anregung gebracht, diese Blätter
als ein Beitrag zur weiteren Geschichte der interessanten Partikel
nicht unwillkommen erscheinen.*)

Giessen, 12. März 1870.　　　　　　　　　Der Verfasser.

*) Zum Schluss bitte ich noch in dem sonst durch die freundliche Liberalität meines
Verlegers typographisch so schön ausgestatteten Buche folgende unliebsame Druck-
fehler zu tilgen: S. 164 Z. 15 v. u. muss es statt 'historischen Perfects' heissen: 'historischen Präsens'. Ferner sind S. 237 Z. 9 v. o. vor *Lorenz* die Worte einzuschalten:
quom quae te *Bothe*.

A. Uebersicht des Inhalts.

B. Register und Tabellen.

I. Stellenregister.

1. Emendirte Stellen.

2. Stellen, die im Zusammenhang der Untersuchung beleuchtet werden.

II. Sachregister.

Assimilation des causalen Nebensatzes an einen in indirecter Rede
stehenden Hauptsatz: bei Plautus verhältnissmässig selten
126 fg. 137—139 (nach *Quom* im ganzen zehn Mal 131),
bei Terenz häufiger 130. 140 (nach *Quom* 13 Mal 131),
grosse Neigung dazu im Geist der latein. Sprache 127, z. B.
nach *par est, aequom est* 138, immer mehr im Zunehmen
begriffen 130. 138 auffallend bei Cicero nach *Quod* 127.

Assimilation des temporalen Nebensatzes 80. 81.

Camerarius 30.

Cicero braucht nach *Quom* temporale den Conjunctivus Imperfecti,
wo Plautus den Indicativus Imperfecti braucht 71. 152. 165.

Conjunctiv nach *Quom* causale und adversativum in directer Rede;
Alter der Structur: noch nicht bei Naevius 139, noch nicht
bei Plautus 132—139, diejenigen Beispiele, wo diess Idiom
bei Plautus vorzuliegen scheint, sind entweder als freie Conjunctivi potentiales aufzufassen (*quom iurem* = da ich schwören
kann, und ähnlich auch nach *Quia* 136) 133—137, oder
als unter dem Einfluss der indirecten Rede stehend 126. 137.
bei Terenz sind die ersten Anfänge dieses Idioms nachzuweisen 140.

III. Tabellen.

§ 1.

Art der Schwierigkeiten, welche die Structur von Quom temporale mit dem Conjunctiv Imperfecti und Plusquamperfecti ihrer Bedeutung und ihrem Gebrauch nach darbietet.

Unter allen Problemen der lateinischen Modussyntax ist gewiss eines der schwierigsten und interessantesten die Construction des temporalen *Quom* mit dem Conjunctiv der Nebenpräterita in der directen Rede. Es liegt für unser Sprachgefühl ein merkwürdiger Widerspruch darin, dass eine Aussage, die ein objectives thatsächliches Sein darstellt, im Modus der Möglichkeit und Subjectivität wiedergegeben ist. Das Befremdliche dieser Erscheinung steigert sich dadurch, dass *Quom* mit dem Hauptpräteritum den Modus der Objectivität behält. Wir vermögen kein Moment der Subjectivität an dem nebensätzlichen Prädicat in Sätzen wie die folgenden zu entdecken. Nep. Ages. 8, 6 *hic cum ex Aegypto reverteretur, venissetque in portum qui Menelai vocatur in morbum implicitus decessit.* de Regib. 3, 2 *ex his Antigonus in proelio, cum adversus Lysimachum dimicaret, occisus est.* Cic. ad Q. fr. 3, 1, 17 *cum iam epistulam complicarem, tabellarii a vobis venerunt.* ad fam. 8, 1, 2 *Romam cum venissem, ne tenuissimam quidem auditionem de ea re accepi.* Da der menschliche Forschungsgeist sich nirgends damit begnügen mag, die Thatsachen, die ihm entgegentreten, nur ihrer äusseren Erscheinung nach kennen zu lernen, sondern stets auch ihren Grund und ihr Wesen zu erfassen bestrebt ist, so ist denn auch dieses Problem zum Gegenstand der mannigfaltigsten und verschiedenartigsten Erklärungsversuche gemacht worden, ohne dass eine Einigkeit unter den neueren Grammatikern darüber erzielt worden wäre. Da die fragliche Structur eine der gewöhnlichsten und alltäglichsten der lateinischen Sprache ist, so konnten auch die Compendien, die zunächst den Unterrichtszweck im Auge haben, an dieser Crux nicht stillschweigend vorübergehen und so ist die Frage eine *πασιμέλουσα* geworden. Freilich schienen durch die vielseitige Behandlung der Frage die Schwierigkeiten derselben zunächst nicht sowohl ab- als zuzunehmen, und die Bekenntnisse sonst ausgezeichneter Grammatiker, die in so manches Problem mit der Schärfe ihrer Logik eingedrungen waren, klingen über das-jenige, was man von dieser Construction und ihren Gesetzen wissen könne, sehr resignirt; so sagt Zumpt Lat. Gramm. § 579 Anm.: „Es finden sich freilich manche Stellen, welche der hier aufgestellten Regel zu widersprechen scheinen oder wirklich widersprechen, denn in der That hat die lat. Sprache eine Art Vor-liebe für die Verbindung von Quom mit dem Conjunctiv, namentlich mit dem Conjunctiv Imperfecti." Hier wird also an eine völlig unbe-rechenbare und unerklärbare Macht appellirt, eine „Vorliebe" der lat. Sprache für den Conjunctiv. Einem ähnlichen Geständniss begegnen wir in der sorgfältigen Schrift von Fabian: de con-structione particulae Quum Königsb. Programm (1844) p. 1 „Quaerenti mihi de vi et natura particulae Quum diu idem accidit in hac re levi et exigua, quod Simonidi quondam accidisse fertur in re gravissima, ut quanto diutius considerarem, tanto mihi res videretur obscurior; adeo enim varia ac mutabilis et vis huius particulae est et constructio, ut speciem quandam veri prae se ferre videatur praeceptum eorum, qui nullo discrimine indicativum et coniunctivum huic particulae adiungi posse statuerunt." War schon die Frage an sich schwer zu beantworten, weshalb bei Darstellung rein objectiver historischer Thatsachen der Conjunctiv nach *Quom* stehe, und scheiterten hier viele theoretische Erklärungs-versuche, so musste sich die Lage der Forschung noch weit peinlicher gestalten, wenn man bei genauerer Beobachtung des Gebrauches jenes Idioms in dem classischen Latein eine scheinbar grosse Regellosigkeit und Inconsequenz der Sprache wahrnahm, indem der Indicativ sich häufig in solchen Wendungen fand, wo man den Conjunctiv, und umgekehrt der Conjunctiv da, wo man den Indicativ erwartet hätte. Die Regel, dass das zeitliche *Quom* den Conjunctiv der Nebenzeiten und den Indicativ der Haupt-zeiten nach sich habe, erleidet so zahlreiche Ausnahmen, dass ihr Werth für das richtige Verständniss des Sprachgebrauchs ein höchst zweifelhafter wird. Ja, es fand sich sogar, dass selbst das concessive *Quom* nicht unter allen Verhältnissen den Conjunctiv nach sich hatte. Wir wollen hier in Kürze einige jener Unregelmässigkeiten anführen, welche den theoretisch so schwer zu erklärenden Conjunctiv nach temporalem *Quom* auch im thatsächlichen Gebrauch als eine durchaus scheinbar der Regeln spottende Construction erscheinen lassen. Nämlich in solchen Aussagen, in denen eben ein Zeitraum genauer charakterisirt werden soll und in welchen die Zeitbeziehung besonders hervorgehoben ist, pflegt gerade der Indicativ der Nebenzeiten gesetzt zu werden, bei Dichtern und in Prosa. Tib. 1, 10, 19 *tum melius tenuere fidem, quom paupere cultu Stabat in exigua ligneus aede deus.* Tib. 1, 10, 7 *nec bella fuerunt, Faginus adstabat quom scyphus ante dapes.* Vergil Aen. 4, 596 *tum decuit quom sceptra dabas.* Cic. p. Planc. 18, 45 *isto in genere et fuimus ipsi, quom ambitionis nostrae tempora postulabant.* p. Sestio 52, 112 *quom de dignitate mea ferebatur, nemo ·... putavit.* Philipp. 2, 9, 22 *quod igitur quom res agebatur, nemo in me dixit ...* Philipp. 13, 20, 47 *qui quasi cornua duo tenuerunt Caesaris tum, quom illae vere partes vocabantur.* In diesen und ähnlichen Fällen zeigt uns·das Prädicat ein zuständliches dauerndes Sein, und es könnte also scheinen, als sei diese Eigenthümlichkeit der Grund der verschiedenen Modusgebung; allein es findet sich auch sehr häufig in dergleichen Zeitsätzen mit einem die dauernde Zuständlichkeit darstellenden Prädicat der Conjunctiv, wie Cic. de Or. 2, 13, 56 *(Thucydides) hos libros tum scripsisse dicitur, quom a republica remotus atque, id quod optimo cuique Athenis accidere solitum est, in exilium pulsus esset.* Cic. fam. 8, 1, 2 *Marcellus — sanequam eos sermones expressit, qui de eo tum fuerant, quom nos Romae essemus.* Cic. p. Muren. 3, 8 *neque enim si tibi tum, quom peteres consulatum, adfui ...* Caes. b. Gall. 1, 22, 1 *quom summus mons a Labieno teneretur, ipse ab hostium castris non longius mille et quingentis passibus abesset, neque ... ipsius adventus ... cognitus esset, Considius equo admisso ad eum accurrit.* Liv. 6, 1, 6 *quom civitas in opere et labore adsiduo ... teneretur, interim Q. Fabio ... dicta dies est.* Alle diese Fälle zeigen im Prädicate des Zeitsatzes ebenfalls dauernde Seinszustände. Es ist eine sehr gewöhnliche Erklärung dieser Erscheinung, dass

1*

man sagt, mitunter sei dem zeitlichen *Quom* eine Beziehung der Causalität oder adversativ-concessive Bedeutung beigemischt, welche den Conjunctiv erzeuge. Allein eben hierdurch trennt man wiederum diese Beispiele des Conjunctiv von jenen oben angeführten, welche der eigentliche Gegenstand des Problems sind, wie Nep. Ages. 8, 6 *cum reverteretur venissetque in portum, in morbum implicitus decessit,* wo eine wirkliche Causal- oder Adversativ-Beziehung nicht erkennbar ist.

Da nun ein bestimmtes Princip der Unterscheidung in dieser Modusgebung sich also bisher noch nicht hat ermitteln lassen, ist natürlich in einzelnen Fällen anlässlich der Kritik und Exegese öfter Meinungsverschiedenheit entstanden. Ein viel bestrittener und mannigfach gedeuteter Fall dieser Art ist Cic. de fin. 2, 19, 61 *num etiam . . P. Decius . . . quom se devoveret et equo admisso in mediam aciem irruebat, aliquid de voluptatibus suis cogitabat?* Hier wollte Davisius *devoverat.* Cic. p. Mur. 3, 6 — *tum quom respublica vim et severitatem desiderabat, vici naturam et tam vehemens fui,* wo Reisig Vorles. p. 493 *desideraret* verlangte. Die Beispiele von coordinirten Gliedern desselben Satzes, deren eines im Indicativ, das andere im Conjunctiv steht, sind nicht selten, allein stets ein Anstoss der Exegese. So z. B. Cic. de leg. agrar. 2, 24, 64 *tum quom haberet respublica Luscinos Calatinos Acidinos . . . ., tum quom erant Catones Phili Laelii . . . ., tamen huiuscemodi res commissa nemini est.* Für diese Verschiedenheit des Modus in beiden Gliedern sind die verschiedensten Erklärungsweisen vorgeschlagen worden, bald nahm man ein Anakoluth, bald innere Verschiedenheit der Darstellungsform des Gedankens selbst an. Aehnlich Cic. in Pis. 13, 29 *an tum eratis consules, quom . . . cunctus ordo reclamabat ostendebatque . . ., quom . . . tamen cupere vos diceretis . . .*

In manchen Fällen giebt das zweite Prädicat einen scheinbar specielleren Umstand, als das erste, an: Cic. de Or. 2, 67, 272 *ut quom Africanus censor tribu movebat eum centurionem, qui in Paulli pugna non affuerat, quom ille se custodiae caussa diceret in castris remansisse, quaereretque, cur ab eo notaretur: non amo inquit, nimium diligentes.* Cic. de Or. 2, 70, 282 *ut quom patrono malo, quom vocem in dicendo obtudisset, suadebat Granius . . .: perdam, inquit, vocem.* Auch bei anderen Autoren findet sich Aehnliches: Liv. 30, 44, 10 *itaque quom spolia victoriae Carthagini detrahebantur, quom inermem iam ac nudam destitui inter tot armatas gentes . . . cerneretis, nemo ingemuit.* Varro l. lat. 6 § 95 *id inceptum credo quom non adesset accensus et nihil intererat, quoi imperaret.* Mannigfach gehen die Meinungen über eine Stelle auseinander Caes. bell. Gall. 1, 40, 5, wo in indirecter Rede der Indicativ Imperfecti nach *Quom* gesetzt ist *factum (esse) eius hostis periculum patrum nostrorum memoria, quom Cimbris et Teutonis a Gaio Mario pulsis non minorem laudem exercitus, quam ipse imperator meritus videbatur.* Den Gegensatz des Modus zeigt auch folgende Stelle, in welcher freilich das erste indicativische Glied nur in einer kleinen Zahl der Handschriften erhalten ist, in der Mehrzahl derselben fehlt, aber doch im Gedanken und in eben der eigenthümlichen syntaktischen Form selbst eine Stütze besitzt. Es ist die Rede von Caesar: Cic. de off. 2, 24, 84 *at vero hic nunc victor, tum quidem victus, quae cogitarat, quom ipsius intererat, tum ea perfecit, quom eius iam nihil interesset.* Aus der Unbestimmtheit der Grenze zwischen Conjunctiv und Indicativ erklärt sich auch das Schwanken der Lesart z. B. Caes. bell. Gall. 2, 2, 2 *ipse quom primum pabuli copia esse inciperet (inceperat* Leidensis 1), *ad exercitum venit.*

All' dergleichen Beispiele, deren Erklärung durch eine äussere Regel nicht im Mindesten gefördert werden kann, fordern gleichsam den Scharfsinn der Grammatiker heraus, ein Princip und innere Gesichtspunkte für die Unterscheidung zu gewinnen. Es giebt kaum irgend eine bestimmte Gruppe von Fällen der Structur von temporalem *Quom* mit den Nebenzeiten, wo nicht beiderlei Modi sich in dem Latein der besseren und besten Zeit finden. Charakteristisch sind in dieser Beziehung auch die Beispiele, wo im Hauptsatz ein Zeitbegriff steht, welchen der Nebensatz genauer definirt, z. B. Cic. de inv. 1, 2, 2 *fuit quoddam tempus quom in agris homines passim bestiarum modo vagabantur.* Liv. 7, 32, 13 *fuit quom hoc dici poterat.* Dagegen der Conjunctiv Caesar b. Gall. 6, 24, 1 *fuit antea tempus quom Germani Gallos virtute superarent.* Cic. de Or. 1, 1, 1 *fuit quom mihi quoque concessum arbitrarer.* Varro de r. r. 3, 1 *fuit tempus quom rura colerent homines neque urbem haberent.* Ein merkwürdiger Fall dieser Art ist Cic. fam. 3, 8, 10 *haec scripsi postridie eius diei quom castra haberem in agro Mopsuhestiae.*

Für eine andere Gruppe von Beispielen des Indicativ nach temporalem *Quom* ist der Umstand charakteristisch, dass sowohl im Vorder- als Nachsatz das Imperfectum steht, z. B. Cic. off. 3, 10, 40 *quom Collatino Brutus imperium abrogabat, poterat videri facere iniuste.* Cic. Acad. 1, 3, 11 *philosophiae praecepta renovabam quom licebat legendo.* Cic. Or. 13, 41 *quom a Catone nostro laudabar, vel reprehendi me a ceteris facile patiebar.* Cic. fam. 9, 16, 7 *quom rem habebas, quaesticulus te faciebat attentiorem.* Liv. 35, 8, 1 *quom haec Romae agebantur comitiorum appetebat dies* (vgl. 36, 5, 1). Cic. Tusc. 5, 20, 57 *Dionysius tyrannus ne tum quidem quom omnia se posse censebat, quae concupierat consequebatur.* Gleichwohl ist auch der Conjunctiv hier gebräuchlich: Cic. nat. deor. 1, 21, 59 *Zenonem ... quom Athenis essem, audiebam frequenter.* Tuscul. 2, 14, 34 *nonnunquam etiam quom ibi essem audiebam.*

Selbst das concessive *Quom* findet sich mit dem Indicativ bei Cicero, sowohl der Nebenzeiten als Hauptzeiten. Mit Imperfectum und Plusquamperfectum Cic. Phil. 1, 15, 36 — *qui quom adesse ipsis ... non licebat, aderant.tamen et in medullis ... haerebant.* Cic. fam. 3, 7, 5 *quom ea consecutus nondum eram ...., tamen ... nunquam sum admiratus.* Im Präsens Cic. Rosc. Am. 22, 62 *etiam quom multae caussae ... inter se congruere videntur, tamen non temere creditur.* Cic. in Verr. 2, 3, 54 *quom bellis Carthaginiensibus Sicilia vexata est, ... tamen aratorum interitio nulla facta est.* Cic. de republica 2, 4, 7 *atque etiam quom* (selbst wenn) *manent corpore, animo tamen exulant et vagantur,* vgl. Fabian a. a. O. p. 17.

Die Beobachtung des Gebrauchs von *Quom* bei den Autoren der classischen Zeit zeigt also eine grosse Verschiedenartigkeit und scheinbare Regellosigkeit. Wir finden das temporale *Quom* mit dem Indicativ und Conjunctiv der Nebenzeiten verbunden, ohne dass sich für den Unterschied des Gebrauchs eine feste Grenze bestimmen liesse. Nichtsdestoweniger bleibt der Gegensatz der Bedeutung der Modi selbst bestehen; wenn wir in den Zeitsätzen der directen Rede historische Thatsachen bald im Indicativ, bald im Conjunctiv ausgedrückt finden, so kann nur für unser nicht in die innerste Eigenthümlichkeit des Römischen Sprachgeistes eindringendes Gefühl eine Gleichwerthigkeit von beiderlei Ausdruck bestehen. Sicherlich hat der Conjunctiv, wo er zu einer solchen Darstellung verwendet ist, seinem Charakter gemäss ein Moment der Subjectivität auszudrücken. Der Indicativ bezeichnet immer nur das Wirkliche, der Conjunctiv das Mögliche, Vorgestellte, Nichtwirkliche. Es fragt sich nun, worin dieser Antheil des Nichtseins und der Vorstellung besteht, welcher in jenen Zeitsätzen den Conjunctiv hervorbringt. Mit der Lösung dieser Frage würde auch jene scheinbare Regellosigkeit, welche nach *Quom* im Zeitsatz im Modusgebrauche stattfindet, ihre Aufhellung und innere Gesetzmässigkeit erhalten. Die neuere Grammatik hat es nun auch durchaus nicht an den verschiedensten Versuchen fehlen lassen, dieses Problem zu lösen. Schon der Umstand, dass das fragliche Idiom ein Gegenstand des Schulunterrichts ist und für diesen Zweck feste entscheidende Gesichtspunkte unentbehrlich sind, führte zahlreiche Gelehrte immer wieder auf diese Frage zurück. Im Einzelnen sind die Auffassungen hierüber ausserordentlich verschieden, und in einer künftigen Geschichte der Philologie möchte eine Uebersicht über die verschiedenen Hypothesen, die sich an diesen Gegenstand knüpfen, ein nicht uninteressantes Capitel sein. Wir wollen hier die Haupt-Gesichtspunkte, von denen die Grammatiker bei diesen Erörterungen ausgegangen sind, charakterisiren. Man darf durchaus nicht behaupten, dass die bisherige theoretische Discussion der Frage, welche freilich viel zu sehr von der historischen Entwickelung des Idioms in den früheren Zeiten der Sprache abgesehen und sich einseitig auf die Zeit des bereits fertig entwickelten Idioms beschränkt hat, eine vergebliche gewesen sei. Es sind im Gegentheil der Reihe nach all die verschiedenen Beziehungen hervorgezogen und gesonderter Betrachtung unterworfen worden, welche bei dem Zustandekommen jener Erscheinung mitwirken können, und das Verdienst dieser Untersuchungen ist gewiss unbestreitbar, dass durch sie die Begriffsbestimmung der Tempora und Modi wesentlich gefördert worden ist. Wenn nach so vielen vorangegangenen Untersuchungen hier eine neue Lösung der Frage angestrebt werden soll, so ist diess besonders dadurch gerechtfertigt, weil es nunmehr darauf ankommt, den theoretischen Gewinn an dem historischen Entwickelungsgange des Idioms zu prüfen. Mit Hülfe dieser Prüfung wird sich uns dann die Möglichkeit bieten, unter den auf theoretischem Wege gefundenen scheinbar gleichberechtigten Erklärungen diejenige oder diejenigen auszuwählen, welche den Ergebnissen der historischen Entwicklung am meisten entsprechen. Es sind eine Reihe sehr scharfsinniger und tiefer Ideen über die Bedeutung des Conjunctivs in dieser Structur ausgesprochen worden, allein ohne die Beglaubigung durch thatsächliche historische Geltung werden sie niemals auf den Rang wissenschaftlicher Wahrheiten Anspruch machen dürfen.

§ 2.
Die verschiedenen von den neueren Grammatikern vorgetragenen Theorien zur Erklärung des Conjunctivs der Nebenzeiten nach temporalem Quom.

Wir wollen nun, damit wir nachher bei der Darstellung des historischen Materials auch die ideellen Gesichtspunkte hervorheben und für die Beurtheilung desselben in Anwendung bringen können, die hauptsächlichsten Auffassungen der Bedeutung des Conjunctiv in den Temporalsätzen nach *Quom* hier vorlegen.

Man kann im Ganzen vier verschiedene Grundansichten unterscheiden, welche hier die herrschenden gewesen sind und die ihrem ganzen Wesen nach auf verschiedenen Principien beruhen. Der ersten zufolge ist der Conjunctiv in diesem Falle entstanden aus der Uebertragung der Causalbedeutung auf das temporale *Quom*. Nach der zweiten tritt der Zeitsatz zum Hauptsatz in ein Verhältniss der inneren Abhängigkeit, er verliert seine Selbständigkeit in der Erzählung und da diese Unterordnung und innere Verknüpfung mit dem Hauptsatz ein Werk der Denkthätigkeit des Subjects ist, so werde der Conjunctiv gesetzt, weil die Darstellung eine durch's Denken vermittelte sei. Die dritte Grundauffassung geht davon aus, dass der Zeitsatz mit *Quom* nicht einfach erzähle, sondern eine Zeit beschreibe, nicht das Was, sondern das Wie ausdrücke; diese Beschreibung sei aber ein Resultat des Vorstellens, daher sei der Conjunctiv nöthig. Die vierte Ansicht endlich leitet den Conjunctiv her aus der Natur der Nebentempora selbst, denen derselbe ja auch in den fraglichen Sätzen ausschliessend eigenthümlich ist, während die Hauptzeiten ihn nicht haben: der Hauptsatz habe absolute Zeit, der Nebensatz relative Zeit, und überall in Zeitsätzen, wo Incongruenz der Zeitgebung in den beiden Gliedern des Vorder- und Nachsatzes herrsche, trete im Vordersatz der Conjunctiv ein. Diese vier Grundansichten sind im Einzelnen von ihren zahlreichen Vertretern in verschiedener Art modificirt worden, allein es treten uns in ihnen die vier Möglichkeiten entgegen, innerhalb deren überhaupt die Lösung des Problems sich bewegen zu müssen scheint. Es wird sich im weiteren Verlauf der Untersuchung herausstellen, dass einer dieser Grundgedanken sich als der allein stichhaltige erweist, allein noch einer wesentlichen Aenderung und Ergänzung bedarf.

Wir nehmen nun die vier Erklärungsweisen einzeln zur Prüfung vor. Die ältere Schule der neueren Grammatik ist durchweg von der Ansicht geleitet worden, dass die so beliebte und häufige Structur des causal-adversativen *Quom* in ihrer conjunctivischen Modusgebung das Vorbild derjenigen des temporalen *Quom* geworden sei. Der Zeitsatz drücke Nebenumstände aus, welche, obwohl nur erzählend dargestellt, sich doch sehr häufig als begründende Verhältnisse auffassen liessen; so sei, was häufig geschah, dann auch da angenommen worden, wo in der Realität kein Anlass hierzu vorhanden war, man habe die rein zeitlich aufeinander bezogenen Dinge so aufgefasst, als seien sie in ein Causal-Verhältniss zu einander gesetzt. Zumpt § 578 fg. giebt den Grund des Conjunctiv dahin an, dass „in der zusammenhängenden Reihe von Begebenheiten die vorhergehende zugleich immer auch als die bewirkende der folgenden angesehen und dargestellt wird“. In dem Satze: „Caesar quom Pompeium apud Pharsalum vicisset, in Asiam traiecit“ finde eine „Verbindung von Zeit und Grund statt“. Diese Auffassung ist die bei Weitem verbreitetste. G. T. A. Krüger Lat. Gr. § 626 legt das Gewicht der Erklärung darauf, dass der Zusammenhang der Ereignisse durch *Quom* mit dem Conjunctiv als ein viel innigerer dargestellt werde, als bei blos zeitlicher Verknüpfung. Er erkennt an, dass ein Real-Zusammenhang oft zwischen solchen Sätzen nicht existire, wie in dem Beispiel Nep. Agesil. 8, 6 *quom . . . reverteretur . . . venissetque in portum . . ., in morbum implicitus decessit,* allein „der Lateiner fasst in einer zusammenhangenden Reihe von Begebenheiten die gleichzeitige und vorhergehende so auf, und stellt sie so dar, als ob in derselben der Grund der anderen enthalten

wäre, wenngleich in dem Satz mit Quom weder ein logischer,
noch ein moralischer, noch ein realer Grund enthalten ist."
Aehnlich Putsche, Gramm. Jena 1866 § 107 Zusatz 1, welcher
sagt, dass das Nebenereigniss zugleich als Grund aufgefasst
werde, selbst wenn ein Causalverhältniss nicht obzuwalten
scheint. Es ist eine weitere Modification dieser Ansicht, wenn
manche Grammatiker durch diese Conjunctivstructur die Folge
der Begebenheiten als eine innerlich sich entwickelnde dargestellt
denken. Der Redende lege in die Dinge den Charakter von
Grund und Folge, um sie als innerlich verkettet darzustellen. So
spricht sich · namentlich Weissenborn aus Lat. Gramm. § 453 b
und Lat. Syntax § 225, 3. „Der Conjunctiv stelle dar," sagt er,
„dass das im Hauptsatz erwähnte Ereigniss sich aus dem anderen
entwickelt habe." Er sagt in der Syntax a. a. O. es werde „ein
Ereigniss als Grund eines gleichzeitigen oder folgenden aufgefasst und so als blos angenommener Grund im Conjunctiv
ausgedrückt." Er leitet also den Conjunctiv nicht unmittelbar
aus Uebertragung der Structur nach causalem Conjunctiv, sondern
daraus her, dass das Verhältniss als Grund und Folge ein nur
fingirtes sei. In dieser Auffassung liegt gewiss eine Vermischung
verschiedenartiger Standpunkte. Es spricht sich in ihr schon das
Bestreben aus, den Conjunctiv nicht durch einen äusserlichen
Uebertragungsprocess des Causalcharakters auf den Temporalsatz
hervorgerufen werden zu lassen, sondern ihn unmittelbar aus dem
Bewusstsein abzuleiten. Dieses Princip ist auch dasjenige des
zweiten und dritten Standpunktes der Erklärung des Idioms.

Wir wollen nun weiter die zweite Grundauffassung kennen
lernen, welche sich allerdings in mehreren Varietäten darstellt.
Ihr wesentlicher Grundzug besteht darin, dass nach ihr die
Ursache des Conjunctivs nach Quom in der logischen Unterordnung des Nebensatzes unter den Hauptsatz zu suchen ist, also
Anordnung der Ereignisse nach und neben einander, nicht Entwickelung aus einander, wie bei dem ersten Standpunkt. Der
Nebensatz wird durch die fortgeschrittnere Kunst der Darstellung
der Ereignisse seinem Inhalt nach nur als untergeordnetes Glied
der Rede hingestellt, während das Ereigniss des Hauptsatzes den
Mittelpunkt des Interesses bildet. Nun ist aber eine solche Anordnung der geschehenen Dinge im Bewusstsein, wodurch das

Eine als das selbständige Haupt-, das andere als das unselbständige Nebenereigniss aufgefasst wird, ein Ergebniss der Thätigkeit des Subjects. Dieses entzieht dem Nebenereigniss einen Theil seiner Objectivität, um dasselbe der Präponderanz eines anderen Ereignisses zu unterwerfen; deshalb tritt für diese Art der Darstellung der Conjunctiv ein; dieser bezeichnet den Antheil des Subjects an derjenigen Anordnung und Reihenfolge, in welcher das Neben- und Hauptereigniss nunmehr erscheinen. Der Conjunctiv ist also nach dieser Auffassung, obwohl er ebenfalls, wie in der ersten, eine straffere und innigere Verbindung der Ereignisse ausdrückt, dennoch nicht aus dem Causalcharakter, welchen der Temporalsatz etwa annähme, zu erklären, sondern aus der Betheiligung der Vorstellung an der Darstellung des subordinirten Ereignisses.

Ein Vorläufer dieser Erklärung, obschon nicht frei von Unbestimmtheit und schwankender Ausdrucksweise, ist Reisig Vorles. § 306, 3, S. 533. Er sagt, durch das temporale *Quom* seien zwei historisch dargestellte Ereignisse „in ein ursächliches Verhältniss gesetzt," doch sei diese Ursache „zuweilen nur in der subjectiven Darstellung begründet." In dem Satze: quom Caius nasceretur, mortuus est Titius „liegt im Conjunctiv nur der Beweggrund dieser Zusammenstellung." Nach dieser Auffassung ist also der Conjunctiv gewählt als Modus für den Antheil des Subjects an der Zusammenstellung der Ereignisse. Man möchte fast sagen, dass Reisig, indem er sich so zweideutig und dunkel ausdrückt, mit der älteren allgemeinen Erklärung der Conjunctiv aus Uebertragung des Causal-Sinns auf die reinen Temporalsätze nicht ganz habe brechen wollen, während doch nach seiner Erklärung der Conjunctiv eben auch ohne das Causalverhältniss als einfacher Modus der Subjectivität stehen konnte. Jedenfalls dachte sich Reisig, dass zum Ausdruck jener Causalität, welche in der Seele des Redenden die Verbindung des Vordersatzes mit dem Nachsatz vermittelt, *Quom* besonders deshalb geeignet sei, weil diese Conjunction das objective Causalverhältniss der Dinge selbst ausdrückt. Denn zur Erklärung derjenigen Conjunctivi, welche nach anderen Zeitpartikeln in directer Rede vereinzelt vorkommen, bedient er sich der Analogie von *Quom*, welche auch andere Partikeln zur Conjunctiv-Structur hinübergezogen habe; er sagt S. 535: „da bei *Quom* in der ursächlichen Bedeutung der . . . Conjunctiv sich festgesetzt hatte, so ging er

auch auf andere Partikeln über, welche an sich gar nicht diese
Bedeutung führen . . .; so steht bei *posteaquam*, indem eine
historische Sache erzählt wird, der Conjunctiv bei Cic. pro leg.
Manil. 4, 9.“ In ähnlicher Zweideutigkeit rücksichtlich des Ur-
sprungs des Conjunctivs drücken sich andere Gelehrte aus;
besonders ist hier Madvig zu nennen, Gramm. § 358. Er bezeichnet
als die Bestimmung des Conjunctivs in dieser Structur den Ausdruck „der Folge und Reihe der Begebenheiten in geschichtlicher
Erzählung.“ Hier ist offenbar weniger der Begriff der Causalität
hervorgehoben, als derjenige der Anordnung, und wenn denn also
der Conjunctiv diesen bezeichnen und ausdrücken soll, so ist er
nicht sowohl der aus den Causalsätzen gleichsam übertragene
und ihnen nachgebildete, sondern der aus dem Bewusstsein
unmittelbar hervorgehende Modus der Subjectivität. In Weissenborns oben angegebener Erklärung ist der Begriff der Entwickelung
stärker hervorgehoben; dieser aber fällt mehr mit dem der Causalität zusammen, als mit dem der Anordnung, desshalb ist nach
Weissenborns Auffassung der Conjunctiv auch mehr ein Causal-
conjunctiv als ein frei aus dem Bewusstsein heraus gesetzter.
Sehr ähnlich wie Madvig fasst die Bedeutung des Conjunctivs
auch Ferd. Schulz auf: Lat. Sprachl. Paderborn, 1865, § 365,
indem er die Bezeichnung des Zusammenhanges und der Reihenfolge als das Wesen derselben angiebt. Auch diese beiden
Ausdrücke scheinen mehr auf die Anordnung und Gruppirung,
als auf die Causalitätsbeziehung gedeutet werden zu müssen.

Während nun alle diese Erklärungen eigentlich noch den
Bestimmungsgrund für den Conjunctiv nicht klar und deutlich
aussprechen, sondern nur errathen lassen, und während man
immer noch fast in Zweifel darüber sein kann, ob ihre Vertreter
nicht doch noch an ein Obwalten von Causalbeziehungen in jener
Structur glauben, ist zuerst mit voller Bestimmtheit die Trennung
dieses Standpunktes von dem der Causalitätstheorie ausgesprochen
worden von Lattmann und Müller, Lat. Gr. Götting. 1864 § 172. Diese
beiden Grammatiker betrachten ausdrücklich die Unterordnung
des Nebenereignisses unter das Hauptereigniss als den Zweck
und die Bedeutung des Conjunctivs. Sie sagen, nur solche Ereignisse würden durch *Quom* angeschlossen, welche „von unter-
geordneter Bedeutung“ sind und nur dazu angeführt werden,
um das Hauptfactum vorzubereiten und in seinen historischen

Zusammenhang zu rücken, oder auch um einfach als Zeitbestimmung zu dienen. „Häufig ist bei zeitlich und sachlich in engem Zusammenhange stehenden Ereignissen auch ein causaler Zusammenhang vorhanden; aber in sehr vielen Fällen lässt sich ein solcher durchaus nicht nachweisen und darum kann der Conjunctiv bei *Quom* historicum auch nicht mit dem Conjunctiv bei *Quom* causale unter denselben Gesichtspunkt gefasst, sondern nur als Ausdruck der Unterordnung angesehen werden." Nach dieser Erklärung also ist das Moment der Subjectivität, welches der Conjunctiv am Verbum des Nebensatzes zum Ausdruck bringt, dieses, dass die Gruppirung und Anordnung, wodurch gewisse Ereignisse nicht mehr als selbständige Thatsachen, sondern als unwichtigere Theile der Haupterzählung aufgefasst werden, als ein diesen Thatsachen durch's Denken gegebener Charakter erscheint. Die Ereignisse werden, insofern sie Nebenereignisse sind, als Erzeugnisse der Vorstellung angesehen. Ihre Unterordnung ist eine Unterordnung rücksichtlich der Bedeutung für die Gesammterzählung.

Diese Erklärung des Conjunctivs aus der unterordnenden Auffassung der Nebenumstände durch das Subject hat auch G. W. Gossrau in seiner vor Kurzem erschienenen Lateinischen Sprachlehre, Quedlinburg 1869 § 417, 4 aufgestellt und zu begründen gesucht. Er bezeichnet den Conjunctiv der Nebenzeiten durch den Namen des Subjunctivus. Seine Worte sind: „In allen diesen Beispielen ist allerdings auch die Zeit bezeichnet, aber zugleich Grund und Veranlassung, und so pflegt der Lateiner in Erzählungen, in denen ja der Erzähler den Zusammenhang der Begebenheiten, also den Grund der Ereignisse nach seiner Auffassung angeben muss, die Subjunctive zu setzen, wo wir im Deutschen den Indicativ mit 'als, da' brauchen. Er wird immer die Ereignisse zusammenstellen, wie sie nach seiner Meinung ursächlich aufeinander gewirkt haben", und ebendas. Anm. 6: „dass diese Subjunctive in Erzählungen zur nackten Zeitangabe dienen, ist trotz scharfsinniger Versuche dies zu beweisen (geht wohl auf E. Hoffmann's bald näher zu besprechende Schrift) nicht begründet, wenn auch allmälich bei den Späteren der Gebrauch verbreiteter gewesen, als die Einsicht in denselben."

Dies sind die dem zweiten Standpunkt der Erklärung sich zuneigenden Ansichten der neueren Grammatiker.

Eine hiervon nicht ganz fern liegende, aber doch bestimmt und im Princip verschiedene Auffassung liegt dem dritten Standpunkt zu Grunde. Die Vertreter desselben nehmen an, dass der Conjunctiv der Nebenzeiten die Bestimmung habe, die Nebenereignisse nicht einfach erzählend darzustellen, sondern durch sie die Zeit, in welche sie fallen, ihrer Beschaffenheit nach zu beschreiben und zu charakterisiren. Eine Darstellung, welche diese Aufgabe befolgte, konnte nicht eine rein objective bleiben, sondern war wesentlich durch die Thätigkeit der Vorstellung beeinflusst und musste daher in den Modus der Subjectivität übergehen. Diesen Standpunkt hat für zwar nicht alle, aber doch manche Conjunctive nach *Quom* schon Kühner geltend gemacht Lat. Gramm. § 149, 7. Er meint, der Modus lasse sich umschreiben durch den Gedanken: „zu einer Zeit von der Beschaffenheit, dass . . . .“ So z. B. Cic. Verr. 5, 4, 8 *iam tum cum bello sociorum tota Italia arderet, homo non acerrimus nec fortissimus, C. Norbanus, in summo otio fuit.* In dieser Weise will er namentlich auch erklärt wissen die Conjunctivi nach *Quom* in der Verbindung mit Hauptsätzen, die einen· Zeitbegriff enthalten: *fuit quom; fuit tempus, quom,* wie Cic. de Or. 1, 1, 1 *ac fuit quidem, quom mihi quoque initium requiescendi fore iustum arbitrarer.* Diese Auffassung des Conjunctiv als eines die Zeit beschreibenden Modus ist freilich ein recht sprechendes Beispiel dafür, wie die´ Auffassungen der neueren Grammatiker oft in Bezug auf dasselbe Idiom diametral entgegengesetzt sind; z. B. E. Hoffmann: Construction der Latein. Zeitpartikeln, Wien 1860, fasst gerade den Indicativ der Nebenzeiten als den Ausdruck für eine Beschreibung der Zeit auf S. 83 „*cum* mit dem Indicativ nennt und beschreibt die Zeit, welcher eine Handlung oder ein Zustand angehört, *cum* mit dem Conjunctiv dagegen giebt die Zeitgrenze dieser Handlung;“ und ähnlich S. 98.

In weiterem Umfang hat jene Erklärung auf die Temporalsätze im Conjunctiv ausgedehnt der Verfasser einer Specialschrift über dieses Idiom bei Terenz Deodat Gröhe, de usu Terentiano particularum temporalium Breslau, 1867, besonders p. 17 fg. Er sagt, im Indicativ drücke der Temporalsatz nach *Quom* nur die Angabe einer Zeitbestimmung aus, im Conjunctiv dagegen die Beschaffenheit derjenigen Zeit, innerhalb deren das Hauptfactum stattfand und stattfinden konnte. P. 17 (Romani) „non solum aliquod tempus eo definiunt ut dicant, eodem tempore aliam quam rem factam evenire, evenisse, eventuram esse, ita ut tempus rei factae in relativo membro prolatae simul tempus demonstrativi membri sit, sed etiam totum spatium temporis universim summatimque complectentes qualitatem eius in relativa enuntiatione describunt." Dass die Beschaffenheit (Qualität) der Zeit im Conjunctiv dargestellt werden musste, ist leicht begreiflich. Der Conjunctiv ist hier derselbe wie in Consecutivsätzen: „indicatur eo tempore, quod habeat eam qualitatem . . ., actionem demonstrativi enunciati evenire." Diese Auffassung gewinnt dadurch noch ein ganz besonderes Interesse, dass es auch die Erklärungsweise des der Wissenschaft zu früh entrissenen F. Haase war, welche derselbe freilich wohl nirgends veröffentlicht hat. In der eben erwähnten Schrift ist vom Verfasser F. Haase, als sein Lehrer, öfter auf das Dankbarste erwähnt, und wir dürfen gewiss annehmen, dass er diese Erklärung ebenfalls im Einverständniss mit dem trefflichen Grammatiker vorgetragen habe, ohne sie ganz ausdrücklich auf ihn zurückzuführen, da ja Haase, im rüstigsten Alter stehend, die Publication seiner syntactischen Untersuchungen in kürzester Zeit vorhatte.

Dieser dritte Standpunkt hat sonst keine weitere Verbreitung unter den neueren Forschern gefunden. Bevor wir zu dem völlig abweichenden vierten Erklärungsversuch übergehen, haben wir hier noch einen sehr beachtenswerthen und durchdachten Weg der Deutung des Idioms zu erwähnen, welcher nicht einen der drei erwähnten Standpunkte sich bestimmt und ausschliesslich zum Ausgang nimmt, sondern in welchem die Elemente derselben gewissermaassen verschmolzen und im Keime vereinigt erscheinen. Diese Erklärung ist ausgeführt in einer sehr scharfsinnigen und für die Zeit ihrer Abfassung sehr verdienstlichen Schrift von Fabian de constructione particulae Quum Königsb. Gymnasial-Progr. 1844, fortgesetzt, Tilsit, 1850. Wir werden beide Abhandlungen im Verfolg als I. und II. bezeichnen. Der Verfasser hat sich hier die Aufgabe gestellt, den vielgestaltigen und schwierig zu bestimmenden Modusgebrauch von *Quom* in der goldenen Zeit der lat. Sprache nicht nur theoretisch, sondern auch historisch zu erklären. Zu diesem Zweck ist er von der Sprache des Plautus und Terenz ausgegangen und hat die bei diesen Dichtern üblichen Idiome von *Quom* zusammengestellt. Seine Arbeit würde

einen sehr grossen Werth haben, wenn sie auf kritisch gesicherterer
Grundlage stünde und namentlich ganz vollständig wäre (es
fehlen z. B. die wichtigen Stellen: Truc. 1, 2, 61 und Merc. 5,
4, 16); doch ist sie eben um ein paar Jahrzehnte zu früh unternommen, als noch auf die gänzlich mangelhafte kritische Grundlage kein festes Gebäude gebaut werden konnte. Auch ist Fabian
zu wenig in das Wesen der Tempora als solcher eingedrungen,
er hat die Frage ausschliesslich als Frage der Modusgebung
behandelt, wodurch er natürlich eine allseitig befriedigende Lösung
verfehlen musste. Seine Erklärung der Entstehung des Conjunctiv
der Nebenzeiten, dessen grosse Seltenheit bei Plautus ihm nicht
entgangen ist, hängt genau mit seiner Auffassung der Entstehung
des Conjunctiv nach *Quom* überhaupt zusammen. Er geht davon
aus, p. 3, dass die Partikel, vom Stamm des Pronomen relativum
abgeleitet, auch ganz diejenige Modalsyntax befolge, die das
Relativpronomen seit den frühesten Zeiten im Latein hat. Wenn
der, gleichsam eine Apposition vertretende, Relativsatz eine causale,
finale, consecutive, adversative Nebenbedeutung annimmt, welche
das Subject aus seinem eigenen Bewusstsein in ihn hineinlegt,
so tritt er eben wegen dieser Zuthat der Subjectivität in den
Conjunctiv; eine bestimmte feste Nothwendigkeit für diese Auf-
fassungsweisen des Thatsächlichen im Nebensatze existirt nicht,
das Subject selbst legt je nach Neigung diesen Zusammenhang
in die Darstellung hinein, oder lässt ihn fern. Ebenso sei es,
sagt Fabian, bei *Quom*. In späteren Zeiten sei damit fast regelmässig der Ausdruck einer der Thatsache anhaftenden innerlichen
Nebenbeziehung auf die Entwickelung des Hauptfactums verbunden worden, in der älteren Sprache sei diess nicht der Fall
gewesen, daher komme in letzterer *Quom* sehr häufig mit dem
Indicativo vor. Auch im späteren Latein sei es noch vielfach
der Neigung und dem Ermessen des Redenden freigestellt gewesen,
ob er jene Beziehungen habe ausdrücken wollen oder nicht. In
denjenigen Sätzen, welche für unser Sprachgefühl reine Temporalsätze der Vergangenheit zu sein scheinen, sei nun ebenfalls das
Hinzutreten einer jener Nebenbeziehungen, die oft nur sehr ver-
steckt im Zusammenhange der Ereignisse liegen, anzunehmen,
und eben desshalb sei der Conjunctiv auch hier eingetreten.
Diese Auffassung hat mit der Causalitätserklärung manches gemein,
doch ist sie auch wieder darin von ihr unterschieden, dass sie

den Conjunctiv nicht aus einer Uebertragung der ursprünglich
für das Causalverhältniss ausgebildeten Syntax auf das Zeitverhältniss ableitet, sondern vielmehr selbständig aus dem Bewusstsein hervorgehen lässt. Sie nähert sich auf diese Weise
den beiden anderen Standpunkten an. An den dritten Standpunkt,
der den Conjunctiv als Angabe der Beschaffenheit der Zeit auffasst, erinnert die Definition Fabian's p. 4: „coniunctivo non tam
quid sit notari, quam quale quid esse dicat is, qui loquitur“.
Fabian hat seine Erklärung an einer grösseren Anzahl von Stellen
aus Autoren des classischen Lateins näher zu begründen gesucht
im Progr. Tilsit 1850, p. 7—12. Er muss freilich zugestehen,
dass in manchen Fällen eine Nebenbeziehung jener Art, wie er
sie sonst im Conjunctiv ausgedrückt glaubt, nicht nachweisbar
und desshalb allerdings eine gewisse „Vorliebe“ der lat. Sprache
für den Conjunctiv nach Quom anzunehmen sei; p. 12 sagt er:
„(Zumptius) quod dicit cum studio quodam (Latinos) coniunctivum
et maxime temporum praeteritorum cum hac particula coniunxisse,
quin recte praeceperit haud dubium est.“ Der Mangel in dieser
Erklärungsweise, welcher schliesslich ein solches Bekenntniss
erzeugt hat, ist eben jedenfalls darin zu suchen, dass Fabian
ausschliesslich bei diesem Idiom den Begriff des Modus als ent-
scheidenden Factor angesehen und die Bedeutung des Tempus
als solchen nicht genug in Anschlag gebracht hat.

Wir gehen nun zu der **vierten** Grundauffassung der in Rede
stehenden Structur über. Diese hebt, während die übrigen den
Modusbegriff zum Ausgangspunkt der Entstehung des Idioms
machen, vielmehr den Tempusbegriff sehr stark hervor; sie betrachtet
den Conjunctiv nur als eine Folge der Incongruenz zwischen
Neben- und Haupttempus, zwischen relativer und absoluter Zeit,
wie sie in jenen Zeitsätzen vorliegt. Diese Auffassung ist bisher
eigentlich nur von ihrem Urheber vertreten worden, von Emanuel
Hoffmann, die Construction der lat. Zeitpartikeln. Wien 1860. Besonderer Abdruck aus der Zeitschrift für österr. Gymn. 1860, Heft VIII
und IX. Andere haben zwar diese Auffassung als eine scharfsinnige
anerkannt, z. B. Lattmann und Müller, Vorr. p. IV, aber sich ihr
doch nicht angeschlossen. Jedenfalls ist Hoffmann's Besprechung
der Frage eine sehr beachtenswerthe und für die ganze Untersuchung
förderliche, schon desshalb, weil er in eingehender Weise den
Unterschied zwischen absoluten und relativen Temporibus erörtert

hat, welcher zu den dunkleren und schwierigeren Punkten der lateinischen Grammatik gehört. Wenn man auch das Resultat von Hoffmanns Beweisführung nicht ganz theilen kann, so ist doch immer die Art der Betrachtung, worauf er den Beweis gründet, und die dabei zur Geltung kommenden Begriffsbestimmungen von hoher Bedeutung für die vorliegende Frage.

Wir wollen die Summe der Hoffmann'schen Untersuchung hier mittheilen. Während die Mehrzahl der älteren Erklärer der Ansicht gehuldigt hatte, dass das temporale *Quom* desshalb den Conjunctiv zu sich nehme, weil mit der Zeitbedeutung sich noch Nebenbedeutungen aus anderen Begriffssphären, causale, adversative, consecutive Beziehungen vermischten, so führt Hoffmann aus, dass die Bedingungen für den Eintritt des Conjunctivs nur in dem gegenseitigen Verhältniss des Tempus im Nebensatz und des Tempus im Hauptsatz liegen, so dass nicht allein *Quom*, sondern alle Zeitpartikeln: *postquam, ubi, simul ac, ut* der Verbindung mit dem Conjunctiv theilhaft werden können, wenn die nämlichen Bedingungen in dem Verhältniss ihrer Satzglieder obwalten, wie bei *Quom*. Was daher für *Quom* in Rücksicht auf seine Construction mit dem Conjunctiv gilt, muss auch für die übrigen Zeitpartikeln gelten und umgekehrt.

Das grosse und wichtige Gesetz nun, welches Hoffmann für die Syntax dieser Zeitsätze erwiesen und auch wohl für alle Folgezeit sicher hingestellt hat, ist dieses: dass der Conjunctiv alsdann einzutreten hat, wenn das Tempus des Nebensatzes ein streng relatives ist, während, wenn das Tempus dieses Satzes ein absolutes ist, ohne Ausnahme der Indicativ steht. Hierdurch ist selbstverständlich der Conjunctiv auf die Nebenpräterita, Imperfect und Plusquamperfect, beschränkt; nur sie können relativ sein, obschon sogleich schon hier zu bemerken ist, dass auch sie diess nicht immer sind, sondern auch absolute Zeitgebung haben können und dann im Indicativ stehen. Wenn nun dieses allgemeine Grundgesetz über die Modussyntax aller Zeitsätze wahrhaft fruchtbar werden, und durch dasselbe Licht über die zahlreichen dahin gehörigen Stellen alter Autoren verbreitet werden sollte, so war vor allem eine genaue Feststellung und Definition des Begriffes relativer und absoluter Zeit von nöthen. Der Begriff der relativen Zeit fällt keineswegs zusammen mit demjenigen der sogenannten Nebenzeiten. Imperfectum und Plusquamperfectum

sind keineswegs immer relative Tempora. Nun aber haben dieselben, jenem allgemeinen Gesetz zufolge, dann den Indicativ,
wenn sie absolut, hingegen dann den Conjunctiv, wenn sie relativ
sind, desshalb fällt eigentlich zunächst hier die Abgrenzung
zwischen Indicativ und Conjunctiv zusammen mit derjenigen
zwischen absolutem und relativem Gebrauche dieser Tempora.
Die schöne und feine Begriffsentwickelung, mit welcher Hoffmann
diese Frage zu lösen gesucht hat, ist das Hauptverdienst seiner
Schrift und wird derselben zu allen Zeiten einen hervorragenden
Platz unter den Untersuchungen auf dem Gebiet der Modus- und
Tempus-Syntax sichern.

Unter absoluter Zeitgebung versteht man diejenige Art der
Ansetzung der grammatischen Zeit eines Ereignisses, wodurch
der Redende von dem Zeitpunkt seines Sprechens aus direct und
unmittelbar das erzählte Ereigniss in die ihm zugehörige Zeitsphäre versetzt und ihm seine Stelle anweist; das Ereigniss besitzt
dadurch seine eigene selbständige Zeitlage, es ist nur von der
absoluten Gegenwart des Sprechenden aus zeitlich fixirt, also
auch selbst absolut gesetzt. Dagegen ist nun relative Zeitgebung
diejenige, wonach ein Ereigniss nicht direct von der Gegenwart
des Sprechenden aus datirt wird, sondern wonach dasselbe von
der Zeit eines anderen Ereignisses, des Hauptfactum, abhängig
dargestellt und diesem gleichzeitig oder vorzeitig gedacht wird.
Ein solches Ereigniss relativer Zeit hat also seinen Schwerpunkt
im Hauptereigniss und gravitirt gleichsam um dasselbe; es ist
unselbständig und abhängig in Rücksicht auf seine Zeitlage und
ist durchaus an das Hauptereigniss gebunden. Die ganze Feinheit
dieser Zeitgebung kann man nur an den Temporibus der Vergangenheit erkennen, für die übrigen Zeitsphären hat die Sprache
diese Unterscheidung nur ganz unvollständig ausgeprägt. Es versteht sich von selbst, dass die Hauptzeit der Vergangenheit, das
aoristische Perfectum, immer nur absolute Zeit haben kann, es
bezeichnet das Eintreten eines Ereignisses, als Moment aufgefasst,
in einem Zeitpunkt der Vergangenheit, der von dem Augenblick
des Sprechens aus fixirt ist. Anders aber steht es mit den
Nebenzeiten, sie sind bald absolut, bald relativ; es kommt daher
alles darauf an, in jedem einzelnen Falle unterscheiden zu können,
ob das im Nebentempus stehende Ereigniss absolute oder relative
Zeitgebung habe; der häufige und anscheinend regel- und gesetzlose

Wechsel zwischen Indicativ und Conjunctiv nach dem temporalen *Quom* ist einzig und allein daraus zu erklären, dass das jedesmal ausgesagte Ereigniss entweder zeitlich absolut oder relativ aufgefasst wurde.

Hoffmann hat sich über die Kriterien der absoluten und relativen Zeitgebung, welche in jedem Fall in Anwendung zu kommen haben, mit grosser Klarheit und Evidenz ausgesprochen. Ein absolutes Imperfect oder Plusquamperfect liegt dann vor, wenn ein Ereiguiss als zuständliches Sein dargestellt wird und durch jene Tempora wesentlich eine Seins-Qualität bezeichnet werden soll. Beide Tempora haben dann eine wesentlich semasiologische Geltung, sie bezeichnen einen Zeitraum, mit absolut fixirter Zeitlage. Das Plusquamperfect als absolutes Tempus drückt ein zum Zustand vollendetes Sein als in der Vergangenheit dauernd aus, hat also eigentlich die Geltung eines Imperfects. Es pflegt in dieser Eigenschaft logisches Plusquamperfectum genannt zu werden. Das absolute Imperfect bezeichnet eine dauernde Thätigkeit, ein verweilendes Geschehen, ohne Ausdruck der Abhängigkeit von oder Gleichzeitigkeit mit einem anderen Factum. Dergleichen Plusquamperfecta und Imperfecta sind nach allen Zeitpartikeln nichts seltenes, obschon sie allerdings nach *postquam, ubi, ut, simul ac* häufiger als nach *Quom* stehen, da eben hierin die Sprache zwischen den Partikeln einen gewissen Unterschied gemacht hat. Allein an sich kann *Quom* ebensowohl ein absolutes als ein relatives Nebentempus nach sich haben, gerade so wie die anderen Partikeln ebensowohl ein relatives, wie absolutes. Wir wollen einige Beispiele geben. Die geläufigsten Beispiele logischer Plusquamperfecta sind consueverat = solebat, cognoverat = sciebat, constituerat = in animo habebat, venerat = aderat. Allein auch andere Verba finden sich vielfach in dieser Bedeutung: nach *postquam* Cic. Verr. 4, 24, 54 *posteaquam tantam multitudinem collegerat emblematum . . ., instituit officinam Syracusis.* Hier ist *collegerat* = beisammen hatte. Sall. Jugurth. 108, 1 *cum Boccho . . . Aspar . . . multum et familiariter agebat, praemissus ab Jugurtha, postquam Sullam accitum audierat.* Jug. 11, 2 *postquam illi more regio iusta magnifice fecerant, reguli in unum convenerunt.* Hier ist *justa fecerant* = als die Feierlichkeiten vorüber waren. Ebenso bei *Quom* Cic. Invent. 1, 3, 4 *hinc nimirum quom ad gubernacula reipublicae temerarii atque audaces homines accesserant, maxima ac miserrima naufragia fiebant.* Cic. Invent. 2, 42, 124 *qui quom lex, quibus diebus . . . proficisceretur, praestituerat . . . ., profectus non est.* Nach *ubi* Liv. 23, 27, 3 *quam ubi neglegentiam . . . oriri senserat Hasdrubal . . ., pergit ire acie instructa ad castra.* Nach *ut* Caes. b. civ. 3, 63, 6 *nam ut ad mare nostrae cohortes excubuerant, accessere subito prima luce Pompeiani. Excubuerant* ist „auf Wache waren". Liv. 26, 18, 10 *ceterum post rem actam, ut iam resederat impetus animorum ardorque, silentium subito ortum . . .* In ähnlicher Weise wird auch das Imperfectum Indicativi gebraucht im absoluten Sinne; z. B. nach *postquam* Sall. Cat. 56, 4 *post quam Antonius cum exercitu adventabat, Catilina per montis iter facere . . . Adventabat* = „im Anmarsch war". Sall. Cat. 6, 3 *postquam res eorum . . . satis prospera satisque pollens videbatur . . ., invidia ex opulentia orta est.* Liv. 1, 23, 6 *postquam structi utrinque stabant . . ., in medium duces prodeunt.* Nach *ubi* Sall. Jug. 99, 1 *deinde ubi lux adventabat . . ., milites clamorem tollere . . . [iubet.]* Caes. b. civil. 2, 9, 7 *ubi tempus alterius contabulationis videbatur, ligna . . . tecta extremis lateribus instruebant.* Allein auch nach *Quom* steht dieses Imperfect. Cic. Phil. 2, 44, 114 *qui tum rex fuit, quom Romae esse licebat.* Verr. 3, 90, 210 *qui tum versati sunt in republica, quom et optimi mores erant, et hominum existimatio gravis habebatur, et iudicia severa fiebant.* Ebendahin gehören die gewöhnlich als typische Beispiele citirten Stellen: Tib. 1, 10, 7 *nec bella fuerunt, Faginus adstabat quom scyphus ante dapes* und ibid. 19 *tum melius tenuere fidem, quom paupere cultu Stabat in exigua ligneus aede deus.*

Hier liegen also Fälle von Nebentemporibus im Zeitsatz vor, welche absolute Zeitgebung haben und nicht in ihrer Zeitlage innerhalb der Vergangenheit durch das Hauptfactum determinirt werden oder diesem zeitlich untergeordnet sind. Es ist eben diess eine sehr wichtige und interessante thatsächliche Ermittelung von Hoffmann, dass der Indicativ nach Zeitpartikeln sich stets da findet, wo das Verbum diese Bedeutung eines zuständlichen Seins hat, wo das Imperfectum und Plusquamperfectum aus innerer Berechtigung stehen und nicht sowohl Gleich- oder Vorzeitigkeit in Rücksicht auf ein anderes Ereigniss, als vielmehr eine dem Verbo an sich zukommende Seinsqualität ausdrücken. Der Conjunctiv dagegen tritt sogleich ein, wenn das Nebenereigniss dem

Hauptereigniss zeitlich subordinirt wird. Diess ist der Fall namentlich bei momentanen Ereignissen, welche dem Hauptfactum gleich- oder vorzeitig gesetzt werden sollen. Hier ist nun *Quom* die geläufigste und fast allein gesetzmässige Partikel: z. B. also Nepos Paus. 5, 4 *hic quom semianimis de templo elatus esset, confestim animam efflavit.* Nep. de Regib. 3, 2 *Antigonus in proelio, quom adversus Seleucum et Lysimachum dimicaret, occisus est.* Nepos Agesil. 8, 6 *hic quom ex Aegypto reverteretur . . . venissetque in portum . . ., in morbum implicitus decessit.*

Indessen findet diese Structur nicht allein bei *Quom* seine Anwendung, sondern, wie Hoffmann darzuthun sucht, es finden sich auch Beispiele dieses Conjunctivs nach anderen Partikeln. Die Gewähr solcher Stellen ist freilich zum grössten Theil schwankend, auch hat Hoffmann ganz zweifellos Fälle hierhergezogen, in denen der Conjunctiv die unbestimmte Frequenz bezeichnet und also mit der Relativität des Tempus nichts zu thun hat. Allein an einer Stelle ist wohl die Ueberlieferung, nach der *posteaquam* mit dem Conjunctiv Plusquamperfecti und Imperfecti in unabhängiger Rede steht, richtig und nicht anzufechten, so sehr auch dieselbe von manchen Herausgebern verdächtigt worden ist. Es ist die bekannte, ja berühmte Stelle Cic. de imp. Cn. Pomp. 4, 9 (*Mithridates*) *posteaquam* (so die Codd. und Halm; *postea quom* Benecke, *cum* Baiter) *maximas aedificasset ornassetque classes exercitusque permagnos . . . comparasset, et se Bosporanis bellum inferre simularet, usque in Hispaniam legatos . . . misit.* Andere Beispiele dieser Art sind äusserst selten. Auct. bell. Afr. 91, 4 *postquam Juba ante portas diu multumque . . . egisset, dein precibus orasset, . . . petit ab iis.* Nach *ubi* findet sich ein Beispiel bei Auct. bell. Afr. 78, 4 *quod ubi coeptum est fieri et equis concitatis Juliani impetum fecissent, Pacidius suos equites exporrigere coepit in longitudinem.* Viel höher wird sich die Zahl der sicheren Beispiele nicht bringen lassen. Das älteste Beispiel dieser Art nach der Zeitpartikel *ut* hat Hoffmann leider nicht angeführt, sonst würde er seiner Auffassung eine viel sicherere Stütze haben geben können. Es ist diess die Stelle Hecyra 3, 3, 18 *mater consequitur: iam ut limen exirem, ad genua accidit Lacrumans misera: miseritumst.* Hier ist *ut limen exirem:* „in dem Augenblick, wo ich über die Schwelle trat"; so ist dieser Satz schon von den Erklärern richtig verstanden worden vergl.

Holtze, Syntaxis priscorum scriptorum Lat. II. p. 186. Leider hat sich Hoffmann aus Eifer für seine an sich richtige Entdeckung verleiten lassen, manches fremdartige zum Schaden seiner Sache herbeizuziehen. Doch dürfen diese unrichtigen Zuthaten den richtigen Kern der Sache nicht in unsern Augen verdächtigen. Der Hauptgesichtspunkt also, welchen Hoffmann für die Unterscheidung des Indicativs und Conjunctivs der Nebenzeiten nach allen Zeitpartikeln, besonders aber nach *Quom*, aufstellt, ist die zeitliche Coordination oder Subordination des Nebenfactums gegenüber dem Hauptfactum. Nur die Zeitselbständigkeit des Nebenereignisses, d. h. die Ansetzung seiner Zeitlage unmittelbar aus der Gegenwart des Sprechenden fordert den Indicativ; die Zeitabhängigkeit dagegen, welche die Zeitlage des Nebenereignissses durch die Zeit des Hauptereignisses bestimmt werden lässt, fordert den Conjunctiv, der also in so fern Ausdruck der temporalen Unterordnung ist. Hierin unterscheidet sich Hoffmann's Auffassung von derjenigen des zweiten Standpunkts, dass Hoffmann eine temporale Unterordnung (S. 4) als das Wesen dieser Structur bezeichnet, wogegen die Vertreter des zweiten Standpunkts z. B. Lattmann und Müller § 172 eine Unterordnung der Bedeutung statuiren.

Der Inhalt des von Hoffmann gefundenen Gesetzes ist zunächst ein rein factischer, das Gesetz zieht eine Grenzlinie zwischen dem Indicativ und Conjunctiv in Hinsicht ihres thatsächlichen Gebrauches; allein es klärt uns noch nicht auf über die Ursache des Conjunctivs. Man muss fragen, wesshalb steht bei relativer Zeitgebung und zeitlicher Unterordnung und Unselbständigkeit der Modus der Subjectivität? Wenn die relative Zeitgebung an sich schon den Conjunctiv verlangte, wesshalb stehen nicht auch andere Nebensätze, in denen die Nebentempora doch jedenfalls auch relative Zeitgebung haben, z. B. Relativsätze im Conjunctiv? Es drücken sehr häufig Relativsätze ein momentanes Sein der Vergangenheit als dem Hauptereigniss gleichzeitig oder vorzeitig aus und haben gleichwohl den Indicativ Imperfecti und Plusquamperfecti. Es bedarf also einer Aufklärung darüber, wesshalb nur im Zeitsatze diese Tempora dann, wenn sie relative Zeitgebung haben, in den Conjunctiv treten. Hierüber hat nun Hoffmann die erforderliche Aufklärung nicht gegeben. Er nennt die relative Zeitgebung häufig „subjective

Zeitbestimmung" (z. B. S. 39) oder die „durch das Urtheil des Sprechenden bedingte Zeitform" (z. B. S. 47), und hierin könnte der Grund des Conjunctiv angedeutet scheinen; man könnte also glauben, es sei die zeitliche Unterordnung ein Act der Vorstellungsthätigkeit und fordere desshalb für die dadurch modificirte Aussage den Conjunctiv, allein dann würde die relative Zeitgebung auf die Zeitsätze beschränkt erscheinen, was sie doch eben nicht ist, da auch andere Satzarten an ihr theilnehmen, die den Indicativ für die Nebentempora haben. An anderen Stellen leitet Hoffmann den Conjunctiv daraus her, dass die absolute Zeit des Hauptsatzes und die relative Zeit des Nebensatzes unter sich ungleichartig seien und erst durch das Denken vermittelt würden. Der Indicativ stehe überall da, wo Zeit-Congruenz (Zeit-Correlation) vorhanden sei (S. 48 und 65), der Conjunctiv dagegen, wo diese Zeitcongruenz fehle. Hoffmann glaubt nämlich als ein Fundamentalgesetz der Zeitsätze, welches sowohl für Hauptzeiten als Nebenzeiten gelte, auch den Satz aufstellen zu können, dass Zeitungleichheit den Conjunctiv für den Nebensatz herbeiführe. Diese Zeitungleichheit ist entweder eine Ungleichheit der natürlichen Zeit, oder Ungleichheit der durch das Subject den Ereignissen gegebenen Zeit. Im ersteren Fall werden Haupttempora mit einander verglichen, im zweiten ein Nebentempus mit einem Haupttempus. Für beide Fälle der Incongruenz folge der Conjunctiv. Endlich motivirt er den Conjunctiv dadurch, dass bei der relativen Zeitgebung die Zeit eines Nebenfactums durch Vergleichung mit der Zeit eines anderen, des Hauptfactums, bestimmt werde, während bei absoluter Zeitgebung die Zeit nur beschrieben werde; der Modus für Beschreibung der Zeit aber sei der Indicativ (S. 98). Diese verschiedenen Begründungsversuche des Conjunctivs sind jedenfalls nicht ausreichend, und es fehlt ihnen die Klarheit und Evidenz, welche der erste Theil der Hoffmann'schen Untersuchung besitzt, welcher die Thatsache erweist, dass der Conjunctiv nur bei wirklich relativer Zeitgebung für die Nebenzeiten, Plusquamperfect und Imperfect, eintritt, während der Indicativ nach *Quom* für diese Tempora dann erforderlich ist, wenn sie absolute Zeit haben und vermöge ihrer Tempusbedeutung eine Seinsstufe, ein ontologisches Verhalten, eine Beschaffenheit der äusseren Erscheinung einer Thätigkeit bezeichnen. Dieses Resultat der Hoffmann'schen Untersuchung

ist ein rühmenswerther Fortschritt in der Forschung über diesen
Gegenstand und die lateinische Tempuslehre überhaupt gewesen.

Indem wir die vier verschiedenen Standpunkte, auf welche
sich die neuere Grammatik bei Erklärung der Construction der
Nebenzeiten nach *Quom* gestellt hat, in übersichtlicher Darstellung
vorgeführt haben, ist nun zwar noch keine Lösung der Frage
herbeigeführt worden; im Gegentheil, die Zahl der möglichen
Erklärungen, welche scheinbar gleiche Berechtigung auf Anerkennung haben, ist so beträchtlich, dass eine Wahl schwer fällt.
Allein gerade durch diese unablässigen und immer von neuem
wieder aufgenommenen Versuche, das Problem aufzuhellen, ist
doch eine Reihe schätzbarer Ideen und Combinationen zu Tage
gefördert und mancher dunkle Begriff aufgeklärt worden. Wir
werden bei der nachherigen Betrachtung des historischen Materials
vielfach Gelegenheit haben, von den Definitionen und dem ganzen
theoretischen Gewinn Gebrauch zu machen, welchen die bisherige
Forschung erreicht hat. Die von den oben genannten Untersuchungen in's Licht gestellten Erklärungen sind, wenn man jede für
sich betrachtet und sich in sie hineindenkt, ansprechend genug,
doch lassen sich auch gegen jede einzelne wieder Bedenken
erheben. Die Ansicht, dass der Conjunctiv der Nebenpräterita
nach *Quom* die Bestimmung ʼhabe, den innern Zusammenhang
darzustellen, indem dadurch die Folge der Ereignisse als eine
Entwicklung des Hauptfactum aus vorbereitenden Umständen
angegeben wird, wem möchte sie nicht auf den ersten Blick sehr
wohl gefallen und einleuchtend scheinen? Besonders in der
schönen Modification, die ihr Fabian gegeben, könnte sie sich
viele Anhänger gewinnen: darnach würde ganz ebenso wie das
Pronomen Relativum den Conjunctiv zu sich nimmt, um innere
Beziehungen des Nebensatzes zu dem Hauptsatz auszudrücken,
auch *Quom*, etymologisch diesem Pronomen verwandt, den Ausdruck dieser inneren Beziehungen übernommen haben. Und doch
stellt sich hier sogleich die Gegenfrage: wie kommt es alsdann,
dass die Conjunction *Quom* nur die Nebenzeiten und nicht auch
die Hauptzeiten, wie das Pronomen relativum, in den Conjunctiv
zu treten veranlasst? -- Eine sehr ansprechende Idee ist auch
sicherlich diejenige, nach welcher der Conjunctiv eine Folge der
dem Nebenereigniss entzogenen Bedeutungs-Selbständigkeit ist.

Das Subject fasst den Complex historischer Ereignisse nicht so auf, dass es jedem Einzelnen derselben gleiches Recht und gleiche Selbständigkeit einräumte, sondern legt auf ein Ereigniss das Hauptgewicht und unterwirft in reflectirender Anordnung die übrigen Facta dem Uebergewicht desselben. Allein auch diese Erklärung ist nicht ohne Bedenken, denn die rein logische Unterordnung ist kein ausreichender Grund für den Conjunctiv, da dieser Modus das Nichtsein, die Möglichkeit, die Vorstellung bezeichnet und untergeordnete Facta gleichwohl die Geltung von Thatsächlichem behalten. Einen grossen Schein der Wahrheit hat endlich gewiss auch die Ansicht, wonach der nur bei den Nebenzeiten nach *Quom* eintretende Conjunctiv eben vor allem aus der Natur dieser Nebentempora im Zeitsatz zu erklären sein soll. Sind die im Nebentempus ausgedrückten Ereignisse zeitselbständig, so stehe der Indicativ, sind sie zeitlich dem Hauptfactum untergeordnet, so stehe der Conjunctiv. Allein auch gegen diese Auffassung können Einwendungen gerichtet werden. Erstlich ist der Conjunctiv aus zeitlicher Unterordnung nicht wohl zu erklären, da es ja Sätze giebt, die ebenfalls Nebentempora in zeitlicher Unterordnung zeigen, und die doch im Indicativ stehen, wie z. B. die Relativsätze. Ferner ist gegen diese Auffassung geltend zu machen, dass im älteren Latein eben der Indicativ nach *Quom* temporale der regelmässige und durchgängig angewendete Modus, der Conjunctiv dagegen fast völlig unbekannt ist. Wendet man nun jenes Gesetz auf diese Thatsache an, so würde folgen, dass das ältere Latein innerhalb der Zeitsätze die relative Zeitgebung noch nicht gekannt habe, und dass auch die Nebentempora im älteren Latein noch absolute Zeit gehabt hätten. Eine solche für die Tempuslehre im höchsten Grade wichtige Folgerung hat aber der Urheber jener Ansicht nirgends ausgesprochen, und es bleibt daher jene Thatsache als ein Widerspruch gegen seine Erklärung bestehen.

Der grösste Fehler, welcher all' jenen Erklärungen, die wir im Obigen ausführlicher dargelegt haben, anhaftet, ist eben der, dass sie auf rein theoretischem Wege gefunden und von dem in der Zeit des goldenen Latein fertigen Idiom abstrahirt sind, ohne dass man dabei der geschichtlichen lebendigen Entwickelung desselben seit den frühesten uns durch die Litteratur zugänglichen Zeiten die nöthige Aufmerksamkeit geschenkt hätte. Diess ist

auch die Ursache ihrer scheinbaren Gleichberechtigung. Nur die
Bewährung an den Thatsachen hätte einer von ihnen das Siegel
der Wahrheit aufdrücken können. Der einzige unter den oben
genannten Forschern, welcher die Structuren von *Quom* in ihrer
geschichtlichen Entwickelung und Fortbildung untersucht und
seine Theorie in Einklang damit zu bringen gesucht hat, war
Fabian, allein seine Sammlungen entbehrten der Sicherheit einer
kritischen Textesgrundlage und im Zusammenhang damit auch
der Vollständigkeit, und in seinen Abtheilungen der einzelnen
Beispiele in Gruppen hat er der Bedeutung der Tempora zu wenig
Rechnung tragend das zeitliche Verhältniss von Vordersatz und
Nachsatz nicht genügend berücksichtigt. Seine fleissige Untersuchung hat daher nicht den Erfolg gehabt, welchen unter anderen und günstigeren Verhältnissen eine solche Arbeit hätte
haben müssen.

Nämlich es giebt wohl kaum ein Problem der lateinischen
Syntax, für welches eine sorgsame historische Untersuchung so
fruchtbare Ergebnisse liefern könnte, als die Construction von
Quom temporale mit den Nebenzeiten. Wunderbar genug, dass
dieses Idiom das Schicksal gehabt hat, so lange gleichsam ein
offener Kampfplatz einseitig theoretischer Discussion zu bleiben,
während doch seine Entstehungsgeschichte, gleichsam von der
Wiege an, seine allmähliche Erweiterung, Befestigung und Fortbildung in der Litteratur vor unseren Augen offen liegt und hier
die historische Untersuchung die schönsten Resultate, die besten
Corrective für die theoretisirende Forschung geben konnte. Allein
so wahr ist es eben, dass schliesslich jeder wirkliche Fortschritt
in der Wissenschaft der Theorie verdankt wird, denn blosse
Empirie ohne innere Principien und ideelle Gesichtspunkte ist
blind. Man achtete noch nicht in fruchtbringender Weise auf
den thatsächlichen Gebrauch, weil die Theorie für solche Beobachtung die Forschung noch nicht reif genug gemacht hatte.

§ 3.

Bisherige Muthmaassungen über das Alter der Structur des Conjunctivs sowohl nach temporalem als nach causalem und adversativem Quom.

Die Frage nach dem Alter der Structur von *Quom* mit dem Conjunctiv der Haupt- und Nebenzeiten war zwar niemals ganz und gar unbeachtet gelassen worden. Es hatte sich schon seit längerer Zeit in der neueren Grammatik gleichsam die mehr oder minder bestimmte Ahnung festgesetzt, dass diese Construction im älteren Latein eine verhältnissmässig seltene sei, allein die Meinungen über den wirklichen Sachverhalt waren sehr getheilt. Bei Manchen hatte sich das Gefühl von jener Seltenheit nur in so schwachem Ausdruck geltend gemacht, dass sie die beiden Conjunctiv-Idiome für in der Zeit des Plautus schon völlig entwickelt und eingebürgert hielten, mit der Einschränkung, dass die ältere Sprache noch eine gewisse Vorliebe für den Indicativ in diesen Structuren gehabt habe. Für Andere dagegen hatte jene, ihnen aus der Lectüre und Observation entgegentretende Wahrnehmung, sich zu der klaren Ueberzeugung gesteigert, dass Plautus beide Structuren in directer Rede noch gar nicht kenne. Denn begreiflicher Weise musste die Frage nach dem Alter dieser Idiome wesentlich zusammenfallen mit derjenigen nach der Existenz dieser Structuren bei Plautus. Da nun eine Entscheidung auf dem Wege einer genauen Prüfung der Beispiele weder im Sinne der früheren Zeit lag, noch auch wegen der mangelhaften Beschaffenheit des Plautus-Textes durchführbar war, so standen Ansichten gegen Ansichten, Behauptungen gegen Behauptungen, und die Frage wurde mehr nach Neigung und Wunsch als nach objectiven Gründen entschieden. Zu dergleichen Neigungen und Wünschen war aber in so fern Anlass genug, als die Bestimmung und Ansetzung des Alters beider Idiome ein grosses Interesse nach theoretischer Seite hin hat und die Frage nach dem Wesen des temporalen *Quom* mit dem Conjunctiv gewissermaassen präjudicirt. Nämlich wenn die Mehrzahl der neueren grammatischen Forscher früherer Zeit das Idiom des temporalen *Quom* mit dem

Conjunctiv der Nebenzeiten aus der gewohnheitsmässigen Uebertragung der causalen Bedeutung von *Quom*, die den Conjunctiv
immerdar fordert, auf den Zeitsatz erklärte, so war stillschweigend
hierbei das höhere Alter der Conjunctivstructur nach causal-adversativem *Quom* vorausgesetzt. Nach der Beobachtung anderer
Forscher sollte nun aber gerade das causale *Quom* mit dem Conjunctiv ein verhältnissmässig spätes, bei Plautus noch unbekanntes
Idiom, vielleicht jünger als das temporale *Quom* mit dem Conjunctiv sein. Mit der Richtigkeit dieser Wahrnehmung würde
nun also jene Causalitäts-Theorie umgeworfen worden sein. Selbst
diejenige verfeinerte Auffassung, wonach *Quom* temporale mit
dem Conjunctiv einen inneren Zusammenhang der Entwickelung
in den Ereignissen bezeichnet, würde sich kaum haben halten
lassen, wenn zuzugestehen gewesen wäre, dass das zeitliche *Quom*
bei Annahme dieser Bedeutung nicht gleichsam den Spuren des
causalen *Quom* gefolgt sei. So kam es denn, dass die Frage
nach dem Vorkommen der Idiome von *Quom* mit dem Conjunctiv
bei Plautus in fast extrem verschiedenem Sinne beantwortet
wurde. Es versteht sich von selbst, dass diese Entscheidungen
auch für die Kritik mancher Stellen maassgebend werden mussten.

Wir wollen nunmehr kurz eine Uebersicht der verschiedenen
Urtheile und Ansichten der neueren Forscher über das Alter
dieser Idiome geben, hauptsächlich um die auf beiden Seiten zu
so entgegengesetzten Entscheidungen drängenden Motive richtig
würdigen zu können. Eine statistische Sammlung der Beispiele,
wie sie von uns später zu geben sein wird, ist eben kein einfaches Zählungs-Exempel, sondern hängt in ihrem Ergebniss
vielfach von einer richtigen und unparteiischen Betrachtungsweise
ab. Um diese zu gewinnen und Irrthümer zu meiden, werden
wir also die Meinungs-Aeusserungen derjenigen Forscher zu prüfen
haben, welche diese Frage schon früher behandelt haben.

Die älteren Herausgeber und Erklärer haben offenbar auf
diese syntaktische Frage kein grosses Gewicht gelegt; sie nahmen
an, dass Plautus das Idiom unbedingt habe brauchen können und
behandelten darnach auch die Kritik der dahin gehörigen Stellen.
Man scheute sich nicht, die Structur mit dem Indicativ zu beseitigen, wo dieser vielleicht all' zu auffallend erschien oder wo
die Handschriften einer Aenderung entgegen kamen. Wir führen
einige wenige Stellen an. Stich. 1, 2, 15 (81 R.) *quid mihi opust*

. . . *cum [m]eis Gerere bellum, quom nil, quamobrem id faciam, meruisse arbitror.* Hier ward gegen die Handschriften von Lambin *arbitrer* geschrieben. Ferner Amphitr. 5, 4, 2 (1134 Fleckeis.) *multo adeo melius quam illi, quom sum Juppiter:* obschon B und Z hier *quom sum* haben, hat sich doch schon in den frühesten Texten *quom sim* festgesetzt, was auch Bothe und Weise ·noch geben. Menaechm. 298 *pro sano loqueris quom me appellas nomine* wollte Camerarius *quom me appelles.* Ein sehr geläufiges Mittel zur Beseitigung der Conjunctiv-Structur war die Umänderung von *Quom* in *Quoniam, Quod, Quor, Quam* und andere häufig in den Handschriften damit vertauschte Partikeln oder Pronominalformen, welche dem Sinn leicht angepasst werden konnten. So Merc. 521 *bonae hercle te frugi arbitro, a matura iam inde aetate Quom scis . . .* Statt des *Quom* der Codices setzte Camerarius *Quoniam.* Ferner Trin. 617 *o ere Charmide, quom apsenti hic tua res distrahitur tibi, Utinam te redisse salvom videam!* Statt des *Quom* der Codd. hat Camerarius hier *quam* gesetzt. Diese wenigen leicht sehr zu vermehrenden Beispiele mögen das Verfahren der früheren Kritiker charakterisiren. Sie legten sich eben keine Rechenschaft davon ab, dass in Plautinischer Zeit die Beschaffenheit des Idioms eine wesentlich andere gewesen sein könne, als in classischer und wollten doch gern den Dichter möglichst von dem Vorwurf solöker Redeweise befreien. Indessen dieser ebenso wohlmeinende als unwissenschaftliche Standpunkt konnte sich weiterhin auf die Dauer nicht behaupten. Schon aus Gewissenhaftigkeit gegen die Handschriften liess man die überlieferten Indicativstructuren unangetastet; so ist es als ein Verdienst der Ausgabe des Amphitruo von Holtze hervorzuheben (Leipzig 1846), dass der Herausgeber Amph. 5, 4, 2 die Lesart *quom sum* wieder herstellte.

Indessen hatte sich schon im Stillen eine ganz neue Richtung angebahnt. Das grosse Verdienst, zuerst auf die Möglichkeit hingewiesen zu haben, dass das Idiom von *Quom* causale mit dem Conjunctiv bei Plautus noch gar nicht vorhanden gewesen sei und dass es erst nachplautinischer Zeit seine Entstehung verdanke, hat sich ein auch sonst hoch um die Römische Litteratur verdienter Mann erworben: Friedrich Jacob. Dass diese Behauptung in ihren Consequenzen ein Bruch mit dem bisherigen System der Erklärung von *Quom* temporale mit dem Conjunctiv

sei, welche Structur man aus der Uebertragung der Causal-
beziehung auf den Zeitsatz ableitete, konnte natürlich Jacob nicht
verborgen bleiben. Es gehörte im Jahre 1835, als die Ausgabe
des Epidicus erschien, ein gewisser Muth dazu, eine so sehr mit
allem bisher Geglaubten in Widerspruch stehende These aufzu-
stellen. Gleichwohl war sich Jacob gewiss bewusst, ein Recht
hierzu zu haben. In der schönen Biographie, durch welche
J. Classen (Jena 1855) seinem Freunde Jacob ein bleibendes
Denkmal der Liebe und Verehrung gesetzt hat, ist S. 26 auch
eingehend Nachricht gegeben von einem Plane eines grösseren
Werkes, mit welchem Jacob sich viele Jahre während seines
Aufenthaltes in Königsberg und Posen getragen hatte; es sollte
eine lateinische Partikellehre umfassen. Jedenfalls war er mit
seinem feinen Unterscheidungssinn, seiner auf die treueste Gründ-
lichkeit gerichteten Natur sehr geeignet für eine solche Aufgabe,
und das Wenige, was aus seinen Sammlungen bekannt geworden
ist, lässt genugsam vermuthen, wie schätzbar eine solche Arbeit
in der beabsichtigten Vollendung gewesen sein würde. Lachmann
im Eingang der Anmerk. zum Lygdamus (Tibull. Berlin 1829) theilt
einige Beobachtungen Jacob's aus diesem Gebiete mit und nennt
ihn bei diesem Anlass: „unicus linguae Latinae particularum
investigator". Andere schöne und feine Beobachtungen finden
sich in dem Index zur Ausgabe des Manilius von Jacob. Dass
Jacob sein Werk nicht in grösserem Maassstab weiter führte,
lag, wie Classen a. a. O. andeutet, wesentlich daran, dass er
seine Sammlungen zunächst auf Plautus gerichtet hatte, den Text
dieses Dichters aber so unzuverlässig fand, dass er erst eine
gesicherte Grundlage erwarten zu müssen glaubte. Dennoch
besitzen wir nun gerade als Frucht dieser Plautinischen Studien
eine Bemerkung von höchstem Werthe, welche zeigt, wie sehr Jacob sein Augenmerk auf die geschichtliche Entwickelung der
Idiome und das lebendige Werden derselben, unbekümmert um
theoretische Systematik, gerichtet hatte. Er hatte trotz des damals noch von den ärgsten Entstellungen auch gerade in Bezug
auf die für *Quom* wichtigen Stellen überfüllten Plautustextes
doch die feste Ueberzeugung gewonnen, dass die Conjunctiv-
structur nach *Quom* eine in Plautinischer Zeit noch durchaus im
Werden und Entstehen begriffene sei, und dass wir im Stande
wären, ihre erste Entwickelung vor unsern Augen sich vollziehen

zu sehen. Es hatte freilich Jacob nicht entgehen können, dass die Conjunctiv-Structur bei Plautus in mehreren Stellen in der Ueberlieferung, wie man sie damals kannte, eine Stütze fand, und dass zu einer so negativen Behauptung, wie er sie aufstellte, eigentlich die äussere Veranlassung fehlte, allein er hatte ein so festes Vertrauen auf die Erfolge einer methodischen und unbefangenen Kritik, dass er jene Beweisstellen durch die Bemühungen der Zukunft sämmtlich als nichtige hingestellt zu sehen hoffte. Er vertraute auf die heilende Macht der Zeit, von der das Dichterwort sagt: φύει τ' ἄδηλα καὶ φανέντα κρύπτεται, und seine Hoffnung hat ihn nicht betrogen.

Die denkwürdige Bemerkung Jacob's, in welcher er ein für die geschichtliche Entwickelung der lateinischen Modus-Syntax so hochwichtiges Gesetz ausgesprochen hat, tritt in sehr bescheidener Form auf zu der Stelle Epid. 1, 2, 8: *Qui invident omnes inimicos mihi istoc facto repperi. At pudicitiae eius nunquam nec vim nec vitium attuli.:: Jam istoc probior es meo quidem animo quom in amore temperes.* Hier nahm Jacob an der Structur von *Quom* mit dem Conjunctiv Anstoss und sagt: *Videtur rei ratio postulare, ut corrigatur: 'qui in amore temperes'. Nam quom quamquam nunc causale est . . ., tamen id Plauti aetate indicativum nisi ut praecedat, semper assumit. Nolim tamen corrigi „quom temperas", nam hic non rei caussa redditur, sed homo qualis sit describitur.* Es war also Jacob zu der Ueberzeugung gekommen, *quom temperes* könne nicht die Plautinische Lesart sein, weil *Quom* causale bei Plautus immer nur den Indicativ bei sich habe, ausser wenn *ut* voraufgehe, d. h. also ausser wenn der Satz mit *Quom* innerhalb einer an sich schon conjunctivisch dargestellten Rede steht, und also der Conjunctiv durch den Gesammtcharakter der Rede, nicht aber durch die eigenthümliche Bedeutung von *Quom* veranlasst ist. Mit diesen wenigen Worten ist ein Ergebniss jahrelanger Studien, eine auf feines Vorausahnen gestützte Prophezeiung einer immer klarer sich herausbildenden Erkenntniss ausgesprochen. Wenn auch der Verbesserungsvorschlag Jacob's *qui temperes* nicht Bestätigung gefunden hat, so ist doch die Richtigkeit des Urtheils und Gefühls, aus welchen derselbe entsprungen war, auf das glänzendste dargethan worden durch den Umstand, dass diese drei Verse im Ambrosianus, wo die vorhergehenden und nachfolgenden Verse sich unmittelbar aneinander schliessen, fehlen. Jacob hat selbst, da er 1854 starb, wohl kaum noch von diesem Umstand Kunde erlangt; ebensowenig von der durch diesen Codex dargebotenen Berichtigung einer anderen Stelle, die gleichfalls einen auffallenden Conjunctiv nach *Quom* temporale in den übrigen Handschriften zeigte: Trucul. 2, 4, 30 *quom inter nos sordebamus* statt *sorderemus* in B, C, D.

Das kühne Vorwärtsgehen, welches Jacob in dieser Frage eingeschlagen hatte, war weit davon entfernt, allgemeinen Beifall zu ernten.   Der nächste Forscher, welcher in grösserem Umfang die Frage nach dem Alter der Conjunctiv-Idiome nach *Quom* aufnahm, war Fabian, Progr. 1844.   Er suchte durch eine Zählung der Beispiele Gewissheit über das Vorkommen dieser Structuren bei Plautus und Terenz zu gewinnen.   Unter 300 Plautinischen Beispielen von *Quom* fand er nach Abzug der etwa 31 Conjunctive, welche durch den Charakter der indirecten Rede bedingt sind (p. 10), eine verhältnissmässig kleine Zahl von etwa 6 oder 7 Fällen, wo der Conjunctiv nach *Quom* causale in der directen Rede stand, und einen Fall des Conjunctivs Plusquamperfecti nach temporalem *Quom* (Asin. 2, 3, 15).   Er meinte also, die Kühnheit Jacob's (p. 13) nicht billigen zu dürfen.   Diese mildere, nicht so scharf wie bei Jacob zugespitzte Entscheidung der Frage blieb nun auch bei den folgenden Grammatikern und namentlich bei den Herausgebern des Plautus die herrschende.   Man drängte den Conjunctiv, wo die Handschriften ihn nicht boten, dem Plautus nicht mehr auf, aber man beseitigte und bekämpfte ihn auch nicht, wo er von der Ueberlieferung dargeboten schien.   Ritschl hat Merc. 980 ein temporales *quom* mit dem Conjunctiv in directer Rede in den Text aufgenommen, *quem quidem hercle ego [hodie, peregre] quom iret, redduxi domum*.   Auch Fleckeisen spricht sich über die Structur der Zeitpartikeln bei Plautus so aus, dass er die Existenz der Construction von *Quom* temporale mit dem Conjunctiv Imperfecti zugesteht: Exercitationes Plaut. p. 9 „apud Plautum saepius particulae temporales cum indicativo praesentis coniunguntur, ubi potius perfectum indicativi aut imperfectum coniunctivi *expectamus:* sic Amph. 2, 2, 36 gravidam ego illanc hic reliqui, quom abeo.   Persa 5, 2, 53 credo eo, quia non inconciliat, quom te emo.“   Lorenz hat zwar an mehreren Stellen seiner Ausgabe der Mostellaria (zu 142. 241. 845. 1141) darauf hingewiesen, dass bei Plautus noch oft sich bei causalem und adversativem

Quom der Indicativ finde, da die temporale Bedeutung der Partikel noch vielfach das Uebergewicht über die causale habe. Indess für unzulässig muss er bei Plautus doch die Structur mit dem Conjunctiv nicht gehalten haben, denn er sagt z. B. zu 1141 *propter ea quae fecit, quom te scire scit,* es stehe hier der Indicativ statt des *erwarteten* Conjunctivs; und zu V. 160 der Indicativ „sei hier um so auffallender, da *quom* sich der concessiven Bedeutung nähere"; auch hat er in der Ausgabe des Miles (Berlin 1869) zu dem wichtigen Beispiel 4, 7, 4 *verum quom multos multa admisse acceperim* in seinem Commentar keine Bemerkung über die Ungewöhnlichkeit des Conjunctivs; er muss also diese Structur bei Plautus für nicht unzulässig gehalten haben. So scheint sich mehr und mehr bei den Neueren die Ansicht festgesetzt zu haben, dass temporales und causales *Quom* mit dem Conjunctiv, wenn auch noch nicht im späteren Umfang entwickelt, doch der Plautinischen Sprachepoche nicht fremd gewesen seien. Am meisten abgeschwächt scheint das Gefühl für die Seltenheit und Ungewöhnlichkeit dieser Structuren bei Holtze, welcher Synt. prisc. script. II. p. 180 diese Idiome in ihrem Vorkommen im älteren Latein bespricht und sie mit einer Anzahl von Beispielen belegt, ohne auch nur die Bemerkung für nöthig zu halten, dass dieselben selten seien.

Diese Sorglosigkeit, einer schon von Jacob in so verschiedenem Sinne beantworteten Frage gegenüber, hatte noch eine ganz besondere Ursache. Die Zahl der aus Plautus als Belege dieses Idioms angeführten Stellen war so gering, und ein Theil dieser Stellen so unzuverlässig beglaubigt, dass diese allein die Meinung von der altbewährten Gebräuchlichkeit der Structur nicht so fest würden haben stützen können. Allein es kam noch ein Umstand hinzu. Es lag ein uraltes und ehrwürdiges Zeugniss aus den ersten Anfängen der römischen Litteratur für den Gebrauch des temporalen *Quom* mit dem Conjunctiv Präteriti vor, ein Vers aus der Odissia des Livius Andronicus, dessen richtige Fassung in Rücksicht auf den Modus von Niemandem jemals beanstandet worden war. Dieses älteste Beispiel schien die Garantie für alle Plautinischen in sich zu tragen. Das Fragment wird angeführt von Priscian VIII p. 817 *'mando, mandis': eius praeteritum perfectum quidem alii 'mandui', alii 'mandidi' esse voluerunt, Livius tamen in Odissia:*

cum socios nostros

mandisset impius Ciclops.

Diese Abtheilung in zwei Halbverse ist, um Wortbrechung zu vermeiden, nöthig; sie ist vorgeschlagen von A. Spengel, Philol. Bd. 23, 101, gebilligt von Bartsch, der Saturnische Vers, Leipzig 1867 S. 55. Nicht glaublich ist die Fassung von Korsch: de Versu Saturnio, p. 130, mit Auslassung von *nostros: Cum socios mandisset impius Ciclops.* Diesem Beispiel gegenüber schien ja jeder Zweifel an dem hohen Alterthum der Construction von *Quom* temporale mit dem Conjunctiv der Nebenzeiten verstummen zu müssen. Nun aber war ja, wie man allgemein annahm, diese Structur im Temporalsatz undenkbar, ohne dass nicht früher schon das causal-adversative *Quom* mit dem Conjunctiv gebräuchlich gewesen wäre; folglich mussten beide Structuren in der Zeit des Plautus bereits völlig eingebürgert und legitim sein. Wenn nun diese Beweisführung und die Grundlage, worauf sie fusst, jenes Zeugniss aus Livius für das ehrwürdige Alter des Idioms, sicher wäre, so würde damit die Frage entschieden sein, und wir hätten es bei der Prüfung der Häufigkeit oder Seltenheit dieser Structuren bei Plautus nur mit einem wenig interessanten Belieben, einer „Vorliebe" der Sprache zu thun, die den Indicativ bevorzugte. Wir würden dann nicht mehr glauben dürfen, hier ein werdendes Idiom in seinen ersten Anfängen und seiner Wiege belauschen zu können. Jacob's vermeintliche Entdeckung der Ungebräuchlichkeit des Idioms bei Plautus würde dann nicht mehr den Werth haben, unsern Blick auf das schaffende Leben der Sprache selbst gelenkt zu haben; sie wäre eine Uebertreibung, eine excentrische Auffassung einer kaum sehr interessanten Sprach-Willkühr.

Glücklicherweise ist es nun aber nicht so beschaffen. Wenn wir jenes Fragment aus Livius Andronicus in seiner bei Priscian überlieferten Fassung genauer prüfen, so muss uns alsbald manches wichtige Bedenken gegen die Richtigkeit des Ausdrucks entgegentreten. Schon Gottfr. Hermann, El. doctr. metr. p. 626 hat sehr richtig erkannt, dass das griechische Original zu diesem Bruchstück keine andere Stelle der Odyssee sein könne, als die wohlbekannte Od. XX, 19 *καὶ κύντερον ἄλλο ποτ' ἔτλης, Ἤματι τῷ ὅτε μοι μένος ἄσχετος ἦσθιε Κύκλωψ Ἰφθίμους ἑτάρους.* Denkt

3*

man sich diese ganze Stelle lateinisch übertragen, so kann man
keinerlei Structur, welche dem Griechischen einigermaassen angepasst wäre, denken, in welcher das Plusquamperfectum Conjunctivi eine Stelle hätte. Nach Zeitbegriffen wie *dies, tempus,*
und Aehnlichem pflegt der Indicativ des Perfecti oder Imperfecti
oder auch der Conjunctiv des Imperfecti zu folgen, aber nun
und nimmermehr der Conjunctiv Plusquamperfecti. In einer
Anspielung auf die homerische Wendung sagt Ovid ähnlich, aber
mit dem Perfectum Indicativi: Trist. 5, 11, 7 *perfer et obdura!
multo graviora tulisti, Eripuit cum me principis ira tibi.* Livius
ist zuweilen sehr frei mit seinem Original umgegangen, er hat
es mitunter nicht einmal richtig verstanden (Mommsen Röm.
Gesch. 1³ S. 883), allein an der vorliegenden Stelle war auch
für Einen, dessen Muttersprache nicht das Griechische war,
Nichts misszuverstehen; die griechische Structur ist einfach, und
wenn das Plusquamperfectum wirklich hätte angewendet werden
sollen, so hätte Livius den Gedanken stark erweitern und noch
andere Satzglieder einschieben müssen. Diese Art der Umarbei-
tung ist ihm aber bei allen sonstigen Ungenauigkeiten ganz fremd.
Es folgt also aus all diesem, dass das Plusquamperfectum *mandisset* nicht richtig sein kann. Nun liegt aber hier eine Emendation
so nahe, dass gewiss Niemand zweifeln wird sie anzunehmen,
der die Stelle nur einigermaassen genau betrachten will. Die
eigentlich nach *Quom* hierhergehörige Verbalform, wie sie auch
in dem Ovidischen Beispiel vorliegt, ist der Indicativ Perfecti
mandit. In der Endung -*set*, die bei Priscian überliefert ist, muss
irgend ein anderes Wörtchen stecken, denn das ist unglaublich,
dass die Endung -*isset* rein aus Irrthum des Abschreibers für
das einfache -*it* in den Text gekommen sein solle. Das Wort
aber, das hier vor allem zum Sinn passen würde, ist auch den
überlieferten Buchstaben -*set* sehr ähnlich, nämlich die Zahl *sex.*
Es sind der ganz bestimmten Tradition der Sage zufolge 6 Genossen des Odysseus, welche Polyphem bei seinen verschiedenen
Mahlzeiten verspeist, sechs von zwölfen, die Jener mit in die
Höhle genommen hatte. So erzählt Homer Od. IX, 195 *αὐτὰρ
ἐγὼ κρίνας ἑτάρων δυοκαίδεκ' ἀρίστους βῆν.* Dann wird die allmähliche Tödtung von sechsen erwähnt: Od. IX, 289. 311. 345. Auch
die alten Erklärer kannten diese Zahl als die von der Sage festgestellte. So sagt die zweite Hypothesis zu Odyssee ι: *ὅτι*

ἐτύφλωσε τὸν Κύκλωπα Πολύφημον καὶ ὡς ἐκεῖνος κατέφαγεν αὐτοῦ ἓξ ἑταίρους ἀπὸ δώδεκα συνελθόντων. Diese Zahl sechs bietet nun freilich die griechische Originalstelle Od. XX, 19 nicht, allein Livius kannte die Zahl und benutzte diese Erwähnung, um dieselbe in Erinnerung zu bringen, da sie die Schrecklichkeit des Geschehenen erhöhen musste durch die Andeutung, dass die Hälfte der δώδεκα ἄριστοι, die den Führer geleitet hatten, damals umkam.

Eine Uebersetzerfreiheit dieser Art ist dem Livius sehr wohl zuzutrauen, und sie lässt sich auch aus den wenigen Fragmenten seines Werkes mehr als zur Genüge belegen. Er hatte sehr erklärlich, da sein Beruf der eines Lehrers war, eine besondere Neigung, in sachlichen Notizen genau zu sein. So sagt Homer einfach Od. IV, 557 (= V, 14 und XVII, 143) νύμφης ἐν μεγάροισι Καλυψοῖς ohne Hinzufügung einer näheren Bestimmung der Kalypso. Livius sagt bei Prisc. VI p. 685 *apud nympham, Atlantis filiam Calypsonem*, weil er sich aus Od. I, 52 und VII, 245 erinnerte, dass Atlas der Vater der Kalypso war. Aehnlich sagt Homer nur πότνια "Ηρη Od. IV, 513; Livius erweitert den Ausdruck bei Prisc. VI p. 697 *sancta puer, Saturni filia, regina*. Vgl. Hermann, El. doctr. metr. p. 621. Auch wo das Original einen bildlichen Ausdruck braucht, pflegt Livius ausführlicher zu sein, z. B. Od. IV, 678 οἱ δ' ἔνδοθι μῆτιν ὕφαινον, wo Livius übersetzt bei Priscian IV p. 861 *nexabant multa inter se flexu nodum dubio*. Betrachtet man diese theils der Genauigkeit, theils der Freude an Anschaulichkeit zu Liebe gemachten Zuthaten, so kann man an der Erwähnung der Sechszahl von Odysseus' Genossen, die in jenem Fragment wegen der Lesart *mandisset* anzunehmen scheint, keinen Anstoss nehmen. Das Fragment würde also nach unserer Auffassung lauten:

quom socios nostros
mandit sex impius Ciclops.

Mit dieser Aenderung würden wir eines der lästigsten und beschwerlichsten Hindernisse beseitigt haben, welche bisher einer unbefangenen Prüfung des Gebrauches der conjunctivischen Structur nach *Quom* bei Plautus im Wege standen. So lange noch das ehrwürdige Beispiel und Zeugniss aus Livius den Vertheidigern des hohen Alterthums der Construction zur Seite stand, war die Frage bei Plautus schon vorher entschieden. Hat dieses Beispiel

sich uns nun als ein unglaubhaftes erwiesen, so können wir
vorurtheilsfrei und ungehindert an die Prüfung der Frage gehen, ob
bei Plautus und bei Terenz sich wirklich die Construction von *Quom*
temporale und causale mit dem Conjunctiv finde, in welchem
Umfang und in welchen Eigenthümlichkeiten des Gebrauchs sie
zuerst auftrete. Es ist für die Lösung dieser Frage unumgänglich
nöthig, dass wir die Syntax von *Quom* bei diesen Dichtern in
ihrem ganzen Umfange kennen lernen; es genügt hier nicht eine
blosse Auswahl charakteristischer Beispiele, sondern es bedarf einer
sorgfältigen Sammlung aller Fälle, einer genauen statistischen
Uebersicht über alle verschiedenen Idiome der Partikel. Der
Gebrauch derselben hat sich im Laufe der Zeit mannigfach
geändert, es findet nicht nur jener oben erwähnte Uebergang aus
dem Indicativ in den Conjunctiv statt, sondern auch der Gebrauch
der Tempora des Indicativ selbst verschiebt sich, die Bedeutung
von *Quom* selbst ändert sich. Im älteren Latein ist zum Beispiel
das inhaltangebende *Quom* noch sehr gebräuchlich nach den
Verbis des Affects, während später dafür häufiger *quod* eintritt.
Diese Entwickelung der einzelnen Bedeutungsmomente in *Quom*
ist durchaus nicht gleichgültig für die vorliegenden Hauptfragen
nach dem Alter und gegenseitigen Verhältniss von temporalem
und causalem *Quom*. Wir können daher uns der Mühe einer
Musterung aller Beispiele dieser Partikel bei Plautus und Terenz
nicht entziehen, es wird uns aber auch aus einer solchen die
Richtung der Entwickelungs-Bewegung und das Gebiet derjenigen
Idiome, innerhalb deren sich diese vollzieht, vollständig klar werden.

Wir werden bei der Prüfung der Beispiele aus den einzelnen
Idiomen auch ganz besonders auf die Sicherheit der Ueberlieferung
Rücksicht zu nehmen haben. Bei der grossen Häufigkeit des
Gebrauches von *Quom* giebt es natürlich sehr viele Fälle, in
denen Corruptelen Platz gegriffen haben und erst durch genaue
Untersuchung festzustellen ist, ob ein Beispiel von *Quom* vorliege
oder nicht. Eben da bei Plautus und Terenz der Sprachgebrauch
für diese Partikel so erhebliche Differenzen gegenüber der späteren
Sprache zeigt, ist die richtige Ueberlieferung häufig entstellt worden;
besonders ist begreiflicherweise der Indicativ von den Abschreibern
beanstandet worden; da sich aber die Verbalendung nicht so leicht
ohne grössere Störungen ändern liess, so hat sich die Censur

der Abschreiber auf *Quom* selbst geworfen und dasselbe entweder getilgt, oder mit *Quod*, *Quo*, *Qui*, *Quam*, *Quin*, *Quoniam* vertauscht. Die Anzahl dieser Verderbnisse, in denen oft sehr augenscheinlich absichtliche Aenderungen, nicht etwa nur Verschreibungen aus Irrthum vorliegen, ist so beträchtlich, dass man den Eindruck erhält, als wäre ein förmlicher Krieg gegen die Structur von *Quom* mit dem Indicativ geführt worden. So ist *Quom* an 10 Stellen bei Plautus fortgelassen worden, und es hat erst durch Conjectur wieder hergestellt werden müssen; und wem möchte nicht an einer Stelle wie Pseud. 297 *qui suum [quom] repetunt, alienum reddunt nato nemini* oder Rudens 65 *ad portum [quom] adulescens venit, Illorum navis longe in altum apscesserat* der Verdacht gegründet scheinen, dass *Quom* hier absichtlich fortgelassen sei, um ein ungewöhnliches Idiom zu beseitigen? Die übrigen Stellen bei Plautus, in denen *Quom* durch Conjectur ergänzt ist, sind: Aulul. 2, 4, 33 wo *Quom* sehr geistvoll von O. Seyffert, Philol., Bd. 25, 442 hergestellt ist; ferner Menaech. 734. 899. Mercat. 970. Pseud. 768. Poenul. 5, 6, 23. Trin. 722. Trucul. 1, 1, 11 emendirt von Seyffert, Philol. Bd. 25, 464. Bei Terenz ist eine Stelle dieser Art Andr. 2, 5, 17, wo Bentley *Quom* mit Recht einsetzt. Häufig ist auch die Vertauschung von *Quod* für *Quom;* bald war ein adversatives *Quom* zu beseitigen, das allenfalls durch das Relativ-Pronomen gen. neutrius ersetzt werden konnte, z. B. Capt. 244 *Quom (Quod B) antehac pro iure imperitabam meo, nunc te oro per precem,* bald ein temporales *Quom:* Asinar. 168 *modo quom (quod B) accepisti, haud multo post aliquid quod poscas paras* oder Amph. 302 *agite pugni: iam diust quom (quod B) ventri non victum datis.* Aehnlich Miles 1071. Trin. 638. 807, also bei Plautus 6 Mal. Bei Terenz findet diese Vertauschung mit *Quod* dreimal statt: Haut. 1, 1, 2. Adelph. 1, 2, 64 und 3, 2, 1. Eine sehr häufige Interpolation ist auch *Quam* für *Quom,* die Partikel sowohl als die Pronominalform. Meist liegt auch hierbei die Erzielung eines täuschenden Scheins zu Grunde, z. B. Rud. 245 *tu facis me quidem vivere ut nunc velim, Quom (Quam Bc) mihi te licet tangere,* und Most. 163 (Venus) *. . . mihi quae modestiam omnem Detexit tectus qua fui, quom (quam Codd.) mihi Amor et Cupido In pectus perpluit meum.* Die Corruptel *Quam* für *Quom* findet sich noch an folgenden 9 Stellen: Asin. 442. Bacch. 76. Casin. 2, 3, 16. Miles 933. 1176

Mostell. 695. Pers. 564. Trin. 242. Trucul. 2, 4, 19, wo sicher *quom . . . copiast* zu schreiben ist. Bei Terenz ist ein Beispiel dieser Art Eun. 5, 4, 6. Ferner findet sich *Qui* für *Quom* an einer Stelle, wo die Abschreiber sicher einen Solöcismus vor sich zu haben glaubten, Men. 1052 — *Quin modo Eripui, homines quom (qui Codd.) ferebant te sublimen quattuor.* Weitere Beispiele von Vertauschungen für *Quom* sind, theils in allen, theils in einigen Handschriften: *Quo* Amph. 865. *Quoi* Bacch. 424. *Qua* Poen. 2, 26 -*pugna Plenanthropica, Quom* (so A, *quo* BCD, *qua* FZ) *sexaginta milia hominum . . . occidi.* *Quoal* Poen. 5, 2, 117. *Quin* Aulular. 4, 10, 61 *Quoniam* Mil. 1045. Trucul. 2, 4, 19. *Quia* Aulul. 1, 2, 28. *Tum* Andria 1, 1, 94. Von den älteren Herausgebern des Plautus, Bothe, Weise und Anderen ist *Quom* ungemein häufig mit Unrecht, sei es dem Metrum, sei es der Syntax zu Liebe, mit anderen Conjunctionen oder mit Pronominal-Formen vertauscht worden.

Man überzeugt sich hiernach leicht, dass eine sehr sorgsame Prüfung der einzelnen Beispiele nöthig ist, wenn man mit statistischer Genauigkeit will angeben können, wie oft dieses oder jenes Idiom der Partikel bei Plautus und bei Terenz vorkomme. Und doch sind diese Zahlen für die Einsicht in die geschichtliche Entwickelung von grossem Werth. Die Zahlen, welche die Welt regieren, haben auch für die Grammatik ihre Bedeutung.

Quom ist seiner ältesten und frühesten Bedeutung nach local und heisst „wo"; aus der localen Bedeutung hat sich ganz wie bei *ubi* die temporale entwickelt, da für die Zeit als ausgedehntes Sein die Vorstellungen des Raumes sich sehr leicht substituiren. Was die Etymologie von *Quom* anlangt, so sind darüber sehr verschiedene Ansichten aufgestellt worden. Unzweifelhaft erscheint zunächst, dass der Partikel die Wurzel des Relativpronomen zu Grunde liegt. Eben desshalb ist auch ein von Manchen angenommener etymologischer Zusammenhang mit der Präposition *cum* (altlateinisch auch *quom*) abzuweisen, denn die Präposition scheint nach den sehr einleuchtenden Combinationen der neueren Forschung (Curtius, Grundzüge 1869 S. 495) mit κοινός, ξύν, σύν gleichgestellt werden zu müssen, während die Conjunction unzweifelhaft der interrogativen Pronominal-Wurzel *ka* angehört. Das auslautende *m* in *Quom*, offenbar ein Casus-Suffix, hat verschiedene Auslegungen erfahren: Corssen, Krit. Beitr. p. 292 und Bücheler,

Decl. p. 26 nehmen es für Endung des Accusativ im Masculinum,
so dass *cume* im Saliarlied Erweiterung durch ein Locativ-Suffix
wäre (Corssen Auspr. II p. 266). Lottner Zeitschrift für vergl.
Sprachforschg. Bd. VII (1858) S. 163 hält -*m* für den Rest des
alten, namentlich aus den umbrischen Sprachresten zu belegenden
Locativ-Suffix *mem, me,* so dass *cume* eine in der Endung pri-
mitivere Form wäre. Diese Auffassung des Casus-Suffixes, welche
Benfey übrigens (Zeitschr. für vergl. Sprachforschg. Bd. VII S.
127) auch schon für das -*m* der Präposition *cum* vorgeschlagen
hatte, steht sicherlich mit der ursprünglichen Bedeutung der Präposition im besten Einklang und dürfte den grössten Anspruch
auf Glaubwürdigkeit haben. Die Vorstellung des Räumlichen
und Zeitlichen berühren sich besonders nahe in dem Begriff des
Gelegentlichen. Daher erscheint auch *Quom* öfter als Antwort
auf eine Frage mit *ubi* z. B. Stich. 116 *ubi facillume spectatur
mulier quae ingeniost bono?* :: *Quoi male faciundist potestus quom
ne id faciat temperat,* denn so muss nach Ritschl's unzweifelhaft
richtiger Emendation geschrieben werden. Wir werden nunmehr
die einzelnen Idiome von *Quom* mit ihren Beispielen hier vorlegen und zwar in der Reihenfolge, dass wir zuerst das temporale
Quom besprechen, dann das inhaltangebende folgen lassen, welches
bei den älteren Dichtern recht häufig ist z. B. Stich. 99 *bonas
ut aequomst facere facilis, quom tamen absentes viros Proinde
habetis quasi praesentes sint.* Trin. 633 *qui mihi bene quom simulas facere, male facis, male consulis.* Trin. 634 -*quid male
facio?* :: *quod ego nolo id quom facis.* Diese Structur ist namentlich für Verba des Affects, wie *gaudeo, gratulor . . .* wichtig.
An dritter Stelle werden wir dann das causal-adversative *Quom*
folgen lassen. Bei jeder dieser Abtheilungen werden wir zuerst
zusammenhangend den Indicativ, dann den Conjunctiv in seinem
Gebrauch kennen lernen (für das inhaltangebende *Quom* existirt
freilich nur der indicativische Gebrauch), den Conjunctiv wiederum
zuerst in der indirecten und abhängigen Rede, dann in der directen.

Die der Besprechung der einzelnen Idiome vorangestellten
Buchstaben in markirter Schrift beziehen sich auf die am Schluss der
ganzen Untersuchung folgenden Beilagen, welche sämmtliche Beispiele von *Quom* aus Plautus und Terenz mit dem kritischen
Apparat geben, in derselben Abfolge, in der die Untersuchung
die einzelnen Structuren behandelt, angeordnet.

§ 4.
Der Gebrauch des Indicativs
nach temporalem Quom bei Plautus und Terenz.
(Aa — Ax.)

Aa. Temporal, Indicativ, Präsens: allgemeine, erfahrungsmässige Thatsache. Trucul. prol. 17 *nam omnes id faciunt, quom se amari intellegunt.* Plautus 48 Mal; Terenz 7 Mal.

Wenn wir nun die Beispiele von temporalem *Quom* mit dem Indicativ zusammenstellen, so heben wir zunächst diejenigen zahlreichen Fälle hervor, wo *Quom* mit dem Indicativ Präsentis zur Bezeichnung einer öfter wiederholten Handlung, einer Gewohnheit, Sitte steht. Es ist hier keine bestimmte Zeit für die Handlung gedacht, sondern sie wird allzeitig eintretend vorgestellt. Diese Gruppe ist bei Plautus sehr zahlreich vertreten: Truc. prol. 17 *nam omnes id faciunt quom se amari intellegunt.* Capt. 78 *quom res prolatae sunt, quom rus homines eunt.* Mitunter steht ein Zeitadverbium dabei z. B. *olim, unquam,* um die einzelnen Fälle als Erfahrungen zu individualisiren. *Olim* findet sich Poen. 1, 2, 143 *tam tranquillam . . . Quam mare olimst, quom ibi alcedo pullos educit suos.* Trin. 523 *primum omnium olim terra quom proscinditur.* Mil. 1 *-clarior, Quam solis radii esse olim, quom sudumst, solent.* Trucul. 1, 1, 46 *-plus est fere, Quam olim muscarumst, quom caletur maxume* und *unquam* Rud. 12, 90 *quom mentionem fieri audio unquam viduli, quasi palo pectus tundor.* Eine interessante Gebrauchseigenthümlichkeit ist bei diesem Idiom zu merken. Es findet sich bei Plautus und Terenz (und wahrscheinlich gilt dasselbe von allen guten Autoren) in diesem Sinne einer allgemeinen Thatsache nur die erste und dritte Person Singularis und Pluralis im Indicativ; die zweite Person hat nach diesem *Quom* stets den Conjunctiv, weil an ihr der Wille und die Möglichkeit mehr hervorgehoben werden soll, als das objectiv Thatsächliche; z. B. für die erste Person Rud. 972 *quos quom capio, si quidem cepi, mei sunt . . .* Asin. 200 *quom a pistore*

panem petimus vinum ex oenopolio, Si aes habent dant mercem.
Dagegen in ganz ähnlich allgemein gehaltenen Zeitangaben mit
der 2ten Person der Conjunctiv: Merc. 610 *odiosast oratio, quom
rem agas, longinquom loqui.* Epid. 5, 2, 53 *sed ut acerbumst, pro
benefactis quom mali messim metas.* Besonders wichtig ist die
Stelle Merc. 550, wo im doppelgliederigen Satz unter gleichen
Voraussetzungen einmal der Conjunctiv und einmal der Indicativ
steht: *adulescens quom seis, tum quomst sanguis integer.* Es ist
in diesem Zusammenhang nun eine Stelle besonders merkwürdig,
in welcher gegen die so fest gegründete Sprachregel ein Widerspruch vorliegt. Es ist die Stelle Pseud. 612 *non soles respicere
te, quom dicis iniuste alteri?* Hier hat Ritschl aus dem A *dicis*
hergestellt, während die übrigen Codd. und die ältere Vulgata
den Conjunctiv boten. Man kann wegen *soles* die durch *respicere*
angedeutete Handlung nicht als einzelne, concrete Handlung fassen,
sondern muss sie als allgemeine, einzelne Fälle in sich ein-
schliessende Thatsache denken. Freilich nöthigt die Situation
auch wieder bei dem *iniuste dicere* an die soeben gethanen
Aeusserungen des Harpax zu denken; es wäre unnatürlich, hier
nur eine allgemeine Gewohnheit bezeichnet sehen zu wollen. Es
wird daher wohl an dieser Stelle eine Verschmelzung zweier
Gedanken-Fassungen anzunehmen sein, nämlich *quom dicas, ut
nunc dicis* ... Die verschiedene Lesart der Codd. beweist, dass
die alten Theoretiker schon sich mit dieser Frage beschäftigt
und sie in verschiedenem Sinne gelöst haben.

In einem anderen Falle ist das Präsens aus metrischen
Gründen mit dem Perfect vertauscht worden. Capt. 463 geben
die Codd. *ille miserrumus est qui quom esse cupit, quod edit non
habet.* Fleckeisen hat *cupiit quod edit* geschrieben, Brix *cupit
[id] quod edit.* Nach Fleckeisens Auffassung müsste das Perfect,
welches ja hier nicht eine dem 'non habere' voraufgehende, sondern ihm gleichzeitige Handlung zu bezeichnen hat, entweder als
ein solches gedeutet werden, welches eine öfter in der Vergangenheit wiederholte Handlung bezeichnet, d. h. als ein gnomischer
Aorist, oder in der Art, dass es eine in einer gegebenen Gegenwart eintretende Handlung in einen früheren Moment zurück
verlegt, worin es jenem inchoativen, emphatischen Aorist nachgebildet wäre, der ebenfalls als griechisches Idiom bekannt ist.
Das Perfect als gnomischer Aorist aber ist kaum bei den Komikern

gebräuchlich gewesen. Als einziger Beleg dafür könnte Rud. 1248 angeführt werden: *ego nisi quom lusi nil morer ullum lucrum,* wo *lusi* in den Codd. steht; allein hier hat Fleckeisen selbst mit Recht *lusi[m]* geschrieben. Die andere Art des gräcisirenden Perfects ist diejenige, worin das Perfect den früheren Eintritt einer weiter fort dauernden Handlung bezeichnet. Sie entspricht jenem emphatischem Aorist, der namentlich bei Verbis des Affects häufig ist; Aristoph. Equitt. 696 ἥσθην ἀπειλαῖς, ἐγέλασα ψολοκομπίαις. Soph. Aiax 536 ἐπῄνεσ' ἔργον καὶ πρόνοιαν ἣν ἔθου. Diess Idiom ist nicht selten bei den Komikern z. B. Trin. 1164 - *sunt res, quas propter tibi tamen succensui.* Vgl. 1184. Truc. 2, 1, 1 *ha ha he, requievi quia intro abiit odium meum.* Persa 4 hat Ritschl mit Recht nach den Spuren des A hergestellt *cum avibus Stymphalicis, cum Antaeo deluctari malui, Quam cum Amore,* während die übrigen Codd. *mavelim* haben. Auch bei Terenz Haut. 664 - *quam timui male, Ne nunc animo ita esses duro;* vgl. 531. Haut. 463 - *ut me tuarum miseritumst, Menedeme, fortunarum.* Indessen bei *cupiit* in der obigen Stelle der Captivi würde eine solche Auffassung zu künstlich erscheinen und dieser Fall ist auch in so fern ungleichartig, als es sich dort nicht um ein bestimmtes concretes Factum in individueller Zeit, sondern um eine allgemeine erfahrungs- und gewohnheitsmässig eintretende Thatsache handelt. Daher ist wohl der Lesart von Brix *cupit [id]* der Vorzug zu geben.

Wenn wir nun zum Zweck der statistischen Vergleichung genau die Summe der Beispiele fixiren sollen, welche zu dieser Gruppe gehören, so sind noch einige Fälle näher zu betrachten, in denen *Quom* entweder nicht auf der Ueberlieferung, sondern nur auf Conjectur beruht oder angefochten ist. Durch eine sehr sichere Vermuthung ist die Partikel in der Stelle Merc. 970 von Ritschl eingesetzt oder eigentlich aus der handschriftlich überlieferten, aber unrichtigen Endung des vorhergehenden Wortes *ingenium* durch Divination gefunden: *suapte culpa [damnum] capiunt, genus ingenio quom improbant.* Die Möglichkeit, dass statt *quom* vielmehr *si* oder *ubi* im Text gestanden habe, ist nicht gleich annehmbar. An einer 2ten Stelle hat Ritschl ebenfalls *quom* ergänzt. Die Lücke ist hier von etwas grösserem Umfang, daher die Ergänzung nicht ganz sicher: Pseud. 768 *quoi servitutem di danunt lenoniam Puero, [similu quom] addunt turpitudinem.*

In einem dritten Verse ist *cum* in den Codd. überliefert, doch wird seine Berechtigung bezweifelt. Truc. 2, 6, 7 *non placet quom illi plus laudant qui audiunt quam qui vident.* Acidalius wollte *quem illi plus*, ebenso Spengel. Allein die Structur *placet quom* ist eine ganz unbedenkliche und dem Plautus geläufige, z. B. Stich. 146 *nunc places quom recte monstras, nunc tibi ausculta-bimus* und Truc. 2, 2, 18 *nunc places quom mi inclementer dicis.* Spengel hält den Vers für unecht, da allerdings der vorher-gehende ganz dieselbe Sentenz mit wenig verschiedenen Worten enthält; doch ist es viel glaublicher, dass eben dieser Vers 6 der unechte sei. Auch Kiessling Jahn's Jahrbb. 1868 p. 633 streicht denselben. Wenn wir von diesen drei letztgenannten Beispielen nur zwei als wirklich sichere betrachten (Merc. 970 und Truc. 2, 6, 7) und auch Stich. 116 und Pseud. 612 als unbedenklich anerkennen wollen, so beträgt die Gesammtsumme der Beispiele des temporalen *Quom* mit dem Indicativ Präsentis in dem Sinn einer allgemeinen Erfahrung oder öfter wiederholten Thatsache 48 Stellen.

Wir gehen zu Terenz über. Auch bei ihm findet die näm-liche Differenz im Modusgebrauch statt; er hat nur die 1. und 3. Person in diesem Idiom, in der zweiten Person braucht er den Conjunctiv; z. B. Adelph. 5, 3, 37 *duo quom idem faciunt, saepe ut possis dicere . . .* Dagegen 4, 7, 21 *ita vitast hominum, quasi quom ludas tesseris.* Unter den Terenz'schen Beispielen sind zwei, deren Richtigkeit bezweifelt wird. Das Eine ist die viel be-sprochene Stelle Haut. 1, 1, 102 *verum néque illum tu satis no-veras, Nec te ille; hoc quom fit, ibi non vere viritur.* So nach Bergk Fleckeisen; der Bemb. hat *hoc que fit ubi*, die anderen *hocqui fit ubi.* Bergk's Vermuthung hat grosse Wahrscheinlichkeit, da *quom* sich auf ein Localadverbium im Sinn der Zeit sehr wohl beziehen lässt; wir hatten oben aus Plautus Stich. 116 ein *quom* auf das fragende *ubi* bezogen. Freilich ist zuzugestehen, dass auch *qui fit ubi* eine ansprechende Fassung giebt, obwohl der Sprachgebrauch des *qui* in solchen Fällen für Terenz noch näher zu begründen ist. Auch *hoc confit ubi*, eine Vermuthung von Gröhe, de particul. tempor. ap. Terent. usu p. 34 ist nicht ohne Scharfsinn, obwohl der Sinn des „sich vollendens", der in *con-fieri* liegt, hierher nicht passt. Ein anderer Vers Eun. 5, 4, 14 *quae cum amatore suo cum cenant ligurriunt*, ist schon von Bentley als unecht bezeichnet worden und gewiss mit Recht. Ziehen wir diese Beispiele als unsicher ab, so bleiben für Terenz 7 Belege dieses Idioms.

Ab. Temporal, Indicativ, Präsens: allgemein, einen Act des Wahrnehmens und Denkens bezeichnend. Curcul. 583 attat, Curculio hercle verba mihi dedit, quom cogito. Plautus 27; Terenz 5.

Wir haben· weiter zunächst bei Plautus eine sehr zahlreiche Gruppe von Zeitsätzen eigenthümlicher Art zu betrachten; sie enthalten ihrem Inhalt nach die Begründung eines im Hauptsatz ausgesprochenen Urtheils. Diese Begründung ist entweder eine Wahrnehmung oder Beobachtung oder innere Reflexion, es sind die bekannten Phrasen: *quom considero, quom cogito, recogito, quom inspicio, audio* und andere ähnliche Wendungen. Beispiele sind: Curcul. 583 *attat, Curculio hercle verba mihi dedit, quom cogito.* Merc. 742 *coquenda cenast. atqui quom recogito, Nobis coquendast, non quoi conducti sumus.* Einige eigenthümlichere Wendungen dieser Art sind: Rud. 771 *quom coniecturam egomet mecum facio, haec illast simia.* Bacch. 597 *quom ego huius verba interpretor, mihi cautiost . . .* Amph. 441 *certe edepol quom illum contemplo et formam cognosco meam . . ., nimis similist mei.* Mitunter steht *magis* in einem von den beiden Satzgliedern; z. B. Most. 702 *Quóm magis cógito cúm meo ánimo, Sí quis dotátam uxorem átque [eam] únum habet, [Eum] hominem sollicitat sopor,* oder im Hauptsatz *magis* Pseud. 1214 *edepol ne istuc magis ma·gisque metuo, quom verba audio.* In beiden Gliedern steht *magis* Persa 564 *edepol qui quom hanc magis contemplo, magis placet,* wo Lambin nicht gegen die Codd. *quom* in *quam* verwandeln durfte. Die bei Terenz häufige Wendung 'quom in mentem venit' ist bei Plautus einmal durch Interpolation in B gekommen, Amph. 293 . . . *quom in mentem venit, Illic homo hoc [meum] denuo volt pallium detexere.* Da aber *quom in mentem venit* stets soviel heisst als: „wenn ich mir vergegenwärtige", so passt diese Phrase offenbar nicht hierher, wo von etwas Neuem und Unerwartetem die Rede ist. Daher hat Fleckeisen mit Recht *quom recogito* substituirt. An einer anderen Stelle aber ist eben jene Phrase wohl in der Lücke herzustellen, die der Text bietet: Rud. 685 *miserae [quom venit] in mentem Mihi mortis, metus membra occupat.* Hier hatte Camerarius *ubi venit* vorgeschlagen, doch *ubi* findet sich in dieser Phrase nirgends gebraucht, es ist daher mit Recht von Fleckeisen *quom* aufgenommen worden. Wir zählen bei Plautus im Ganzen 27 Beispiele dieses Idioms.

Terenz liebt dieses Idiom gleichfalls. Er hat mehreremale die Phrase *quom in mentem venit*, z. B. Hec. 3, 3, 45 *lacrumo, quae posthac futurast vita quom in mentem venit*, daneben anders Hec. 3, 3, 25 *sed quom orata eius reminiscor, nequeo quin lacrumem miser.* Er bietet im Ganzen 5 Beispiele.

AC. Temporal, Indicativ, Präsens, ein einzelnes Factum: Aulul. 2, 2, 17 nunc petit, quom pollicetur: inhiat aurum ut devoret. Plautus 13; Terenz 6.

Wir gehen nun zu den Fällen über, in denen das temporale *Quom* mit dem Indicativ eines Verbum verbunden ist, welches eine bestimmte einzelne Handlung, ein Ereigniss oder einen Zustand bezeichnet, welche als in einer bestimmten Zeit eingetreten gedacht werden. Unter dieser Voraussetzung können nach *Quom* alle Zeiten, Haupt- und Nebenzeiten, stehen. Wir wollen hier zunächst die Hauptzeiten betrachten, dann die Nebenzeiten. Um wiederum mit dem Präsens zu beginnen, so ist zu bemerken, dass die Beispiele dieser Gruppe wenig zahlreich sind, da selten im Präsens eine Handlung als Zeitbestimmung einer anderen gebraucht wird. Man hat von diesen Temporalsätzen namentlich diejenigen Fälle zu unterscheiden, in denen der Satz mit *Quom* eine nähere Inhaltsbestimmung für das Verbum des Hauptsatzes enthält; die Bedeutung von *Quom* ist dann nicht eine rein temporale, sondern eine schon über den Temporalbegriff hinaus entwickelte, explicative. Reine Zeitbestimmungen im Präsens sind Sätze wie: Aul. 4, 4, 2 *qui modo nusquam comparebas: nunc quom conpares peris.* Merc. 178 *qui nunc, quom malum audiundumst, flagitas me ut eloquar.* Dagegen Inhaltsbestimmungen würden enthalten: Men. 152 *te morare, mihi quom obloquere.* Men. 278 *pro sano loqueris, quom me appellas nomine.* Die Grenze zwischen einem Zeitsatz und einem Explicativsatz dieser Art ist schwer zu ziehen, doch werden wohl Stellen wie die folgenden zu den Zeitsätzen zu rechnen sein: Rud. 742 *o filia, Quom ego hanc video, mearum me absens miseriarum conmones,* ebenso Amph. 416 *egomet*

mihi non credo, quom illaec autumare illum audio, und Mil. 1324
- ne fle. :: non queo, Quom te video. In allen übrigen Beispielen
steht ausdrücklich *nunc* im Hauptsatz, z. B. Aul. 2, 2, 17 *nunc*
petit, quom pollicetur: inhiat aurum ut deroret. Dieses *nunc* erscheint bei Plautus vor *quom* 9 mal sicher, es ist also wohl nicht
zu zweifeln, dass im Miles 1045 Ritschl diese Conjunction richtig
hergestellt hat: *magnum me faciam Nunc, quom (quo B, quoniam*
D F Bothe, fehlt in C) illaec me sic collaudat. Diese Verwechselung
von *quoniam* und *quom* nach *nunc* zeigen auch die geringeren
Codd. Trin. 566 *-nunc, quom (quoniam C D F) nihil est, non*
licet. Die Zahl der Beispiele dieser Gruppe beträgt also bei
Plautus 13.

Bei Terenz giebt es fünf Fälle dieses Idioms, welche sämmtlich *nunc* haben, z. B. Haut. 3, 1, 39 *nunc, quom sine magno*
intertrimento non potest Haberi, quidvis dare cupis. In einem
sechsten, Phorm. 3, 3, 5, in welchem *nunc* fehlt, haben die Codd.
statt des Indicativs Präsentis entweder den Conjunctiv (die Bentlejanischen) oder das Futurum (Bembinus). Hiernach könnte
es zweifelhaft scheinen, ob Faernus und nach ihm Bentley und
Fleckeisen richtig corrigirt haben: *quin, quom opus est, beneficium*
rursum ei experimur reddere? Allein da der Conjunctiv sowohl
als das Futurum, weil sie hier die Rede weniger kräftig erscheinen lassen, auszuschliessen sind, so müssen wir, gestützt auf die
ähnlichen Fälle des Plautus, auch bei Terenz diesen Fall des
Indicativs Präsentis nach *Quom* ohne *nunc* als richtig anerkennen.
Schwieriger ist bei Terenz die Stelle Adelph. 5, 8, 23 *merito [tuo]*
te amo, verum . . . . :: quid? :: ego dicam, hoc quom fit, quod
volo :: Quid nunc? quid restat? Die Codd. haben *hoc cum fit*
quod volo. Donat zu dieser Stelle und Andria 1, 1, 140 *hoc*
confit quod volo, was Gröhe, Rh. Mus. Bd. 22, 643 billigt. Die
LA des Donat ist nicht glaubhaft, denn *dicam* in dieser Weise
parataktisch zu *hoc confit* gestellt, giebt eine harte Structur. Die
Lesart der Handschrift ist aber ebenfalls ungenügend, denn die
Aeusserung: „ich will es sagen, wenn das geschieht, was ich
will" passt weder inhaltlich in den Zusammenhang, noch ist für
diesen Sinn *Quom* genugsam conditional. Wir werden die Stelle
vorläufig als eine noch ungeheilte bezeichnen müssen. Nach Abzug dieser Stelle bleiben für das Idiom bei Terenz noch sechs
Beispiele.

Ad. Temporal, Indicativ, Präsens: nähere Bestimmung eines Zeitbegriffs im Hauptsatz durch den Zeitsatz: Aulul. prol. 4 — hanc domum Jam multos annos est quom possideo et colo. Plautus 6; Terenz 2.

Wir schliessen hier weiter dasjenige Idiom an, in welchem *Quom* mit einem Präsens Indicativi sich auf einen Zeitbegriff im Hauptsatz bezieht. Der temporale Nebensatz dient diesem Zeitbegriff, der entweder als Substantivum oder als Zeitadverbium oder als ein Demonstrativ-Pronomen gegeben ist, zu näherer Bestimmung und Erklärung. Wir haben zunächst ein Beispiel anzuführen, wo im Hauptsatz ein Demonstrativ-Pronomen steht. Hier ist noch die ursprüngliche Bedeutung von *Quom* „wo“ besonders klar und deutlich: Rud. 664 *nunc id est, quom omnium copiarum atque opum . . . viduitas nos tenet.* Wir können noch ein zweites Beispiel hinzufügen, welches zwar in seiner vollen Fassung nicht ganz sicher herzustellen ist, in welchem doch aber ohne Zweifel die in Rede stehende Structur mit Recht erkannt worden ist. Es ist ein Fragment aus des Plautus Fretum bei Gellius 3, 3, 8, welches Hertz, Ramentorum Gellianorum Mantissa Vratislav. 1868 (Gratulationsschrift zum Bonner Universitäts-Jubiläum) p. 18 behandelt hat. Hertz schreibt: *nunc illud est quom (quod* Codd.) *Arreti ludis magnis responsum datur: Peribo si non fecero, si faxo vapulabo.* Ferner ist noch eine Stelle zu erwähnen, in welcher im Hauptsatz der bestimmte Ausdruck für eine Zeit gar nicht gegeben ist, sondern nur die Andeutung eines solchen im Inhalt desselben liegt. Auch diese Stelle ist nicht ganz fehlerfrei überliefert. Poenul. 4, 2, 102 *Di inmortales, quanta pestis, quanta advenit calamitas Hodie ad hunc lenonem! sed ego nunc est quom me moror. Ita negotium institutumst . . .* Bothe scheint mit Recht *quom me[met] moror* geschrieben zu haben. *Quom*, welches Geppert und Weise in *cur* geändert haben, wollen auch Hertz a. a. O. und Fleckeisen beibehalten wissen. Es ist übrigens hier zu bemerken, dass Plautus nach einem *nunc illud est* auch den Conjunctiv im Temporalsatz braucht, z. B. Capt. 516 *nunc illud est, quom me fuisse quam esse nimio mavelim,* und ebenso Terenz Adelph. 3, 2, 1 *nunc illud est, quom* (so Guyetus, *quod* die Codd.), *si omnia omnes sua consilia conferant Atque huic malo salutem quaerant, auxili nil adferant.*

Die Conjunctivi sind hier freie Potentiales und nicht durch *Quom* bedingt.

Wir finden ausserdem auch Beispiele, wo im Hauptsatz ein Zeitadverbium oder Substantiv steht; Amph. 302 *agite pugni: iam diust quom ventri non victum datis.* Hier hat der B *quod*, doch ist diess gegen den Plautinischen Sprachgebrauch, der vielmehr *quom* verlangt, welches von Fleckeisen mit Recht aufgenommen ist. Merc. 534 *quid ais tu? iam bienniumst quom rem habet tecum? :: certo* und Aulul. prol. 4 - *hanc domum Iam multos annos est quom possideo et colo,* wo B *quom* hat, während Nonius in einer Anführung dieser Stelle p. 250, 11 *ut* bietet. Endlich ist noch ein Beispiel anzuführen, dessen Plautinischer Ursprung zwar nicht glaubhaft ist, welches aber doch als eine veränderte Fassung des Gedankens in einer anderen Recension aus alter Zeit stammt: Capt. 518 *hic illest dies, quom nulla vitae meae salus sperabilist.* Fleckeisen und Brix setzen den Vers in Klammern. Lassen wir dieses Beispiel als unplautinisch bei Seite, so haben wir 6 Beispiele des Idioms bei diesem Dichter.

Auch bei Terenz ist diese Structur vertreten. Er hat allerdings nur zwei Fälle desselben von der Art, in welcher im Hauptsatz keine bestimmte Zeitbezeichnung gegeben ist, sondern der Zeitsatz selbst gleichsam das Subject des Hauptsatzes bildet: Eun. 3, 5, 3 *nunc est profecto, interfici quom perpeti me possum* und Andr. 1, 1, 125 *prope adest, quom alieno more vivendumst mihi.*

Ae. Temporal, Indicativ, Futurum in der directen Rede: Trin. 423 pater quom peregre veniet, in portast locus. Plautus 25; Terenz 7.

Bevor wir zu den Temporibus der Vergangenheit übergehen, bei deren Betrachtung uns besonders der Zusammenhang der Hauptzeiten mit den Nebenzeiten und der Uebergang der ersteren in letztere interessiren wird, ist das Futurum und Futurum Exactum mit *Quom* zu betrachten. Das Futurum nach *Quom* ist sehr häufig und zwar ebenso in der indirecten wie directen Rede. Wir wollen die Beispiele nach diesen beiden Gesichtspunkten sondern. Unter den Beispielen des *Quom* mit dem Futurum der directen Rede sind wieder ein Paar theils nicht ganz treu überlieferte, theils angezweifelte. Zunächst Mil. 933 *hanc ad nos, quom extemplo a foro veniemus, mittitote.* Die Codd. haben *quam extemplo*, von Camerarius in *quom* verwandelt. *Quom extemplo* ist eine sehr häufige Verbindung aber nur an wenigen Stellen ohne Corruptel überliefert, nämlich Capt. 786 und Most. 101. An anderen ist offenbar absichtlich durch Interpolation die später ungebräuchlich gewordene Wendung entstellt worden. Es sind meist Corruptelen, welche einen scheinbaren Sinn geben, so z. B. Amph. 864 *huc autem quo extemplo adventum adporto.* Pseud. 804 *quia enim quom exemplo veniunt conductum coquom.* Besonders findet sich *quam extemplo* noch öfter: Mil. 1176. Trin. 242. Asin. 442. *Quo me extemplo* Trin. 725. Ferner *qui quom extemplo* statt *quam quom ext.* Trin. 492. Die Structur ist verändert Merc. 295 *senex quom extemplo est iam nec sentit nec sapit,* wo *est* getilgt werden muss. Die Verbindung ward später nicht mehr verstanden. In einer zweiten Stelle ist *Quom* durch das Fehlen eines zur Ausfüllung des Metrums in unmittelbarer Nähe nöthigen Wörtchens verdächtig geworden, Most. 232 *magis amabunt, Quom [me] videbunt gratiam referre benemerenti.* Hier wollte Camerarius zur Ergänzung der Lücke *quando* statt *quom*, allein die Setzung des Pronomens ist hier jedenfalls sehr im Interesse des Sinnes, es ist daher gewiss richtig von Gruter *me* ergänzt, was auch Ritschl aufgenommen hat. Eine dritte Stelle, wo *Quom* mit dem Futurum überliefert, aber verdächtigt worden ist, ist Amph. 952 *is adeo impransus [hodie] ludificabitur, Quom ego Amphitruonem collo hinc obstricto traham.* *Quom* hat B, und die ältere Vulgate. Hermann und Fleckeisen haben *dum* gesetzt, Letzterer mit dem Bemerken Epist. crit. ad Ritschl p. XX „defensione non caret quod libri habent 'quom ego'“. *Quom* indessen scheint sogar richtiger zu sein, da es ebenfalls den Gegensatz ausdrückt und nicht mit der Schärfe wie *dum*, was auch nicht nöthig ist. Wenn wir also an den besprochenen drei Stellen *Quom* für richtig halten dürfen, so beläuft sich die Summe der Beispiele von *Quom* mit dem Futurum in der directen Rede bei Plautus auf die Zahl 25.

Bei Terenz finden sich sieben Beispiele dieses Idioms, deren Keines einem Zweifel unterliegt; z. B. Phorm. 1, 2, 82 *quom tu horum nil refelles, vincam scilicet.*

Af. Temporal, Indicativ, Futurum in der indirecten Rede: Cas. 3, 1, 13 fac habeant linguam tuae aedes :: quid ita? :: quom veniam, vocent. Plaut. 8; Ter. 4.

Die Beispiele von *Quom* mit Futurum in der entweder von einem Verbum sentiendi, dicendi, oder von einer anderen obliquen Structur abhängigen Rede sind ebenfalls zahlreich, z. B. Bacch. 826 . . . *orabis me quidem ultro ut auferam, Quom illum rescisces . . . . quanta in pernicie siet* und Merc. 146 *aut ne laborem capias, quom illo uti voles.* In einer Stelle dieser Gruppe ist das Futurum gegen die Handschriften, aber mit Recht von Ritschl hergestellt: Pseud. 163 *haec, quom ego a foro revortar (revortor* Codd.), *facile ut offendam parata.* Die Zahl der Beispiele dieser Gruppe beträgt bei Plautus 8.

Bei Terenz giebt es vier Fälle dieses Idioms in der indirecten Rede, z. B. Haut. 4, 5, 54 - *quia videbitur Magis verisimile id esse, quom ille illi dabit.*

Ag. Temporal, Indicativ, Futurum Exactum: Phorm. 1, 4, 8 quod quom audierit, quod eius remedium inveniam iracundiae? Plautus 15; Terenz 8.

Das Futurum Exactum mit *Quom* ist natürlicher Weise auch nichts Seltenes. Das Latein hebt gern die Vollendung der Handlung in der Zukunft hervor, um die Haupthandlung und Nebenhandlung in das richtige Verhältniss zu setzen. Es liegt hierin eine Correctheit des Denkens, wie sie in den neueren Sprachen, welche den Ausdruck der Art des Seins, das ontologische Verhalten des Ausgesagten nicht so sorgfältig beachten, nicht vorhanden ist. Wir führen als Beispiele an: Bacch. 358 *set quid futurumst, quom hoc senex resciverit? Quom se excucurrisse illinc frustra sciverit?* Merc. 1003 *recte dicis : sed istuc uxor faciet, quom hoc resciverit.* Hierher gehört auch eine im Alltagsleben, welches die Comödie schildert, gewiss häufig gebräuchliche Sentenz, womit schwache Väter sich über die Zukunft ihrer leichtsinnigen Söhne trösten liessen, Bacch. 415 *iam aderit tempus, quom sese etiam ipse oderit : morem geras.* Die gleiche Wendung hat Terenz Hecyr. 4, 1, 28 - *at pol iam aderit, se quoque etiam quom oderit.* An einer Stelle ist *Quom* durch Conjectur von Douza mit Recht

eingesetzt, während es in den Codd., auch in A, fehlt, Poen. 5,
6, 23 *perii hercle :: immo haud multo post, [quom] in ius veneris.*
Einschliesslich dieses Beispiels sind bei Plautus 15 Fälle des
Fut. Exactum nach *Quom* vorhanden.

Bei Terenz ist ein Beispiel dieses Idioms von Bentley beanstandet worden; Haut. 4, 4, 5 haben die Codd. *cum is certe
renuntiarit, Clitipho cum in spe pendebit animi* .. Bentley wollte
der Gleichförmigkeit wegen *renuntiabit,* allein es geht vorher *cum
dixero et constituero,* und ausserdem findet sich auch an anderen
Stellen das Futurum I mit dem Futurum II in dieser Weise verbunden. Die Zahl der Beispiele bei Terenz beträgt 8.

Wir kommen nun zu der für unsere Untersuchung wichtigsten
Gruppe der Beispiele von *Quom,* nämlich zum Gebrauch dieser
Conjunction mit den Präteritis. Die Structur von *Quom* mit dem
Conjunctiv des Imperfects und Plusquamperfects, über deren
Erklärung so viele streitende Ansichten bestehen, kann uns nur
durch eine Analyse des Gebrauchs von *Quom* mit den Präteritis
überhaupt in dem ältesten Latein verständlich werden. Es ist
aber allerdings auch gegründete Hoffnung vorhanden, dass die
Untersuchung dieser frühesten uns zugänglichen Epoche der lat.
Sprache uns die gewünschten Aufschlüsse werde geben können,
da gewiss für Jeden auch bei einer zunächst nur ganz allgemeinen
Beobachtung des Idioms von *Quom* mit dem Conjunctiv der
Nebenzeiten bei Plautus, die Thatsache als unbestreitbar sich
herausstellen muss, dass in diesem Zeitalter jene Structur noch
in ihrer Entwickelung begriffen und noch keineswegs zu der
später regelrechten Ausbildung gelangt war. Aus der sorgsamen
Betrachtung des Entstehungs- und frühesten Entwickelungs-Pro-
cesses aber wird uns auch Wesen und Bedeutung dieser Erscheinung klar werden. Wir sind leider so selten in der Lage, wichtige
syntaktische Phänomene noch in dem Stadium ihres Entstehens
belauschen zu können, weil ihre Ausbildung meist schon vor den
Beginn der Litteratur fällt. Um so grössere Aufmerksamkeit
verdient daher eine Erscheinung, welche auf diese Zeit der
geistigen Arbeit, durch welche die syntaktischen Grundformen
einer Sprache ausgebildet wurden, einiges Licht fallen lässt.
Denn in der That ist die Entwickelung des Gebrauchs von
Quom mit dem Conjunctiv der Nebenzeiten noch gleichsam

eine letzte Kraftäusserung jenes schöpferischen Gestaltungstriebes, welcher der latein. Sprache ihre syntaktischen Typen geschaffen hat und dann für lange Zeit fast erstorben schien. Wenn wir nun zunächst die Haupteigenthümlichkeit der Plautinisch-Terentianischen Sprachepoche in Rücksicht auf den Gebrauch der Präterita in Zeitsätzen kurz charakterisiren sollen, so ist als solche die Thatsache hervorzuheben, dass sich die Autoren dieser Zeit viel häufiger und in viel grösserem Umfang als später des Haupttempus der Vergangenheit bedienen, während bei ihnen die Nebenzeiten zurücktreten. Der weitere Entwickelungsgang im Tempusgebrauch hat dann die Nebenzeiten zu grösserer Bedeutung emporgehoben und hiermit hängt, wie sich später herausstellen wird, das Aufkommen der Conjunctivstructur zusammen. Zunächst also wird es nun unsere Aufgabe sein, um Boden für weitere Untersuchung zu gewinnen, genau und in der auch in der Grammatik bewährten statistischen Methode das Verhältniss festzustellen, in welchem bei Plautus und Terenz der Gebrauch des Haupttempus der Vergangenheit zu den Nebenpräteritis im Zeitsatze steht. Wenn sich uns aus dieser Vergleichung dann etwa ergeben sollte, dass die Hauptzeit noch eine starke Präponderanz besitzt, so werden wir alsdann über die Ursache und das Wesen dieser Erscheinung uns weiter aufzuklären haben. Diese Thatsachen aber müssen vor allen theoretischen Erklärungs-Versuchen sorgfältigst ermittelt und abgewogen werden.

Ah. Temporal, Indicativ, Perfect: ein allgemeiner, wiederkehrender Vorgang. Capt. 256 etiam quom cavisse ratus est, saepe is cautor captus est. Plautus 10; Terenz 1.

Zunächst sind nun die Beispiele des Perfects nach *Quom* zusammenzustellen, in denen nicht eine speciell bestimmte Handlung bezeichnet wird, sondern ein allgemeiner gewohnheits- und sittengemässer Vorgang; hier kann natürlich nur eine Hauptzeit angewendet werden. Diese Fälle entsprechen dem Gebrauch des Präsens in allgemeinen Sentenzen; durch das Perfect wird die Handlung des Vordersatzes als eine vor derjenigen des Hauptsatzes bereits abgeschlossene hingestellt: z. B. Capt. 142 *tum denique homines nostra intellegimus bona, Quom quae in potestate habuimus ea anisimus.* Asinar. 168 *modo quom accepisti, hau multo post aliquid quod poscas paras,* wo die Codd. *quod* haben, was Bothe mit Recht in *quom* geändert hat. Dasselbe Verhältniss waltet auch da ob, wo das Ereigniss des Hauptsatzes nicht selbst mit dem Ereigniss des Zeitsatzes in einem unmittelbaren Folge-Verhältniss steht, sondern vergleichsweise an die Stelle einer aus dem Zeitsatz unmittelbar sich ergebenden Folge getreten ist, z. B. Most. 277 *itidem olent, quasi quom una multa iura confudit cocus,* und Persa 435 *citius — a foro Fugiunt, quam ex porta ludis quom emissust lepus.* Eine Stelle, welche genauer hier zu erörtern ist, ist Epid. 2, 2, 44 *at tributus quom imperatus est, negant pendi pote (potesse B).* Die Form *pote* in der Bedeutung des Infinitiv *posse* ist bei Plautus nicht selten, z. B. Aulul. 2, 4, 30. Merc. 349. Trucul. 2, 2, 62. Geppert hat diesen und den darauf folgenden Vers 45 *illis quibus tributus maior penditur pendi potest* für unecht erklärt. Der Letztere von Beiden ist wohl auch in der That als eine in den Text gedrungene Randglosse aufzufassen, der erstere aber ist schon durch die gut beglaubigte alterthümliche Form *tributus* geschützt und hat im Sinn und Zusammenhang nichts Anstössiges. An einer anderen Stelle, Amph. 104, ist *Quom* eine unrichtige Vermuthung von Weise, ein anderer, von Fleckeisen gefundener Verbesserungs-Vorschlag lag viel näher: *nam ego vos novisse credo iam ut sit meus pater — Quantusque amator si ei quid complacitumst semel.* Hier hat B *siet quod,* Bothe gab *sit quod,* Weise vermuthete *quom quid.* Es verdient endlich noch bemerkt zu werden, dass die Verbindung *quom extemplo* dreimal in diesem Idiom vorkommt. Most. 101. Trin. 242. Trin. 492. Rechnen wir nun die sicheren Beispiele dieses Perfectum in der Bedeutung eines allgemeinen, öfter wiederkehrenden Vorgangs zusammen, so ergiebt sich die Zahl von 10.

Bei Terenz findet sich nur ein Beispiel dieser Art, und zwar ein recht bemerkenswerthes. Hecyr. 3, 1, 28 — *nam saepe est, quibus in rebus alius ne iratus quidemst, Quom de eadem caussast iracundus factus inimicissumus.* Der Zeitsatz bezeichnet hier nicht ein dem Hauptfactum beigeordnetes verschiedenes Factum, sondern drückt in seinem Inhalt den Subjectsbegriff aus, zu welchem der Hauptsatz das Prädicat bietet.

Ai. Temporal, Indicativ, Perfect: eine bestimmte einzelne Handlung; Logisches Perfect. Amph. 599 ordine omnia, ut quicque actumst, quom apud hostes sedimus. Plautus 4.

Wir gehen nun zu denjenigen Beispielen des Perfects nach *Quom* über, in denen das Verbum eine einzelne bestimmte Handlung, einen Zustand oder ein Ereigniss ausdrückt. Auf dem Gebiet dieses Idioms treten nun schon die Eigenthümlichkeiten der älteren Sprache deutlicher hervor. Wir haben zunächst wieder, das logische eigentliche Perfect von dem aoristischen Perfect zu unterscheiden. Das logische Perfectum bezeichnet das Vollendetsein der Handlung zum Zustand, sei es auch nur der Zustand des Nichtmehrseins. Diese Bedeutung des Tempus ist eine so eigenthümlich ausgeprägte, dass innerhalb ihrer Grenzen ein Eindringen und Raumgewinnen der Nebenzeiten nicht stattfinden konnte. Dasjenige Sein, für welches sich der Ausdruck durch das logische Perfect eignete, konnte niemals in die Form der Darstellung durch eine Nebenzeit übergehen, während bei dem aoristischen Perfect dieser Uebergang in der weiteren Entwickelung der Sprache sehr wohl denkbar erscheint. Bei Plautus ist das logische Perfect in Zeitsätzen mit *Quom* selten. Ein interessantes Beispiel ist Most. 135 *póstea quom inmigravi ingenium in meum, Pérdidi operam fabrorum ilico oppido.* Die Codd. haben *posteaquam*, was aber kein Plautinisches Wort ist, wie Ritschl, Opuscul. Bd. 2, 547 nachgewiesen hat. Schon Guyetus hat *postea quom* emendirt. Während *inmigravi* in diesem Beispiel entschieden den Begriff eines positiven Zustandes, des Darinwohnens, involvirt, ist dieser Begriff nicht so klar in den anderen drei Beispielen dieses Idioms bei Plautus ausgedrückt; sie zeigen mehr die Vollendung zum Nichtmehrsein an. Menaech. 1033 *ne minus [nunc] imperes mihi, quam quom tuus servos fui.* Hier ist *nunc* von Ritschl ergänzt. Freilich bekennt Ritschl in der Anmerkung folgende Fassung für richtiger zu halten: *ne [nunc] minus mihi imperes, quam quando tuus servos fui,* allein *quom* hat keinen Anstoss hier, da es ja auch mit der Bezeichnung eines längeren Zustandes, einer Dauer, welche nunmehr abgeschlossen erscheint, verbunden werden kann. Aehnlich ist Stich. 579 *quom hic non adfui, Cum amicis deliberavi iam et cum cognatis meis* „in der Zeit, da ich hier abwesend gewesen bin". Hier hatte Göller *dum hic* conjicirt, gewiss unrichtig, da der Begriff „so lange" nicht passt. Aus dem gleichen Grunde ist auch die LA der Handschriften *dum* gewiss mit Recht von Fleckeisen in *quom* verwandelt an der Stelle Amph. 599 *ordine omnia ut quicque actumst, quom apud hostes sedimus.* Die Angabe: „so lange wir vor dem Feinde lagerten" ist nicht so passend, als die einfache Zeitangabe mit *Quom.* Diese hier angeführten- vier Stellen bilden die einzigen Beispiele des logischen Perfectum nach *Quom* bei Plautus. Er braucht für dieses Tempus sonst mit Vorliebe die Partikel *Postquam* z. B. bei *natus sum = vivo* Stich. 156 *nam postquam natus sum, satur nunquam fui.* Menaechm. 959 *nam equidem, postquam gnatus sum, nunquam aegrotavi unum diem.*

Die nächste Gruppe enthält nun die Beispiele von *Quom* mit dem aoristischen Perfect, welches eine momentane Handlung oder ein Ereigniss bezeichnet; es ist das eigentlich erzählende, historische- Tempus, es fasst die Handlung, möge nun dieselbe an sich von längerer oder kürzerer Dauer gewesen sein, als eine eingetretene, verwirklichte auf. Der Zeitsatz setzt die Handlung des Nebensatzes in eine ganz bestimmte Beziehung zu der des Hauptsatzes. Wir werden also zunächst zwei Möglichkeiten nach der Beschaffenheit der Handlung des Hauptsatzes unterscheiden müssen: nämlich entweder ist dieselbe etwas Dauerndes, Zuständliches, oder aber sie stellt ebenso wie das aoristische Perfect des Zeit-Vordersatzes selbst eine momentane Handlung dar. Nach diesen beiden Möglichkeiten unterscheidet sich wesentlich die Syntax dieser Gruppen der Zeitsätze, denn für die momentane Handlung des Vordersatzes, wie sie in dieser Gattung vorliegt, ist es nicht gleichgültig, ob das Factum des Nachsatzes ein ebenfalls momentanes Factum oder ein zuständliches Sein ist. Sie wird in ihrem ganzen Erscheinen durch diese beiden verschiedenen Beziehungen verschieden afficirt.

Ak. Temporal, Indicativ, Aoristisches Perfect: im Hauptsatz ein Factum der Zuständlichkeit. Rudens 846 etiamne in ara tunc sedebant mulieres, Quom ad me profectu's ire? Plautus 3.

Es finden sich bei Plautus nur wenige Fälle des ersteren Modus, in welchem der Nachsatz ein Prädicat, welches ein zuständliches dauerndes Sein bezeichnet, enthält, z. B. ein Imperfectum Rud. 846 *etiamne in ara tunc sedebant mulieres, Quom ad me profectu's ire?* oder auch ein Perfect, namentlich *fui* Amph. 249 *namque égo fui illi in re praesenti et meus, quom pugnatumst, pater.* Ebenso ist aufzufassen Most. 162 ... *mihi quae modestiam omnem Detexit, tectus qua fui, quom mihi Amor et Cupido In pectus perpluit meum,* wo Ritschl statt des in den Codd. überlieferten *quam* sehr richtig *quom* geschrieben hat. In diesen Beispielen bezeichnet der Zeitsatz ein Ereigniss, welches mit seinem Eintritt in die·Dauer eines schon vorher begonnenen Zustandes hineinfällt. Dieses Verhältniss ist auch im späteren Latein immer nur durch den Indicativ Perfecti mit *Quom* ausgedrückt worden, niemals finden wir dafür den Conjunctiv einer Nebenzeit mit *Quom* gebraucht. Sehr bekannt ist das Beispiel aus Cäsar b. G. 6, 12, 1 *Quom Caesar in Galliam venit, alterius factionis principes erant Haedui, alterius Sequani.* Das Verbum des Zeitsatzes steht hier durchaus in zeitlicher Selbständigkeit dem Verbum des Hauptsatzes zur Seite, und in der That kann diess auch in dem vorliegenden Verhältniss nicht anders sein, denn eine momentan gedachte Handlung kann nicht in ihrer Zeitlage durch ein dauerndes zuständliches Sein bestimmt werden, da dessen Grenzen, als die eines dauernden, einen weiten Spielraum zwischen Anfang und Ende lassen. Bei Plautus hat dieses Idiom eine geringe Anwendung erfahren, er hat nur die drei eben angeführten Beispiele.

Al. Temporal, Indicativ, Aoristisches Perfect: im Hauptsatz ein momentanes Ereigniss im Perfect. Trin. 194 posticulum hoc recepit, quom aedes vendidit. Plautus 16.

Anders in vieler Hinsicht steht es mit der zweiten Art des Verhältnisses zwischen einem Vordersatz mit *Quom* und dem aoristischen Perfect und seinem Nachsatz; der Nachsatz enthält hier ebenfalls ein momentanes Ereigniss. Beide Ereignisse werden in ihrer Zeitlage unmittelbar von der Zeit des Sprechenden aus bestimmt; denn eben darin liegt das Wesen der absoluten Zeitgebung, dass sie vom Standpunkt des Sprechenden aus unmittelbar ertheilt wird. Dieses Idiom ist bei Plautus häufiger z. B.:

Poenul. 5, 2, 110 et is me heredem fecit, quom suum obiit
diem.

Poenul. 4, 2, 82 is in divitias homo adoptavit hunc, quom
diem obiit suum.

Nachgeahmt ist diese Wendung von den Verfassern der
Prologe Men. 62 und Poenul. prol. 77 *eumque heredem fecit,
quom ipse obiit diem.* In diesen Beispielen fällt die Handlung
des Haupt- und des Nebensatzes in denselben Zeitmoment. Mitunter coincidiren diese beiden Ereignisse nicht so vollkommen,
denn es trifft sich zuweilen, dass die Handlung des Nebensatzes
eine etwas breitere Ausdehnung besitzt, als die des Hauptsatzes,
obschon dadurch der Charakter eines erzählenden, aoristischen
Perfects nicht aufgehoben wird, z. B.

Amph. 1137 tu gravidam item fecisti, quom in exercitum
profectu's.

Hier ist das Abreisen, d. h. die Vorbereitung zur Reise, offenbar als ein etwas längerer Zeitraum gedacht, in welchen das
gravidam facere hineinfällt. Ein anderes Beispiel dieser Art ist
Bacch. 961 *quom censuit Mnesilochum cum uxore esse dudum
militis, Ibi vix me exolui.* Hier ist *censuit* von der Ueberzeugung
des Nicobulus, welcher fälschlich die Geliebte seines Sohnes für
die Gattin eines Soldaten hielt, gesagt; dennoch ist *censuit* nicht
schildernd, sondern erzählend gemeint. Die Mehrzahl der Beispiele dieses Idioms bei Plautus zeigt allerdings die momentanen
Handlungen des Vorder- und Nachsatzes in völliger Coincidenz.
Wir wollen hier die Beispiele mittheilen.

Men. 393 scilicet qui dudum tecum venit, quom pallam mihi
dotulisti . . . .

Trin. 194 posticulum hoc recepit, quom aedes vendidit.

Trin. 879 census quom [sum], iuratori recte rationem dedi.

Rud. 1184 (sumne ego homo scelestus) qui . . .
aut, quom excepi, qui non alicubi in solo abstrusi loco.

Menaechm. 1056 quom argentum dixi me petere et vasa, tu
quantum potest Praecucurristi.

Merc. 393 mihi quoque ita pol visast, quom illam vidi. : : eho,
vidistin, pater?

Pseud. 623 - olim quom abiit, haec dies Praestitutast.

Rud. 497 utinam [ego], quom in aedes me ad te adduxisti [tuas],
in carcere illo potius cubuissem die.

> Most. 1050 quom [cum] couvocavi, atque illi me ex senatu
> segregant

wo *atque* im Nachsatz wie Epid. 2, 2, 23. Hierzu kommen noch aus den Prologen:

> Ampli. 91 etiam histriones anno, quom in proscenio
> Jovem invocarunt, venit.

> Casin. prol. 17 haec quom primum actast, vicit omnes fabulas.

Sehr ungewiss ist die Lesung einer viel behandelten Stelle Stich. 460, wo Ritschl schreibt: *quom strena [mi] obscaevavit, spectatum hoc mihist, Mustella murem [ut] abstulit praeter pedes,* doch hält derselbe auch für möglich: *bona strena mi obscaevavit, quom spectumst mihi.* Eine sichere Herstellung ist bis jetzt noch nicht erreicht.

So hätten wir also von diesem Idiom in den Plautinischen Stücken im Ganzen 16 Beispiele.

Das Interesse, welches diese Beispiele besitzen, beruht nun wesentlich darauf, dass sie eine charakteristische Eigenschaft des älteren Latein im Gegensatz gegen das spätere der classischen Zeit ins Licht treten lassen. Durch diese Darstellung zweier Erzählungs-Ereignisse in Vorder- und Nachsatz im historischen Perfectum werden beide in voller Selbständigkeit und Anschaulichkeit vorgeführt. Obschon beide in denselben Zeitpunkt coincidiren, und obschon nach der späteren Sprach-Auffassung desshalb eines dem andren als gleichzeitiger begleitender Nebenumstand hätte beigefügt oder untergeordnet werden können, stehen sie doch für das ältere Sprachgefühl gleichberechtigt da. Die spätere Sprache behandelt solche momentane Ereignisse, welche in denselben Zeitpunkt der Vergangenheit fallen, regelmässig so, dass sie das eine als Nebenumstand dem andren zeitlich unterordnet und nicht beiden eine gleiche, absolute Zeitgebung zu Theil werden lässt: sie bestimmt die Zeit des Ereignisses im Nebensatz durch die Zeit des Ereignisses im Hauptsatze. Unter den oben angeführten Beispielen sind mehrere, für welche sicherlich die spätere Sprache statt des Indicativ Perfecti nach *Quom* vielmehr den Conjunctiv Imperfecti gesetzt haben würde; in dem einen derselben bestätigt sich diese Vermuthung sogar urkundlich, nämlich die Stelle Trin. 194 wird von Nonius zweimal angeführt, einmal p. 54, 16 so, wie in den Codd.: *posticulum hoc recepit, quom aedes vendidit,* und ein zweites Mal p. 384, 12 in

der Fassung, wie sie der Syntax der späteren Zeiten geläufig
gewesen sein würde: *posticulum hoc recepit, quom aedes venderet.* Man sieht hier sehr deutlich, welcher Unterschied zwischen
quom vendidit und *quom venderet* besteht. Die Beziehung des
vendidit zu *recepit* ist durch den Conjunctiv nicht in eine irgendwie causal nüancirte übergegangen; vielmehr ist durch die
Structur mit dem Conjunctiv die Selbständigkeit der Zeitgebung,
welche in *quom vendidit* liegt, aufgegeben, das Ereigniss behauptet nicht mehr seine Bedeutsamkeit für sich selbst, sondern
ist dadurch, dass es in seiner Zeitlage durch das andre bestimmt
ist, ein Nebenumstand geworden. Das einzelne Ereigniss hat
dadurch zwar an Anschaulichkeit verloren und hierin liegt gewissermaassen ein Rückschritt, aber die Erzählung hat auch an
Einheit gewonnen und hierin liegt wieder ein eigenthümlicher
Fortschritt des sprachlichen Ausdrucks. Während die ältere
Sprache Gleichzeitiges noch als gleich Bedeutsames und Gleich-
berechtigtes auffasst und dasselbe nebeneinander stellt, benutzt
die spätere Sprache die Gleichzeitigkeit um das Eine dem Andren
zeitlich zu subordiniren und es dadurch als Nebenumstand erscheinen zu lassen. In dieser Beziehung also sind die oben von
diesem Idiom aus Plautus angeführten Beispiele von hoher
Wichtigkeit.

Am. Temporal, Indicativ, Perfect: einen Zeitbegriff näher bestimmend und erklärend. Trin. 402
minus quindecim dies sunt, quom pro hisce aedibus
Minas quadraginta accepisti. Plautus 10.

Es ist nur noch eine Gruppe von Beispielen des Perfectums
nach *Quom* zu erwähnen, deren Charakter darin besteht, dass
der Inhalt der Aussage einen Zeitbegriff erläutert, entweder einen
längeren verflossenen Zeitraum, oder einen Zeitpunkt. *Quom*
hat hier die Bedeutung von „seit". Ein Zeitraum ist im Hauptsatz ausgedrückt Merc. 541 *nam illi quidem haut sane diust,
quom dentes exciderunt.* Merc. 533 *ecastor iam bienniumst, quom
mecum rem occeptavit.* Ein Zeitpunkt als Anfang einer Zwischen-
zeit ist im Hauptsatze bezeichnet in der dreimal bei Plautus
wiederkehrenden Phrase: *iam diu* (oder *dudum) factumst, quom ...*
Trin. 1010 *adde gradum, adpropera: iam dudum factumst, quom
abiisti domo.* Asinar. 251 *iam diust factum, quom discesti ab ero*

atque abiisti ad forum und 890 *iube dari vinum: iam dudum factumst quom primum bibi.*   Ebenso Cas. prol. 39 . . . *annos factumst sedecim, Quom conspicatus est primo crepusculo Puellam exponi.*   Die Zahl dieser Beispiele bei Plautus beträgt 10.   Es ist selbstverständlich, dass in diesen Verbindungen nur der Indicativ des absoluten Präteritum zulässig ist, da die Zeitangabe einen durchaus selbständigen Charakter hat.

An. Temporal, Indicativ, Aoristisches Perfect: ein bestimmtes momentanes Factum im Nachsatz. Phorm. 5, 3, 32 — nam perliberalis visast, quom vidi, mihi. Terenz 7.

Wir gehen nun zum Gebrauch des Indicativs Perfecti nach *Quom* bei Terenz über.   Terenz hat zunächst auch mehrere Beispiele, in denen zwei momentane Handlungen, die in dieselbe absolute Zeit fallen, durch *Quom* in Beziehung zu einander gesetzt sind:

> Andr. prol. 1 poeta quom primum animum ad scribendum adpulit,
> id sibi negoti credidit solum dari . . .

> Hec. prol. 2, 33 quom primum eam agere coepi, pugilum gloria
> -strepitus, clamor — Fecere ut ante tempus exirem
> foras.

> Hec. prol. 1, 1 . . . haec quom datast
> nova, [ei] novom intervenit vitium et calamitas.

> Hec. 4, 1, 57 nam quom conpressast gnata, forma in tenebris
> nosci non quitast.

> Hec. 4, 1, 22 . . . sed nunc mi in mentem venit
> de hac re quod locutas olim, quom illum generum
> cepimus

> Phorm. 5, 3, 32 . . . nam perliberalis visast, quom vidi, mihi.

Es gehört auch wohl hierher die Stelle Andr. 1, 1, 94, wo freilich die Codd. statt *quom* vielmehr *tum* haben, wo aber Bentley mit vollem Rechte *quom* hergestellt hat:

> quae quom mihi lamentari praeter ceteras
> visast . . ., accedo ad pedisequas.

Diess sind Fälle, in denen die Syntax der späteren Zeit den Conjunctiv Imperfecti nach *Quom* vorgezogen haben würde.   Ihre Zahl beträgt bei Terenz 7.

Ao. Temporal, Indicativ,. Aoristisches Perfect: eine umschreibende Wendung im Nachsatz. Eun. 3, 3, 4 iam tum, quom primum iussit me ad se arcessier, Roget quis.: quid tibi cum illa? Terenz 4.

In anderen Beispielen ist die Handlung im Nachsatz, welche das correspondirende Ereigniss zu dem Verb des Vordersatzes bilden sollte, nicht deutlich ausgedrückt, sondern entweder durch die indirecte Rede oder in anderer Weise umschreibend gegeben, z. B. Phorm. prol. 9 *quod si intellegeret, quom stetit olim nova, Actoris opera magis stetisse, quam sua·. . .* Hecyr. 3, 3, 51 — *nam olim soli credidi, Ea me abstinuisse in principio, quom datast.* Wahrscheinlich darf auch hierher gerechnet werden Andr. 2, 5, 17

ego [quom] illam vidi, virginem forma bona

memini videre: quo aequior sum Pamphilo. . .

Hier ist *quom* von Bentley ergänzt, dasselbe fehlt in den Codd. und auch Fleckeisen hat es verschmäht; es scheint aber allerdings, um die hier nicht angemessene Parataxe zu vermeiden, aufgenommen werden zu müssen. Eine bemerkenswerthe Stelle dieser Art ist auch Eun. 3, 3, 4 *iam tum quom primum iussit me ad se arcessier, Roget quis: quid tibi cum illa?* Die Structur ist hier anakoluthisch und zwar entstanden aus einer Vermischung zweier Constructionen, nämlich: *id quod primum iussit, roges quis* und *tum quom primum iussit, rogaret quis.* Von dieser Art bietet Terenz 4 Beispiele.

Ap. Temporal, Indicativ, Perfect: einen Zeitbegriff erläuternd. Andr. 5, 3, 12 olim istuc, olim, quom ita animum induxti tuum ... Terenz 5.

Ferner finden sich bei ihm einige Stellen, in denen der Indicativ Perfecti nach *Quom* sich an ein Zeitadverbium *olim, tum* anschliesst in der Weise, dass er dieses selbst weiter ausführt und erklärt. Andr. 5, 3, 12 *olim istuc, olim, quom ita animum induxti tuum - -, Eodem die istuc verbum vere in te accidit.* Phorm. 5, 8, 19 *olim quom honeste potuit, tum non est data.* Haut. 2, 3, 21 *tum quom gratum mihi esse potuit, nolui,* und anderes. Es ist einleuchtend, dass das Verbum in diesen Zeitsätzen stets absolute Zeitgebung behalten muss, da die Fixirung der Zeit eben der Inhalt der Aussage ist. Endlich ist noch eine Stelle zu erwähnen,

in welcher *Quom* die Bedeutung von „seit" hat, obwohl *Quom*
in diesem Verse nur auf Vermuthung, allein auf sehr sicherer,
von Fleckeisen beruht: Haut. 1, 1, 1 . . *haec inter nos nuper
notitia admodumst, Inde adeo quom (quod Codd.) agrum in proxumo hic mercatus es.* Die Verbesserung wird durch die oben
aus Plautus angeführten Stellen allem Zweifel enthoben. Die
Zahl der Beispiele dieser Gattung beträgt 5.

Aq. Temporal, Indicativ, historisches Präsens.
Menaechm. 1136 hunc censebat te esse credo, quom
vocat te ad prandium. Plautus 12; Terenz 8.

An die Darlegung des Gebrauchs des Aoristischen Perfectum
nach *Quom* schliesst sich am besten an diejenige des historischen
Präsens in dieser Structur, da dieses das aoristische Perfectum
vertritt und bei Plautus wie Terenz verhältnissmässig häufig sich
vorfindet. Es hat hierüber gehandelt Fleckeisen Exercitationes
Plautinae p. 9. Im Nachsatze findet sich ebenso das historische
Präsens, wie das Perfectum und besonders das Imperfectum und
Plusquamperfectum. Wir wollen die Beispiele nach den im
Nachsatz angewendeten Temporibus ordnen. Das Perfect im
Nachsatz Amph. 668 *gravidam ego illanc hic reliqui, quom abeo
[hinc]. :: hei, perii miser.* Es scheint *hinc*, was in den Codd.
fehlt, zur Vermeidung des Hiatus einzuschieben. Man kann
hiermit die sehr ähnliche Sentenz vergleichen Mostell. 1117 *loquere:
quoiusmodi reliqui, quom hinc abibam, filium?* aus welcher recht
klar wird, wie eigentlich das Imperfect noch ganz promiscue und
gleichgeltend mit den historischen Temporibus von Plautus gebraucht wird. Ferner Most. 25 *haecine mandavit tibi, quom peregre hinc it, senex,* wo statt des *iit* der Codd. Fleckeisen *it*
geschrieben hat Exercitat. Plaut. p. 9. Ferner das Präsens im
Nachsatz Persa 834 . . *credo, quia non inconciliat, quom te emo.*
Im Nachsatz steht *atque* (vgl. Gellius 10, 9) Epid. 2, 2, 33 *quom
ad portum venio, atque ego illam illic video praestolarier.* Es ist
sehr glaublich, dass Capt. 282 *quid pater? vivitne? :: vivom quom
inde abimus, liquimus* nach Ba *linquimus* zu schreiben sei. Am
häufigsten aber ist das Imperfect, sowohl das der Zuständlichkeit,
als das einfach erzählende der Gleichzeitigkeit. Von ersterer
Art sind Merc. 617 *iam addicta atque abducta erat, quom ad
portum venio. :: vae mihi.* Men. 29 *Tarenti ludi forte erant, quom*

illuc venit. Capt. 887 *set Stalagmus quoius erat tunc nationis, quom hinc abit!* Von letzterer Art Men. 1136 *hunc censebat te esse, credo, quom vocat te ad prandium,* eine Stelle, die man nur mit Men. 1145 *nam illa quom te ad se vocabat, [me]met esse credidit* zu vergleichen braucht, um sich von der fast indifferenten Geltung des Imperfects und historischen Präsens-Perfects in dieser Zeit der Sprache zu überzeugen. Bemerkenswerth ist auch noch eine Stelle, in der das Plusquamperfectum im Nachsatz des Zeitsatzes mit dem historischen Präsens vorzuliegen scheint. Rud. 65 *. . . ad portum [quom] adulescens venit, Illorum navis longe in altum apscesserat.* *Quom* fehlt hier in den Codd. Es scheint aber mit vollem Recht von Fleckeisen ergänzt: auch Terenz hat zweimal das Plusquamperfect im Nachsatz eines Satzes mit *Quom* Eun. 2, 3, 51 und 4, 4, 57. Der Ausfall aber von *Quom* lässt sich auch durch viele Beispiele erhärten. Plautus hat 12 Beispiele des historischen Präsens nach *Quom.*

Terenz hat die nämlichen Gebrauchsweisen: das Perfect im Nachsatze Eun. 4, 7, 23 *. . . responde: quom tibi do istam virginem, Dixtin hos mihi dies soli dare te?* oder das historische Präsens Haut. 4, 1, 37 *quom exponendam do illi, de digito anulum Detraho.* Hecyra prol. II, 31 *primo actu placeo: quom interea rumor venit, Datum iri gladiatores, populus convolat.* Das Plusquamperfect Eun. 4, 4, 57 *. . . quia quom inde abeo, iam tum inceperat Turba inter eos.* Eun. 2, 3, 51 Plusquamperfect und Imperfect zugleich *. . . quom huc respicio ad virginem, Illa sese interea commodum huc advorterat In hanc nostram plateam . . . huc quom advenio, nulla erat.* Terenz hat 8 Beispiele dieses Idioms.

Ar. Temporal, Indicativ, Quom im Nachsatz; mit Perfect und historischem Präsens. Eun. 4, 2, 5 — longe iam abieram, Quom sensi. Plautus 1; Terenz 2.

Wir haben ferner hier noch die wenigen Beispiele des sogenannten *Quom* im Nachsatz mit dem Perfect und historischen Präsens zu betrachten. Bei Plautus ist nur ein sicheres Beispiel nachzuweisen Menaech. 1054 -*tu clamabas deum fidem atque hominum omnium, Quom ego accurro teque eripio vi pugnando, ingratiis.* Ein zweites Beispiel Aulul. 3, 5, 43 *iam hosce absolutos censeas: cedunt petunt Trecenti: cum stant phylacistae in atriis,* wie in den Codd. überliefert ist, hat schon Acidalius geheilt durch die Ergänzung *[cir]cumstant.* Ein drittes Aulul. 3, 5, 46 . . . *iam hosce absolutos censeas, Quom incedunt infectores corcotarii* hat Wagner, de Plauti Aul. p. 14 und 21 als ein den soeben angeführten Versen zugeschriebenes Glossem erkannt.

Bei Terenz finden sich 2 Beispiele dieses Idioms, eines mit dem Perfectum nach *Quom*, Eun. 4, 2, 5 *-longe iam abieram, Quom sensi* und eines mit dem historischen Präsens: Hecyr. 1, 2, 40 *hanc Bacchidem Amabat ut quom maxume tum Pamphilus, Quom pater uxorem ut ducat orare incipit.*

Wir haben nun weiter jetzt die Construction von *Quom* mit dem Indicativ des Imperfects und Plusquamperfects bei Plautus und Terenz kennen zu lernen. Diese Idiome sind für die Lösung der uns vorliegenden Hauptfrage, der Frage nach der Bedeutung von *Quom* mit dem Conjunctiv der Nebenzeiten, von der grössten Wichtigkeit, und es kommt viel darauf an die Eigenthümlichkeiten der Plautinischen und Terentianischen Sprache in diesem Punkte genau zu kennen und zu verstehen. Das Imperfect bezeichnet zweierlei, entweder drückt es ein zuständliches, dauerndes, noch nicht abgeschlossenes Sein in der Vergangenheit aus, welches in seiner Zeitgebung an ein anderes Ereigniss nicht ausdrücklich gebunden ist, sondern nur in allgemeiner Weise einen Hauptvorgang voraussetzt, oder aber es bezeichnet ein momentan verwirklichtes und dargestelltes Sein, welches jedoch insofern unabgeschlossen erscheint, als es ganz gleichzeitig mit einem anderen Ereigniss aufgefasst wird, dessen Eintritt jenen ersteren Vorgang noch nicht abgeschlossen vorfand. Diese doppelte Bedeutung des Imperfect ist auch in der Plautinisch-Terentianischen Sprache schon vorhanden, allein beide Dichter behandeln noch in dem Zeitsatz mit *Quom* diese Imperfecta mit Rücksicht auf die Modusform ganz anders als das spätere Latein der classischen Zeit. Wir wollen nun die beiden Arten des Imperfectum, dasjenige, welches ein zuständliches Sein, und dasjenige, welches ein momentanes gleichzeitiges Sein bezeichnet, in ihrem thatsächlichen Gebrauch bei Plautus betrachten und zwar so, dass wir eine jede Art nach dem im Hauptsatz angewendeten Tempus wieder in zwei Gebrauchsweisen unterscheiden: entweder nämlich ist das Tempus des Hauptsatzes ein Perfectum oder ein Imperfectum; die Wahl des einen oder anderen von Beiden ist natürlich von Einfluss auf den Zeitsatz. Es ergiebt sich hieraus eine Eintheilung der imperfectischen Temporalsätze in vier Gruppen; nämlich, wie das zuständliche Imperfect im Nachsatz das Perfect und das Imperfect haben kann, so können auch auf das momentane Imperfect der Gleichzeitigkeit dieselben Tempora im Nachsatz folgen.

As. Temporal, Indicativ, Imperfect der Zuständlichkeit: im Nachsatz das Perfectum. Trucul. 4, 2, 20 *quia enim plus dedi.* :: *plus etiam es intromissus, quom dabas.* Plautus 6.

Die Beispiele für das zuständliche Imperfect nach *Quom* mit darauf folgendem Perfect im Nachsatze sind folgende: Trin. 1092 *(aquam) Tibi petam?* :: *res quom animam agebat, tum esse offusam oportuit.* Trucul. 4, 2, 20 *quia enim plus dedi.* :: *plus etiam es intromissus, quom dabas.* Hier bezeichnet *dabas* eine Wiederholung; es ist das häufige Beschenken der Geliebten gemeint. In beiden Beispielen tritt der Begriff des Zuständlichen deutlich hervor, und in dem Zuständlichen wieder die Vorstellung eines als seiner Zeitlage nach bekannt vorausgesetzten Zeitraums. Epid. 3, 3, 50 (3, 4, 21 seit Acidalius) *egomet quod factitavi in adulescentia, Quom militabam: pugnis memorandis meis Eradicabam hominum auris.* Man fühlt sehr wohl, dass in Fällen wie diese auch das spätere Latein niemals den Conjunctiv nach *Quom* gesetzt haben würde, da die in der Aussage enthaltene Bestimmung eines Zeitraums nicht zeitlich abhängig dargestellt werden konnte. So sehen wir den Indicativ in Beispielen wie Tibull. 1, 10, 19 *tum melius tenuere fidem, quom paupere cultu Stabat in exigua ligneus aede deus.* und ibid. v. 7 *nec bella fuerunt, Faginus adstabat quom scyphus ante dapes.* Cic. p. Plancio 18, 45 *in eo genere fuimus ipsi, quom ambitionis nostrae tempora flagitabant.* In anderen Fällen ist nicht sowohl der Begriff des Zeitraums als ein hervorstechender im Zeitsatz ausgedrückt, sondern einfach die Vorstellung einer länger währenden Handlung, in deren Dauer die Handlung des Hauptsatzes hineinfällt. Amph. 427 *... legiones quom pugnabant maxume, Quid in tabernaclo fecisti?* Stich. 244 *... risi te hodie multum ... Hic, quom auctionem praedicabas pessumam.* Merc. 754 *haecine tuast amica, quam dudum mihi Te amare dixti, quom obsonabas?* Dergleichen Zeitsätze pflegt das spätere Latein durch den Conj. Imperfecti zu geben, denn die dauernde Handlung lässt sich allerdings der momentanen zeitlich unterordnen, da durch die feste Lage eines Zeitpunktes auch die Zeitlage einer ihm gleichzeitigen dauernden Handlung fixirt werden kann, während die Vorstellung des Zeitraums stets in absoluter Zeitlage bleiben muss. Daher finden wir im späteren Latein in solchen Sätzen, in denen nicht sowohl der Zeitraum, als der Inhalt dieses Zeitraums dargestellt und bestimmt werden soll, den Conjunctiv z. B. Nepos Miltiad. 1, 1 *Miltiades . . . quom . . . sua modestia unus omnium maxime floreret eaque esset aetate, ut . . ., accidit ut Athenienses . . colonos vellent mittere.* Nep. Cimon 3, 1 *quibus rebus quom unus in civitate maxime floreret, incidit in eam invidiam.* Liv. 6, 1, 6 *quom civitas in opere et labore adsiduo reficiendae urbis teneretur, interim Q. Fabio . . . dicta dies est.* Cic. de orat. 2, 13, 56 *(Thucydides) hos libros tum scripsisse dicitur, quom a republica remotus atque . . . in exilium pulsus esset.* Plautus hat, wie wir später bei der Betrachtung von *Quom* temporale mit dem Conjunctiv der Nebenzeiten sehen werden, in all jenen Fällen nur den Indicativ. Die Zahl der Beispiele von dem zuständlichen Imperfect nach *Quom* mit dem Perfect im Hauptsatz beträgt bei Plautus 6.

At. Temporal, Indicativ, Imperfect der Zuständlichkeit: im Nachsatz Imperfectum. Asin. 207 tum mi aedes quoque adridebant, quom ad te veniebam, tuae. Plautus 13.

Es schliessen sich nun weiterhin die Zeitsätze hier an, in welchen im Vordersatz wiederum das Imperfect Indicativi der Zuständlichkeit und Dauer mit *Quom* steht, während im Nachsatz das Imperfectum folgt. Hier gehen sich also zwei zuständliche Seinsdarstellungen parallel. Eine ist der anderen gleichzeitig, allein jede ist zeitlich selbständig; es lag noch nicht in der Auffassungsweise der älteren Sprache ein zuständliches Sein vom andern zeitlich abhängend zu denken. Plautus bietet hierfür eine Anzahl von Belegen. Bacch. 421 *eademne erat haec disciplina tibi, quom tu adulescens eras?* Amph. 189 *nam quom pugnabant maxume, ego tum fugiebam maxume.* Diese wiederholten Handlungen haben ganz die Bedeutung eines dauernden Seins. Ein solches ist: Asin. 207 *tum mi aedes quoque adridebant, quom ad te veniebam, tuae.* Rudens 1252· *sed quom inde suam quisque*

ibant divorsi domum, Nullus erat illo pacto ut illi iusserant.
Pseud. 1180 *noctu in vigiliam quando ibat miles, quom tu ibas
simul, Conveniebatne in vaginam tuam machaera militis?* Epid.
1, 2, 35 *desipiebam mentis, quom illas scriptas mittebam tibi.*
Pseud. 500 *non a me scibas pistrinum in mundo fore, Quom ea
mussitabas?* Asinar. 907 *modo quom dicta in me ingerebas, odium
non uxor eram.* In einem Falle, der hierher zu rechnen ist, ist
der Nachsatz in die Form der indirecten Rede gehüllt. Rud. 1250
*spectavi ego pridem comicos ad istum modum . . . . dicere atque is
plaudier, Quom illos sapientis mores monstrabant poplo.* Im
späteren Latein kommt auch in dieser Verbindung der Conjunctiv
Imperfecti nach *Quom* auf, obschon derselbe nicht regelrecht geworden ist, sondern in diesem Falle mehr die individuelle Auffassung des Schriftstellers maassgebend ist. Beispiele sind Cic.
nat. deor. 1, 21, 59 *Zenonem . . . quom Athenis essem, audiebam
frequenter.* Cic. Tusc. 2, 14, 34 *Spartae vero pueri . . . verberibus
accipiuntur . . ., non nunquam, ut, quom ibi essem, audiebam, ad
necem* und mit dem Plusquamperfect in Imperfects-Bedeutung im
Nachsatz Cic. fam. 8, 1, 2 *eos sermones expressit, qui tum fuerant,
quom nos Romae essemus.* Viel häufiger aber ist der Indicativ,
wie Cic. Acad. 1, 3, 11 *philosophiae praecepta renovabam, quom
licebat, legendo.* Cic. fam. 9, 16, 7 *quom rem habebas, quaesticulus
te faciebat attentiorem.* Die Beobachtung dieser Schwankungen
des Sprachgebrauches ist, wie sich weiterhin in unserer Untersuchung § 14 noch mehr zeigen wird, wichtig und verdient
durchaus noch genauere Ausführung. Wir können daher Gossrau
nicht Recht geben, wenn er in seinem sonst so wissenschaftlichen
und fleissigen Buche: Latein. Sprachlehre (Quedlinb. 1869) § 417, 6
S. 472 sagt: „Unwichtig ist hier auch das Zählen der Stellen
z. B. dass im ganzen Cäsar 702 mal Conjunctiv, 36 mal Indicativ stehe, dass im Nepos auf 300 Stellen mit Conjunctiv nur
5 mit Indicativ kommen, bei Vellejus auf 167 Conjunctive 2 Indicative, dagegen Sallust schon auf 40 Conjunctive 18 Indicative
habe". Zu denjenigen Beispielen, welche das Imperfect der
Zuständlichkeit nach *Quom* zeigen, gehören endlich auch noch
diejenigen Fälle, wo dieser Zeitsatz entweder ein Zeitsubstantiv
oder ein Zeitadverbium, wie *olim*, weiter ausführt, oder wo er
eine Zeitbestimmung für sich ohne Rücksicht auf ein anderes
Ereigniss giebt. Plautus hat nicht eben viele Fälle dieser Art.

Ein Zeitsubstantiv im Hauptsatz finden wir in der interessanten Stelle: Truc. 2, 4, 29 *verum tempestas quondam dum viri fuit, Quom inter nos sordebamus alter de altero.* Diese Fassung des Textes hat sich aus A ergeben. In BCD lauteten die Verse *verum tempestas memini quondam fuit, Quom inter nos sorderemus alteri.* Die älteren Herausgeber haben *memini [cum] quondam fuit* ergänzt und diess wird auch diejenige, gewiss alte, Variante gewesen sein, welche der LA der BCD zu Grunde liegt; *memini quom* . . . ist eine gut plautinische Phrase z. B. Captiv. 303. Merkwürdig ist in V. 30 die conjunctivische Fassung *quom sorderemus,* statt deren A den gewiss richtigeren Indicativ bietet. Beispiele mit Zeitadverbien im Hauptsatze sind: Asin. 204 *aliam nunc mihi orationem . . . praedicas [Longe aliam, inquam, praebes nunc atque olim, quom dabam], Aliam atque olim, quom inliciebas me ad te blande et benedice.* Der mittlere Vers ist mit Recht von Fleckeisen eingeklammert, da er nur eine matte Variation zu V. 206 ist mit dem bekannten *quom dabam* (vgl. Trucul. 4, 2, 20). Ferner Most. 221 *eundem animum . . . Atque olim, priusquam id exludi, quom illi subblandiebar.* Endlich ohne Ausdruck des Zeitbegriffs im Hauptsatz ist: Capt. 247 *ne me secus honore honestes, quam quom servibas mihi.* Die Zahl der bei Plautus in dieser Verbindung des zuständlichen Imperfects nach *Quom* mit dem Imperfect im Nachsatz sich vorfindenden Beispiele beträgt 13.

Au. Temporal, Indicativ, Imperfect der Gleichzeitigkeit: im Nachsatz das Perfectum. Most. 1117 loquere: quoiusmodi reliqui, quom hinc abibam, filium? Plautus 5.

Wir wenden uns nun zu dem Imperfect der Gleichzeitigkeit einer momentanen Handlung mit der Handlung des Hauptsatzes. Das Imperfect bezeichnet hier das Noch-nicht-abgeschlossen-sein der Handlung zur Zeit des Eintritts der anderen. Wir haben auch hier zunächst das Perfectum im Nachsatz zu betrachten. Most. 1117 *loquere: quoiusmodi reliqui, quom hinc abibam, filium?* Curc. 541 -*idem ego istuc, quom credebam, credidi, Te nihil esse redditurum.* Men. 1145 *nam illa quom te ad se vocabat, me[met] esse credidit. me[met]* Ritschl vgl. hiermit Men. 1136 *hunc censebat te esse credo, quom vocat te ad prandium.* Men. 632 *te . . . cum*

corona florea Vidi astare, quom negabas mihi esse sanum sinciput.
Hiernach ist gewiss mit Recht von Ritschl geschrieben: Men. 1052
eripui, homines quom ferebant te sublimen quattuor, wo statt
quom die Codd. *qui* haben. In den Zeitsätzen dieser Art ist das
spätere Latein dem Gebrauch des Conjunctiv Imperfecti zugeneigt,
da natürlich ein momentanes Ereigniss im abhängigen Satz sich
einem momentanen im Hauptsatz sehr leicht zeitlich unterordnet.
Plautus hat von diesem Idiom des momentanen Imperfects im
Vordersatz und Perfect im Nachsatz 5 Beispiele.

AV. Temporal, Indicativ, Imperfectum der Gleichzeitigkeit: im Nachsatz das Imperfectum oder Plusquamperfectum. Rud. 307 nam quom modo exibat foras,
ad portum se aibat ire. Plautus 4.

Es folgen weiter die Beispiele, in denen nach dem nämlichen Imperfect im Vordersatze das Imperfect im Hauptsatze
steht. Wenn dieses Imperfect gleichfalls eine momentane Handlung darstellt, so entsteht ein in seiner Art eigenthümliches syntaktisches Verhältniss. Nämlich, das Imperfect überhaupt wird
von einer momentanen Handlung nur in dem Sinne gebraucht,
dass diese Handlung sich an eine andre anlehnen und von dieser
seiner Seinsstufe nach näher bestimmt werden soll. Wenn nun
dieses zweite Sein ebenfalls nur als ein unselbständiges im Im
perfect ausgedrückt ist, so ergiebt es sich, dass zwei eigentlich
einzeln unselbständige Ereignisse sich gegenseitig aneinander
anlehnen und einander bestimmen. Die Existenz dieser Structur
beweist, dass in der älteren Sprache das Bewusstsein von der
Unselbständigkeit des Imperfectum bei weitem noch nicht so
ausgebildet war, wie in der späteren Zeit. Die Beispiele dieser
Construction bei Plautus sind in hohem Grade interessant und
wichtig. Ein sehr klares Beispiel ist:

Rud. 307 nam quom modo exibat foras, ad portum se aibat ire.
Besonders merkwürdig ist:

Aulul. 2, 2, 1 praesagibat mi animus frustra me ire, quom
exibam domo.

Dieser Vers nämlich wird von Cicero de div. 1, 31, 65 angeführt und alle Handschriften bei Cicero haben dort die Lesart
quom exirem domo, welche man also wohl berechtigt ist auf
Ciceros eignes Exemplar zurückzuführen, welcher den Vers aus

dem Gedächtniss citirte und nun die Form des Modus schrieb, welche seinem Sprachgefühl unbewusst als die correcteste sich darbot. Die Entscheidung dieses Gefühls leitete ihn also dahin, die Handlung des Nebensatzes nicht in zeitlicher Selbständigkeit zu denken, sondern von der Handlung des Hauptsatzes, die sich in diesem Fall ja auch als dauernde auffassen liess, abhängig zu machen. Ein eigenthümlicher Fall ist Mil. 181, wo im Nachsatz ein Imperfect der Dauer folgt *set Philocomasium hicine etiam nunc est? :: quom exibam, hic erat.* Endlich ist noch ein Beispiel zu erwähnen, in welchem das Plusquamperfect im Nachsatz steht Cist. 1, 3, 38 *meretricem illam invenire, quam olim tollere, Quom ipse exponebat, ex insidiis viderat.* Es finden sich bei Plautus von diesem Imperfect der momentanen gleichzeitigen Handlung nach *Quom* mit Imperfect oder Plusquamperfect im Nachsatz vier Beispiele.

Aw. Temporal, Indicativ, Imperfectum: bei Terenz nur das der Zuständlichkeit. Andr. 1, 1, 69 quom id mihi placebat, tum uno ore omnes omnia Bona dicere et laudare fortunas meas. Terenz 4.

Die Beispiele des Imperfect Indicativi nach *Quom* bei Terenz zeigen keineswegs eine ebenso grosse Mannichfaltigkeit ihrer Anwendung wie bei Plautus. Terenz hat nur Imperfecta mit der Bedeutung des Zuständlichen, zur Bezeichnung einer Sitte, Gewohnheit, oder eines länger gehegten Planes (Conats-Imperfecta) mit *Quom* verbunden; es fehlen bei ihm die Imperfecta der momentanen Handlung. Im Nachsatz sind sehr verschiedene Formen angewandt, die meistens eine engere Beziehung zwischen Nachsatz und Vordersatz ausschliessen. Die wenigen Beispiele sind folgende: Andr. 1, 1, 69 *quom id mihi placebat, tum uno ore omnes omnia Bona dicere et laudare fortunas meas.* Eun. 2, 3, 19 *scis te mihi saepe pollicitum esse . . . ., Quom in cellulam ad te patris penum omnem congerebam clanculum.* Nichts anderes als Ausführung eines Zeitadverbs ist Andr. 3, 3, 13 *alium esse censes nunc me atque olim quom dabam?* Hier bezeichnet *dabam* den Conatus, „ich war zu geben gesonnen". Ebenso ist an einen einzelnen Begriff angeschlossen der Zeitsatz Hecyr. 3, 4, 7 *dies triginta aut plus eo in navi fui, Quom interea semper mortem expectabam miser.* An einer Stelle endlich ist *Quom* nur durch Conjectur

von Fleckeisen hergestellt, doch mit voller Sicherheit, wie es
scheint. Eun. 5, 4, 4 *nam ut mittam quod ei amorem difficillumum,
Carissimum, ab meretrice avara virginem Quom amabat, eum confeci sine molestia* ... Hier haben die Handschriften *quam amabat eam*, was Grübe: de Partic. temporal. p. 10 vertheidigt,
Bentley in *quo amabat, eum* verwandelt. Da die handschriftliche
LA eine in doppelter Hinsicht gezwungene Ausdrucksweise giebt,
nämlich *virginem* als Apposition zu *amorem* und *confeci* in der
Verbindung mit *virginem*, so ist die Vermuthung Fleckeisens sehr
annehmbar, besonders da ja die obigen Beispiele diese Verbindung des Imperfect Indicat. mit *Quom* erhärten. Wenn wir trotz
dieser Wahrscheinlichkeit dieses Beispiel als ein nicht ganz allem
Zweifel entrücktes von unserer statistischen Zählung ausschliessen,
so bleiben für Terenz nur 4 Belege dieses Idioms übrig.

AX. Temporal, Indicativ, Plusquamperfect: Andr.
3, 2, 37 quid ais? quom intellexeras, Id consilium
capere, quor non dixti extemplo Pamphilo? Plautus 3;
Terenz 2.

Wir haben oben gesehen, wie Plautus einen noch unbe-
schränkten Gebrauch vom Indicativ Imperfecti nach *Quom* macht
und es in dieser Verbindung noch als fast absolutes Tempus an-
wendet. Die gleiche Freiheit der älteren Sprache zeigt sich
ihrem Princip nach auch noch beim Plusquamperfect, nur dass
dasselbe in seiner Anwendung seltener ist. Wir finden zunächst
das Plusquamperfect, welches einen gewohnheits- und sittenge-
mässen Vorgang ausdrückt, in einem Beispiel vertreten Bacch. 424
id quom optigerat, hoc etiam ad malum arcessebatur malum. Hier
ist *quom* von Bothe und Ritschl geschrieben worden statt des
handschriftlichen *quoi* (B) und *quo* (C). Von dem eine einzelne
bestimmte Handlung bezeichnenden Plusquamperfect giebt es
zwei Beispiele bei Plautus Cas. 2, 8, 28 *idem me pridem, quom
ei advorsum veneram, Facere atriensem voluerat sub ianua*, und
Aul. 2, 4, 33 wo *quom*, welches in den Handschriften fehlt,
durch eine sehr treffende Vermuthung von O. Seyffert, Philologus
Bd. 25, 442 ergänzt ist:

> quin [quom] ipsi pridem tonsor unguis demserat,
> conlegit, omnia abstulit praesegmina.

Die Zahl der Beispiele des Plusquamperfecti Indicativi nach *Quom* beträgt bei Plautus nur drei.

Bei Terenz ist der Sprachgebrauch derselbe. Er hat ein sehr charakteristisches Beispiel eines Plusquamperfects der einfach momentanen Handlung im Vordersatz, das einem aoristischen Perfectum im Nachsatz gegenübersteht Andr. 3, 2, 37 *quid ais? quom intellexeras, Id consilium capere, quor non dixti extemplo Pamphilo?* Dies ist die LA der Handschriften, statt deren Bentley *ubi intellexeras* wollte, gewiss mit Unrecht, da wir keine Ursache haben, dem Terenz dieses Idiom abzusprechen. Das spätere Latein würde allerdings in diesem Fall entweder *ubi* oder den Conjunctiv nach *Quom* verlangt haben. In einem zweiten Beispiel bei Terenz Andr. 5, 1, 20 ist das Verhältniss des Vordersatzes zum Hauptsatze ein etwas verschiedenes, denn das Plusquamperfect ist daselbst als ein Tempus der Zuständlichkeit zu fassen: *(vidi iurgantem ancillam) — vero voltu: quom ibi me adesse neuter tum praesenserat.* Terenz hat nur diese zwei Beispiele.

Wenn wir nun nach dieser Darlegung der einzelnen Idiome von *Quom* temporale mit dem Indicativ das Ergebniss im Ganzen ebenfalls in der Form einer Zahl ausdrücken wollen, so finden wir, dass die Gesammtzahl der Beispiele von *Quom* temporale mit dem Indicativ aller Tempora bei Plautus 229, bei Terenz 72 beträgt. Es vertheilen sich diese Gesammtsummen auf die einzelnen Tempora folgender Weise:

Bei Plautus nach Quom temporale.

I.

Präsens, allgemein **Aa**	. . . . . .	48	
„	Act des Wahrnehmens **Ab** . .	27	
„	einzelnes Factum **Ac** . . .	13	94
„	Zeitbegriff definirend **Ad** . .	6	
Futurum in directer Rede **Ae**	. . . .	25	
„	in indirecter Rede **Af** . . .	8	
Futurum Exactum **Ag**	. . . .	15	

Summa 142

II.

Perfectum,	allgemein **Ah**	10
„	einzelnes Factum im logischen Perfect **Ai** *(ordine omnia, ut quicque actumst, quom apud hostes sedimus)*	4
„	aoristisches Perfect, im Nachsatz eine Zuständlichkeit **Ak** *(etiamne in ara tunc sedebant mulieres, Quom ad me profectu's ire?)*	3
„	aoristisches Perfect, im Nachsatz eine momentane Handlung **Al** *(posticulum hoc recepit, quom aedes vendidit)*	16
„	Zeitbegriff definirend **Am** . . .	10
Historisches Präsens **Aq**		12
Quom im Nachsatz **Ar**		1

Summe 56

III.

Imperfectum	der Zuständlichkeit, im Nachsatz das Perfectum **As** *(plus etiam es intromissus, quom dabas)* . . .	6
„	der Zuständlichkeit, im Nachsatz das Imperfect **At** *(tum mi aedes quoque adridebant, quom ad te veniebam, tuae)*	13
„	der Gleichzeitigkeit, im Nachsatz das Perfect **Au** *(loquere: quoiusmodi reliqui, quom hinc abibam, filium!)*	5
„	der Gleichzeitigkeit, im Nachsatz das Imperfect **Av** *(nam quom modo exibat foras, ad portum se aibat ire)*	4
Plusquamperfectum **Ax**		3

Summe 31

Gesammtsumme von I, II, und III 229

Bei Terenz nach *Quom* temporale.

Präsens, allgemein **Aa**		7
„ Act des Wahrnehmens **Ab**		5
„ einzelnes Factum **Ac**		6
„ Zeitbegriff definirend **Ad**		2
Futurum in directer und indirecter Rede **Ae Af**		11
Futurum Exactum **Ag**		8
Perfect, allgemein **Ah**		1
„ aoristisches **Am Ao**		11
„ Zeitbegriff definirend **Ap**		5
Historisches Präsens **Aq**		8
Quom im Nachsatz **Ar**		2
Imperfectum **Aw**		4
Plusquamperfect **Ax**		2

Summe 72

§ 5.

Der Gebrauch des Conjunctivs nach temporalem Quom bei Plautus und Terenz (Ba—Bs).

Wir haben im Obigen gesehen, wie *Quom* mit den verschiedenen Temporibus des Indicativs in deren mannigfachen Bedeutungsformen sich zu einer Reihe eigenthümlicher Idiome verbindet. Nicht minder wichtig sind die Gebrauchsweisen mit dem Conjunctiv. Wir müssen die Structuren von *Quom* mit dem Conjunctiv ebenfalls wieder in ihrem ganzen Zusammenhang kennen lernen, um das Wesen desjenigen Idioms zu verstehen, welches den eigentlichen Gegenstand unserer Aufgabe bildet: der Verbindung von *Quom* mit dem Conjunctiv der Nebenpräterita.

Wenn schon in der Construction von *Quom* mit dem Indicativ dieser Präterita sich uns manche Abweichungen von der späteren Gebrauchsweise ergeben haben, so lässt sich leicht vermuthen, dass im Zusammenhang damit auch der Conjunctiv-Gebrauch noch nicht seine spätere Gestalt gewonnen haben werde. Ein solcher Einblick in ein früheres Entwickelungsstadium dieses Idioms wird uns dann vielleicht auch über sein innerstes Wesen und seine Bedeutung Aufschluss geben. Die grosse Verschieden-

heit modaler Grundbedeutungen, welche der Lateinische Conjunctiv in sich vereinigt, zeigt sich auch in der Syntax dieses
Modus nach dem temporalen *Quom*. Alles Nichtseiende und
Mögliche ist eben ein sehr vielgestaltiges. Im Gebiete nun des
Conjunctiv nach *Quom* temporale haben wir zunächst die Syntax
dieses Modus in den Nebenzeiten von derjenigen in Hauptzeiten
im Princip zu scheiden. Bei den Nebenzeiten ist der Conjunctiv
in der Natur des Satzes als Zeitsatz und in dessen auf dieser
Eigenschaft ruhenden Geltung für den Hauptsatz begründet. Bei
den Hauptzeiten dagegen hat der Conjunctiv mit dem Charakter
des Satzes als Zeitsatz unmittelbar keinen Zusammenhang, sondern er bezeichnet entweder eine dem Prädicat an sich zukommende Seinsmodalität z. B. in dem Vers des Ennius bei Prisc. X
p. 880 (Ann. 383 ed. Vahl.) *nunc est ille dies, quom gloria
maxima sese Nobis ostendat, si vivimus sive morimur*, wo *ostendat* ist „zeigen soll“, oder er hat seinen Grund in der indirecten
Form der ganzen Aussage, von welcher er ein Theil ist. Wir
haben nun hier zunächst den Conjunctiv der Hauptzeiten nach
Quom temporale zu betrachten. Dieser Conjunctiv ist entweder
ein freier Conjunctivus Potentialis oder ein der indirecten Rede
angehöriger.

Ba. Temporal, Conjunctiv, Präsens: freier Potentialis, allgemeines Ereigniss. Epid. 5, 2, 53 sed ut
acerbumst, pro benefactis quom mali messim metas.
Plautus 12.

Der potentiale Conjunctiv bezeichnet ein bevorstehendes
Mögliche; sein Bereich ist nicht das willkürlich fingirte Mögliche, sondern dasjenige Sein, welches aus allgemeinen oder
erfahrungsmässig bekannten Umständen seine Verwirklichung
finden kann. Dieser Conjunctiv bezeichnet also an und für sich
am Prädicat eine bestimmte Seinsbeschaffenheit und hängt von
der den Satz formell regierenden Conjunction nicht ab; er hat
auch in selbständigen Sätzen seine regelrechte Anwendung. Nach
temporalem *Quom* bezeichnet der Potentialis die Annahme eines
gewohnheits- und sittengemäss eintretenden Vorkommnisses,
welches gleichsam allezeit bevorsteht, weil seine Ursachen in
der Natur der Dinge liegen. Plautus hat diesen Conjunctiv nach
Quom nur in der zweiten Person Sing. des Verbi, während er

für dergleichen allgemeine Vorkommnisse für die 1. und 3. Person den Indicativ braucht, indem er sie nicht nur als möglich sondern als thatsächlich darstellt. Der Grund dieses Unterschiedes liegt wohl darin, dass die Handlungen der zweiten Person nicht einfach als Gegenstand der Beobachtung aufgefasst werden sollen, sondern theils als Kundgebungen ihres Charakters theils als ihre Erfahrungen. Es liegt in der Natur der Sache, dass der Conjunctiv des Präsens es ist, der diesen Aussagen eigenthümlich ist. Beispiele sind: Merc. 610 *odiosast oratio, quom rem agas, longinquom loqui.* Epid. 5, 2, 53 *sed ut acerbumst, pro benefactis quom mali messim metas.* Persa 356 *(infamia) etiam tum vivit, quom esse credas mortuam,* „wenn man glauben sollte“, wie diess auch Fabian: de Quum particula II. p. 13 richtig bemerkt. Bacch. 442 *quom patrem adeas postulatum, puero sic dicit pater . . .* In dem Vers Pseud. 142 *at faciem quom aspicias eorum, haut mali videntur: opera fallunt* haben die Codd. das Futurum *aspicies,* welches mit Recht schon Camerarius in den Conjunctiv verwandelt hat. Usener, Prooem. scholar. Gryphisw. 1868 hält den Vers für unecht, doch sind dafür keine zwingenden Gründe vorhanden, vgl. Andria 5, 2, 15.

Es folgt aus der Analogie der angeführten Beispiele, dass auch in denjenigen gleichartigen Fällen, wo der dem Zeitsatz übergeordnete Hauptsatz im Conjunctiv steht, der Conjunctiv nach *Quom* doch aus dem potentialen Charakter des Zeitsatzes selbst herzuleiten ist. Beispiele sind Trin. 1051 *quom repetas, inimicum amicum invenias benefacto tuo.* Casin. 3, 2, 32 *sed eccum incedit. at quom aspicias tristem, frugi censeas.* Pseud. 137 *quos quom ferias, tibi plus noceas. eo enim ingenio hi sunt flagritribae.*

Zählen wir die Stelle Pseud. 142 mit in der Summe der Beispiele dieses Idioms bei Plautus, so beläuft sich deren Zahl auf 12.

Bb. Temporal, Conjunctiv, Präsens: freier Potentialis, einzelnes Factum, einen Zeitbegriff definirend. Capt. 516 nunc illud est, quom me fuisse quam esse nimio mavelim. Plautus 2.

Die soeben genannten Beispiele bieten alle die Bezeichnung nicht einer bestimmten individualisirten Handlung dar, sondern eines öfter in unbestimmter Zeit wiederholten Vorganges. Es

findet nun aber dieser potentiale Conjunctiv auch Anwendung auf
das Bevorstehen einzelner bestimmter Ereignisse, und in diesem
Sinne sind auch die anderen Verbal-Personen im Zeitsatz bei
Plautus üblich. Freilich giebt es nur einige wenige Stellen hierfür; der Zeitsatz dient in denselben der genaueren Erklärung
und Ausführung eines Zeitbegriffs. Capt. 516 *nunc illud est, quom
me fuisse quam esse nimio mavelim.* Ferner eine vielbesprochene
Stelle Most. 157 *iam pridem ecastor frigida non lavi magis libenter,
Nec quom me melius, mea Scapha, rear esse defaecatam.* Es ist
einleuchtend, dass hier zu dem Satz mit *quom* aus *lavi* ein Verbalbegriff allgemeinen Inhalts ergänzt werden muss: *fuit*, wovon
quom abhängen kann. Ritschl wollte statt *quom* vielmehr *quod*
unter Berufung auf die Stelle Most. 691 *melius ... non fuit ...,
Néc quod una ésca me iúverit magis*, wo auf *fuit quod* folgt.
Allein *quom* ist durchaus zu halten. Eine sehr ähnliche Stelle
findet sich bei Terenz Haut. 3, 2, 48 *nunquam commodius unqum
erum audivi loqui, Nec quom male facere crederem mi inpunius
Licere.* Der Conjunctiv *rear* ist nicht Conjunctiv eines historischen
Präsens wie Lorenz will, sondern beruht auf einer Anakoluthie;
die Beziehung auf die Vergangenheit, die in *fuit quom ...* liegt,
hätte eigentlich auch im Verbo des Zeitsatzes festgehalten werden
und *defaecata essem* geschrieben werden müssen, statt dessen hat
der Schriftsteller eine Umschreibung hiervon mit *rear* gesetzt.
Plautus hat von diesem Idiom nur die angeführten 2 Beispiele,
aber wir können noch ein solches für die dritte Person aus Ennius
hinzufügen: Ann. 383 ed. Vahl. *nunc est ille dies, quom gloria
maxima sese Nobis ostendat, si vivimus sive morimur*, wo *ostendat*
ist: „zeigen soll.“

Bc. Temporal, Conjunctiv, Präsens: Potentialis,
allgemeines Ereigniss. Haut. 5, 3, 21 ipse egreditur,
quam severus: rem quom videas, censeas. Terenz 6.

Terenz besitzt die Construction des freien Potentialis nach
Quom ebenfalls, z. B. Eun. 4, 3, 17 *virgo ipsa lacrumat neque,
quom rogites, quid sit audet dicere.* Adelph. 4, 7, 21 *ita vitast
hominum, quasi quom ludas tesseris*, wo Bentley unnöthiger Weise
statt *quasi quom* änderte *quasi si.* Andr. 5, 2, 15 *quom faciem
videas, videtur esse quanti vis preti.* Die Zahl der Beispiele dieses
Idioms beträgt bei Terenz 6.

Bd. Temporal, Conjunctiv, Präsens: Potentialis, einzelnes Factum, Zeitbegriff definirend. Adelph. 3, 2, 1 nunc illud est, quom, si omnia omnes sua consilia conferant Atque huic malo salutem quaerant, auxili nil adferant. Terenz 2.

Es finden sich auch bei Terenz ein Paar Beispiele, in denen der Conjunctiv Potentialis nach *Quom* sich auf einzelne Ereignisse bezieht. Er steht aber alsdann ganz wie bei Plautus in der Weise, dass der Zeitsatz einen im Hauptsatz ausgedrückten Zeitbegriff näher bestimmt und erklärt. Beide Beispiele, welche unter diese Kategorie fallen, zeigen die dritte Person Pluralis. Adelph. 3, 2, 1 *nunc illud est, quom, si omnia omnes sua consilia conferant Atque huic malo salutem quaerant, auxili nil adferant.* Die Codd. haben hier *quod si,* was Bentley aufgenommen hat, doch ist schon von Guyetus mit Recht *quom si* geschrieben worden, was Fleckeisen billigt. Ein zweites Beispiel bei Terenz ist Andr. 1, 1, 132 *simul sceleratus Davos si quid consili Habet, ut consumat nunc, quom nil obsint mali.* Der Conjunctiv ist nicht erst durch den Einfluss der superordinirten Structur mit *ut* entstanden sondern steht als freier Ausdruck des Gedankens; *nil obsint* ist: „sie können doch wohl nicht schaden". Es war kein hinreichender Grund für Gröhe: de Particul. temporal. p. 12 vorhanden, an der Berechtigung dieser Structur zu zweifeln. Terenz hat nur diese beiden Beispiele dieses Idioms.

Wir wenden uns jetzt den Beispielen zu, in denen der Conjunctiv der Hauptzeiten nach *Quom* durch den Einfluss des regierenden Satzes veranlasst ist, welcher in der Form einer subjectiven Aussage auftritt. Den Zeitsätzen theilt sich dieser Charakter des regierenden Satzes sehr leicht mit. Die Form der Subjectivität, welche am regierenden Satz zur Erscheinung kommt, kann eine sehr mannigfaltige sein, doch lassen sich die verschiedenen Arten wesentlich auf drei Grundformen der subjectiv gefassten Aussage zurückführen, nämlich entweder ist der übergeordnete Satz ein selbständiger Satz im Conjunctivus deliberativus oder adhortativus, oder er ist von einer Conjunction, die den Conjunctiv fordert, abhängig, wie von *ut, ne, quin,* oder er stellt eine indirecte Rede dar. In allen drei Fällen wird der subordinirte Zeitsatz ebenfalls den Conjunctiv haben müssen.

Be. Temporal, Conjunctiv, Präsens: Conjunctiv nach einem Potentialis. Plautus 2.

Von dem ersten Fall sind nur zwei Beispiele bei Plautus vorhanden: Bacch. 1191 *egon, quom haec cum illo accubet inspectem?* Hier ist der Conjunctiv nach *Quom* durch den Einfluss des Conjunctiv im superordinirten Satze hervorgerufen; er würde durch ein indicativisches *inspecto* oder *inspectabo, quom* ... nicht veranlasst worden sein, wie man aus dem Fall Mil. 506 sieht: .. *inspectavisti meum apud me hospitem, Amplexam 'amicam quom osculabatur suam.* Das andere Beispiel ist Casin. 1, 1, 45 *unde auscultare possis, quom ego illanc deosculer.* Bei Terenz findet sich kein Beispiel einer solchen Structur.

Bf. Temporal, Conjunctiv, Präsens: innerhalb einer Structur mit Ut. Amph. 983 atque ut ministres mihi, quom sacruficem mihi. Plautus 16.

In sehr viel ausgedehnterem Gebrauche findet sich bei Plautus der zweite Fall, in welchem der Conjunctiv nach temporalem *Quom* durch den Einfluss eines übergeordneten von einer Conjunction abhängigen Satzes hervorgerufen· ist. Es sind zunächst hier die Sätze mit *ut* zu erwähnen, z. B. Asin. 185 .. *etiam catulo meo Subblanditur novos amator, se ut quom videat, gaudeat.* Bacch. 140 .. *neque sit consentaneum, Quom hic intus sit et una cum amica accubet, Quomque osculetur et convivae alii accubent, Praesente ibus una paedagogus ut siet.* Most. 249 *ornata ut sim, quom huc [ad]veniat Philolaches, voluptas mea.* Der Conjunctiv steht hier an der Stelle eines Futurum. Es ist überhaupt merkwürdig, wie sehr der Zeitsatz nach *Quom* geneigt ist, den Charakter der subjectiven Rede an sich aufzunehmen, auch dann, wenn sein Inhalt ein rein objectiver ist. Aul. 2, 3, 6 *curata fac sint, quom a foro redeam domum.* Plautus hat von diesem Idiom 16 Beispiele.

Bg. Temporal, Conjunctiv, Präsens: innerhalb eines Satzes mit Ne. Pseud. 1114 metuo quom hic non adest, ne metuam quom adsiet. Plautus 5.

Nach *ne* findet dieselbe Assimilation des Modus des Zeitsatzes an denjenigen des Hauptsatzes statt; Asin. 776 *quom surgat, neque [illa] in lectum inscendat proximum, Neque quom descendat inde, det quoiquam manum.* Asin. 780 *quom iaciat, 'te' ne dicat, nomen nominet.* Plautus bietet 5 Beispiele dieser Structur.

Bh. Temporal, Conjunctiv, Präsens: innerhalb einer Structur mit Quin. Plautus 1.

Für den von einem Satz mit *Quin* abhängenden Zeitsatz im Conjunctiv kann bei Plautus nur auf ein nicht einmal sicheres Beispiel verwiesen werden. Aulul. 4, 10, 60 *qui homo culpam admisit in se, nullust tam parvi preti, Quom pudeat, quin purget sese.* Hier ist *quom* Vermuthung von Bothe und allerdings eine wahrscheinliche, statt des *quin* in B, und *qua* in J. Wagner billigt *quom*.

Bi. Temporal, Conjunctiv, Präsens: innerhalb von Structuren mit Ut und Ne. Andr. 2, 3, 20 patri dic velle: ut, quom velit, tibi iure irasci non queat. Terenz 6.

Auch bei Terenz sind diese Conjunctivi nach *Quom* innerhalb einer abhängigen Structur vertreten; z. B. nach dem finalen oder consecutiven *ut:* Haut. 4, 3, 33 *vera dicendo ut eos ambos fallam: ut, quom narret senex Voster nostro esse istam amicam gnati, non credat tamen.* Andr. 2, 3, 20 *patri dic velle, ut, quom velit, tibi iure irasci non queat.* Nach *ne* Phorm. 5, 5, 11 *ne, quom hic non videant, me conficere credant argentum suum* und *ut ne* Adelphoe 3, 2, 56 *arcesse ut, quom opus sit, ne in mora nobis siet.* Für diese Structur nach *ut* und nach *ne* bietet Terenz *sechs* Beispiele. Für den Fall, dass der superordinirte Satz mit *Quin* eingeführt ist, kann bei Terenz nur auf eine Stelle verwiesen werden, wo *quom* durch eine unberechtigte Aenderung von Fleckeisen in den Text gesetzt worden ist. Haut. 4, 6, 1 ist in den Codd. überliefert *nullast tam facilis res quin difficilis siet, Quam invitus facias.* Fleckeisen hat hier offenbar daran Anstoss genommen, dass der Relativsatz durch einen anderen Nebensatz von seinem zugehörigen Nomen getrennt ist, er schreibt also *quom inv. facias.* Allein jene Nachstellung des Relativsatzes ist hier wohl berechtigt; es wird durch sie der Nachdruck auf dieses Glied gelenkt. Dass ein solches rhetorisch-stilistisches Motiv dem Plautus nicht fremd ist, beweist der völlig analoge Fall Menaech. 396, wo die Codd. haben: *dic, quid est id, quod*

negem, quod fecerim? Auch hier hatte Ritschl *quom fecerim* geschrieben, mit Recht aber hat Brix unter Berufung auf die Stelle
aus Haut. die Lesart der Handschr. wieder hergestellt.

Bk. Temporal, Conjunctiv, Präsens: innerhalb
der indirecten Rede. Bacch. 58 set ego aput me te
esse ob eam rem, miles quom veniat, volo ... Plautus 5; Terenz 2.

Wir kommen nun zu denjenigen Conjunctiven nach *Quom*
temporale, die durch den Einfluss einer Hauptaussage in der
Oratio obliqua veranlasst sind z. B. Merc. 344 *neque is quom
roget, quid loquar cogitatumst,* ferner Menaech. 453 *non ad eam
rem [hercle] otiosos homines decuit deligi, Qui nisi adsint quom
citentur, census capiant ilico?* Hierher gehört auch eine etwas
dunkle Stelle Capt. 961 . . *set neque vere [tu] neque recte adhuc
Fecisti unquam. : : quod ego fatear, credin pudeat, quom autumes?*
Die Parataxe *credin pudeat* ist durch mancherlei Beispiele zu
bestätigen Mercat. 177 Andr. 578. Es scheint übrigens hier zu
schreiben *quid ego fatear? credin pudeat* . . . In einer anderen
hierher gehörigen Stelle ist *Quom* durch eine wohl richtige Conjectur von Geppert gegen die Ueberlieferung: *cui* (B) hergestellt,
Casin. 3, 3, 1 *stultitia magnast, mea quidem sententia, Hominem
amatorem ullum ad forum procedere In eum diem, quom quod
amet in mundo siet.* Lassen wir gleichwohl diese Stelle als eine
nicht ganz sichere bei Seite, so haben wir bei Plautus fünf Beispiele dieses Idioms.

Auch bei Terenz sind ein Paar Beispiele, wie Phorm. 5, 4, 2
*quam scitumst, eiusmodi parare in animo cupiditates, Quas, quom
res advorsae sient, paullo mederi possis.* Andr. 2, 1, 30 *ego Charine ne utiquam officium liberi esse hominis puto, Quom is nil
mereat, postulare id gratiae adponi sibi.* Der Vers Adelph. 1, 1, 9
et tibi bene esse soli, sibi quom sit male fehlt im Bemb. und wird
wohl desshalb mit Recht von Fleckeisen in Klammern gesetzt.
Ihn abgerechnet sind nur 2 Beispiele dieses Idioms bei Terenz.

Bl. Temporal, Conjunctiv, Perfect: innerhalb
einer bereits conjunctivischen Aussage. Haut. 4, 8, 13
et illam aiunt velle uxorem, ut, quom desponderim,

Des qui aurum et vestem atque alia quae opus sunt
comparet. Plautus 10; Terenz 5.

Auch der Conjunctiv des Perfects steht nach *Quom* temporale unter wesentlich gleichen Bedingungen, wie der des Präsens,
nämlich indem der Zeitsatz entweder von einem Satz im freien
Conjunctiv oder von einem Satz mit *ut* und *ne*, oder von einer
indirecten Rede abhängig ist. Beispiele des ersten Falles sind
Rud. 979 *quippe quom extemplo in macellum pisces prolati sient,
Nemo emat.* Trucul. 2, 1, 23 *nugae sunt, nisi modo quom dederit,
dare iam lubeat denuo.* Eine Stelle, welche zu diesem Idiom gehört, ist nicht ganz sicher Rud. 1248 *ego nisi quom lusim nil
morer ullum lucrum.* Die Codd. haben *mihi quom lusi*, woraus
Bothe *nisi quom lusi* gemacht hat; dieser aoristische Gebrauch
des Perfectum Indicativi ist aber nicht sehr häufig bei Plautus und
es werden sich schwerlich unter den darunter fallenden und so
zu erklärenden Beispielen ganz analoge Fälle finden. Es ist daher sehr ansprechend *lusim* von Fleckeisen geschrieben. Statt
moror in BC hat derselbe *morer* vermuthet, einen dubitativen
Conjunctiv, der durch hinreichende Analogien geschützt ist. Dieselbe Verwechselung von *moror* und *morer* findet sich Poenul. 4,
2, 102 in den Handschriften. Der superordinirte Satz kann ein
Relativsatz im Conjunctiv sein Trin. 621 *(amicum) Quoi tuam
quom rem credideris, sine omni cura dormias.* Beispiele für diese
Structur innerhalb von Sätzen mit *ut* und *ne* sind Cas. 1, 1, 42
*post id quom lassus fueris et famelicus, Noctu ut condigne te
cubes curabitur* und Capt. 434 *ne tu me ignores, quom extemplo
meo e conspectu apscesseris [Quom me servom in servitute pro te
. hic reliqueris].* Den letzteren Vers haben Fleckeisen und Brix
mit Recht in Klammern gesetzt. Ein Beispiel für den Conjunctiv
im Zeitsatz innerhalb der indirecten Rede ist Mil. 1150 *non tu
scis, quom ex alto puteo sursum ad summum escenderis, Maxumum
periclum inde esse, ab summo ne rursum cadas?* Gewiss mit
Recht ist *Quom* auch Trin. 722 von Ritschl hergestellt *atque aliquem ad regem in saginam [quo]m crus se coniecit meus, Credo
ad summos bellatores acrem fugitorem fore.* Plautus hat von
diesem Idiom des Conjunctivs Perfecti 10 Fälle.

Bei Terenz tritt uns zunächst das Beispiel eines freien Conjunctivs Perfecti nach *Quom* entgegen, und zwar eines Delibera-

tivus, welcher einen Zeitbegriff näher bestimmt Haut. 5, 4, 1 *si unquam ullum fuit tempus, mater, quom ego voluptati tibi Fuerim — obsecro* ... In den übrigen Beispielen ist der Conjunctiv durch den Einfluss einer abhängigen subjectiven Rede hervorgerufen z. B. Haut. 4, 8, 13 *et illam aiunt velle uxorem, ut, quom desponderim, Des qui aurum ac restem atque alia quae opus sunt comparet.* Eun. 5, 4, 11 *mature ut quom cognoril perpetuo oderit.* Terenz hat 5 Beispiele dieser Art.

Wir geben nun wieder eine tabellarische Uebersicht der Beispiele des Conjunctiv der Haupttempora nach *Quom* nach den einzelnen Idiomen in Gruppen geordnet:

Bei Plautus nach Quom temporale:

Conjunctiv Präsentis als Potentialis, allgemeiner Vorgang **B a**	12
„ Präsentis als Potentialis, Zeitbegriff definirend **B b**	2
„ Präsentis nach einem Potentialis **B c**	2
„ Präsentis innerhalb eines Satzes mit *Ut,* **B f**	16
„ Präsentis innerhalb eines Satzes mit *Ne,* **B g**	5
„ Präsentis innerhalb eines Satzes mit *Quin,* **B h**	1
„ Präsentis innerhalb einer indirecten Rede **B k**	5
Conjunctiv Perfecti innerhalb bereits conjunctivischer Structuren **B l**	10
	Summe 53

Bei Terenz nach Quom temporale:

Conjunctiv Präsentis als Potentialis, allgemeiner Vorgang **B c**	6
„ Präsentis als Potentialis, einen Zeitbegriff definirend **B d**	2
„ Präsentis innerhalb einer Structur mit *Ut* und *Ne,* **B l**	6
„ Präsentis innerhalb einer indirecten Rede **B k**	2
Conjunctiv Perfecti innerhalb bereits conjunctivischer Structur **B l**	5
	Summe 21

Wir kommen nun zu dem wichtigsten Theil dieser statistischen Uebersicht, nämlich zu dem Conjunctiv der Nebenzeiten nach *Quom*. Wir haben schon oben bemerkt, dass der Plantinische Sprachgebrauch den Indicativ der Nebentempora noch vielfach da gebraucht, wo nach späterem Sprachgebrauch der Conjunctiv erforderlich gewesen sein würde. Es lässt sich erwarten, dass der Gebrauch des Conjunctivs dieser Zeiten sich als ein beschränkterer erweisen werde. Ja es entsteht die Frage, ob Plautus und Terenz diesen Gebrauch überhaupt gekannt haben, und in welcher Zeit derselbe zur Regel geworden sein kann. Der Conjunctiv, welcher in der directen Rede nach *Quom* in den Nebenzeiten erscheint, ist seiner Bedeutung nach ein schlechthin anderer als der der Hauptzeiten in dieser Verbindung, es gelingt auch ebensowenig, ihn aus dem causalen Conjunctiv nach *Quom* herzuleiten, wie sich weiterhin zeigen wird. Wir werden nun zunächst zu ermitteln haben, in welchem Umfang das in Rede stehende Idiom sich bei Plautus und Terenz in sicheren und zuverlässigen Beispielen vorfindet. Zu diesem Zweck müssen wir wieder den ganzen Gebrauch dieses Conjunctivs in Betracht ziehen, auch den in der indirecten Rede, damit wir auch wirklich nur diejenigen Beispiele übrig behalten, in denen das Idiom rein und unbeeinflusst durch andere Beziehungen vorliegt.

Bm. Temporal, Conjunctiv, Imperfect: innerhalb einer bereits conjunctivisch gefassten Aussage. Amph. 127 atque ut ne qui essem familiares quaererent, Vorsari hic crebro quom viderent me domi. Plautus 5.

Der Conjunctiv des Imperfecti nach *Quom* in der indirecten oder schon an sich conjunctivisch gefassten Rede ist Nichts seltenes; nur ist eben selbstverständlich, dass er in solchem Falle nicht durch die eigenthümliche Beziehung des Satzes als Zeitsatzes zum Hauptsatze hervorgerufen, also auch nicht in der Bedeutung der Conjunction für den Satz begründet ist, sondern dass er seine Anwendung der Assimilation des Nebensatzes an den Hauptsatz verdankt. So finden wir ihn als Bestandtheil einer Oratio obliqua Merc. 70 *ibi multo primum sese familiarium Laboravisse, quom haec pater sibi diceret* und Bacch. 955 *(tria fuisse audivi fata) ... tertium, quom portae Phrygiae limen supe-*

rum scinderetur, ferner innerhalb der Rection eines Satzes mit *ut ne* Amph. 127 *atque ut ne qui essem familiares quaererent, Vorsari hic crebro quom viderent me domi*, oder eines Conjunctivs, welcher die unbestimmte Frequenz in der Vergangenheit bezeichnet Bacch. 433 *[ibi] librum quom legeres, si unam peccavisses syllabam, Fieret corium tam maculosum, quamst nutricis pallium.* Ein eigenthümlicher Fall ist die Assimilation an den Conditionalis im Hauptsatz Poen. 3, 3, 68 *videre equidem vos vellem, quom huic aurum darem*, ein Idiom das auch in der Ciceronianischen Latinität nicht selten ist. In zwei anderen Beispielen hat *Quom* adversative Bedeutung, allein auch diese ist daselbst nicht die Ursache des Conjunctivs, sondern der Einfluss des Ganzen der Aussage: Rud. 1124 *vidi petere miluom, etiam quom nil auferret tamen* und Bacch. 283 *adeon me fuisse fungum, ut illi crederem: Quom mi ipsum nomen eius Archidemidis Clamaret, dempturum esse, si quid crederem.* Plautus hat fünf Beispiele dieses durch den Gesammtcharakter der Aussage hervorgerufenen Conjunctiv Imperfecti nach temporalem *Quom.*

Bn. Temporal, Conjunctiv, Imperfect, bei Terenz: theils als freier Conjunctiv, wie Eun. 2, 3, 42 nisi nunc, quom minime vellem minimeque opus fuit, theils assimilirt an die indirecte Hauptaussage: Hecyr. 4, 4, 30 hunc videre saepe optabamus diem, Quom ex te esset aliquis . . . Terenz 4.

Wir wollen nun ganz ebenso wie bei Plautus auch bei Terenz zuerst diejenigen Beispiele des Conjunctivs der Nebentempora nach *Quom* kennen lernen, in denen dieser Modus nicht aus dem Charakter des Zeitsatzes als solchen und aus der specifischen Bedeutung der Zeitconjunction *Quom*, sondern entweder aus der assimilirenden Kraft der ganzen Aussage stammt oder dem Prädicat an und für sich zur Bezeichnung der Bedingtheit seines Seins als freier Conjunctiv zukommt. Terenz hat namentlich von diesen freien d. h. weder durch den Gesammtcharakter der Aussage, noch durch die Rection der Conjunction hervorgerufenen Conjunctiv mehrere Beispiele: Eun. 2, 3, 42 *nisi nunc quom minime vellem minimeque opus fuit.* Hier ist der Conjunctiv Imperfecti Conditionalis der Gegenwart, wie in dem charakteristischen Beispiel Mostell. 742 *vellem ut tu velles.* Ferner

Haut. 3, 2, 48 *nunquam commodius unquam erum audivi loqui,
Nec quom malefacere crederem mi impunius Licere.* Jedenfalls
hat Muret richtig *malefacere* statt *malefacerem* geschrieben, was
die Codd. haben. Es ist aus dem Perfect *audivi* zu ergänzen:
fuit, also: *nec fuit, quom* . . . Aehnlich wie Most. 158. *Crederem*
ist der Potentialis der Vergangenheit „ich durfte glauben". Aus
der Rection durch ein Verbum dicendi ist zu erklären Hec. 4, 4, 30
. . . *hunc videre saepe optabamus diem, Quom ex te esset aliquis,
qui te appellaret patrem.* In einem andern Beispiel ist der Conjunctiv, obschon er innerhalb einer indirecten Rede steht, doch
nicht sowohl aus dem Einfluss dieser herzuleiten, als vielmehr
aufzufassen als freier Conjunctiv, welcher Etwas nicht Thatsächliches, sondern rein Vorgestelltes, Fingirtes darstellt. Phorm. 3, 2, 17
*neque Antipho alia quom occupatus esset sollicitudine, Tum hoc
esse mi obiectum malum,* „nicht zu solcher Zeit, wo Antiphon
durch irgend eine andere Sorge in Anspruch genommen gewesen
wäre," nämlich durch eine andere, als eben auch durch Liebes-
sorgen. Hier ist keinenfalls der Conjunctiv durch den Charakter
des Satzes als Zeitsatz veranlasst, sondern steht von Etwas nicht
Thatsächlichem, vielmehr rein Angenommenem. Es ist ausserdem
hier noch ein Fall zu erwähnen, in welchem *Quom* adversative
Bedeutung hat, wo aber der Conjunctiv durch den Gesammtcharakter der indirecten Rede hervorgerufen sein kann, da ja
auch der Conjunctiv nach adversativem und causalem *Quom* bei
Plautus und Terenz äusserst selten und fraglich ist. Phorm. 5, 1, 6
*quod ut facerem egestas me inpulit, quom scirem infirmas nuptias
Hasce esse, ut id consulerem, interea vita ut in tuto foret.* Terenz
hat 4 Beispiele dieses Conjunctiv Imperfecti nach rein temporalem *Quom*, in denen sämmtlich der Conjunctiv durch Bedingungen, die ausserhalb des Zeitsatz-Charakters liegen, veranlasst ist.

Nachdem wir diese Fälle ausgeschieden haben, welche mit
dem Idiom des Conjunctiv der Nebenpräterita nach *Quom* seiner
eigentlichen Bedeutung nach nicht zusammenhängen, gehen wir
nun zu den Beispielen über, in denen in directer Rede ein Zeitsatz mit thatsächlichem und objectivem Inhalt im Conjunctivus Imperfecti und Plusquamperfecti nach *Quom* steht. Während der
potentiale und dubitative Conjunctiv ganz unzweifelhaft eine
subjective Seinsbeschaffenheit des Prädicats ausdrücken z. B.

Capt. 516 *nunc illud est, quom me fuisse quam esse nimio mavelim* od. Ad. 4, 7, 21 *ita vitast hominum, quasi quom ludas tesseris,*
der Conditionalis und die indirecte Rede ebenfalls das subjective
Gepräge auch in dem Zeitsatz nach temporalem *Quom* keinen
Augenblick verleugnen (Poen. 3, 3, 68 *videre equidem vos vellem,
quom huic aurum darem* und Amphitr. 983 *atque ut ministres
mihi, quom sacruficem mihi*), so ist die Ursache und das Wesen
des Conjunctivus der Nebenpräterita in der directen erzählenden
Rede nach *Quom* nicht so einfach und auf den ersten Blick klar
und verständlich.

B0. Temporal, Conjunctiv, Imperfect, in directer
Rede. Nur durch Corruptel in 3 Beispielen bei Plautus: Trucul. 2, 4, 29. Mercat. 980. Trucul. 1, 2, 61.

Fragen wir nun nach den Beispielen des Idioms im Plautinischen Sprachgebrauche, so bieten sich zwar zunächst in den üblichen
Texten ein Paar Fälle dar, doch ist bei genauerer Betrachtung
bei jedem Einzelnen derselben gewichtiger Grund vorhanden, an
der Richtigkeit der Ueberlieferung zu zweifeln und eine Interpolation, welche das anders construirende Sprachidiom einer spätte-
ren Zeit in Plautus einschwärzte, anzuerkennen. Das deutlichste
Beispiel einer durch Verderbniss in die conjunctivische Fassung
gebrachten Stelle haben wir:

Trucul. 2, 4, 29 verum tempestas quondam dum vixi fuit,
      quom inter nos sordebamus alter de altero.

Hier ist der Indicativ einzig und allein durch das Verdienst
des A wiederhergestellt, während BCD *quom — sorderemus* haben,
eine LA, an deren Richtigkeit Niemand hätte zweifeln wollen,
wenn nicht ein urkundliches Zeugniss dagegen entschieden hätte.
Wie glaublich muss es erscheinen, dass auch an anderen Stellen
eine solche Verderbniss die richtige LA verdrängte, besonders
da die Veranlassung, den Conjunctiv zu setzen durch die eigene
Gewohnheit den Abschreibern so nahe gelegt war. Es sind auch
ausserdem nun noch zwei Beispiele, an denen der Conjunctiv
Imperfecti nach temporalem *Quom* überliefert ist. Die eine die
ser beiden Stellen ist Merc. 980. Dort haben die Codd.:

    quem quidem hercle ego in exilium quom iret redduxi domum.
    nam ibat exulatum.

Hier ist *in exilium* abgesehen von dem metrischen Fehler auch dem Sinn nach verwerflich, denn in dem gleich nachfolgenden *exulatum* ist derselbe Ausdruck enthalten und eine solche Wiederholung darf nicht dem Dichter zugeschrieben werden, wohl aber hat sie das Ansehen eines an den Rand geschriebenen und in den Text eingedrungenen Glossems. Ritschl streicht daher diese Worte und ergänzt den Vers beispielsweise *quem quidem hercle ego [hodie, peregre] quom iret redduxi domum* oder auch *[peregre e patria].* Indessen scheint hiermit die Heilung noch nicht vollständig erreicht, denn *quom iret* ist doch jedenfalls ebenso lästig neben dem gleich nachfolgenden *nam ibat,* wie *in exilium* neben *exulatum;* es ist durchaus geboten, ein anderes Wort in V. 980 zu setzen, als dasjenige ist, welches die nachfolgende Erklärung mit *nam* bringt. Es kann ja zwar der vorliegende Gedanke auf sehr mannigfaltige Weise von Plautus ausgedrückt gewesen sein, allein passender wird kaum irgend ein Wort hier sein, als dasjenige, welches Plautus in der Schilderung einer ähnlichen Situation selbst an der gleichen Stelle des Verses (was auch zu beachten ist), braucht, nämlich *profugus* Trin. 701 *(id agis ut)* ... *Ecfugias ex urbe inanis, profugus patriam deseras.* Plautus liebt es ja, für ähnliche Dinge auch die nämlichen Ausdrücke zu brauchen. Indem wir Ritschls Supplement *hodie e patria* benutzen und *quom iret* ebenfalls streichen, schreiben wir *quem quidem hercle ego [hodie e patria profugum] redduxi domum. Profugum* passt auch besser zu der Hyperbel *redduxi,* in welcher ja schon die Auffassung des Entflohen-seins sich ausspricht.

Die andere Stelle, in welcher der Conjunctiv Imperfecti nach *Quom* in directer Rede überliefert ist, ist

> Trucul. 1, 2, 60 O Astaphium, haut istoc modo solita's me
> ante appellare,
>
> sed blande, quom illuc quod aput vos nunc est aput me
> haberem.

Hier hätten wir das Beispiel eines Imperfects der Zuständlichkeit im Conjunctiv bezogen auf ein Perfect im Hauptsatz, eine Construction, welche dem späteren Latein ebenso geläufig ist, wie sie eben dem Plautus mit Ausnahme dieses einzigen Beispiels völlig fremd ist. Wir haben oben 10 Beispiele des zuständlichen Imperfects im Indicativ nach *Quom* kennen gelernt, deren 6

das Perfect im Nachsatz hatten (As), während die anderen 13
(At) theils das Imperfect im Nachsatz hatten, theils einem Zeit-
adverb oder Zeitsubstantiv als nähere Bestimmung dienten.
Diese alle bilden also dem vorliegenden Fall gegenüber ein wohl
zu beachtendes Gegengewicht. Von jenen Stellen ist hier besonders eine geeignet, als Parallele angeführt zu werden, da ihr
Inhalt ein dem vorliegenden Gedanken sehr ähnlicher ist; sie ist
aus demselben Stück entnommen: Truc. 4, 2, 20 *quia enim plus
dedi. :: plus etiam es intromissus, quom dabas.* Diess Beispiel
weist auf den Indicativ auch an unserer Stelle. Zu diesem
Mangel jeder Analogie für den Conjunctiv in dieser Verbindung
bei Plautus kommt nun auch noch ein sehr gewichtiger äusserer
Verdachtsgrund gegen die Richtigkeit der Ueberlieferung gerade
am Ende des Verses. Wir haben nämlich Grund anzunehmen,
dass zwischen V. 61 und 62 ein Vers ausgefallen ist, den unsere
Codd. nicht mehr haben, den aber Priscian III p. 609 aus unserem
Stück anführt: *bona perdidi, mala repperi: factus sum extremus
vobis.* Diese Worte können kaum an irgend einer andern Stelle
des Stücks so passend als hinter dem fraglichen Vers einge-
schaltet werden. Es ist nun aber sehr denkbar, dass durch dieselbe Unachtsamkeit, durch die ein Vers an dieser Stelle verloren
ging, auch die Endung, womit der vorhergehende schloss, verderbt wurde, und wir werden uns also berechtigt glauben dürfen,
statt *quom - haberem* hier *quom - habebam* zu schreiben. Wenn
Zahlen irgendwo beweisen, so thun sie es hier. Zu den oben
erwähnten 19 Stellen des zuständlichen Imperfectums nach *Quom*
kommen noch 9 des einfach erzählenden (vgl. Au und Av), welche
doch auch noch zu der hier in Betracht kommenden Analogie
gehören. Wir dürfen also auch hier den Indicativ angewendet
glauben. Ein anderer weniger schwer wiegender Anstoss ist noch
in der Mitte des Verses gegeben, wo der Spondeus *a-put vos*
unmittelbar vor der Cäsur des Verses störend ist. Es ist wahrscheinlich hier umzustellen *nunc quod est apud vos,* wie Geppert
will. Plautus also kennt hiernach den Gebrauch des
temporalen Quom mit dem Conjunctiv des Imperfect
in directer Rede noch nicht.

Bp. Temporal, Conjunctiv, Imperfect, in directer Rede bei Terenz nur in einem, wahrscheinlich zu ändernden Beispiel: Eunuch. prol. 21.

Terenz hat ein Beispiel, welches an sich selbst keinen Grund zum Verdacht giebt:

Eunuch. prol. 21 perfecit sibi ut inspiciundi esset copia.
magistratus quom ibi adesset, occeptast agi.

Freilich lassen sich andere Stellen entgegensetzen, in denen der Dichter den Indicativ unter denselben Verhältnissen braucht z. B. Andr. 1, 1, 69 *quom id mihi placebat, tum uno ore omnes omnia Bona dicere* . . . oder im Plusquamperfect Andr. 3, 2 36 *quid ais? quom intellexeras* . . . Dieser Widerspruch bestimmte Fabian, de constr. part. Quum 1844 p. 11 anzunehmen, dass die gewöhnliche Interpunction dieser Stelle zu ändern, und das Glied *magistratus quom ibi adesset* zum vorhergehenden zu ziehen sei, indem dann hinter *adesset* interpungirt werden müsste. Allein diese Auffassung entspricht dem Sinne nicht, da die Vorstellung als ob der Nebenbuhler des Terenz die Gegenwart des Magistrats als einen wesentlichen Theil seines Wunsches ausgesprochen hätte, eine unpassende ist. Die Aussage von der Anwesenheit des Beamten gehört also zur folgenden Schilderung. Nun ist es ja an sich möglich und denkbar, dass Terenz schon ein einziges Beispiel dieser bei Plautus noch unbekannten Structur habe, sie findet sich bald nach Terenz völlig anerkannt und häufig angewendet, ihre Entstehung muss also wohl in die Zeit von Terenzens Leben fallen. Allein es ist doch auffallend, dass bei dem Dichter eben nur diese eine Stelle das Idiom zeigt, während er an anderen Stellen einen anderen Sprachgebrauch beobachtet. Nämlich Terenz wendet in der Regel in den Zeitsätzen die ein momentanes, einfach erzähltes Ereigniss darstellen, den Indicativ Perfecti an, z. B. Hec. prol. I, 1 *haec quom datast Nova, [ei] novom intervenit vitium et calamitas.* Von dieser Structur hat er sechszehn Beispiele (An, Ao, Ap). Es ist also gewiss nicht zu kühn, wenn wir an der vorliegenden Stelle ebenfalls ein Perfectum statt des Imperfectum Conjunctivi herstellen, besonders da ein solches sich so leicht aus der Buchstabenüberlieferung herstellen lässt. Es wird zu schreiben sein:

magistratus quom ibi adsedit, occeptast agi.

Bq. Temporal, Conjunctiv, Plusquamperfect: innerhalb einer sonst schon abhängigen Rede. Epid. 3, 2, 19 ut, quom redisses, ne tibi eius copia esset. :: euge. Plautus 4.

Wir haben nun weiter den Conjunctiv des Plusquamperfects nach *Quom* zu betrachten. Auch hier sind zunächst wieder diejenigen Fälle, in denen der Conjunctiv aus dem Einfluss der übergeordneten Aussage oder aus der dem Gedanken an sich schon innewohnenden Modusgebung zu erklären ist, zu unterscheiden, ihnen treten dann diejenigen gegenüber, in denen der Conjunctiv in directer Rede aus dem Charakter des Zeitsatzes als solchen und aus der Bedeutung der Partikel herzuleiten ist. Es finden sich bei Plautus mehrere Conjunctivi des Plusquamperfects innerhalb der Rection einer schon im Ganzen conjunctivisch gefassten Rede, so namentlich nach Sätzen mit *ut* Rud. 533 *utinam fortunam nunc ego anatinam uterer, Uti, quom exivissem ex aqua, arerem tamen.* Epid. 3, 2, 19 *inveni. nam ita suasi seni atque hanc habui orationem, *** ut, quom redisses, ne tibi eius copia esset. :: euge.* Die Lücke ist erkannt von R. Müller, de Plauti Epidico p. 6. Innerhalb der indirecten Rede finden sich folgende Beispiele Asinar. 442 *quid relicuom? :: aibat reddere, quom extemplo redditum esset, Nam retineri, ut quod sit sibi operis locatum ecficeret.* Mil. 390 *(arguere visust, me cum alieno esse ausculatam) quom illa ausculata mea soror gemina esset suumpte amicum.* Plautus hat 4 Beispiele von dieser Art.

Br. Temporal, Conjunctiv, Plusquamperfect, in der directen Rede, bei Plautus einmal durch Corruptel: Asinar. 2, 3, 14.

Fragen wir nun weiter, ob sich bei Plautus schon das Idiom des Conjunctivus Plusquamperfecti nach *Quom* in directer Rede finde, so ergiebt sich, dass hierfür in allen Stücken des Dichters nur ein einziges, und zwar ein auf offenbarer Interpolation beruhendes Beispiel zu finden ist, welches die neueste Textausgabe längst beseitigt hat: Asinaria 2, 3, 14 (394) hat B, Pall. 1. 2. 3. 5 und die ältere Vulgata

    — ubist? :: ad tonsorem ire dixit. ::
quom venisset post non rediit? :: non edepol. quid volebas?

Hier ist nun *quom venisset* zunächst schon dem Sinn nach ganz falsch, da die Erwähnung der Ankunft des Demänetus beim Barbier hier gar nicht hervorzuheben war. Ferner ist der Anapäst vor der Cäsur ein metrischer Fehler, endlich ist in Pal. 4 übergeschrieben *quom irisset,* ein Beweis, dass eine feste Ueberlieferung an dieser Stelle des Verses nicht vorhanden war. Es ist daher schon von Fleckeisen mit vollem Recht *quom venisset* als Glossem beseitigt, und jedenfalls ist *quom irisset,* was Bothe in den Text setzt, ebenso unzulässig. Fleckeisen stellt nun den Vers sehr glaublich folgendermaassen her: *Quid? post non rediit? :: non pol [huc] venit: set quid volebas?* Hiernach dürfen wir behaupten, dass Plautus kein einziges Beispiel des Conjunctiv Plusquamperfecti nach *Quom* in directer Rede habe. Vom Indicativ dagegen hatten wir oben (Ax) drei Beispiele in directer Rede gefunden z. B. Cas. 2, 8, 28 *idem me pridem, quom ei advorsum veneram, Facere atriensem voluerat sub ianua.*

Bs. Temporal, Conjunctiv Plusquamperfecti, in directer Rede; bei Terenz einmal als Conditionalis.

Bei Terenz findet sich nur ein einziges Beispiel eines Conjunctiv Plusquamperfecti und zwar ein solches, wo der Conjunctiv ein Conditionalis, also nicht durch den Zeitsatz-Charakter hervorgerufen ist, sondern die Seinsbeschaffenheit des Verbi an sich bezeichnet. Phorm. 2, 3, 49 *ita ut dicis. ego tum, quom advenissem, qui mihi Cognata ea esset, dicerem: itidem tu face.* Hier hat *quom* der Bemb. und Donat; *si* statt *quom* der Victorianus (aber über einer Rasur) und alle Bentleianischen. Gröhe, de partic. temporal. p. 22 wollte: *ego istuc si advenisset.* Allein es ist die LA des Bembin. ganz richtig: *advenire* ist hier ganz dasselbe, wie oben Phorm. 1, 2, 79 *ad iudicem venire* und V. 85 *venire.* Also *quom advenissem, dicerem* heisst „ich, wenn ich vor Gericht getreten wäre, würde sagen". Die Handlung von *advenissem* fällt vor *dicerem,* daher das Plusquamperfect, beides aber ist rein fingirt, daher der Conditionalis. Wir müssen also auch in Rücksicht auf Terenz behaupten, dass der Conjunctiv Plusquamperfecti nach *Quom* ihm ebenso unbekannt ist, wie dem Plautus.

Zur Vervollständigung der oben p. 34 gegebenen Tabelle fügen wir hier noch die Uebersicht der Nebentempora im Conjunctiv nach *Quom* bei:

Bei Plautus nach *Quom* temporale.

Conjunctiv Imperfecti innerhalb einer bereits conjunctivischen Aussage **Bm** .	5
„ Imperfecti in directer Rede nur durch Corruptel **Bo**	[3]
„ Plusquamperfecti innerhalb einer bereits conjunctivischen Rede **Bq**	4
„ Plusquamperfecti in der directen Rede nur durch Corruptel **Br** .	[1]
Summe	9

Bei Terenz nach *Quom* temporale.

Conjunctiv Imperfecti innerhalb einer bereits conjunctivischen Aussage **Bn** . .	4
„ Imperfecti in der directen Rede wahrscheinlich durch Corrupt. **Bp**	[1]
„ Plusquamperfecti in directer Rede als Conditionalis unabhängig von Quom, **Bs**	1
Summe	5

---

§ 6.
Der Gebrauch des Indicativs
nach explicativem Quom bei Plautus und Terenz.
(Ca — Cm.)

Es hat sich uns nun aus dieser Uebersicht und geschichtlichen Zusammenstellung der Beispiele ergeben, dass die Structur von *Quom* mit dem Conjunctiv der Nebenzeiten in einer Zeit der Lateinischen Sprache sich entwickelt hat, die nicht ausserhalb des Bereichs der uns durch die Literatur zugänglichen Sprachgeschichte liegt, wir sind im Stande, dieses Idiom in seiner ersten Entstehung zu beobachten, die ersten Spuren seines Daseins gleichsam von der Wiege an zu verfolgen. Indessen wenn wir auch die Thatsachen seines ersten Auftretens zu constatiren vermögen, so ist uns damit allein noch nicht das Verständniss

für sein eigentliches Wesen und seine Bedeutung eröffnet. Thatsachen sind in ihrem Ursprung Probleme und wir müssen durch
Combination auf den Grund ihres Wesens zu gelangen suchen.
Es wird nun die nächste für uns zu lösende Aufgabe die sein,
zu prüfen, ob denn wirklich, wie die gewöhnliche, jetzt fast
herrschend gewordene Ansicht über diesen Punkt ist, der Conjunctiv der Nebenpräterita nach temporalem *Quom* aus demjenigen nach dem causalen und adversativen *Quom* hervorgegangen
ist. Zu diesem Behuf wird nun eine geschichtlich-statistische
Uebersicht der Entwickelung der Syntax von *Quom* auch in
dieser letzteren Bedeutung vorzulegen sein, denn natürlich muss
das Alter und die Entstehungszeit auch dieser Structur festgestellt werden; denn anders lässt sich über den gennetischen Zusammenhang beider Structuren nicht urtheilen, als indem man
ihr Alter vergleicht. Jedenfalls geht die Behauptung, dass *Quom*
temporale mit dem Conjunctiv aus causalem *Quom* mit dem
gleichen Modus entstanden sei, von der stillschweigenden Voraussetzung aus, dass die letztere Structur früher in allgemeinem
Gebrauch war, als erstere. Diese Voraussetzung aber bedarf
des Beweises, um so mehr, als jedem Leser Plautinischer Comö-
dien auch selbst bei geringer Aufmerksamkeit auf gerade diesen
Punkt, der Eindruck geworden sein wird, dass bei Plautus noch
sehr vielfach das causale und adversative *Quom* den Indicativ
bei sich führen. Zwischen der causal-adversativen Bedeutung
von *Quom* und der temporalen liegen aber gewisse Uebergangs-
stufen, die wir ebenfalls nicht mit Stillschweigen übergehen dürfen.
Die ursprünglichste Bedeutung der Partikel ist die locale „da,
wo“; diess ward zunächst auf die Zeitsphäre übertragen. Der
Zeitsatz hatte ursprünglich die Bestimmung, die Reihenfolge
zweier Ereignisse in der Zeit zu bestimmen. Nun aber liegt es
in der Natur der Dinge, dass ein solches Ereigniss, durch das
die Zeit eines anderen bestimmt wird, auch häufig mit demselben
in einen innerlichen Zusammenhang gebracht werden kann; das
eine Ereigniss verhält sich oft zum andern, wie eine andere
Erscheinungsweise derselben Sache z. B. Trin. 342 *sed ego hoc
verbum quom illi quoidam dico, praemonstro tibi* und 633 *qui
mihi bene quom simulas facere, male facis male consulis.* Hier
sind beide Handlungen in ihrem Inhalt gleich, nur in der Auffassung erscheinen sie als zwei verschiedene Thätigkeiten. In dieser

Weise wird also die ursprünglich temporale Bedeutung von *Quom*
zu einer explicativen, inhaltangebenden weiter entwickelt. Besonders fruchtbar gestaltet sich diese definirende Bedeutung dann,
wenn durch den Satz mit *Quom* der Inhalt und Gegenstand einer
Empfindung ausgedrückt ist, indem der Hauptsatz eben den
Affect, welcher auf jenen Inhalt zurückgeführt wird, namhaft
macht z. B. in der öfter wiederkehrenden Phrase (Epid. 5, 2, 46
Men. 1148) *quom tu's liber, gaudeo* oder Pseud. 931 *occidis me,
quom istuc rogitas.* Capt. 373 *habeo gratiam tibi, Quom copiam
istam mi et potestatem facis.* Sehr nahe liegt nun hier der Fortschritt, dass der Satz mit *Quom* das Mittel bezeichnet, wodurch
etwas geschieht z. B. Capt. 371 *tu tibi .. prodes plurumum, Quom
servitutem fers ita ut ferri decet.* Das Mittel ist auch häufig ein
zeitlich mit der Folge verknüpftes und umgekehrt kann das
zeitlich unter einander Verknüpfte auch oft als Mittel und Ziel
dargestellt werden. Hieraus ergiebt sich dann weiter die Auffassung beider Glieder als Grund und Folge, also die Causal-
beziehung in *Quom.* Pseud. 822 *hoc hic quidem homines tam
brevem vitam colunt, Quom hasce herbas huiusmodi in suum alvom
congerunt.* Rud. 1234 *isto tu's pauper, quom nimis sancte piu's.*
Es werden hier zwei verschiedene Thatsachen als aus derselben
Quelle entspringend und desshalb gleichzeitig dargestellt. Hierin
liegt auch der Unterschied von *Quom* und *Quia.* Das Erstere
bezeichnet eine Causal-Verknüpfung, in der Grund und Folge
eigentlich in ihrem Gegenstand identisch sind und in ihrem
Wesen sich berühren; wogegen *Quia* und später *Quod* Ursache
und Wirkung als heterogene getrennte Thatsachen in Beziehung
setzen. Es liegt in der ursprünglichen Bedeutung von *Quom* begründet, dass es, wie es die Causal-Verknüpfung bezeichnen konnte,
ebenso auch zum Ausdruck der Entgegensetzung, des Adversativ-
Verhältnisses, verwandt werden konnte. Denn das zeitlich Verknüpfte, kann auch in einem Gegensatz des Wesens zu einander
stehen, und nur diejenigen Dinge können einander entgegengesetzt
werden, deren Wirkungen oder Nachwirkungen einander noch
zeitlich berühren. So entsteht aus dem temporalen *Quom* das
adversative, concessive. Menaech. 831 *hei mihi, insanire me
aiunt, ultro quom ipsi insaniunt.* Capt. 724 *ibi quom alii octonos
lapides ecfodiunt, nisi Cotidiano sesquiopus confeceris . . .* und
concessiv Capt. 255 *qui cavet ne decipiatur, vix cavet, quom etiam*

caret. Die Bedeutung von *Quom* hatte sich bereits in allen
solchen Beispielen vollständig zu der Bedeutung einerseits der
Causalität, andererseits des Adversativ-Verhältnisses entwickelt,
allein die Modusgebung war noch immer diejenige wie in dem
Temporal-Verhältniss geblieben. Grund und Entgegensetzung
erschienen noch als etwas Objectives, noch nicht als ein durch
das Denken und die Reflexion Vermitteltes. Dieser Standpunkt,
wonach der Grund bei *Quom* stets als innerlich vorgestellter
aufgefasst wird, ist erst derjenige einer fortgeschritteneren Sprachentwickelung.

Wir wollen nun die einzelnen Bedeutungsformen und Modificationen des nicht temporalen *Quom* ebenfalls in allen bei
Plautus und Terenz vorhandenen Beispielen nachweisen und auf
diese Weise das statistische Verhältniss des Indicativs und Conjunctivs in den Structuren dieser Art ermitteln. Es wird sich
hieraus ergeben, in welcher Zeit und welchem Umfange bei jenen
Autoren das causale und adversative *Quom* den Conjunctiv angenommen haben. Wir beginnen mit der Betrachtung des definirenden, Inhalt angebenden *Quom*, welches dem temporalen am
nächsten steht und zu dem causalen den Uebergang bildet.
Dieses *Quom* findet sich bei Plautus und Terenz wesentlich in
drei Haupt-Anwendungen, nämlich entweder wird durch den Zeitsatz die im Hauptsatz durch ein Verbum angedeutete Thätigkeit
umschrieben und näher erklärt, oder es wird durch denselben
der Inhalt eines im Verbum des Hauptsatzes angedeuteten Affects
der Freude oder des Schmerzes angegeben, oder endlich der
Zeitsatz definirt einen im Hauptsatz enthaltenen Nominal-Begriff,
ein Substantivum oder Adjectivum.

Ca. Explicativ, Indicativ, Präsens: ein Thätig-
keits-Begriff im Hauptsatz. Capt. 371 tu tibi...
prodes plurumum, Quom servitutem fers ita ut ferri
decet. Plautus 24.

Es giebt viele Fälle hier, in denen entweder dasselbe Verbum
oder ein Synonymum im Haupt- und Nebensatz steht Capt. 615
ornamenta absunt: Aiacem, hunc quom vides, ipsum vides. Persa
228 — *quia enim nihil amas, quom ingratum amas.* Menaech. 298
pro sano loqueris, quom me appellas nomine. Pers. 207 — *quom
ut digna's dico, bene, non male loquor.* In anderen Stellen wird

das Verbum des Hauptsatzes als die Wirkung desjenigen des Nebensatzes dargestellt z. B. Men. 152 *te morare, mihi quom obloquere.* Pseud. 1134 *me nunc commoror, quom foris has non ferio.* Namentlich ist hier das allgemeinere und einer genaueren Erklärung bedürftige *facere* sehr häufig im Hauptsatz Most. 719 *amice facis, Quom me laudas.* Stich. 99 *bonas ut aequomst facere facitis, quom tamen absentis viros Proinde habetis, quasi praesentes sint.* Es ist daher gar nicht zu zweifeln, dass Mil. 1070 *quom* und nicht *quod,* wie nach dem B Gruter wollte, zu schreiben sci — *facis nunc ut te facere aequomst, Quom quae [te] volt eandem tu vis.* Auch nach Verbis des Wahrnehmens Truc. 1, 2, 16 *nam ipsi vident eorum quom auferimus bona atque étiam ultro ipsi adgérunt ad nos.* Es ist bemerkenswerth, dass gerade in dieser Structur *quom* mit *quoniam* oder *quando* in den Handschriften zuweilen vertauscht ist z. B. Amph. 753 — *insanis, quom id me interrogas?* hat nur B *quom,* dagegen die Pall. theils *quando,* theils *quoniam.* Stichus 685 — *lepide accipimur, quom hoc recipimur in loco,* haben FZ *quoniam* statt *quom.* Unsicher, ob zu diesem Idiom gehörig oder nicht, ist die Stelle Men. 107, wo Ritschl unter Bekennung von Zweifel schreibt: *sed quoniam cari, quom instruontur, deserunt, Nunc ad eum inviso.* Die Codd. haben *id quoque iam cari qui instruuntur deserunt,* was Palmerius und Scaliger mit der Aenderung *deserit* vertheidigen. Die Heilung der Stelle ist nicht sicher. Plautus hat 24 Beispiele dieses Idioms im Präsens.

Cb. Explicativ, Indicativ, Perfect: ein Thätigkeits-Begriff im Hauptsatz. Men. 702 nimis stulte dudum feci, quom marsuppium Messenioni cum argento concredidi. Plautus 17.

Sehr lehrreich ist das Perfectum in dieser Structur. Wir finden auch hier zunächst den Begriff einer praktischen Thätigkeit im Hauptsatz Capt. 453 — *edepol rem meam Constabilivi, quom illos emi de praeda a quaestoribus,* namentlich aber viele mit *facere* gebildete Phrasen Men. 447 *nunquam quicquam facinus feci peius neque scelestius, Quam hodie, quom in contionem mediam me inmersi miser.* Bacch. 166 — *fecisti furtum ..., Quom istaec flagitia me celavisti et patrem.* Bacch. 337 ... *sapienter saltem fecit filius, Quom divili homini id aurum servandum dedit.* Wichtig

sind die Beispiele von definirendem *Quom* nach Verben einer
geistigen Thätigkeit im Hauptsatze: Amph. 1071 *neque nostrum
quisquam sensimus, quom peperit, neque providimus.* Poen. 3, 4, 13
vidistis, leno quom aurum accepit? :: vidimus. Es ist desshalb
sehr wahrscheinlich, dass aus der Lesart des A und der anderen
Codd. *quam* mit Gulielmus *quom* herzustellen sei Most. 695 *non
mihi forte visum ilico fuit, Melius quom prandium, quam solet,
dedit.* Ritschl giebt auch *quom*; Lorenz hält *quod* für wahrscheinlich. Lassen wir dieses Beispiel als ein nicht ganz sicheres
bei Seite, so zählen wir bei Plautus 17 Beispiele des Perfecti in
dieser Structur.

Cc. Explicativ, Indicativ, Imperfect: ein Thätig-
keits-Begriff im Hauptsatz. Capt. 303 memini quom
dicto haud audebat: facto nunc laedat licet. Plautus 3.

Das Imperfect findet in dieser Construction sich in zwei
Beispielen, die beide im Hauptsatz die Bezeichnung einer Geistes-
thätigkeit haben: Mil. 506 . . . *inspectavisti meum apud me hospitem, Amplexam amicam quom osculabatur suam* und Capt. 303
memini quom dicto haut audebat: facto nunc laedat licet. In
einem dritten Beispiel schliesst sich der Satz mit *Quom* an einen
Begriff praktischer Thätigkeit: Epid. 3, 3, 38 *ego illic me autem
sic adsimulabam quasi Stolidum, quom bardum me faciebam. ::
immo ita decet.*

Wir gehen nun zu einer anderen Gruppe von Beispielen des
Inhalt angebenden *Quom* über, nämlich zu den Fällen, in welchen
der Zeitsatz den Gegenstand eines im Hauptsatz ausgedrückten
Affects der Freude, des Dankes, des Schmerzes angiebt. Hier
ist der Satz mit *Quom* schon fast Ausdruck der Causalität, da
der Gegenstand des Affects auch seine Ursache ist. Es gehören
also hierher auch die Wendungen, in denen der Redende einen
Dank oder·den Wunsch belohnender Vergeltung durch die Götter
für eine empfangene Wohlthat ausspricht, da das Motiv dieses
Dankes eben auch Gegenstand der Danksagung ist. Die Zahl
der Beispiele ist sehr gross, wie in der Conversationssprache
des Lebens sich erwarten lässt.

Cd. Explicativ, Indicativ, Präsens: einen Affect der Freude oder des Schmerzes definirend.   Rudens 1183 sequere me, Ampelisca. :: quom te di amant, voluptatist mihi.   Plautus 26.

Wir geben zunächst die den Affect der Freude und des Schmerzes kundgebenden Wendungen im Präsens.   Most. 149 *cor dolet, quom scio ut nunc sum atque ut fui.*   Trin. 1170 *quom ille ita est ut [cum] esse nolo, id crucior.*   Gewiss mit Recht ist *quom* nach *discrucior* von Wagner hergestellt statt des *quia* der Codd. Aulul. 1, 2, 28 *discrucior animi, quom ab domo abeundumst mihi.*   Es kommt zwar *Quia* nach den Verben des Affects auch öfter vor, z. B. Casina 2, 3, 11 — *uxor me excruciat, quia vivit,* aber an jener Stelle streitet es schon gegen das Metrum.   Ferner Rudens 1183 *quom te di amant, voluptatist mihi.*   Capt. 152 *laudo, malum quom amici tuum ducis malum.*   Besonders ist hier zu nennen *gaudeo, quom . . .*   Es war dies üblich in der solennen Gratulationsformel, womit der soeben Freigelassene begrüsst wurde.   Men. 1148 *liber esto. :: quom tu's liber, gaudeo, Messenio.*   Epid. 5, 2, 46 dasselbe.   Men. 1031 *. . . quom tu liberas me serio, Gaudeo. :: credo hercle vero.*   Amph. 681 *et quom gravidam et quom te pulcre plenam aspicio, gaudeo.*   Ebenso Most. 1128 *iubeo te salvere et salvos quom advenis, Theuropides, Peregre, gaudeo.*   Häufig sind auch die Ausdrücke des Dankes an Götter und an Menschen Stich. 402 *quom bene re gesta salvos convortor domum, Neptuno gratis habeo et tempestatibus.*   Eine phraseologisch interessante Stelle dieser Art ist

. Poen. 5, 4, 84 (99) eas dis est aequom gratias nos agere sempiternas,
quom nostram pietatem adprobant decorantque di immortales.

Die Structur *eas gratias* oder *grates agere, quom . .* ist ganz gut lateinisch, sie durfte nicht von Geppert an dieser Stelle in *eius . . gratias agere* verwandelt werden.   Die Redeweise scheint bisher nicht recht bekannt gewesen zu sein: es giebt auch noch ein zweites Beispiel dieser Phrase: Persa 756, wo die Codd. auch richtig haben: *Quom nos . . . iuvisti . .*, *Eas grates habeo.*   Ritschl wollte *ea re gratis habeo*, doch ist nichts zu ändern.   Sehr nahe verwandt mit diesen Ausdrücken des Dankes sind Segens- und Vergeltungs-Wünsche, die aus demselben Gefühle hervorgegangen

sind: Capt. 355 *di tibi omnes omnia optata offerant Quom me
tanto honore honestas quomque ex vinclis eximis.* Zu dem Dank-
ausdruck gegen Menschen gehört auch die Phrase *obnoxii vobis
sumus quom . . .* Capt. 216. Der Hauptsatz verkürzt sich mitunter zu einer blossen Exclamation, und so werden namentlich
schmerzliche Interjectionen durch einen Satz mit *Quom* näher
bestimmt und erklärt: Menaech. 304 *hei mihi, Quom nihil est
qui illic homini dimminuam caput.* Hier ist der Ausruf selbst
gesetzt, während z. B. Asin. 517 die Bezeichnung der Klage
verum ego meas queror fortunas, quom illo quem amo prohibeor.
Ein Fall, in welchem nur der Vordersatz erhalten und der Nachsatz durch einen Textesverlust ausgefallen scheint, ist Men. 82
— *hic quom erilem filium Video corruptum [ita] ex adulescente
optumo . . .* Die Zahl dieser Beispiele im Präsens beträgt bei
Plautus 26.

Ce. **Explicativ, Indicativ, Perfect: einen Affect
der Freude oder des Schmerzes definirend.** **Rudens
1365 — quom istaec res tibi ex sentientia Pulcre evenit,
gaudeo. Plautus 24.**

Das Perfect bietet eine noch reichere Auswahl all dieser
Wendungen als das Präsens. Zunächst wieder nach *gaudeo* und
ähnlichem Rud. 1365 — *quom istaec res tibi ex sententia Pulcre
evenit, gaudeo.* Durch Conjectur von A. Spengel ist die Phrase
sehr richtig hergestellt Cas. 2, 6, 65 . . *quom nos di iurere,
Olympio, Gaudeo. :: pietate factumst mea.* Die Codd. haben hier
quom nos diu vivere. Ferner ist *gratulor, quom* zu nennen Truc.
2, 6, 35 *quom tu recte provenisti quomque es aucta liberis, Gratulor, quom mihi tibique magnum peperisti decus.* So auch Truc.
2, 4, 33 wo nur der A *gratulor* hat, die anderen Codd. *gaudeo:
quid id est? :: primumdum quom tu's aucta liberis Quomque bene
provenisti salva, gratulor.* Die später so geläufige Phrase *gaudeo
quod .., gratulor quod ..* kennt Plautus noch nicht. Die Phrasen
des Danksagens im Hauptsatz sind mit allerlei Variationen sehr
häufig; so findet sich *eas gratis habeo quom ..* Persa 755 wo
mit Studemund, de cantic. p. 66 anapästisch zu messen ist: *quom
béne nos, Juppiter, iuvisti dique alii omnes caelipotentes, Eas
vobis gratis habeo atque ago, qui probe sum ultus meum inimicum.*

Poen. 5, 4, 103 (119) *di deaeque omnes vobis habeo merito magnas gratias, Quom me hac laetitia adfecistis tanta et tantis gaudiis.*

Es drängt sich hier die Frage auf, ob in dieser Phrase auch *quoniam* statt *quom* habe gesagt werden können, oder ob diess nicht der Plautinischen Sprachgewohnheit gemäss sei. Der Plautinische Sprachgebrauch hat vieles Stereotype in seinen Wendungen, allein er variirt dieselben zuweilen auch in unerwarteter Art. Es fragt sich nun aus Anlass der kritischen Herstellung einiger Stellen, ob Plautus auch *gratiam habeo, quoniam* gesagt habe. Zunächst ist hier wichtig: Mostell. 431 (= 2, 2, 1) *habeo Neptune gratiam magnam tibi, Quom me[d] amisisti a te vix vivom modo.* Die Codd. haben *quom me.* Zur Vermeidung des Hiatus hatte Ritschl hier früher geschrieben *quoniam amisisti me,* doch hat er in Folge seiner ausgezeichneten Entdeckung über das auslautende *d* neuerdings Neue Plaut. Excurse (Leipzig 1869) S. 49 *quom me[d] amisisti* gegeben. Hiermit wäre eine Stelle beseitigt, welche als ein Zeugniss für den Gebrauch von *Quoniam* nach Verbis des Affects zu gelten pflegte. Es sind nun noch zwei Stellen übrig, an denen es ebenso unglaubwürdig erscheint. Man hatte bisher ohne weitere Bedenklichkeit angenommen, dass *Quoniam* ebenso wie *Quom* und *Quia* nach den Verbis des Affects stehen könne. Aber dem ist nicht so. Die erstere dieser beiden Stellen ist Amph. 642, wo Fleckeisen Epist. crit. ad Ritschel. p. XVIIII. geschrieben hat: *sei hoc me beat saltem, quoniam perduelles Vicit et domum laudis compos revenit.* Statt *quoniam* hat B *quam,* die Pall. *qm̃;* die Möglichkeit eines dreisylbigen *duellum* muss für Plautus zugegeben werden; Ennius bei Prisc. IX, 861 braucht es so. Ferner ist der Mangel jeder sicheren Analogie für *Quoniam* nach Verben des Affects bei Plautus doch auch in Anschlag zu bringen: es ist daher wohl wahrscheinlich mit Holtze (Ausgabe Leipzig 1846) und O. Seyffert, de Bacch. versuum usu Plaut. p. 7 zu schreiben: *sei hoc me beat saltem, quom perduelles Vicit et domum laudis compos revenit.* Statt *quom* wollten Bothe und Weise sogar *quod.* Die andere Stelle, wo sich *Quoniam* nach einem Ausrufe freudigen Dankes vorzufinden scheint, ist Persa 254 *(Jovi) . . Lubens vitulor [at]que [dis cunctis] merito, Quoniam meo amico amiciter hanc commoditatis copiam Danunt.* So giebt Ritschl. Die Codd. haben nicht *quoniam,* sondern *quia.* Nonius, der p. 510 diesen Vers citirt, hat *quam.* Seiner Bedeutung nach könnte *Quia* hier sehr wohl stehen, da es nach Verbis der Affecte vorkommt z. B. nach *succenseo* Pers. 432, Trin. 1164 und *pudet* Pseud. 279. 283. Indessen würde *Quia* allerdings in diesem Vers eine falsche Betonung erhalten. Da an *Quom* hier nicht zu denken ist und *Quoniam* der Analogie widerspricht, so müssen wir den Vers als einen noch ungeheilten bezeichnen.

Ebenso wenig als *quoniam* in dieser Wendung zulässig ist, ist es auch *quod*, obschon allerdings die Codd. es an einer Stelle darbieten und mehrere Herausgeber daran keinen Anstoss genommen haben. Es ist dies die Stelle Capt. 941, wo die Codd. haben *quod bene fecisti, referetur gratia id quod postulas: Et id et aliud quod me orabis inpetrabis.* Hier schreibt Fleckeisen *quom bene fecisti* und behält im Uebrigen die Lesart bei. Brix dagegen will *quod bene fecisti, referetur gratia: et quod postulas Et si tu aliud quid me orabis inpetrabis.* Allein *quod fecisti, gratia refertur . . .* ist eben keine Plautinische Phrase. Plautus braucht überhaupt *quod* noch nicht in dieser Verbindung. Man könnte *quod fecisti* auffassen als: in Rücksicht dessen, was . . ., aber diess ist gekünstelt und die Vertauschung von *quom* und *quod* ist ja auch sonst sehr häufig. Im Uebrigen scheint an jenen Versen nichts zu ändern zu sein. Eine andere Stelle, wo *Quod* mit Unrecht statt *Quom* in den Texten gegeben zu werden pflegt, ist Poenul. 5, 2, 117 *iterum mihi gnatus videor, quod te repperi.* Der B hat *quoat*, C: *quoa*, die Mehrzahl der Herausgeber schreibt *quod*, Weise *quia*. Der Sprachgebrauch des Plautus verlangt durchaus *quom te repperi.* Ob Plautus überhaupt *Quod* schon in causaler Bedeutung kenne, ist sehr zweifelhaft. Von der Phrase *mihi volupest quom . . .* finden sich auch zahlreiche Beispiele Mil. 1211 *saltem id volup est, quom ex virtute formae [id] evenit tibi.* Eine Variation Poen. 5, Suppl. 42 *-quom istas invenisti filias, Ita me di ament, mi voluptati est,* so Hasper: de Poenuli duplici exitu, Lips. 1868 p. 19, die Codd. *voluptatis est,* Geppert *[id] mihi volupe est.* Aber *voluptati est* ist auch eine echt Plautinischě Wendung, welche Rudens 1183 gebraucht ist. Auch nach blossen Interjectionen steht diese Structur mit *Quom,* wie wir schon beim Präsens sahen. Es ist daher sicher mit den Codd. zu schreiben *quom,* nicht *quor,* wie Brix will, Capt. 995 *eheu, quom ego plus minusve feci [illi] quam aequom fuit.* Aehnlich Poen. 3, 5, 46 *eheu, quom ego habui [hos] ariolos haruspices* die ältere Vulgate hat *quam ego habui.* Der Sinn aber ist der: „Wehe mir, dass diese Haruspices Kenner der Zukunft für mich gewesen sind." Plautus hat 24 Beispiele dieses Idioms im Perfectum.

Cf. Explicativ, Indicativ; Definition eines Nominalbegriffs im Hauptsatz: Substantiv. Bacch. 925 — cluent fecisse facinus maxumum, Quom Priami patriam Pergamum . . . subegerunt. Plautus 5.

Eine dritte Gruppe von Beispielen des Inhalt angebenden *Quom* schliesst sich an Nomina an, welche im Hauptsatz theils das Prädicat bilden, theils den hervorragendsten Begriff in demselben ausmachen. Wir finden Substantiva und Adjectiva in dieser Verbindung. Die Beispiele sind nicht so zahlreich, und oft in den Codd. ist *quom* entstellt. Unter den durch den Nebensatz zu erklärenden Begriffen stehen an Häufigkeit die ethischen voran, Poen. 5, 4, 34 (48) — *sed hoc e multis maxumumst (vitium), Quom sibi nimis placent minusque addunt operam uti placeant viris.* Bacch. 925 — *cluent fecisse facinus maxumum, Quom Priami patriam Pergamum . . . subegerunt.* Nach diesen Analogien ist sehr wahrscheinlich, dass das fehlende *quom* durch Camerarius richtig ergänzt ist Men. 734 *quae mea flagitia? :: pallam et aurum [quom] meum Domo suppilas clam tuae uxori.* Ebenso ist aus dem A *quom* gewiss richtig von Ritschl statt *quod* in BCD hergestellt Trin. 638 *nullum beneficium esse duco id, quom quoi facias non placet.* Ferner ist in einem Fall ein specielles Ereigniss im Hauptsatz gesetzt, wo denn der Satz mit *quom* auch als Zeitsatz gefasst werden könnte, doch deutet der Inhalt mehr auf eine Beschreibung und Erklärung des Hauptbegriffes Poen. 2, 26 — *de illac pugna Ptenanthropica, Quom sexaginta milia hominum . . . occidi.* Ritschl hat *quom* aus *A* hergestellt, die übrigen Codd. haben theils *quo*, theils *qua*. An einer Stelle ist *quom* der Analogie des Sprachgebrauchs nach vermuthet worden von Bothe, obschon dort die Codd. auf eine andere Wendung führen. Men. 229 haben die Codd. *(voluptas) maior, non dicam dolo, Quam si adveniens terram videas quae fuerit tua.* Hier hat Acidalius *quam* gestrichen und ihm folgt Ritschl; Bothe will *quom* ohne *si*, doch ist das erstere Verfahren hier das rathsamere. Lassen wir diess Beispiel bei Seite, so bietet Plautus

5 Beispiele der Structur von definirendem *Quom* nach dem Substantiv.

Cg. Explicativ, Indicativ; Definition eines Nominal-Begriffs: Adjectiv. Poenul. 4, 2, 92 at enim nihil est, nisi dum calet hoc agitur. :: lepidu's, quom mones. Plautus 5.

Vom Adjectiv sind ebenfalls einige Beispiele vorhanden. Persa 349 *enimvero odiosa's :: non sum neque me esse arbitror, Quom parva natu recte praecipio patri.* Poen. 4, 2, 92 *at enim nihil est, nisi dum calet hoc agitur. :: lepidu's, quom mones* (wo *commones* der Parisinus). Most. 587 *beatus vero es nunc, quom clamas. :: meum peto.* Wahrscheinlich liegt dieses Idiom auch vor Pseud. 208, wo Fleckeisen schreibt *vah, tace. :: quid est? :: male mihi morigeru's, quom (quor* Ritschl) *sermoni huius obsonas.* Ferner hat Ritschl wohl mit Recht *quom* ergänzt Men. 899 . . . *hic dies pervorsus atque advorsus mi optigit, [Quom] quae me clam ratus sum facere omnia ea fecit palam Parasitus.* Brix freilich schützt die LA der Codd., doch ist jedenfalls die Einschiebung von *Quom* im Interesse der Bündigkeit und Continuität der Rede. Dieser Ergänzung von *Quom* sind auch folgende Fälle günstig Persa 650 *hominem miserum praedicas, Quom [et] ipsus probe perditust et benevolentia perdidit* und Cas. 2, 3, 16 *obsecro. sanun es? :: sanus quom ted amo.* Hier bieten *quom* nur die Codd. Langiani, *quam* B, Pall. 1, 2, 4 und *quando* die ältere Vulgate. Plautus hat von diesem Idiom (wobei wir Pseud. 208 und Menaech. 899 nicht mit rechnen) 5 Beispiele.

Ch. Explicativ, Indicativ, bei Terenz: Thätig-keits-Begriff im Hauptsatz. Andr. 2, 5, 10 -facis ut te decet, Quom istuc quod postulo impetro cum gratia. Terenz 3.

Wir haben nun das Inhalt-angebende *Quom* bei Terenz zu betrachten. Bei ihm jedoch sind diese Structuren schon seltener, da *Quom* bereits in dieser Bedeutung an Umfang des Gebrauchs entschieden abzunehmen beginnt, es bildeten sich andere ersetzende Phrasen und Constructionen aus, die an die Stelle jener traten. Zunächst führen wir Beispiele derjenigen (ersten) Gruppe an, in welcher ein Verbum der Thätigkeit im Hauptsatz es ist,

welches der Nebensatz mit *Quom* erklärt: Adelph. 1, 2, 16
- *haec quom illi, Micio, Dico, tibi dico.* Andr. prol. 18 *qui quom
hunc accusant, Naevium Plautum Ennium accusant.* Andr. 2, 5, 10
- *facis ut te decet, Quom istuc quod postulo impetro cum gratia.*
Terenz hat von dieser Gattung nur diese drei Beispiele, im Perfect fehlen solche.

Ci. Explicativ, Indicativ, bei Terenz: einen
Affect der Freude oder des Schmerzes definirend.
Andr. 4, 4, 31 -dis pol habeo gratiam, Quom in pariundo
aliquot adfuerunt liberae. Terenz 5.

Die zweite Gruppe enthält Verba eines Affects, Ausdrücke
des Dankes, Segenswünsche und Interjectionen im Hauptsatz.
Gaudeo, quom ..., gratulor quom ... fehlen bei Terenz, er hat
gaudeo meist mit dem Acc. cum Infinit. Dagegen sind die Phrasen
des Danksagens bei ihm vertreten. Ad. 5, 7, 19 ... *di tibi,
Demea, Bene faciant, quom te video nostrae familiae Tam ex
animo factum velle.* Adelph. 1, 2, 58 *unum vis curem: curo. et
est dis gratia, Quom ita ut volo est.* Ferner der Begriff des
Glücklich-preisens Haut. 2, 4, 1 *laudo et fortunatam iudico, Id
[tu] quom studuisti, formae ut mores consimiles forent.* Ein Beispiel eines Ausrufes, wonach *Quom* folgt, ist Andr. 3, 5, 17 *ei
mihi, Quom non habeo spatium, ut de te sumam supplicium, ut
volo.* Terenz hat von diesem ganzen Idiom in Präsens und Perfect nur 5 Beispiele, ein Beweis, wie sehr dasselbe damals bereits im Abnehmen begriffen war. Bei Plautus hatten wir fünf-
zig gefunden.

Ck. Explicativ, Indicativ, Nominal-Begriff definirend: Substantiv. Haut. 2, 3, 57 magnum hoc quoque
signumst dominam esse extra noxiam, Quom eius tam
neeleguntur internuntii. Terenz 3.

Die dritte Gruppe umfasst diejenigen Structuren, in denen
ein dem Hauptsatz angehöriges Nomen, Substantiv oder Adjectiv,
durch den Nebensatz mit *Quom* genauer bestimmt und definirt
wird. Es ist merkwürdig, dass gerade diese Structur von Terenz
verhältnissmässig reich entwickelt und in relativ grösserem Umfang als bei Plautus angewendet ist. Substantiva im Hauptsatz
mit specieller Bedeutung finden wir Adelph. prol. 18 *eam laudem*

hic ducit maxumam, quom illis placet ... Haut. 2, 3, 57 *magnum hoc quoque signumst, dominam esse extra noxiam, Quom eius tam neceguntur internuntii.* Phorm. prol. 31 *ne simili utamur fortuna, atque usi sumus, Quom per tumultum noster grex motus locost.* Terenz hat hiervon 3 Beispiele.

Cl. Explicativ, Indicativ, Nominal-Begriff definirend: Adjectiv. Terenz 1.

Vom Adjectivum haben wir ein Beispiel Adelph. 5, 6, 9 *bonus es, quom haec existumas.*

Cm. Explicativ, Indicativ, Pronominal-Begriff definirend. Terenz 1.

Allein wichtig ist, dass Terenz *Quom* in diesem erklärenden Sinn auch einmal an einen Pronominal-Begriff anschliesst. Phorm. 5, 8, 73 -*hoc fretus, Chremes, Quom e medio excessit, unde haec susceptast tibi.* Der grosse Unterschied, welcher gerade im Gebiet des definirenden *Quom* zwischen der Plautinischen und Terentianischen Sprache herrscht, wird am deutlichsten sich durch eine Tabelle, in der der Umfang des Sprachgebrauchs Beider in diesem Punkt verglichen wird, veranschaulichen lassen.

Bei Plautus *Quom* explicativum:

Nach Thätigkeits-Begriffen Ca, Cb, Cc	44
Nach Affects-Ausdrücken Cd, Ce	50
Nach Nominal-Begriffen Cf, Cg	10
Summe	104

Bei Terenz *Quom* explicativum:

Nach Thätigkeis-Begriffen Ch	3
Nach Affect-Ausdrücken Ci	5
Nach Nominal-Begriffen Ck, Cl	4
Nach einem Pronomen Cm	1
Summe	13

§ 7.

Der Gebrauch des Indicativs nach causalem und adversativem Quom bei Plautus und Terenz.
(D a — F d).

Das Inhalt angebende *Quom* hat sein charakteristisches Merkmal darin, dass es sich an einen einzelnen Hauptbegriff im Hauptsatze anschliesst und dessen Inhalt gleichsam auseinanderlegt. Die temporale Bedeutung von *Quom* ist in diesem Verhältniss dahin modificirt, dass durch die Partikel ausgesagt wird, der im Hauptsatz angegebene Begriff finde dann statt, wann . . . Das Zeitverhältniss ist dann aber ein solches nur noch formell; es ist thatsächlich ein explicatives geworden. Die durch *Quom* ausgedrückte Causal-Bedeutung nun unterscheidet sich von dieser explicirenden zunächst dadurch, dass *Quom* sich hier nicht an einen einzelnen Begriff im Hauptsatz, sondern an den ganzen Satzinhalt, d. h. an das Verhältniss von Subject und Prädicat im Hauptsatz anschliesst. Man wird bei einigem Aufmerken den Unterschied dieser Geltung von *Quom* in jedem einzelnen Beispiel bald herausfühlen. Z. B. in: *eam laudem hic ducit maxumam, quom illis placet* . . . ist der Begriff der *laus maxuma* definirt, dagegen ist mehr als eine Definition enthalten in dem Beispiel Merc. 521 *bonae hercle te frugi arbitro, a matura iam inde aetate Quom facere officium scis tuum, mulier.* Hier wird nicht einzeln *arbitro* oder *frugi* näher bestimmt, sondern der Grund von *frugi arbitrare* angegeben. Ferner in Stich. 402 *quom bene re gesta salvos convortor domum, Neptuno gratis habeo et tempestatibus* bezeichnet *Quom* den Inhalt, nicht den Grund der Danksagung; dagegen fühlt man sogleich in einem äusserlich sehr ähnlichen Falle doch die völlig verschiedene Bedeutung von *Quom* durch in Bacch. 536 *salvos sis, Mnesiloche. :: salve. :: salvos peregre quom advenis, Cena detur.* Hier findet sich auch gleich die bei der blossen Inhalts-Angabe nicht statthafte Stellvertretung von *Quoniam* ein z. B. Stichus 471 *cenem illi apud te? :: quoniam salvos advenis.* Hieraus ist auch die Vertauschung

von *Quom* und *Quoniam* an manchen Stellen in den Handschriften
zu erklären, selbst *Quod* hat sich durch Interpolation in diese
Structur oftmals eingedrängt, obschon ohne jede Berechtigung.,
da *Quod* sich in causaler Bedeutung bei Plautus noch nicht mit
Sicherheit nachweisen lässt. Aus der Prüfung der Beispiele,
welche dieser Anwendung von *Quom* zugehören, geht aber auch
klar hervor, dass die causale Bedeutung von *Quom* schon völlig
in Plautus' Zeiten entwickelt war, denn der Satz mit *Quom* giebt
eben den logischen Grund für das Verhältniss von Subject und
Prädicat im Hauptsatze an. Die Causalbedeutung beruht ja freilich auf der temporalen, der ursprüngliche Sinn dieses Verhältnisses war der, dass die Sprache andeutete, die Folge finde statt
in der Zeit, wo der Grund eintrete; allein es ist gewiss, dass in
den Sätzen, welche wir hier behandeln werden, das Sprachgefühl längst die temporale Bedeutung hatte in den Hintergrund
treten lassen und die Aussage mit *Quom*. durchaus schon als
logischen Grund der anderen empfand. Die Causal-Bedeutung
war vollkommen entwickelt.

Ueber das Alter der vollständig entwickelten Causal- und
Adversativ-Bedeutung in *Quom* ist gerade in der neueren Zeit
mehrfach sehr verschieden geurtheilt worden. So z. B. spricht sich
Lorenz an mehreren Stellen seiner Anmerkungen in der Ausgabe
der Mostellaria (Berl. 1866) so aus, dass bei Plautus die temporale Bedeutung noch das Uebergewicht über die causale, adversative oder concessive habe, und dass desshalb der Indicativ
statt des Conjunctiv stehe. So sagt er zu V. 142 „*Quom*, indem
jetzt da, vereinigt causale und temporale Bedeutung, letztere
bestimmt den Modus;" und zu V. 845 „die temporale Bedeutung
ist stärker hervortretend als die concessive, desshalb der Indicativ" und mehr zu V. 1141. Hiernach würde anzunehmen sein,
dass bei Plautus desshalb der Indicativ mit *Quom* im Sinn der
Causalität oder des Gegensatzes verbunden sei, weil bei Plautus
Quom noch nicht jenes der nicht nur zeitlichen, sondern mehr
innerlichen Verknüpfung dienende Moment der Bedeutung an sich
entwickelt hatte, welches den Conjunctiv forderte. In ganz entgegen-
gesetztem Sinn spricht sich Corssen über das Alter der causalen
Bedeutung aus; er bringt dieselbe schon mit dem Casus-Suffix
-*m* in Zusammenhang, welches bei der lautlichen Bildung von
Quo-m sich an den Pronominal-Stamm ansetzte; Kritische Bei-

träge zur Lat. Formenlehre, Leipzig 1863, S. 292: „Wenn der masculine Accusativ des Relativ-Pronomens *quo-m* und *cu-m* und der neutrale Accusativ desselben *quo-d* die Beziehung des Grundes für eine Sache ausdrücken können, . . . so ist es begreiflich, dass auch der feminine Accusativ des Pronominal-Stammes *na-*, *na-m* das Gedanken-Verhältniss des Grundes bezeichnen kann“. Die Wahrheit liegt zwischen diesen beiden entgegengesetzten chronologischen Auffassungen in der Mitte: die innerliche Beziehung des Grundes und Gegensatzes, welche in *Quom* sich ausgebildet hat, ist keineswegs schon in jener ältesten Epoche ihrer etymologischen Bildung an der Partikel vorhanden gewesen, denn wir sehen dieselbe sich an einzelnen Idiomen entwickeln. Ganz ebenso irrt Corssen in Rücksicht auf *Quod*, denn diese Pronominal-Form hat erst in nachplautinischer Zeit ihre Causalbedeutung angenommen. Die Auffassung von Lorenz aber ist auch nicht ganz richtig; denn auch in den indicativischen Structuren des causal-adversativen *Quom* bei Plautus ist dieses innerliche Bedeutungsmoment schon deutlich entwickelt, doch tragen jene Verhältnisse von Grund und Gegensatz noch in höherem Grade den Charakter eines objectiv Wahrgenommenen als eines durchs Denken vermittelten und bestimmten Seins. In Fällen wie diese: Amph. 1134 *multo adeo melius quam illi, quom sum Juppiter.* Stich. 124 *quae tamen, quom res secundae sunt, se poterit gnoscere.* Capt. 255 *qui cavet ne decipiatur vix cavet, quom etiam cavet,* ist die Beziehung von Grund und Gegensatz unzweifelhaft ausgedrückt, allein die Entwicklung des Modus ist der Bedeutung der Conjunction noch nicht nachgekommen, der subjective Modus hat sich der Verknüpfung von Seiendem mit Seiendem noch nicht bemächtigt. Das ältere Latein stellt den logischen und realen Grund noch auf eine Stufe, jeder Grund ist ihm noch ein Real-Verhältniss: desshalb kann auch causales *Quom* noch in Verhältnissen stehen, wo das spätere Latein statt dieser Partikel eine andere, mehr objective Causalpartikel angewendet haben würde z. B. in Stellen wie Bacch. 536 *salvos peregre quom advenis, Cena detur,* ebenso Curcul. 561; Trucul. 2, 4, 8. In solchen Verbindungen, falls nicht die Formel als Formel blieb, hätte man später *quoniam* oder *quia* gesagt.

Es ist nun vor allem unsere Aufgabe, zu untersuchen, in welchem Umfange das causale *Quom* bei Plautus und Terenz noch mit dem Indicativ verbunden wird; ob und in welchen Anfängen der Gebrauch des Conjunctivs in diesem Idiom nachweisbar sei. Es wird bei dieser Untersuchung von grosser Wichtigkeit sein, die Lesarten und Gewähr der Beispiele genau zu prüfen, da gerade in diesem Gebiet des Vorkommens von *Quom* die Abschreiber sich am häufigsten willkührliche Aenderungen haben zu Schulden kommen lassen; es bot sich denselben gar zu leicht statt des ausser Gebrauch gekommenen Idioms die ihrer eigenen Zeit geläufige Ausdrucksform dar. Wir wollen nun zunächst die Beispiele von *Quom* causale mit dem Indicativ der verschiedenen Tempora kennen lernen und dann diejenigen mit dem Conjunctiv prüfen.

Bei der Betrachtung der Beispiele im Einzelnen können wir die Ordnung befolgen, dass wir zuerst solche Fälle anführen, in denen der durch *Quom* eingeführte Causalsatz noch ganz die Bedeutung eines Realgrundes hat und auch selbst nach der späteren Sprachauffassung nicht als logischer Grund betrachtet und demgemäss durch *Quom* mit dem Conjunctiv würde ausgedrückt worden sein. Wir gehen alsdann zu den Fällen über, in welchen sich dem Grund der Begriff einer Bedingtheit beimischt. Endlich zeigt sich uns die Bezeichnung des logischen Grundes durch *Quom* auch schon in ihren Anfängen, allerdings aber hat sie sich noch nicht so klar und entschieden ausgebildet, dass diese Aussage schon ihrer subjectiven Natur nach durchaus den Conjunctiv gefordert hätte.

Da. Causal, Indicativ, Präsens: den Realgrund bezeichnend. Bacch. 536 — salvos peregre quom advenis, Cena detur. Plautus 8.

Den Charakter des Realgrundes zeigen unzweifelhaft folgende Beispiele: Bacch. 536 *salvos sis, Mnesiloche. :: salve. :: salvos peregre quom advenis, Cena detur.* Truc. 2, 4, 8 *salve: hicin cenas hodie, salvos quom advenis?* und der damit zusammenhängende Scherz Curc. 561 . . *salve: salvos quom advenis In Epidaurum, hic hodie apud me nunquam delinges salem.* In Trucul. 1, 2, 27 ist in dieser Formel *quoniam* besser beglaubigt als *Quom*, da *quoniam* ACD haben; *qm̄* B, was ebenso *quoniam* als *quom* bedeuten kann. Sehr ansprechend hat Kiessling, Jahrbb. für Philolog. 1868 p. 623 mit Einschiebung des in andern Stellen

dieser Art nicht fehlenden *salvos* geschrieben *quid agis? :: valeo
et validum teneo. Peregré [salvos] quoniam advenis cena detur.*
Schützen wollte *Quom* Usener, Prooem. Scholar. Gryphiswald.
1865 p. 11. In dieser Formel wurde auch *Quando* angewendet,
wie man aus Trin. 991 sieht — *salvos quando quidem advenis,
Di me perdant si te flocci facio an periisses prius.* An einer
Stelle dieser Art ist nach der Ueberlieferung der Mehrzahl der
Handschriften *Quom* vermuthet worden: Trucul. 2, 4, 19 *benene
ambulatumst? :: huc quidem hercle ad te bene, Quom tui videndi
copiast.* Hier haben BCD *quam*, woraus Bothe, da diese Verschreibung so ungemein häufig ist, *quom* machte. Aus dem A
hat sich *quia* ergeben, allein es ist sehr möglich, dass hier die
den Codd. BCD zu Grunde liegende Recension eine andere Lesart
enthielt und *quom* hatte. Das Ansehn objectiver Gründe haben
auch folgende Causalsätze mit *Quom* Trin. 617 *o ere Charmide[s],
Quom absenti hic tua res distrahitur tibi, utinam te redisse salvom
videam,* wo C und FZ *quoniam* haben. Pseud. 822 *hoc hic quidem
homines tam brevem vitam colunt, Quom hasce herbas huiusmodi
in suum alvom congerunt.* Rud. 1234 *isto tu's pauper, quom nimis
sancte piu's.* Truc. 1, 2, 50 *em istoc pol tu otiosu's, Quom et illi
et hic pervorsus es.* Mercat. 577 *scio pol te amare, quom istaec
praemonstras mihi.* Rud. 244 *tu facis me quidem vivere ut nunc
velim, Quom mihi te licet tangere,* wo die Codd. *quam* haben;
quando Weise.

Db. Causal, Indicativ, Präsens: dem Realgrund
ist eine Bedingtheit beigemischt. Capt. 280 tum igitur
ei quom in Aleis est tanta gratia ut praedicas, Quid
divitiae, suntne opimae? Plautus 5.

In anderen Stellen mischt in die Causalbedeutung von *Quom*
sich diejenige einer Bedingung, doch behält die Aussage ihren
objectiven Charakter, da der Inhalt derselben als wirklich existi-
render angenommen wird. Capt. 280 *tum igitur ei quom in Aleis
est tanta gratia ut praedicas, Quid divitiae, suntne opimae?* und
Casin. prol. 7 *[atqui] antiqua opera et verba quom vobis placent,
Aequomst placere ante [alias] veteres fabulas.* Vgl. Ritschl Parerg.
1, 200. Auch nach *arbitror* findet sich *Quom* mit dem Indicativ
in diesem Sinn einer formell bedingt ausgedrückten, aber als
real gesetzten Aussage, so Pseud. 476 *quid censes? :: edepol me-*

rito esse iratum arbitror, Quom apud te tam parvast ei fides.
Hier hat Ritschl den Conjunctiv für möglich gehalten *tam parvi
eius stet fides* oder *tam parva sit fide.* Ferner Merc. 521 *bonae
hercle te frugi arbitro, a matura iam inde aetate Quom facere
officium scis tuum.*

D C. Causal, Indicativ, Präsens: logischer Grund.
Amph. 1134 multo adeo melius quam illi, quom sum
Juppiter. Plautus 8.

Dem Ausdruck des logischen Grundes sind schon mehr angenähert folgende Fälle: Stich. 81 *faciant: quid mihi opust decurso
aetatis spatio cum [m]eis Gerere bellum, quom nil quamobrem id
faciam meruisse arbitror.* Hier wollte auch Lambin *arbitrer*, doch
ist diess eben gegen den Sprachgebrauch des Plautus, nach welchem
auch diese Form des Grundes noch objectiv aufgefasst wird.
Ebenso Most. 29 *nam ego illum corruptum duco, quom his factis
studet.* Amph. 1134 *multo adeo melius quam illi, quom sum Juppiter.* Auch hier hat man die Structur von *Quom* mit dem Indicativ angefochten, welche in B überliefert ist. Die Pall. 1. 2.
5. 6 haben *qui sum*, die frühere Vulgate (Bothe, Weise) hat *quom
sim.* Sehr richtig hat Holtze (Ausg. 1846) und Fleckeisen *quom
sum* hergestellt. Andere Stellen dieser Art, wo das spätere Latein
den Conjunctiv, oder statt *Quom* eine andere Causal-Conjunction
verlangt haben würde, sind Truc. 2, 1, 52 *nec satis accipimus,
satis quom quod det non habet.* Cistell. 1, 1, 117 *amiculum hoc
sustolle saltem. : : sine trahi, quom egomet trahor.* Trin. 900 *mihi
quoque edepol, quom hic nugatur, contra nugari lubet,* wo F *quoniam* hat. An einer Stelle ist der Anschein, als ob *quom* mit
Indicativ nicht richtig überliefert sei, sehr bestechend; allein
dennoch wird hier an der Ueberlieferung festzuhalten sein. Asin.
160 *te . . . ut merita's de me . . . tractare exequar, Quom
tu me[d] ut meritus sum non tractas, quae [me] eicis domo.* Hier
hat Fleckeisen *Quoniam tu me* vorgezogen, obschon *Quom* in B
überliefert ist. *Quom tu me[d]* ist von Bothe vorgeschlagen und
gebilligt von Ritschl, Neue Plautin. Excurse S. 35. Es gehört
ebenfalls hierher Most. 1156 . . . *illum prodire pudet in conspectum
tuum Propter ea quae fecit, quom te scire scit* wie Ritschl die
Stelle aus mannigfachen Varianten richtig hergestellt hat.

Dd. Causal, Indicativ, Perfect: Realgrund bezeichnend. Poenul. 5, 3, 18 tua pietas plane nobis
auxilio fuit, Quom huc advenisti ho[ce]die in ipso
tempore. Plautus 4.

Wir gehen jetzt zum Perfectum über. Auch hier haben wir
zunächst eine Reihe von Beispielen zu vermerken, wo der Satz
mit *Quom* noch wesentlich den Realgrund enthält; er stellt hier
ein Ereigniss zeitlich neben das andere, aber die zeitliche Berüh-
rung beider gewinnt die Bedeutung des causalen Zusammenhangs.
Capt. 423 *ergo quom optume fecisti, nunc adest occasio Benefacta
cumulare.* Pseud. 906 *(di) iam mihi Caludorum volunt servatum
esse et lenonem extinctum, Quom te adiutorem genuerunt mihi tam
doctum hominem atque astutum.* Poen. 5, 3, 18 *tua pietas plane
nobis auxilio fuit, Quom huc advenisti ho[ce]die in ipso tempore;*
so hergestellt von Ritschl, Neue Plautin. Excurse S. 93. Curc.
105 *sed quom adhuc naso, odos, obsecutu's meo, Da vicissim
meo gutturi gaudium.* Diess sind die vier Beispiele dieses Idioms
im Perfect bei Plautus.

De. Causal, Indicativ, Perfect: den logischen
Grund bezeichnend. Asinar. 82 quom me adiit ut pudentem gnatum aequomst patrem, Cupio esse amicae
quod det. Plautus 4.

Die subjective Causalität des logischen Grundes tritt schon
deutlich genug in Fällen, wie die folgenden hervor. Asin. 80
*praesertim quom is me dignum quoi concrederet Habuit, me
habere honorem eius ingenio decet,* wo *praesertim* schon auf die
vollständig entwickelte Bedeutung der Causalität hinweist.
Asin. 82 *quom me adiit ut pudentem gnatum aequomst patrem,
Cupio esse amicae quod det argentum suae.* Asin. 111 *(nemost
quem metuam) quom tu mihi tua Oratione omnem animum ostendisti tuum.* Hier wollte Weise *quando tu tua.* Eine Stelle, in
welcher *Quom* streitig ist, ist Capt. 430, wo der B hat: *et quo
minus dixi quam volui de te, animum advortas volo.* Die Pall.
1. 4. 5. 6 haben *quod minus,* was Weise angenommen hat. Brix
vertheidigt *quo minus,* durch Vergleichung von Terenz Andr. 4, 1,
31 *quo tu minus scis aerumnas meas.* Indessen hat wohl Fleckeisen an beiden Stellen mit Recht *quom minus* geschrieben. Das

Verderbniss von *quom* in *quo* lag vor *minus* sehr nahe und *quo minus* würde hier ohne einen, doch nöthigen, correlativen Begriff bleiben. Plautus hat 4 Beispiele dieser Gattung im Perfect.

Mit dem Imperfectum Indicativi haben wir in der Causal-Bedeutung kein Beispiel anzumerken.

Df. Causal, Indicativ, Präsens: bei Terenz. Phorm. 1, 4, 30 quom hoc non possum, illud minus possem. Terenz 3.

Bei Terenz haben wir mit dem Präsens zunächst ein Beispiel eines Realgrundes Andr. 4, 1, 31 *immo etiam quo[m] tu minus scis aerumnas meas, Haec nuptiae non adparabantur mihi*, wo die Codd. und Donat *quo tu* haben, aber Fleckeisen mit Recht *quom* geschrieben hat. Der Grund ist hier offenbar als Realgrund zu fassen, nicht als logischer Grund, da das Verhältniss zwischen Grund und Folge hier nicht ein nur durchs Denken vermitteltes ist. Es folgen dann zwei Fälle, in denen der Causal-Bedeutung die einer Annahme beigemischt ist. Hecyr. 4, 1, 53 *nam ut hic laturus hoc sit ... Non edepol clam me est, quom hoc quod leviust tam animo irato tulit.* Phorm. 1, 4, 30 *quom hoc non possum, illud minus possem.*

An einer andern Stelle hat Fleckeisen gewiss mit Unrecht ein causales *Quom* gegen die Handschriften herzustellen versucht, während sich das handschriftliche *Quo* durchaus glaubhaft zeigt. Adelph. 4, 5, 70 *tu potius deos conprecare: nam tibi eos certo scio, Quo vir melior multo es quam ego, obtemperaturos magis.*

Terenz also hat vom Präsens in diesem Idiom 3 Beispiele.

Dg. Causal, Indicativ, Perfect: bei Terenz. Hecyr. 2, 1, 33 quae hic erant curares, quom ego vos curis solvi ceteris. Terenz 3.

Mit dem Perfect finden wir das causale *Quom* bei Terenz zunächst in ein Paar Fällen zur Bezeichnung des Realgrundes verbunden. Andr. 3, 2, 7 *deos quaeso ut sit superstes, quandoquidem ipsest ingenio bono, Quomque huice veritust optumae adulescenti facere iniuriam.* Es ist daher auch *quom* in folgendem Fall nicht anzuzweifeln Hecyra 5, 1, 37 *nunc quom ego te esse praeter nostram opinionem comperi, Fac eadem sis porro*, wo Fleckeisen *quam ego te esse* geschrieben hat. Dieselbe Objectivität des Grundes besteht auch Andr. alter exitus 10 *nunc quom copia et fortuna utrique ut obsequerer dedit, Detur.*

Als logischen Grund mag man auffassen Hecyra 2, 1, 33 *quae hic erant curares, quom ego vos curis solvi ceteris.* Terenz hat also vom Perfect in diesem Idiom 3 Beispiele.

Mit dem Imperfect hat Terenz keine dergleichen Beispiele.

Bei Plautus Indicativ nach *Quom* causale.

Präsens,	Realgrund bezeichnend **Da**	8
„	Realgrund mit Bedingtheit **Db** . . .	5
„	logischer Grund **Dc**	8
Perfect,	Realgrund **Dd**	4
„	logischer Grund **De**	4
	Summe	29

Bei Terenz Indicativ nach *Quom* causale.

Mit dem Präsens **Df**		3
Mit dem Perfect **Dg**		3
	Summe	6

An die causale Bedeutung von *Quom* schliesst sich die entgegensetzende an. Auch diese geht aus der temporalen hervor. Wenn zwei Ereignisse in der Zeit coincidiren, so können sie leicht als gegensätzliche aufgefasst werden. Der Gegensatz ist entweder eine einfache Gegenüberstellung, ein adversatives Verhältniss, („während“), wobei theils die Subjecte der Handlungen, theils die Umstände, unter denen dieselben geschehen, theils die Handlungen selbst in Ziel und Zweck einander entgegengesetzt werden, oder aber der Gegensatz ist ein gesteigerter, insofern als die Handlung des Nebensatzes Etwas aussagt, welches an und für sich die Ursache des Gegentheils von der Thatsache des Hauptsatzes sein müsste; diess ist das concessive Verhältniss („obgleich“). Auch die letztere Bedeutung ist in der Conjunction schon zu Plautus Zeit ganz klar und bestimmt ausgebildet. Der Indicativ ist in beiden Bedeutungen bei Plautus und Terenz noch der durchaus herrschende Modus, was so viel heisst, als, dass der Gegensatz noch als ein rein objectiver realer, nicht durch das Denken vermittelter aufgefasst wurde. Denn das ist ja überhaupt die hervorstechendste Eigenthümlichkeit der älteren Sprache im Gegensatze zur späteren, dass sie das Sein der Aussenwelt noch viel mehr durch die Anschauung als durch die Reflexion sich zu eigen macht.

Ea. Adversativ, Indicativ, Präsens. Menaechm. 831 hei mihi, insanire me aiunt, ultro quom ipsi insaniunt. Plautus 10.

Wir betrachten nun zunächst das adversative *Quom* mit den verschiedenen Temporibus. ' Die Art der Entgegensetzung kann eine sehr mannigfache sein. So wird das Subject der Handlung dem Subject entgegengesetzt Men. 831 *hei mihi, insanire me aiunt, ultro quom ipsi insaniunt.* Aehnlich ist der Gegensatz gefasst Most. 251 *quid opust speculo tibi, quom tute speculo's specimen maxumum,* wo Ritschl sehr richtig *quom* geschrieben hat, statt *que* und *quae* der Handschriften. Ferner Stich. 35 *an id doles, soror, quia Illi suum officium non colunt, Quom tu tuum facis? :: ita pol.* Oder es werden die Handlungen selbst eine der anderen entgegengesetzt in Absicht auf Erfolg, moralischen Werth oder nähere Umstände. Capt. 724 *ibi quom alii octonos lapides ecfodiunt, nisi Cotidiano sesquiopus confeceris ... Most. 168 quid tu te exornas, moribus lepidis quom lepida tute's?* Bacch. 1122 *— pastor harum Dormit, quom eunt sic a pecu palitantes.* Pseud. 1145 *set tu bone vir flagitare saepe clamore in foro, Quom libella nusquamst.* Hierher gehört auch eine Stelle Stich. 29, in welcher bisher in Folge einer Corruptel *Quom* zu einem Conjunctiv gezogen wurde, während durch eine leichte und nothwendige Aenderung dasselbe vielmehr mit einem anderen, indicativischen Prädicat verbunden, und der Conjunctiv von einem fragendem *ut* abhängig wird. Die Stelle ist durch den schönen Vorschlag von O. Seyffert, Philologus Bd. 25, 442, ein *ut* einzuschieben, von ihrem Hauptfehler befreit:

> 29　nam viri nostri domo ut abierunt,
> 　　　hic tertiust annus. :: ita ut memoras:
> 　　　quom ipsi interea [ut] vivant, valeant,
> 　　　ubi sint, quid agant, ecquid pariant,
> 　　　neque participant nos neque redeunt.

Bevor hier V. 31 *ut* eingeschoben ward, pflegte man *quom interea* mit *vivant, valeant* zu verbinden (z. B. Fabian 1844. p. 11 und 16) und in diesem Beispiel einen Beleg für den Gebrauch des adversativen *Quom* mit dem Conjunctiv zu erblicken. Allein schon der Zusammenhang des Sinnes steht dem entgegen, da die Ehefrauen durchaus unbekannt mit dem Loos ihrer Gatten sind und nicht vorwurfsvoll erwähnen können, dass diese Nichts von sich hören liessen, während sie doch lebten und es ihnen wohl erginge. Ein ähnliches *Quom* Truc. 1, 1, 37 *atque haec celamus damna nos industria, Quom rem fidemque nosque nosmet perdimus* und ferner Truc. 1, 1, 40 *quos quom celamus si faximus conscios*, wo O. Seyffert, Philol. 25, 464 nicht richtig *quom* in *nunc* verwandeln will. An einer Stelle ist *Quom*, welches in den Codd. fehlt, wahrscheinlich einzuschieben. Truc. 1, 1, 11 *ob eam tres noctes dantur, [quom] interea loci [Orando] aut aera aut vinum aut oleum aut triticum Templat, benignusne an bonae frugi sies.* Hier hat *[quom]* Geppert eingeschoben, *[Orando]* ist Seyfferts Ergänzung, Philolog. Bd. 25 S. 464. Ein eigenthümlicher Fall ist Trin. 807 *diem conficimus quod iam properatost opus*, wo *quod* die Codd. bieten, was auch Ritschl aufgenommen hat, während *quom* von Fleckeisen und Brix in den Text gesetzt ist. Die Structur von *Quod* an dieser Stelle ist durchaus nicht ohne Analogie bei Plautus und daher ist die Lesart der Codd. wohl beizubehalten. Wenn wir die letzten beiden Beispiele bei Seite lassen, so bietet Plautus 10 Beispiele des adversativen *Quom* mit dem Indicativ im Präsens.

Eb. **Adversativ, Indicativ, Perfect und Imperfect.**
Persa 173 ovis ... probe litteras sciret, Quom meum ingenium ... tu nondum etiam edidicisti. Plautus 2.

Für das Perfectum bietet Plautus weit weniger Belege. Zunächst liegt hier eine Stelle vor, wo es zweifelhaft ist, ob *quom interim*, was die Handschriften haben, oder nur *quom* zu schreiben sei: Persa 173 *ovis si in ludum iret, potuisset fieri ut probe litteras sciret, Quom meum ingenium fans atque infans tu nondum etiam edidicisti.* Hier haben die Codd. *quom interim*, doch hat Ritschl da *quom interim* auch im vorhergehenden Verse (172) überliefert ist, das letztere Wort beseitigt. O. Seyffert, von welchem auch die schöne Vermuthung *ovis* statt *qui* des A und *cuis* des B herrührt, hat mit Ansetzung anapästischer Octonare die Schreibung der Handschriften beibehalten. Indessen ist doch wohl die Wiederholung von *interim* in zwei aufeinanderfolgenden

Versen nicht der Kunst des Plautus zuzutrauen. In einem anderen
Fall, wo dieses Idiom vorzuliegen schien, ist einer anderen Les·
art der Vorzug gegeben. Rud. 578 schrieb Fleckeisen . . . *eho
an te paenitet, In mari quom [hac noctu] elavi, ni hic in terra
iterum eluam?* Indessen führen die Lesarten der Handschriften
q, B qd C, welche Lorenz, Philol. Bd. 28, 184 mittheilt, eher
auf *quia* und *quod;* auch hat Lorenz richtig erkannt, dass
der Satz, dessen Verbum *elavi* ist, der Subjectssatz zu *paenitet*
ist, also wahrscheinlich nach Plautinischem Sprachgebrauche die
Conjunction *quia* hatte. Mit Einschiebung von *semel* schreibt er
scharfsinnig: *eho, an te paenitet, In mari quia [semel] elavi, ni hic
in terra iterum eluam?* Wenn also diess Beispiel nicht mitge-
zählt werden kann, so haben wir für dieses Idiom mit dem Perfect nur eine Stelle bei Plautus.

Mit dem Imperfect ist adversatives *Quom* an einer Stelle
verbunden, Capt. 244, wo zwar *quod*, nicht *quom*, in B überliefert
ist, aber *quom* jedenfalls herzustellen ist, wie schon Fleckeisen
und Brix gethan haben: *quom antehac pro iure imperitabam meo,
nunc te oro per precem.*

Ec. Adversativ, Indicativ; bei Terenz 2 Bei-spiele.

Bei Terenz ist das adversative *Quom* nur selten; wir haben
zwei Beispiele des Präsens, die keinerlei Schwierigkeiten oder
Eigenthümlichkeiten bieten, anzumerken: Phorm. 2, 2, 25 *lene
asumbolum venire unctum atque lautum e balineis, Otiosum ab
animo, quom ille et cura et sumptu absumitur!* Phorm. prol. 23
*de illo iam finem faciam dicendi mihi, Peccandi quom ipse de se
finem non facit?*
Wir gehen nun zu der zweiten Art des entgegensetzenden
Quom über, welche eine Steigerung des Gegensatzes zeigt. Hier
bezeichnet *Quom* nicht nur die einfache Gegenüberstellung, sondern deutet ein Ereigniss an, aus welchem eigentlich das Gegentheil dessen hätte folgen sollen, was der Hauptsatz als eingetreten oder eintretend bezeichnet. Diess *Quom* also, das den
Grund des Gegentheils ausdrückt, deckt sich mit unserem
„obgleich." Diese Bedeutung ist an der Partikel in Plautus' Zeit
schon auf das allerbestimmteste entwickelt; man darf nicht
behaupten, dass die Bedeutung dieses gesteigerten Gegensatzes

vom Sprachgefühl noch nicht empfunden worden sein könne, weil diese Sätze noch den Indicativ haben.   In einer Aussage wie diese Capt. 255 *qui cavet ne decipiatur, vix cavet, quom etiam cavet* oder Rud. 378 *cavistin ergo tu atque erus ne abiret, quom scibatis?* ist die concessive Beziehung sehr deutlich entwickelt, so klar wie nur immer in dem späteren Latein.   Wenn nun aber doch der Modus nicht derselbe ist, wie ihn das spätere Latein für diese Fälle fordert, so liegt diess nicht, wie vielfach von den Neueren geglaubt ist, in einer noch mangelhaften Entwickelung der Bedeutung der Conjunction, in einem Ueberwiegen der temporalen Bedeutung über die concessive, sondern einzig und allein darin, dass das ältere Latein diese Entgegensetzung noch als eine rein thatsächliche, objective auffasst, und den Gegensatz noch nicht ins Denken verlegt.   Es ist also vielmehr eine noch primitive Entwickelungsform der Syntax des Modus, in Folge deren hier noch der Indicativ beibehalten erscheint, als die noch nicht zu ihrem ganzen Umfang gelangte Bedeutung der Conjunction.   Allerdings ist die Feststellung der Thatsache sehr interessant, dass in der Plautinischen Zeit noch vielfach jener Subjectivismus der Sprache fremd war, welcher ihre spätere Syntax durchdringt.

Fa. Concessiv, Indicativ, Präsens.   Capt. 255 qui cavet ne decipiatur, vix cavet, quom etiam cavet. Plautus 11.

Wir geben nun die Uebersicht der Beispiele vom concessiven *Quom* mit dem Indicativ.   Was zunächst das Präsens anlangt, so bietet Plautus eine Reihe wichtiger Beispiele.   Das concessive Verhältniss ist entweder ein solches, worin der Gegensatz der beiden Glieder als durch zufälliges Zusammentreffen veranlasst erscheint, oder ein solches, worin eine gewisse Nothwendigkeit oder Absicht waltet.   Zu der erstern Art sind Fälle zu zählen, in denen noch die temporale Bedeutung von *Quom* einigermaassen durchblickt.   Aul. 1, 3, 35 (113 Wagner) *nam nunc, quom celo sedulo omnes ne sciant, Omnes videntur scire.*   Bacch. 1005 *satis sic suspectus sum, quom careo noxia.*   Bacch. 1139 *ne balant quidem, quom a pecu cetero absunt.*   In einem Fall dieser Art ist *quom* nicht ganz sicher Merc. 919 -*ego stultior, Qui isti credam, quom moratur.* Die Codd. haben *commoratur.* Ritschl hält nächst *quom moratur* auch *qui moratur* für möglich. Schärfer erscheint der Gegensatz da, wo entweder eine Absicht vorliegt, welche ein Hinderniss überwindet, oder ein Hinderniss, das eine Absicht vereitelt. Häufig ist hier der Ausdruck durch *tamen* oder *tam* oder ähnliches verstärkt. So z. B. die Absicht im Haupt-, das Hinderniss im Nebensatze: Stich. 123 *quae — videtur — sapientissuma? : : Quae tamen, quom res secundae sunt, se poterit gnoscere.* Stich. 745 ... *nam ita ingenium muliebre est: Bene quom lauta tersa ornata fictast, infectast tamen.* Die vereitelte Absicht im Nebensatz, das Hinderniss im Hauptsatz Rud. 383 - *qui it lavatum In balineas, quom ibi sedulo sua vestimenta servat, Tam subrupiuntur.* Capt. 255 *qui cavet ne decipiatur, vix cavet, quom etiam cavet.* Poenul. 1, 2, 26 *nam quom sedulo munditer nos habemus, Vix aegreque amatorculos invenimus.* Den Begriff einer trotz eines Hindernisses festgehaltenen Sitte finden wir Truc. 1, 2, 89 (95) *si illud quod volumus dicitur, palam quom mentiuntur, Verum esse insciti credimus.* Most. 858 *servi qui quom culpá carent, tamén malúm métuont, Hi solent esse éris utibiles,* eine Stelle, die Studemund, Festgruss der Würzb. Phil. Gesellsch. an die Philologen-Versammlung (1868) p. 55 richtig constituirt hat. An einer Stelle scheint concessives *Quom,* das in den Codd. fehlt, durch Ritschl vollständig mit Recht in den Text eingesetzt Pseud. 297 *qui suum [quom] repetunt, alienum reddunt nato nemini.* Einer sehr unsichern Vermuthung zufolge würde auch Poen. 3, 2, 11 ein Beispiel dieses *Quom* vorliegen: *di te perdant. : : vos quidem commendo, quom quiqui tamen Et bene et benigne facitis ...,* wie Weise geschrieben hat. Doch ist aus den starken Verderbnissen der Codd. an dieser Stelle noch kein sicherer Emendations - Vorschlag hervorgegangen. Rechnen wir auch Pseud. 297 als nicht ganz sicher ab, so bleiben für dieses Idiom im Präsens bei Plautus 11 Beispiele.

Fb. Concessiv, Indicativ, Perfect. Bei Plautus 1 Mal.

Vom Perfect hat Plautus ein Beispiel in diesem Idiom: Trucul. 4, 4, 35 *quia quom multum abstulimus, haut adparet multum quod datumst.* Spengel hat freilich den Vers unter Beibehaltung von *Quom* in temporaler Bedeutung stark verändert

[quom cupitum] abstulimus, hau [cupitum] adparet quod datumst.
Diese Aenderung ist immerhin ganz elegant, allein auch der Sinn
der überlieferten Fassung ist nicht verwerflich und unhaltbar.

Fc. Concessiv, Indicativ, Imperfect. Bei Plautus
1 Mal.

Ebenso ist auch vom Imperfectum in dieser Structur nur ein
Beispiel vorhanden Rud. 378 *cavistin ergo tu atque erus ne abiret,
quom scibatis?*

Fd. Concessiv, Indicativ, Präsens. Bei Terenz
1 Beispiel.

Bei Terenz zeigt sich in Bezug auf dieses Idiom eine Aenderung im Sprachgebrauch. Er hat überhaupt nur ein einziges
Beispiel des concessiven *Quom* mit dem Indicativ Präsentis:
Eun. 2, 2, 11 *omnia habeo, neque quicquam habeo: nil quomst,
nil defit tamen.*

Wir geben nun die Tabelle für das adversative und concessive
Quom bei Plautus und Terenz. Auch aus ihr erhellt, wie bei
Plautus das Idiom noch verhältnissmässig viel stärker vertreten
und viel mehr in Gebrauch ist, als bei Terenz.

Bei Plautus Indicativ nach:

Quom adversativum,	Präsens **Ea**	. . . . . .	10
„	„	Perfect und Imperfect **Eb**	2
Quom concessivum	Präsens **Fa**	. . . . .	11
„	„	Perfect u. Imperf. **Fb, Fc**	2
		Summe	25

Bei Terenz Indicativ nach:

Quom adversativum **Ec**	. . . .	2
„ concessivum **Fd**	. . . .	1
	Summe	3

§ 8.

Der Gebrauch des Conjunctivs nach causalem und adversativem Quom bei Plautus und Terenz.
(Ga — Gl).

Wir haben durch diese Uebersicht die Ueberzeugung gewonnen, dass namentlich bei Plautus der Modusgebrauch des causalen, adversativen und concessiven *Quom* ein noch vielfach und wesentlich anderer ist, als im späteren Latein; der Indicativ erscheint noch so sehr als der herrschende und regelmässige Modus für diese Structur, dass sich alsbald die Frage einstellt, ob denn der Conjunctiv überhaupt schon in dieser Structur bei Plautus vorkomme. Entweder zeigt er sich in viel beschränkteren Grenzen als später, oder sein Anfang fällt überhaupt erst nach Plautus. In jedem Falle ist uns auch hier wieder der seltene Glücksfall geboten, dass wir die Entstehung und die ersten Anfänge eines wichtigen und bedeutenden syntaktischen Idioms belauschen können. Die Erklärung des Conjunctivs im Causal- und Adversativsatz hat zwar an sich durchaus nicht die Schwierigkeit, wie sie z. B. für die Erklärung des Conjunctivs der Nebenzeiten in der directen Rede vorliegt, denn der Causalsatz und die verwandten Structuren sind ihrer Natur nach geeignet, aus rein objectiver Auffassung in die subjective überzugehen, ihr Inhalt, obschon real, kann doch durch die innerliche Verbindung, welche ihm der Redende mit einer anderen Thatsache giebt, als ein in der Vorstellung gesetztes Sein erscheinen. Der Grund, der Gegensatz und ähnliche Kategorien sind Erzeugnisse des Denkens, und wenn diese Begriffe dem Bewusstsein wichtiger werden, als die Thatsächlichkeit des Seins, an dem sie haften, dann fühlt es das Bedürfniss, dieselben durch den Modus der Subjectivität auszudrücken.

Wir werden nun, um Klarheit über die Entstehung des Conjunctivs in jenen Structuren zu erhalten, wieder genau das Vorkommen desselben bei Plautus und Terenz untersuchen und statistisch zur Uebersicht bringen. Es ist nun aber zunächst hier eine Scheidung zu machen; nämlich nicht ein jeder Conjunctiv nach *Quom* causale oder adversativum darf als Beispiel des fraglichen Idioms angesehen werden, da nicht immer ein solcher Conjunctiv von der Conjunction und ihrer Bedeutung für den Satz abhängt. Sehr oft ist der Modus durch den Gesammtcharakter der Rede, welche Oratio obliqua, oder sonst schon subjectiv gefasst ist, veranlasst, sehr häufig steht der Conjunctiv als freier Conjunctiv, der eine Seinsbeschaffenheit des Prädicats an sich bezeichnet, ohne dass er mit dem Charakter des Satzes als Causal- oder Adversativsatz zusammenhängt, z. B.

Trin. 886   quia, pater, . . .
concubium sit noctis prius quam ad postremum perveneris

ist der Conjunctiv ein freier, d. h. von der Partikel ganz unabhängiger Conjunctiv, welcher auch im selbständigen Satze stehen würde. Gleichfalls ist der Conjunctiv von der Causalpartikel unabhängig Pseud. 336 - *sic: quia Si ego emortuos sim, Athenis te sil nemo nequior,* und er würde ebenso unabhängig sein, wenn statt *quia* vielmehr *quom* stände. Es ist hier ebenso wie bei den oben besprochenen Conjunctiven der Temporalsätze: nur diejenigen Conjunctiv-Beispiele dürfen als wirkliche Belege des Idioms gelten, die in directer objectiver Rede einen von der Partikel selbst und von dem Causalcharakter des Satzes hervorgerufenen Conjunctiv enthalten. Es ist grade bei dieser Art von Sätzen häufig sehr schwer, die Grenzlinie zwischen einem aus der Natur des Causalsatzes und einem anderweitig veranlassten Conjunctiv zu ziehen, hauptsächlich desshalb, weil der Charakter der indirecten Rede in seiner Uebertragung auf Nebensätze der indirect dargestellten Hauptsätze in keine scharfen Grenzen gefasst ist, allein eben desshalb werden wir hier mit der grössten Vorsicht verfahren müssen, und es wird sich uns stets für den einzelnen Fall und dann auch für das Ganze eine bestimmte Lösung der Schwierigkeiten ergeben.

Ga. Causal, Conjunctiv, Präsens: von Sätzen mit Ut und Quin abhängig. Bacch. 907 ut eum dictis plurumis Castigem, quom haec hic facta ad hunc faciat modum. Plautus 4.

Die Formen der subjectiv gefassten Rede, innerhalb deren der Causalsatz durch Assimilation in den Conjunctiv übergehen

Wir dürfen also sagen, dass dem Plautus sowohl das causal-adversative *Quom* wie das temporale mit dem Conjunctiv in directer Rede noch unbekannt war, und dass wir die Entstehung und Ausbildung beider für die Lateinische Sprache so charakteristischer Idiome innerhalb einer durch die Litteratur uns ganz zugänglichen Zeitepoche Schritt für Schritt verfolgen und beobachten können.

Wir haben nunmehr dieselbe Untersuchung auch auf Terenz auszudehnen. Es hatte schon oben sich uns herausgestellt, dass der Gebrauch dieses Dichters im assimilirten Conjunctiv nach *Quom* ein bedeutend verschiedener von demjenigen des Plautus war; es folgt aus diesem Umstand schon mit einiger Wahrscheinlichkeit, dass auch im Gebrauch des Conjunctivs der unabhängigen Rede nach *Quom* eine entsprechende Verschiedenheit obwalten werde.

61. Causal-adversativ, Conjunctiv, Präsens und Perfect: bei Terenz in der directen Rede von Quom abhängend. Hecyr. 4, 4, 82 nam puerum iniussu credo non tollent meo, Praesertim in ea re quóm sit mi adiutrix socrus. Terenz 2 Mal.

Prüfen wir nur die Beispiele im Einzelnen, so ergiebt sich, dass es bei Terenz zwei Fälle giebt, in denen unzweifelhaft die Structur von causalem und adversativem *Quom* mit dem Conjunctiv im eigentlichsten Sinne vorliegt. Der Conjunctiv ist hier unmöglich als freier Potentialis zu fassen, ebenso wenig kann er aus dem Einfluss des Gesammtcharakters der Rede abgeleitet werden; er ist vielmehr ausschliesslich durch den Charakter des Satzes als Causalsatz bedingt und hängt mit der Bedeutung von *Quom* aufs Engste zusammen. Die beiden Beispiele gehören zwei verschiedenen Temporibus an, eines dem Präsens und eines dem Perfect.

Hecyr. 4, 4, 82 nam puerum iniussu credo non tollent meo,
praesertim in ea re quom sit mi adiutrix socrus.

Hier ist *credo*, wie meist bei den Komikern, parataktisch gesetzt, hat also auf die Structur keinen Einfluss, es wird Niemand so kühn sein wollen zu behaupten, dass wenn auch dieses Wort grammatisch in keinem Zusammenhang mit dem Uebrigen stehe, es doch durch seine logische Bedeutung der Rede einen subjectiven Charakter gebe, durch dessen Einfluss der Conjunctiv hervorgerufen sei.   Vor einer so künstlichen und gezwungenen Auffassung warnt uns das zweite Beispiel bei Terenz, welches im Perfect steht:

Adelph. 2, 1, 11 novi ego vestra haec: 'nollem factum: dabitur iusiurandum, indignum
te esse iniuria hac', indignis quom egomet sim acceptus modis.

In dieser Form ist die Stelle, in welcher die Codd. etwas abweichen, hergestellt von A. Richter, Donati comm. quem usum etc. Bonn. 1854 p. 26, hauptsächlich auf Grund des Citats bei Donat Hecyr. 5, 1, 16.   Auch Fleckeisen hat ebenso geschrieben.   Auch in dieser Stelle ist ein Einfluss der indirecten Rede auf die Anwendung des Conjunctivs nicht anzunehmen; die dort angeführten Worte der Gegenparthei stehen mit dem Satz mit *Quom* in keinem grammatischen Zusammenhange.   Wir haben also auch hier ein vollgültiges Zeugniss für den Gebrauch dieses Idioms bei Terenz. Derselbe kennt noch sehr wohl die Structur mit dem Indicativ: wir haben oben davon bei ihm 9 Beispiele kennen gelernt; der Indicativ also bildet noch die Regel; aber die Grenzen zwischen Indicativ und Conjunctiv begannen bereits ungewiss und schwankend zu werden; die Uebertragung des Conjunctivs nach *Quom* auf die directe Rede ist sicher vermittelt durch den Gebrauch desselben in den Sätzen, wo das Prädicat des Hauptsatzes ein Conjunctivus Potentialis ist z. B. Haut. 3, 1, 4 *-celem tam insperatum gaudium, Quom illi pericli nil ex indicio siet?* oder wo der Einfluss der indirecten Rede den Conjunctiv veranlasst hat.   Die Uebersicht über den Gebrauch des Conjunctivs nach causal-adversativem *Quom* in directer Rede wird folgende Tabelle veranschaulichen.

Bei Plautus Conjunctiv in der directen Rede nach *Quom* causale und adversativum.

Das Präsens, scheinbar von *Quom* abhängend, in Wahrheit aber ein Potentialis Gl	3
Das Perfect, scheinbar in directer Rede, in Wahrheit innerhalb der Oratio obliqua Gk	1
Summe	4

Bei Terenz Conjunctiv in der directen Rede nach
Quom causale und adversativum.

Das Präsens und Perfect wirklich von *Quom*
modal abhängend Gl 2

—————
Summe 2

§ 9.

Entwickelung der conjunctivischen Idiome nach Quom bei den gleichzeitigen und nächstfolgenden Autoren.

—————

Wenn sich uns nun aus dieser Untersuchung ergeben hat, dass das causal-adversative *Quom* sich bei Plautus aller Wahrscheinlichkeit nach noch nicht findet, dagegen bei Terenz schon in zwei Beispielen mit Sicherheit angenommen werden darf, ferner dass das temporale *Quom* mit Conjunctiv der Nebenzeiten dem Plautus entschieden fremd ist und bei Terenz nur durch ein Beispiel belegt werden kann, welches aber aus manchen Ursachen ebenfalls nicht richtig überliefert scheinen musste, so fragt sich nun weiter, ob nicht die der Zeit nach diesen beiden Dichtern nahestehenden Schriftsteller weitere Aufklärung über diese beiden damals offenbar in ihrer Entstehung begriffenen Idiome geben können. Derjenige Autor, der nun hier zunächst in Betracht kommt, ist Ennius, der funfzehn Jahre jünger als Plautus, in einer Zeit nach Rom kam, wo Plautus schon seit Jahren thätig für die Bühne gewesen war. Er überlebte freilich den Plautus nur um wenige Jahre und das litterarische Wirken Beider in Rom zieht sich parallellaufend ein Paar Decennien hindurch hin, allein schon wegen des Altersunterschiedes mag Ennius Manches in Sprache und Bildung inniger sich angeeignet haben, was damals in dem Aufschwung geistigen Strebens als neu hervortrat, und was Plautus, seiner einmal fest ausgeprägten Art treu bleibend, vielleicht mit etwas mehr Sprödigkeit behandelte. Auch der Einfluss der aristokratischen Gesellschaftskreise, in denen Ennius verkehrte, der höhere und würdevollere Stil seiner künstlerischen Leistungen muss für die innere Gestaltung seiner Sprache maassgebend gewesen sein, und es wäre eben nur natürlich, wenn wir Manches anders fänden als bei Plautus.

Eine Prüfung der Ennianischen Fragmente in Rücksicht auf die Syntax von *Quom* ist nun freilich in Anbetracht des zum Theil unzuverlässigen Bodens der Ueberlieferung und der Abgerissenheit der Rede in den einzelnen Fragmenten, die meistens keine Gewissheit darüber giebt, ob die mitgetheilten Worte in einem grösseren Zusammenhang standen oder nicht, eine missliche Sache, allein es scheint fast, als ob ein günstiges Schicksal uns gerade hier eine kostbare Belehrung habe erhalten wollen, deren Werth gewiss auch nicht durch eine über das berechtigte Maass hinausgehende Zweifelsucht und Argwohn geschmälert werden darf. Wir haben zunächst bei Ennius ein Paar Beispiele desjenigen Idioms, welches in seiner Häufigkeit eine so charakteristische Eigenthümlichkeit der Plautinischen Sprache bildet, nämlich den Indicativ Perfecti nach *Quom* in der Erzählung. Durch diese Tempusgebung werden Facta, die eigentlich nur die Geltung von Nebenfactis haben, coordinirt; diess ist eben ein wichtiger und beachtenswerther Zug der alterthümlichen auf das Anschauliche gerichteten Sprache. So sagt Ennius Annal. V. 36 ed. Vahlen *excita quom tremulis anus attulit artubus lumen, Talia conmemorat lacrimans, exterrita somno*, wo das spätere Latein *attulisset* gesagt haben würde. Ein anderes wegen des fehlenden Zusammenhangs nicht so klares Beispiel ist Annal. V. 17 *quom veter occubuit Priamus sub Marte Pelasgo*. Diese Beispiele würden mit dem Plautin. Sprachgebrauch stimmen. Ebenso Annal. V. 223 *quom neque Musarum scopulos quisquam superarat, Nec dicti studiosus erat* und Annal. 28 *quom saevo obsidio magnus Titanu' premebat*, wo *premebat* auf einen dauernden Zustand, einen längeren Zeitraum zu beziehen ist. Allein ganz abweichend von dem Sprachgebrauch der damaligen Zeit und gleichsam als erster Vorbote des sich in weiterem Verlauf der Sprachentwickelung nun schnell ausbildenden Idioms, steht ein Fall da, dessen Erhaltung wir in der That als einen seltenen Glücksfall zu begrüssen haben. Nämlich Lactantius Placidus in den Scholien zu Statius' Thebais zu den Versen XI, 55, wo der Tod des Trompeters Enipeus beschrieben wird: — *fugit in vacuas iam spiritus auras, Jam gelida ora tacent, carmen tuba sola peregit*, bemerkt, dass diese Beschreibung aus Ennius entlehnt sei; wenigstens der charakteristische Zug, dass das Instrument, nachdem der urplötzliche Tod den Mann entseelt hatte, noch den einmal hineingehauchten Ton bis zu Ende habe verklingen lassen. Die Verse des Ennius lauten (V. 508 ed. Vahlen):

> Quomque caput caderet, carmen tuba sola peregit
> et pereunte viro raucum sonus acre cucurrit.

Es kommt nun hier auf die Zuverlässigkeit der Lesart sehr viel an, denn es wird Jedem, der diese Verse ansieht und die Analogie des Tempusgebrauches nach *Quom* in der damaligen Zeit bedenkt, die Vermuthung nahe liegen, dass Ennius *cecidit* geschrieben habe. Um Gewissheit wenigstens über die handschriftliche Ueberlieferung zu erlangen, habe ich die Lesart des Bambergensis des Statius noch besonders untersuchen lassen zu müssen geglaubt. Herr Bibliothekar Dr. Stenglein hat sich mit der dankenswerthesten und freundlichsten Bereitwilligkeit dieser Mühe unterzogen und mir auch über den Codex selbst die nöthigen Notizen gegeben. Die Handschrift führt die Signatur M. IV, 11 und scheint Ende des 10. oder Anfang des 11. Jahrhunderts geschrieben. Die Scholien sind in sehr kleiner und verblasster schwer leserlicher Schrift an den Rand geschrieben, aber so viel lässt sich mit Bestimmtheit behaupten, dass *caderet* und nicht anders in dem Enniusvers zu lesen steht. Der Pariser Puteanus, No. 8051, gleich alt, enthält nur den Text der Thebais ohne Scholien. Unter den übrigen Codices der Kaiserlichen Bibliothek, welche die Direction die Güte gehabt hat für mich nachsehen zu lassen, befindet sich keiner, in welchem sonst Randglossen stehen, der diese Verse enthielte.

Dürfen wir also *caderet* als die beglaubigte Lesart ansehen, so haben wir in diesen Versen das erste Beispiel einer Structur des temporalen *Quom* mit dem Conjunctiv eines Nebenpräteritums. Ein Scheinbedenken, welches gegen die Richtigkeit dieser Auffassung erhoben werden könnte, ist noch mit einem Wort zu erwähnen. Nämlich der Vordersatz *quomque caput caderet,* der in einem inhaltlichen Gegensatz zu dem Nachsatz steht, kann concessiv ausgesagt erscheinen, so dass wir es hier nicht mit einem temporalen, sondern adversativ-concessiven *Quom* und einem davon abhängenden Conjunctiv zu thun haben würden. Allein diese Auffassung widerspricht durchaus demjenigen Zusammenhang der Erzählung, welchen wir nach der bei Statius

vorliegenden Beschreibung auch bei Ennius voraussetzen müssen.
Es war unmittelbar vorher der tödtliche Streich erwähnt, der den
Musiker entseelte, und daran schloss die kräftige und originelle
Beschreibung der, während des Herabsinkens des Hauptes, durch
die Tuba vollendeten Abgabe des Signals. Dieser Gedanke in
der Fassung „und obschon das Haupt fiel . . .‟ würde die kräftige
Einfachheit, die hier so hohen Reiz hat, dadurch beeinträchtigen,
dass dasjenige,· was der Hörer selbst im Stillen zu fühlen an-
geregt werden soll, ausdrücklich im Wort ausgesprochen würde.

Es giebt noch eine zweite Stelle bei Ennius, wo dieses Idiom
vorliegt, obschon bei dieser die Deutung und Lesart nicht so
sicher sind wie bei der ersteren. Macrob. Sat. 6, 1, 14 p. 499
ed. Jan. führt zu dem Vers des Vergil Aen. 3, 587 *et lunam in
nimbo nox intempesta tenebat* den Ennius-Vers an

quom superum lumen nox intempesta teneret.

Hier hat der Neapolitanus *tenebat*, doch kann diess sehr
leicht aus dem unmittelbar vorhergehenden *tenebat* bei Vergil
entstanden sein. Diesen Vers dürfen wir nun aber desshalb nicht
als vollgültiges Zeugniss für das fragliche Idiom ansehen, weil
derselbe in dem Zusammenhang einer indirecten Rede gestanden
haben kann, der Conjunctivus also möglicher Weise durch den
Gesammtcharakter der Rede und nicht durch den Charakter des
Satzes als Zeitsatz hervorgerufen ist.

So bleibt uns denn bei Ennius als der erste Anfang des neu
sich bildenden Idioms nur der Vers *Quomque caput caderet,
carmen tuba sola peregit.* Wir müssen einen Augenblick bei der
Form verweilen, in welcher das Idiom auftritt. Die dem Zeitsatz angehörige Nebenhandlung ist kein zuständliches, eine Dauer
erfüllendes Sein, sondern wird als momentan gedacht. Wir haben
gesehen, dass Plautus sowohl zuständliche Ereignisse, als auch
momentane im Indicativ Imperfecti mit *Quom* temporale verbindet, während im Hauptsatz ein Hauptpräteritum steht, z. B. ein
zuständliches Sein im Vordersatz Amph. 427 -*legiones quom
pugnabant maxume, Quid in tabernaclo fecisti?* Ein momentanes:
Most. 1117 *loquere: quoiusmodi reliqui, quom hinc abibam filium?*
oder Curcul. 541 -*idem ego istuc quom credebam credidi, Te nil
esse redditurum.* Es ist nun bemerkenswerth, dass, indem Ennius
den Conjunctiv in dieser Structur zu gebrauchen anfing, er diesen
nicht bei dem zuständlichen Sein in Anwendung brachte, sondern

bei dem momentanen Sein, indem er dieses dem Hauptereigniss
unterordnete. Das ist nicht zufällig, denn ein zuständliches Sein
konnte länger den Charakter der Objectivität beibehalten, als ein
momentanes. Eben desshalb ist der Conjunctiv in der einen
oben ausführlicher besprochenen Plautusstelle so verdächtig, wo
dieses Idiom in den Handschriften überliefert ist Truc. 1, 2, 61
-quom illuc quod apud vos nunc est apud me haberem. Hier
würde *haberem* auf einen ausgedehnten Zeitraum gehen. Aus
demselben Grund ist auch bei Terenz das Beispiel Eun. prol. 22
nicht glaubhaft: *magistratus quom ibi adesset, occeptast agi.* Es
unterliegt keinem Zweifel, dass der Conjunctiv nach temporalem
Quom sich an denjenigen Aussagen zuerst auszubilden begann,
wo momentane Nebenfacta mit Hauptfactis verbunden wurden.
Diese Thatsache werden wir später bei der Analyse des Wesens
und der Bedeutung dieses Idioms zu berücksichtigen haben.
Wenn wir bei Terenz das bereits von Ennius ausgebildete Idiom
nicht finden, so hat diess darin seinen Grund, dass Terenz noch
im Wesentlichen mit seiner Sprache derselben geistigen und
gesellschaftlichen Sphäre angehört wie Plautus. Es ist die Conversationssprache des gewöhnlichen alltäglichen Lebens, die sie
Beide darstellen, während Ennius sich eine Sprache schuf, die
das Gemüth mit nachhaltiger Regung erfüllen, die künstlerischen
Zwecken dienen und eine über dem Alltagsleben stehende Welt
abspiegeln sollte. Die Structur des temporalen *Quom* mit dem
Conjunctiv ist nicht aus den Schichten des Volksidioms in die
Litteratursprache gedrungen, sondern theilte sich umgekehrt aus
der gewählt(e)ren, von einem künstlerischen Geist durchhauchten
Rede der Umgangssprache mit. Das Idiom des causalen *Quom*
mit dem Conjunctiv freilich ist auch in dieser seiner Entstehung
durchaus von dem temporalen *Quom* verschieden.

Nächst Ennius werden wir unsern Blick zunächst auf Cato
zu richten und zu fragen haben, ob aus dessen Fragmenten sich
ein Beitrag für die Geschichte des Idioms ergiebt.

Die nähere Prüfung der hierher gehörigen Stellen bei Cato
ergiebt in so fern kein bestimmtes Resultat, als bei allen die
Möglichkeit einer Auffassung vorhanden ist, wonach der Conjunctiv durch den Gesammtcharakter der Rede hervorgerufen
oder in einer im Verbum selbst liegenden Bedeutung der sub-

jectiven Bedingtheit veranlasst sein kann. Die Beispiele sind schon um dieser Streitigkeit der Auffassung willen interessant, und vielleicht gelingt es späterer Forschung, über eines oder das andere Gewissheit zu erlangen. Cato sagt in einer Rede gegen Servius Galba bei Gell. 13, 25 (24), 15 p. 27, 2 ed. Jordan: *verum enim vero, cum tantam rem peragier arbitrarer* ... Der verlorene Nachsatz kann leicht ein Verbum sentiendi mit Oratio obliqua enthalten haben, wodurch der Conjunctiv bedingt wurde. Ein kritischer Zweifel liegt vor in der bekannten Erzählung aus den Origines bei Gell. 3, 7, 19 p. 19, 9 ed. Jordan *nam ita evenit, ita* (so Vat., *uti* Regius, ausgelassen von Hertz und Jordan) *quom saucius multifariam ibi factus esset, tamen volnus capiti nullum evenit eumque inter mortuos ... cognovere.* Wenn hier *uti* die richtige Lesart wäre, so würde *eveniret* oder *evenerit* (nach archaischem Sprachgebrauch) zu schreiben sein, und nach diesem mit *eumque* ein neuer Satz anheben; doch ist diess unwahr- scheinlich. Es scheint also doch hier der Conjunctiv nach *Quom* richtig zu sein. Ein besonderes Motiv für den Conjunctiv kann vielleicht an dieser Stelle der Umstand abgegeben haben, dass *Quom* auch adversative Bedeutung hat. Eine dritte Stelle endlich zeigt einen Conjunctiv nach temporalem *Quom*, der als Con- junctiv der unbestimmten Frequenz aufzufassen sein wird. Isidor Orig. 20, 3, 8 (p. 64, 1 Jordan) citirt aus Cato de innocentia sua: *Quom essem in provincia legatus, quamplures ad praetores et con-*
sules vinum honorarium dabant. Cato scheint hier von einer zu ver- schiedenen Zeiten und unter verschiedenen Consuln gemachten Er- fahrungen zu sprechen. Wir wissen ja auch von mindestens zwei Legationen des Cato, aus den Jahren 563 unter Acil. Glabrio und 565 unter Fulvius Nobilior. Von der letzteren, unbekannteren, redet Cato selbst bei Fest. p. 182 b 3 (p. 44, 1 Jordan) *M. Fulvio legatus sum in Aetoliam.* Somit scheint *Quom essem in provincia legatus* in der Art jener Conjunctivi Imperfecti aufzufassen, die eine unbestimmte Wiederholung in der Vergangenheit bezeichnen, wie Bacchides 433 *quom librum legeres, si [in] una peccavisses syl- laba* ... Nepos Cimon 5, 2 *saepe quom aliquem ... videret minus bene vestitum, suum amiculum dedit.* In diesen Fällen aber steht der Conjunctiv um die dem Verb an sich eigenthümliche Qualität des Seins zu bezeichnen, nicht in Folge des Charakters des Satzes als Zeitsatzes: er ist freier Conjunctiv. So ist es

denn also zweifelhaft, ob Cato sich des Idioms des temporalen *Quom* mit dem Conjunctiv bedient habe; er war Ennius abhold (Cic. Tusc. 1, 2, 3) und achtete seine Kunst gering; er konnte ein Idiom, das dieser in die Sprache hauptsächlich eingebürgert haben mochte, mit Geflissentlichkeit verschmähen. Doch darf man bei dem so sehr lückenhaft überlieferten Material nicht zu sichere Schlüsse aus dem Fehlen des Idioms ableiten wollen.

Bei den nächsten Schriftstellern scheint das Idiom schon nichts Ungewöhnliches mehr gewesen zu sein. Es ist Pacuvius zu nennen, aus welchem wir ein Beispiel des temporalen und eines des adversativen *Quom* mit dem Conjunctiv haben: Pacuv. 71 ed. Ribb. *quom incultos pervestigans rimarem sinus*, und 166 *quom neque me aspicere aequales dignarent meae.* Beide scheinen der directen Rede entnommen. Unter den Komikern dieser Zeit bietet Turpilius ein Beispiel von adversativem *Quom*, welches freilich ebenso gut der indirecten, als directen Rede angehören könnte. Turp. 56 ed. Ribb. *Quom legere te optimum esset atque aequissimum Quacum aetas degenda et vivendum esset tibi.* Mit dem Beginn des 7ten Jahrhunderts scheint der Gebrauch des temporalen *Quom* mit dem Conjunctiv nicht nur allgemein üblich geworden, sondern als Sprachregel in Geltung gekommen zu sein. Bei Afranius und Lucilius finden sich nicht wenige Beispiele, die hierüber keinen Zweifel lassen. Ein sehr bezeichnendes Beispiel ist Afranius 232 ed. Ribb. *contemnes? liber natus est, ita mater eius dixit, In Gallia ambos quom emerem.* Ebenso stand wohl in directer Rede ibid. 50 *quom testamento patria partisset bona.* Lucil. bei Non. 394, 27 *quom stadio in gymnasio duplici corpus siccassem et pila;* und bei Non. 4, 32 *quem quom ibi vidissent Hortensius Postumiusque.* Nachdem einmal das Idiom das volle Bürgerrecht erlangt hatte, waren seiner Anwendung keine Schranken mehr gesetzt. Indess finden sich doch, wie leicht genauer gezeigt werden könnte, noch lange Zeit mancherlei Ausdrucksweisen, in denen der Indicativ vorherrschend blieb, so dass man sieht, dass das Idiom nur in allmälichem Fortschreiten zu demjenigen Umfang seines Gebrauches gelangte, den es in der Zeit des goldenen Latein einnahm.

§ 10.

Genauere Begründung der Ansicht, dass der Conjunctiv der Nebentempora nach Quom eine Folge der zeitlichen Relativität dieser Tempora sei.

Nachdem wir nun die geschichtliche Entwickelung von *Quom* mit dem Indicativ und Conjunctiv in der Uebersicht seines Gebrauches und in aller Mannichfaltigkeit seiner Anwendung kennen gelernt haben, werden wir uns nun mit um so grösserer Zuversicht der Untersuchung über das eigentliche Wesen und die Bedeutung der Construction von *Quom* mit den Nebenzeiten zuwenden können. Es wird sich nun über die so sehr verschiedenen bisher zur Erklärung dieses Idioms aufgestellten Ansichten nach Maassgabe der thatsächlichen Erscheinungen seines frühesten Gebrauches sicherer urtheilen lassen. Zunächst ist schon durch die Thatsachen selbst diejenige Auffassung ausgeschlossen worden, nach welcher *Quom* temporale den Conjunctiv zu sich nehmen soll, weil eine Causalbedeutung sich ihm mittheilt, weil der Sprechende, indem er ein Nebenereigniss in eigentlich rein zeitlicher Weise erwähnt, doch demselben eine Beziehung giebt, wodurch es als ein vorbereitendes, der Entwickelung des Hauptereignisses dienendes Factum hingestellt werden soll. Diese Innerlichkeit der Beziehung, wodurch der Nebensatz als ein rein vorgestelltes Sein dem Bewusstsein sich darstellt, hat sich nicht so früh an den Sätzen mit *Quom* entwickelt. Auch da, wo diese Partikel die Causalität und den Gegensatz schon entschieden bezeichnet, hat sie doch bei Plautus noch durchaus den Indicativ bei sich, und es würde doch gewiss einer schon länger befestigten Sprachgewohnheit bedurft haben, um diese Darstellungsweise auf Temporalsätze auszudehnen, denen sie ihrem Wesen nach fern lag. Jedenfalls besass das Idiom des causal-adversativen *Quom* mit dem Conjunctiv noch nicht diejenige Gesetzmässigkeit und Gültigkeit in dem Latein jener Zeit, dass reine Temporalsätze schon der Nöthigung dieser Analogie und dem Zuge, welcher eine solche innerliche Auffassung überall mit *Quom* verband, hätten folgen müssen.

Wenn also auf diesem bisher freilich am meisten betretenen Wege eine genügende Erklärung des fraglichen Idioms nicht erreichbar scheint, so werden wir einen anderen Ausgangspunkt suchen müssen und die inneren bestimmenden Ursachen, welche das Eintreten des Conjunctivs an die Stelle des älteren Indicativs hervorbrachten, in anderen Verhältnissen nachzuweisen genöthigt sein. Nun ist aber mit der Veränderung der Modus-Syntax nach *Quom* auf das Engste eine Veränderung des Tempusgebrauchs verbunden, und eigentlich ist dieser Unterschied der älteren Sprache von der späteren der wichtigere und durchgreifende. Prüfen wir genau die Wandelungen, welche die Structur des temporalen *Quom* mit den verschiedenen Modi durchlaufen hat, so werden wir finden, dass dieselben sich innerhalb einer veränderten Geltung und Anwendung der Tempora bewegen, und dass sie das Ergebniss dieser Wandelungen auf dem Tempusgebiet sind. Dieser enge Zusammenhang der Moduswandelung mit dem veränderten Tempusgebrauch tritt uns klar und deutlich bei der Vergleichung des früheren mit dem späteren Sprachgebrauche entgegen. Wir wollen also hier nun zunächst untersuchen, in welcher Weise der Conjunctiv in dem allmälich sich vollziehenden Veränderungsprocess der Tempora im Zeitsatz sich als eine Folge dieser Veränderung einstellt; innerhalb welcher Idiome er zuerst auftritt, und welche Modification der Bedeutung durch ihn zum Ausdruck gebracht werden sollte.

Der wesentlichste Unterschied zwischen der Gestaltung der Zeitsätze in der späteren Epoche des classischen Latein gegenüber der älteren Sprache zeigt sich auf dem Gebiete derjenigen Species dieser Sätze, welche in ihrem Prädicat eine Handlung oder ein Ereigniss von momentaner Dauer darstellen. In dem Kreise dieser Temporalsätze hat der Kern der Veränderung seinen Sitz. Während die Sprache des Plautus uns in diesem Verhältniss zwei verschiedene Formen zeigt: den Indicativ Perfecti und den Indicativ Imperfecti oder Plusquamperfecti, so hat hierfür die Sprache der späteren Zeit hauptsächlich den Conjunctiv der Nebenzeiten sanctionirt. Der Indicativ Perfecti kommt in besonderen Fällen vor, allein der Indicativ der Nebenzeiten ist zur Bezeichnung der momentanen Handlung im Zeitsatze später ganz ungebräuchlich. In diesem Gebiet also ist die Modusveränderung völlig consequent durchgedrungen, und solchen Ereignissen gegenüber muss die Plautinische Zeit noch ein anders disponirtes Sprachgefühl gehabt haben als die spätere. Eine Structur wie Most. 1117 *loquere: quoius modi reliqui, quom hinc abibam, filium?* ist im classischen Latein durchaus ausser Gebrauch. Ebenso ist für streng momentan gefasste Nebenereignisse das Perfect im späteren Latein durchaus unerhört und es ist eben eine gänzlich von diesem classischen Gebrauch abweichende Construction, wenn Plautus sagt:

Trin. 194 posticulum hoc recepit, quom aedes vendidit, wo auch Nonius p. 384 *venderet* citirt hat. In diesem Punkt also trat eine entschiedene Veränderung ein. Nicht so entschieden ist die Wandelung auf dem Gebiet zweier anderen Idiome gewesen. Wenn nämlich der Zeitsatz in seinem Prädicat ein zuständliches dauerndes Sein enthält, und dieses zu einem Perfect im Nachsatz in Beziehung gesetzt ist, so ist der Indicativ, wie derselbe bei Plautus noch ausschliesslich gebräuchlich ist, im späteren Latein nicht ganz consequent in den Conjunctiv übergegangen, sondern derselbe hat sich in beschränkter Geltung erhalten; z. B. der Satz Epid. 3, 3, 50 *egomet quod factitavi in adolescentia, Quom militabam: pugnis memorandis meis Eradicabam hominum auris* kann im späteren Latein je nach einer kleinen, später ausführlicher anzugebenden Nüance im Gedanken, ebenso wohl conjunctivisch als indicativisch ausgedrückt werden. Nepos Milt. 1, 1 *Miltiades quom . . . gloria . . . maxume floreret eaque esset aetate ut . . ., accidit ut Athenienses colonos mittere vellent.* Tibull. 1, 10, 19 *tum melius tenuere fidem, quom paupere cultu Stabat in exigua ligneus aede deus.* Der Unterschied liegt hier nur darin, dass der Indicativ steht, wenn im Hauptsatz ein aoristisches, der Conjunctiv, wenn ein logisches Perfect steht. In diesen Sätzen also ist der Conjunctiv im Nebensatz nach *Quom* nicht mit Consequenz durchgedrungen. Ebenso wenig ist der Conjunctiv endlich noch in einem anderen Falle an die Stelle des Indicativ getreten, nämlich alsdann, wenn der Vorder- und Nachsatz beide zwei gleichsam parallel laufende Handlungen oder Ereignisse darstellen; — dann pflegen beide im Indicativ Imperfecti zu stehen. Beide stellen ein dauerndes Sein dar. So sagt Plautus Amph. 199 *nam quom pugnabant maxume, ego tum fugiebam maxume.* Ganz ebenso reden auch die Vertreter des classischen Latein: Cic. fam. 9, 16, 7 *quom rem habebas, quae-*

sticulus te faciebat attentiorem. In diesen Fällen ist der Indicativ Regel geblieben, obwohl freilich in gewissen Verbindungen auch der Conjunctiv vorkommt z. B. Cic. nat deor. 1, 22 § 59 *Zenonem . . . quom Athenis essem, audiebam frequenter.* Ein etwas verschiedener Fall tritt dann ein, wenn der Vorder- und Nachsatz, beide im Imperfecto, momentane Handlungen ausdrücken, die nur desshalb in's Imperfect gesetzt sind, weil sie als völlig gleichzeitig dargestellt werden sollen. Hier setzt Plautus nach *Quom* natürlich den Indicativ, das spätere Latein dagegen den Conjunctiv Imperfecti. So sagt Plautus:

Aulul. 2, 2, 1 praesagibat mi animus frustra me ire, quom exibam domo,

aber Cicero, der diesen Vers anführt de div. 1, 31, 65, schreibt *quom exirem domo,* offenbar weil er aus dem Gedächtniss citirend sich durch das Sprachgefühl seiner eigenen Zeit täuschen liess. So sehen wir also, wie in einigen Idiomen sich der Veränderungsprocess des Indicativs in den Conjunctiv consequent vollzogen hat, in anderen dagegen nur in beschränktem Umfang, in manchen fast gar nicht. Ja, es ist endlich noch ein Fall anzuführen, in welchem die Schriftsteller aller Zeiten den Indicativ nach dem temporalen *Quom* beibehalten haben. Nämlich dann, wenn im Vordersatze ein momentanes Ereigniss, im Nachsatz ein dauerndes zuständliches Sein ausgedrückt wird, steht im Vordersatz stets der Indicativ des aoristischen Perfecti nach *Quom.* So sagt Plautus Rud. 846 *etiamne in ara tunc sedebant mulieres, Quom ad me profectu's ire?* und ebenso Caesar b. G. 6, 12, 1 *quom Caesar in Galliam venit, duae factiones erant . . .*

Wenn wir uns nun Rechenschaft ablegen, von der sprachlichen Grundanschauung, auf welcher diese Veränderung in der Modussyntax beruht, die so merkwürdiger Weise in manchen Idiomen consequent eintritt, in anderen consequent unterbleibt, in noch anderen mit mehr Freiheit bald den Conjunctiv bevorzugt, bald ihn verschmäht, so werden wir uns sagen müssen, dass die Ursache hievon mit dem Tempuscharakter genau zusammenhängt, und dass dieser das bestimmende Princip jener Erscheinungen ist. Der Charakter eines jeden Tempus ist von zweierlei Art, einerseits stellt dasselbe eine Zeitlage dar, andererseits eine Art des Seins. Nun ist so viel aus den so eben beobachteten Idiomen in ihrem modalen Verhalten klar, dass der Eintritt des

Conjunctivs von demjenigen Verhältniss abhängt, in welchem das Prädicat des Vordersatzes seiner Seins-Art nach zu dem Prädicat des Hauptsatzes steht. Die Qualität des Seins ist hier das Entscheidende. Diese Qualität ist entweder die eines dauernden Zustandes oder die einer momentanen Handlung, welche desshalb im Imperfect steht, weil sie als gleichzeitig einer anderen (der Haupt-)Handlung gedacht wird. Bei Plautus steht nun noch jedes Nebentempus nach *Quom* indicativisch; wir bemerken noch keinen Unterschied in der Modusgebung zwischen den Neben-präteritis dieser oder jener Seins-Qualität. Nun tritt aber all-mählich in denjenigen Sätzen, in denen der Hauptsatz ein mo-mentanes Factum darstellt, an dem Prädicat des Vordersatzes die conjunctivische Modusgebung auf. Der Conjunctiv ergreift zunächst und am vollständigsten die das momentane Sein dar-stellenden Prädicate der Nebensätze, und während diese meistens bei Plautus noch in der Hauptzeit der Vergangenheit, im aoristi-schen Perfectum, standen, begründet sich hier auf das Consequen-teste der Gebrauch des Conjunctivs der Nebentempora. Weniger nachgiebig zeigen sich die Prädicate der Temporalsätze in dem Falle, wo sie eine dauernde Seins-Qualität darstellen. In diesen Verbindungen ist die Conjunctivstructur nicht durchgedrungen, sondern nur auf bestimmte Grenzen beschränkt geblieben. Steht also diese Thatsache ausser Zweifel, dass die Seins-Qualität des Vordersatzes in ihrem Verhältniss zur Seins-Qualität des Nach-satzes entscheidend für Indicativ oder Conjunctiv ist, so bleibt nun noch aufzuklären übrig, warum denn wohl die Aussage des momentanen Seins einem anderen momentanen Hauptfactum gegenüber so leicht conjunctivisch wurde, und wesshalb diess nicht so leicht bei der zuständlichen Seinsdarstellung der Fall war. Worin, so müssen wir fragen, besteht wohl das Motiv jenes Ueberganges in den Conjunctiv, welcher sich an den tem-poralen Darstellungen einer so oder so bestimmten Seins-Qualität vollzieht?

Der einzige Grund, welchen man für diese Erscheinung zu finden vermag, welcher aber auch in der That ein durchaus geeigneter und in der Natur des Sachverhältnisses wurzelnder ist, kann nur der Umstand sein, dass momentane Facta leichter sich einem anderen, dem Hauptfactum, zeitlich unterordnen, als dauernde und zuständliche Ereignisse. Sie können als Zeit-

punkte in ihrer Zeitlage leichter durch ein anderes Ereigniss
bestimmt werden, als diess bei Zeiträumen der Fall ist. Für
eine inhaltliche, logische und die Bedeutung treffende Unterordnung würde dieser Unterschied nicht zutreffen, denn eine
solche würde den dauernd gedachten Nebenumstand nicht weniger
afficiren, als den momentanen, ja der erstere würde der Bedeutung nach gewiss leichter sich unterordnen, als der letztere.
Anders bei der Zeitlage. Die absolute Zeitgebung ist die unmittelbar vom Standpunkt des Redenden aus gemachte Ansetzung
eines Ereignisses in der Zeit, die relative dagegen die mittelbare
d. h. an ein anderes, seinerseits fixirtes, Ereigniss angelehnte
Bestimmung in der Zeit. Eine solche indirecte, mittelbare, relative
Zeitlage-Bestimmung konnte natürlich am Leichtesten da eintreten, wo ein Zeitpunkt (momentane Handlung) von einem
Zeitpunkt bestimmt wurde. Plautus sagt: *posticulum hoc recepit,
quom aedes vendidit.* Hier sind beide Zeitangaben absolut. Es
wird in dieser Ausdrucksweise noch nicht die Gleichzeitigkeit
der Nebenhandlung durch den Charakter des Tempus ausgedrückt;
nur die Nebeneinanderstellung beider Sätze zeigt das gleichzeitige
Eintreten an. Durch den Indicativ des Imperfects *vendebat* würde
Gleichzeitigkeit des Eintretens angezeigt werden, doch auch noch
mit selbständiger Zeitgebung. *Quom venderet* dagegen macht
die Zeitlage des Nebenereignisses von derjenigen des Hauptereignisses abhängig. Wenn dagegen das Imperfect oder Plusquamperfect im Nebensatz ein zuständliches Sein ausdrückt, so
ist eine zeitliche Abhängigkeit vom Prädicat des Hauptsatzes
nicht so nahe gelegt. Das Imperfect und Plusquamperfect bezeichnen nicht immer nur Gleichzeitigkeit oder Vorzeitigkeit,
sondern haben oft die Bestimmung, das zuständliche Sein eines
Factums an sich zu charakterisiren. Es ist dann nicht die temporale, sondern die qualitative Seite ihres Wesens, die sie
hervorkehren. Das Plusquamperfect bezeichnet in diesem Sinne
die Vollendung einer Handlung zu einem in der Vergangenheit
dauernden Zustand, das Imperfect bezeichnet das Verbleiben und
Verharren einer Thätigkeit in einem Zeitraume der Vergangenheit.
So z. B. ist ein Plusquamperfect dieser Art Caes. b. civ. 3, 63, 6
*ut ad mare nostrae cohortes . . . excubuerant, accessere subito
prima luce Pompeiani.* Hier ist *excubuerant* = „auf Wache
waren". Vgl. E. Hoffmann, die Zeitpartikeln der lat. Sprache

S. 23.   Ferner Cic. in Verr. 4, 24, § 54 *posteaquam tantam multitudinem emblematum collegerat* . . . das heisst: „beisammen hatte". Aehnlich das Imperfect z. B. das häufige *adventabat* = „war im Anzuge". Sall. Cat. 56, 4 *postquam Antonius cum exercitu adventabat*. In diesen Sätzen bezeichnet das Nebentempus nicht sowohl die Gleichzeitigkeit mit einer anderen Handlung, als die Seinsbeschaffenheit derselben. Daher hat in solchen Sätzen das Imperfect und Plusquamperfect absolute Zeitgebung, sie hängen in der Zeitlage nicht ab von ihrem Hauptereigniss. In solchen Fällen nun aber steht vorwiegend der Indicativ nach *Quom:* es wird dann durch das Prädicat die Art des Seins, das Anhalten eines Zustandes ausgedrückt, nicht so sehr die Gleichzeitigkeit mit der Haupthandlung. Cic. de Or. 2,.37, § 154 *referta quondam Pythagoreorum Italia fuit, quom erat in hac gente magna Graecia.* Cic. Mur. 3 § 6 *quom respublica vim et severitatem desiderabat, vici naturam et tam vehemens fui, quam cogebar.* In diesen Fällen steht meist der Indicativ; alsdann jedoch, wenn nicht sowohl das dauernde Sein an der Handlung hervorgehoben werden soll, sondern vielmehr die Beziehung auf ein in den Zeitraum des Nebenereignisses fallendes Hauptereigniss, steht der Conjunctiv z. B. Nep. Milt. 1, 1 *quom gloria maxume . . . floreret . . ., accidit ut . . .* Hier also tritt relative Zeitgebung ein, d. h. die Zeit des Nebenereignisses wird durch das Hauptereigniss bestimmt.

<hr>

§ 11.

Warum wird der Begriff der zeitlichen Relativität nur im Zeitsatz durch den Conjunctiv ausgedrückt?

Nachdem sich uns auf diese Weise eine grosse innere Wahrscheinlichkeit dafür herausgestellt hat, dass der Eintritt des Conjunctivs nach *Quom* temporale mit dem Relativ-Werden der Nebentempora zusammenhängt, müssen wir, um das Problem einer endgültigen Lösung nahe führen zu können, noch einige Fragen erledigen, ohne deren Erörterung diese Erklärung nur einen hypothetischen Werth haben könnte. Es drängen sich sogleich eine Reihe von Einwendungen und Schwierigkeiten auf, welche mit ener Erklärung im Widerspruch zu stehen scheinen und die einer genauen Berücksichtigung bedürfen. Sie knüpfen sich an That-sachen, welche für die ganze Gestaltung und Entwickelung jenes grammatischen Processes von hoher Wichtigkeit sind und uns denselben nicht nur in der Form eines allgemeinen Vorgangs, sondern in seinen Details und den verschiedenen Stufen seiner Vollendung zeigen. Wir können diejenigen Bedenken und Einzel-fragen, welche sich jenem von uns behaupteten Zusammenhange des Aufkommens des Conjunctivs mit der Relativität der Neben-Tempora gegenüberstellen und die eine nähere Aufklärung er-heischen, auf drei Grundfragen zurückführen: erstlich die Frage, wesshalb · der aus Relativität entsprungene Conjunctiv auf den Temporalsatz beschränkt bleibt, und nicht auch auf andere Arten der Nebensätze mit Nebentemporibus sich ausdehnt. Die zweite Frage ist die: warum im älteren Latein noch der Indicativ in den Zeitsätzen nach *Quom* der regelmässige Modus ist, und das Eintreten des Conjunctivs erst im späteren Latein sich ausbildet. An dritter Stelle endlich haben wir die Frage zu beantworten, wesshalb diese Erscheinung des conjunctivisch-Werdens sich auf die mit *Quom* construirten Zeitsätze beschränkt und nicht auch in gleichem Maasse auf die Temporalsätze nach *Postquam, Ubi, Ut, Simulac* ausgedehnt habe. Diese drei Fragen müssen erle-digt werden, ehe wir jenes Gesetz von dem innern Zusammen-hang des Conjunctivs nach *Quom* mit der Relativität · der Zeit als eine wissenschaftliche Wahrheit ansehen dürfen.

Wir wenden uns zunächst der ersten Frage zu, die dahin geht, warum eine den Conjunctiv herbeiführende Relativität der Nebentempora sich nur in den Temporalsätzen zeige und nicht auch in anderen Sätzen, welche zeitliche Relativität annehmen können. Diese Frage ist eigentlich der Einwand, welcher Hoff-manns Theorie am nachdrücklichsten entgegengehalten werden kann und dessen Erledigung er in seiner Schrift durchaus nicht genügend vorgesehen hat. Wir haben gefunden, dass die Neben-zeiten Imperfect und Plusquamperfect an sich selbst noch nicht relative Zeitlage haben, sondern ebenso wohl absolute Zeitlage haben können, als Haupttempora. Ein Imperfectum kann sehr wohl ein verweilendes Geschehen in der Vergangenheit ausdrücken, ohne dass es irgend einem anderen bestimmten Ereignisse gleichzeitig gesetzt wird, es bezeichnet dann ein ontologisches Verhalten des Ausgesagten mit eigener absoluter Zeitgebung: Cic. ad Q. fr. 1, 1, § 13 *(maiores nostri libertis) non multo secus ac servis imperabant.* Dieses Imperfect wird oft dem aoristischen Perfect gegenüber gestellt, um die dauernde Zuständlichkeit dem momentanen Eintreten einer Thatsache entgegen zu setzen. Cic. Or. 38 § 132 *dicebat melius quam scripsit Hortensius.* Tuscul. 1, 30 § 72 *ita enim censebat itaque disseruit (Socrates).* Tuscul. 1, 2, 4 *in Graecia musici floruerunt discebantque id omnes.* Hier liegt das Charakteristische des Factums, das durchs Imperfect bezeichnet werden soll, in der einen längern Zeitraum hindurch dauernden Nichtvollendung der Handlung. Man kann diese Gattung des Imperfects die semasiologische nennen; sie modificirt die Bedeutung des Verbi selbst; sie steigert die im Verbalbegriff einfach liegende Handlung zu grösserer Intensität. Eine besondere Art der Zeitbestimmung liegt in diesen Imperfectis in sofern nicht, als sie eben die allgemeine für den Indicativ überhaupt zunächst geltende absolute Zeitlage-Bestimmung geben, welche die schlechthin gemeinte ist, wenn nicht besondere Bedingungen hinzutreten.

Das Imperfect und Plusquamperfect aber nehmen nun weiterhin eine Bedeutung an, durch welche sie in eine nähere oder entferntere Beziehung zu einer anderen (der Haupt-) Handlung treten. Am Imperfect ist diess besonders klar. Dieses tritt in die schildernde Bedeutung, wenn es Neben-Umstände einer Haupthandlung bezeichnet und mit dieser gleichzeitig setzt. Es drückt dann dadurch, dass es die Nichtvollendung einer Handlung bezeichnet, die Gleichzeitigkeit mit der Haupthandlung aus. Auch beim Plusquamperfect tritt diese Beziehung auf eine Haupthandlung hervor, aber so, dass die Nebenhandlung ein vor der Haupthandlung abgeschlossenes Sein bezeichnet. Die Beziehung und Hinweisung auf eine Haupthandlung kann zunächst eine sehr allgemeine und unbestimmte bleiben. Oft ist das schildernde Imperfect gebraucht, ohne dass der bestimmte feste Begriff einer Haupthandlung im Zusammenhange vorläge: ein solcher wird nur in den allgemeinsten Zügen gedacht und schwebt unbestimmt dem Geiste des Erzählenden vor. So z. B. bei der Erzählung eines geschichtlichen Vorganges, welchem Schilderungen voraufgehen, wie Stichus 539 *ei filiae Duae erant. eae erant duobus nuptae fratribus . . . Erat illorum uni . . . tibicina. Peregre advexerat . . ., sed ille erat caeleps.* Nachher folgt 545 *Deinde senex ille . . . dixit.* In solchen Imperfectis ist die Beziehung aufs Hauptereigniss sehr locker und lose. Nun liegt es in der Natur der Sache, dass diese Beziehung in unendlich mannigfachen Graden gesteigert werden, bald eine nähere, bald eine entferntere sein kann. Ein solches Verhältniss ist sehr dehnbar. Es kommt viel darauf an, ob der Begriff der Haupthandlung klar und deutlich hervortritt, ob ein realer Zusammenhang, ein bestimmtes Verhältniss mit und zu der Nebenhandlung vorhanden ist. Das zeitliche Verhältniss, Gleichzeitigkeit oder Vorzeitigkeit, wird durch die losere Beziehung zunächst nicht weiter afficirt. Die verschiedenen Arten der Nebensätze in Imperfect und Plusquamperfect Indicativi zeigen solche bald nähere, bald entferntere Beziehungen auf das Hauptfactum. Im Relativsatz ist die Beziehung schon eine verhältnissmässig innige. Rud. 956 *furtum ego vidi qui faciebat.* Hier ist *faciebat* desshalb imperfectisch gefasst, weil es Gleichzeitigkeit mit *vidi* ausdrückt. Pseud. 718 *eius servo qui hunc ferebat cum quinque argenti minis, Tuam qui amicam hinc arcessebat, ei ego os sublevi probe.* Mil. 111 *sublinit os illi lenae matri mulieris, Quam erus meus amabat.* Cist. 4, 2, 56 *sed inter rem agendam istum erae huic respondi quod rogabat.* Poenul. 4, 2, 77 *et ille qui eas vendebat dixit.* In Fällen dieser Art ist eine bestimmte Beziehung auf ein Hauptereigniss da. Wir können also hier eine Relativität der Nebenhandlung nicht verkennen und eben desshalb heissen ja Plusquamperfect und Imperfect „relative" Zeiten in weiterem Sinn, weil in ihrer Bedeutung ein solches Hinweisen auf eine Haupthandlung liegt. Allein diese Relativität ist noch keine Relativität der Zeitlage. Das Nebenereigniss wird als ein solches bezeichnet, in dessen oder nach dessen Zeitgrenzen das Hauptereigniss fällt, oder welches mit dem Hauptereignisse coincidirt, doch ist die aufs Hauptereigniss bezogene Zeit hier die der Handlung an sich zukommende Zeitausdehnung, nicht ihre Zeitlage innerhalb der Vergangenheit. Diese letztere, die Zeitlage, bleibt in jenen Verbindungen durchaus absolut. Das Nebenereigniss empfängt vom redenden Subject noch unmittelbar seine Zeitansetzung in der Sphäre der Vergangenheit. Alle Sätze im Imperfect und Plusquamperfect, welche irgend eine Beziehung auf ein Hauptfactum ausdrücken, theilen natürlich die Eigenschaft einer solchen Relativität, die in einer Seins-Beziehung der Neben- zur Haupthandlung besteht. Der Grad dieser Beziehung aber kann ein sehr verschiedener sein. Es liegt eben in dem Wesen dieses Verhältnisses, dass es eine reiche Scala verschiedener Annäherungsgrade umfasst. Der niedrigste Grad desselben ist die rein inhaltliche Beziehung des Nebenfactums auf das Hauptfactum. Als der höchste und letzte Grad dieser Relativität ist nun diejenige Beziehung anzusehen, worin das Nebenereigniss seine eigene Zeitgebung an das Hauptereigniss verliert und nun statt absoluter Zeitgebung eine relative annimmt. Diese Art der Zeitlage·Bestimmung tritt unter allen Gattungen der Nebensätze nur im Temporalsatz ein, in welchem ein Nebenereigniss in die unmittelbarste Zeitbeziehung zu einem Hauptereigniss gesetzt ist. Im Temporalsatz wird zunächst eine Zeitordnung angegeben.

Es ist hier vor Allem wichtig, einer Verwechselung vorzubeugen, welche wohl freilich nur bei einer exoterischen Kenntniss dieser Fragen möglich ist, die aber doch der Vollständigkeit wegen hier berücksichtigt werden muss. Nämlich in Temporalsatz-Gefügen ist ja das Zeitsatz-Glied sachlich das Zeitbestimmende; durch seinen Inhalt wird die Zeit des Hauptereignisses fixirt z. B. Cic. Cato maior § 14 *(Ennius) autem Caepione et Philippo ... consulibus mortuus est, quom ego quinque et sexaginta annos natus legem Voconiam magna voce ... suasissem.* Also sachlich ist der Vordersatz das zeitbestimmende Glied: in dem reflectirenden Denken des Verstandes ist dieses also das determinirende Moment. Allein vom Standpunkte der grammatischen Zeitgebung (der Denkform nach) ist vielmehr umgekehrt das Prädicat des Vordersatzes das zeitlich durchs Hauptereigniss bestimmte. Das Hauptereigniss wird unmittelbar aus der Seele des Redenden in seine Zeit gesetzt, vermöge jenes intuitiven Denkens, welches überhaupt der Urquell aller Spracherscheinungen ist, und an dieses an sich zeitlich fixirte Sein lehnt sich nun die Zeitgebung des Prädicates im Nebensatz an. Schon in jenen vorhin erwähnten Sätzen, in denen die Relativität des Imperfects und Plusquamperfects nicht so scharf und genau, sondern nur lose gefasst ist z. B. Poenul. 4, 2, 77 *et ille qui eas vendebat dixit,* Rud. 389 — *leno ademit cistulam ei quam habebat ubique habebat Qui suos parentes nosceret*, drückt das imperfectische Prädicat ein durch das Hauptereigniss zeitlich bestimmtes, nicht aber das letztere bestimmendes Sein aus. Somit ist es klar, dass auch im Zeitsatz das Prädicat des Vordersatzes das bestimmte, nicht das bestimmende Glied ist, soweit es sich um Fixirung der subjectiv-grammatischen (nicht objectiv-sachlichen) Zeit handelt.

Im Temporalsatz ist nun also die Beziehung des Neben-Ereignisses auf das Hauptereigniss die innigste und nächste. Insofern bilden also die Zeitsätze eine eigene, gleichsam bevorzugte Klasse der Nebensätze. Während in den übrigen Arten der Nebensätze das Imperfect und Plusquamperfect noch immer, trotz aller Relation ihres Seins, doch in der Zeitgebung absolut blieben, treten im Temporalsatze diese beiden Nebenzeiten in ein abhängiges Verhältniss der Zeitgebung zu dem Hauptfactum. Das Hauptfactum wird vom redenden Subject zeitlich fixirt und giebt nun den Nebenfactis ihre relative Zeit. Wenn nun also angenommen werden muss, dass der Eintritt des Conjunctivs nach *Quom* temporale in nothwendigem inneren Zusammenhang mit der Relativität der Zeit steht, so ist auch hiermit dargethan, wesshalb in Zeitsätzen der Conjunctiv in Gebrauch gekommen ist, während in anderen Arten der Nebensätze derselbe nicht eintrat, obschon die Nebenzeiten ja auch diesen anderen Neben-sätzen eigenthümlich sind. Auf diese Weise hätten wir die erste der drei Hauptfragen, welche sich der oben gegebenen Erklärung über den Conjunctiv nach *Quom* entgegenstellten, einer Lösung zuzuführen versucht.

§ 12.

Worin ist es begründet, dass das ältere Latein den im späteren Latein so geläufigen Conjunctiv der Nebenzeiten nach Quom in directer Rede noch nicht kennt?

Wir kommen nunmehr zu der zweiten Frage, welche dahin geht, warum im älteren Latein die Temporalsätze mit Neben-zeiten den Indicativ haben, während das spätere Latein den Conjunctiv eintreten lässt. Auch hier hat E. Hoffmann in seiner

Ausführung des Gesetzes von der Relativität als Ursache des Conjunctivs eine sehr fühlbare Lücke gelassen. Es tritt zunächst folgendes Dilemna uns gegenüber: nämlich da das ältere Latein in jenen Temporalsätzen nur den Indicativ kennt, so hat dasselbe, falls der Conjunctiv durch die Relativität bedingt ist, entweder keine streng relativen Nebenzeiten besessen, oder es ergiebt sich, falls es solche besessen hat, dass die Relativität nicht immer den Conjunctiv zur Folge gehabt hat. Diese beiden Möglichkeiten werden wir nun einer genaueren Prüfung zu unterwerfen haben. Das wichtigste Mittel diese Frage zu entscheiden, giebt uns die oben vorgelegte Uebersicht des thatsächlichen Gebrauches der verschiedenen Idiome von *Quom* an die Hand. Das ältere Latein bekundet durchaus eine unverkennbare Vorliebe für den Gebrauch absoluter Zeitgebung im Zeitsatze; unter den Zeitsätzen der Vergangenheit behaupten diejenigen mit dem Indicativ des aoristischen Perfects einen hervorragenden Platz; sowohl bei Plautus als Terenz ist diese Gruppe eine zahlreich vertretene. Plautus drückt momentane Ereignisse des Vordersatzes am liebsten im Indicativus Perfecti aus z. B. Trin. 194 *posticulum hoc recepit, quom aedes vendidit.* Poen. 5, 2, 110 *et is me heredem fecit, quom suum obiit diem.* Poen. 4, 2, 82 *is in divitias homo adoptavit hunc, quom suum obiit diem.* Trin. 879 *census quom [sum], iuratori recte rationem dedi.* Pseud. 623 *olim quom abiit , .. haec dies Praestitutast.* Merc. 393 *mihi quoque ita pol visast, quom illam vidi.* Plautus hat 16 Beispiele dieser Gruppe (Al). Auch bei Terenz ist dieses Idiom noch reichlich vertreten: Hecyr. 4, 1, 22 . . . *sed nunc mi in mentem venit De hac re quod locuta's olim, quom illum generum cepimus.* Phorm. 5, 3, 32 . . . *nam perliberalis visast, quom vidi, mihi.* Hecyr. prol. I, 1 . . . *haec quom datast Nova, [ei] novom intervenit vitium et calamitas.* Terenz hat 7 Beispiele (An) dieser Structur. Die spätere Sprache zieht in diesen Verbindungen, wo das Ereigniss des Vordersatzes ein momentanes Factum ist, stets den Conjunctivus Imperfecti vor. Jene Eigenthümlichkeit des älteren Latein ist nun offenbar dahin zu deuten, dass dasselbe die Neben-Ereignisse noch durchaus selbständig auffasst und voll und anschaulich darstellt, während die spätere Auffassung hierin eine Verringerung der Objectivität eintreten liess. Nun aber kennt das Latein des Plautus ausser dieser einen Form, in welcher ein momentanes Nebenfactum auf ein momentanes Hauptfactum bezogen wird, noch zwei oder eigentlich drei Arten des Ausdrucks für das nämliche Verhältniss mit gleicher Geltung. Nämlich erstlich kann das Nebenfactum im Imperfect und das Hauptfactum im historischen Perfect, und zweitens das Nebenfactum sowohl als das Hauptfactum im Imperfect stehen; und endlich drittens kann das historische Präsens, welches die Geltung eines aoristischen Perfectum hat, an beiden Stellen stehen. Man sieht aus dieser Abwechselungs-Fähigkeit, dass das Imperfectum noch vollständig als erzählendes, absolutes, historisches Tempus galt, auch für die Darstellung momentaner Ereignisse; es zeigte eben nur in deutlicherer Art als das aoristische Perfect die Gleichzeitigkeit des Nebenfactums mit dem Hauptfactum an. Für die erstere Form erinnern wir an Beispiele wie: Most. 1117 *loquere: quoiusmodi reliqui, quom hinc abibam, filium?* Men. 1052 *eripui, homines quom ferebant te sublimen quattuor.* Men. 1145 *nam illa quom te ad se vocabat, me[met] esse credidit.* Plautus hat hiervon 5 Beispiele (Au). Die zweite Form findet sich Rud. 307 *nam quom modo exibat foras, ad portum se aibat ire.* Aul. 2, 2, 1 *praesagibat animus frustra me ire, quom exibam domo.* Es gehört in die gleiche Analogie Cist. 1, 3, 38 *meretricem illam invenire, quam olim tollere, Quom ipse exponebat ex insidiis viderat* (Av). Für die dritte Form kann man vergleichen Capt. 282 *quid pater? vivitne? : : vivom, quom inde abimus, liquimus.* Most. 25 *haecine mandavit tibi, quom peregre hinc it, senex?* Persa 834 *- credo, quia non inconciliat, quom te emo* (Aq). Schon diese Mannichfaltigkeit der Plautinischen Ausdrucksformen für ein und dasselbe thatsächliche Verhältniss beweist, dass damals noch keine feste Norm ausgebildet war, oder vielmehr, dass früher zwar ein fester Modus bestanden hatte, nämlich der Indicativus Perfecti im Vordersatz und Nachsatz, dass aber dieser aufgehört hatte, die einzig gültige Darstellungsweise zu sein, und nun eine Zeit des Uebergangs und der Neubildung eingetreten war, in welcher ein gewisses Schwanken der naturgemässe und nothwendige Zustand war. Die Bedeutung des Imperfectums in diesen Fällen ist offenbar die der Gleichzeitigkeit mit der Haupthandlung; die Nebenhandlung wird als eine unvollendete dargestellt in dem Zeitpunkt, wo die Haupthandlung eintritt. Es ist ebenso mit dem Plusquamperfectum: auch dieses steht in dieser älteren Zeit der Sprache im Indicativ in der Bedeutung einer momentanen Handlung. So hat Plautus Cas. 2, 8, 28 *idem me pridem, quom ei advorsum veneram, Facere atriensem voluerat sub ianua* und nach O. Seyfferts schöner Emendation Aul. 2, 4, 33 *quin [quom] ipsi pridem tonsor ungues dempserat, Conlegit, omnia abstulit praesegmina.* Und bei Terenz Andr. 3, 2, 36 *quid ais? quom intellexeras Id consilium capere, quor non dixti extemplo Pamphilo?* Auch darf man vergleichen Andr. 5, 1, 20 *(vidi iurgantem ancillam) — Vero voltu, quom ibi me adesse neuter tum praesenserat.*

In diesen Imperfectis und Plusquamperfectis liegt offenbar eine deutliche Hinweisung auf eine Haupthandlung. Objectiv und inhaltlich wird der Eintritt der Haupthandlung in der geschichtlichen Reihe der Ereignisse durch ein entweder schon vollendetes oder noch nicht abgeschlossenes Neben-Ereigniss fixirt. Es sind also jene Nebentempora jedenfalls in allgemeinerem und weiterem Sinn des Worts relativ. Sie sind in den genannten Beispielen nicht nur zur Bezeichnung einer Qualität des Seins gebraucht, sondern sollen Gleichzeitigkeit oder Vorzeitigkeit der Haupt-Handlung gegenüber ausdrücken. Die Frage, die uns nun hier mit Rücksicht auf unsere Hauptuntersuchung sich zunächst aufdrängt, ist also die: wesshalb, wenn doch die Relativität der Zeit den Conjunctiv hervorbringt, steht im älteren Latein der Indicativ unter denselben Bedingungen, unter denen das spätere Latein den Conjunctiv eintreten lässt? Die Antwort ist nicht einen Augenblick zweifelhaft. Das ältere Latein kennt eben noch nicht diejenige Relativität der Zeit, welche in der späteren Sprache allgemein gebräuchlich geworden ist; die Relativität der Zeit ist, wie oben gezeigt ward, ein dehnbarer und zunächst nicht fest bestimmter Begriff. Die einfache Hinweisung des Nebenereignisses auf ein Hauptereigniss genügt noch nicht, um ersteres als relativ im engsten und strengsten Sinn des Worts erscheinen zu lassen. Eben desshalb stehen ja auch Nebensätze, welche nicht Temporalsätze sind, wenn Nebenzeiten ihr Prädicat bilden, gleichwohl indicativisch und nicht conjunctivisch. Erst im Zeitsatz tritt eine ganz strenge zeitliche Hinweisung des Nebenfactums aufs Hauptfactum ein. Das Nebenfactum bestimmt seinerseits die Zeit des Hauptfactums objectiv: es ist in Bezug auf die Zeitordnung der Ereignisse der bestimmende Factor. Das Hauptfactum dagegen bestimmt seinerseits die grammatische Zeitlage des Nebenfactums: es ist in Bezug auf die subjective Zeitgebung der Ereignisse der bestimmende Factor. Dieses gegenseitige Zeitbestimmungsverhältniss bringt die Relativität des Nebenfactums im eigentlichsten und strengsten Sinne des Worts hervor. Nun beweisen eben die oben angeführten Beispiele aus Plautus und Terenz, dass das ältere Latein diesen Begriff der gesteigerten Relativität noch nicht gekannt haben kann; das Nebenereigniss im Zeitsatz behält, trotz der Hinweisung auf die Zeit des Hauptereignisses dennoch seine eigene Zeitlage und Zeitgebung, es bleibt ein historisches, erzählendes Tempus. Daher sehen wir auch das aoristische Perfect und das Imperfect in diesen Sätzen *promiscue* gebraucht, da der Unterschied zwischen beiden gering war. Ein interessantes Beispiel dieser Art ist

> Menaechm. 1145 nam illa quom te ad se vocabat, me[met]
> essc credidit

verglichen mit

> Menaechm. 1136 hunc censebat te esse credo, quom vocat te
> ad prandium.

Hier ist der Vordersatz gleichen Inhalts einmal im Indicativus Imperfecti und ein zweites Mal im Präsens historicum Indicativi ausgedrückt, welches die Bedeutung des aoristischen Perfecti hat. Sehr ähnlich sind *quom abibam* und *quom abeo* unter gleichen Verhältnissen gebraucht Most. 1117 *loquere: quoiusmodi reliqui, quom hinc abibam, filium?* und Amph. 668 *gravidam ego illanc hic reliqui, quom abeo.* Diese Structur des Indicativs des historischen Perfects nach *Quom* braucht sogar Horaz noch Sat. 2, 3, 60 *non magis . . . quam Fufius ebrius olim, Quom Ilionam edormit,* wie Fleckeisen, Exercitatt. Plaut. p. 9 sehr gut erinnert. Jener Wechsel in den Temporibus ohne Unterschied in der Bedeutung ist ein sehr deutlicher Beweis, in welchem Sinne Plautus das Imperfectum Indicativi nach *Quom* auffasste: es galt ihm vollständig als selbständig erzählendes Tempus und so gut wie historisches Präsens und aoristisches Perfect ihre eigene Zeitgebung haben, ebenso gut war das Imperfect nach *Quom* in dieser älteren Sprachepoche noch ein Tempus von absoluter Zeitgebung. Der eigentliche Grund und das Wesen derjenigen syntaktischen Sprach-Veränderung, welche sich im Uebergange des Indicativs nach temporalem *Quom* in den Conjunctiv ausspricht, ist das Relativ-Werden der Nebenzeiten.

Die Nebenzeiten sind nicht von jeher relativ, im eigentlichen Sinne des Worts, gewesen. Ihre ursprüngliche Bestimmung und Bedeutung ist die gewesen, ein bestimmtes ontologisches Verhalten des Prädicats auszudrücken, für welches die absolute Zeitgebung, weil diese ·Anfangs die schlechthinnige ist, sich von selbst verstand. Es ist in der neueren Syntax bei weitem noch nicht genug auf diesen allmälich sich vollziehenden Entwickelungsprocess der Nebentempora geachtet worden. Im Griechischen findet derselbe Fortschritt statt, wenn er sich freilich auch nicht durch das der Lateinischen Sprache eigenthümliche Mittel, den Eintritt des Conjunctivs, manifestirt. Es sind auch im älteren Griechisch die Nebentempora vielfach noch rein semasiologisch gebraucht, d. h. sie stehen erzählend um eine Seinsqualität der Handlung auszudrücken, noch nicht um Gleichzeitigkeit oder Vorzeitigkeit in Rücksicht auf die Haupthandlung anzuzeigen.

Die strenge Relativität der Nebenzeiten, wodurch dieselben ihre eigene Zeitlagebestimmung ganz und gar verlieren und dem Hauptereigniss gegenüber zeitlich unselbständig werden, ist ein Ergebniss einer vorgerückteren, mehr dem innerlichen Auffassen der Ereignisse zugewendeten Sprachepoche, während die ältere Sprache auch das scheinbar Nebensächliche mit einer gewissen Breite und Anschaulichkeit darzustellen liebt. Im Latein ist das Imperfect der Plautinischen Zeit in seinen Structuren im Allgemeinen nicht viel alterthümlicher als das der Folgezeit: nur noch im Zeitsatz, welcher ja allerdings das für die Zeitgebung charakteristischeste Gebiet ist, und wo deren Feinheiten am meisten zum Ausdruck gelangen, zeigt das ältere Latein eben noch entschiedene Vorliebe für die selbständige Auffassung der Nebenereignisse. Der geläufigste Ausdruck ist ihm die Darstellung im Perfect: *Posticulum hoc recepit, quom aedes vendidit;* allein es kennt schon die Entwickelung des Imperfects zum Ausdruck der Gleichzeitigkeit des einen momentanen Ereignisses mit einem anderen: Rud. 307 *nam quom modo exibat foras, ad portum se aibat ire* und Aul. 2, 2, 1 *praesagibat mi animus frustra me ire, quom exibam domo,* wo bei Cicero de Divin. 1, 31, 65, wo diese Stelle aus Plautus citirt wird, *quom exirem domo* geschrieben ist, wahrscheinlich schon von Cicero selbst, der diese Stelle aus dem Gedächtniss und mit Anwendung der Structurweise seiner Zeit anführte. In diesen Beispielen haben wir die letzte Stufe vor der temporalen Unterordnung, die kurze Zeit später aufkam und Sitte wurde.

In den anderen Idiomen zeigt das Imperfect der Plautinischen Zeit in Rücksicht auf seinen Tempuscharackter sich nicht wesentlich vom späteren Latein verschieden; diess rührt daher, weil auch das spätere Latein den absoluten Gebrauch des Imperfects noch in sehr ausgedehntem Maasse kennt und nur hinsichtlich der Zeitsätze eine entschieden andere Syntax angenommen hatte. Der absolute Gebrauch des Imperfects erhält sich besonders in Uebung, wo es sich nicht um rein momentane Ereignisse, sondern um Facta handelt, in welche sich der Begriff einer Erweiterung, eines Verweilens und Verharrens des Verwirklichungsprocesses hineinlegen lässt. Sehr bekannt ist das Imperfectum des Conatus, welches ganz entschieden weniger temporale, als eine die Seinsqualität darstellende Bedeutung hat. Für manche Verba ist dieses Idiom fast typisch geworden z. B. für *dare*; *dabam* = ich bot an, hatte die Absicht des Gebens. Terenz Andr. 3, 3, 13 *alium esse censes nunc me atque olim quom dabam?* Bei Livius öfter. Liv. 21, 34, 4 *obsidibus quos dabant acceptis,* und in Verbindung mit einer Reihe anderer Conats-Imperfecta, die ein Vorhaben bezeichnen 37, 53, 13 *rex Asiae Antiochus filiam suam in matrimonium mihi dabat, restituebat civitates, spem magnam amplificandi regni faciebat, si secum bellum adversus vos gessissem.* Bei anderen Imperfectis äussert sich der Bedeutungs-Charakter dieses Tempus mehr in der Darstellung des Factums als Zustand; so namentlich wiederum in Zeitsätzen, welche den Tempuscharakter stets am deutlichsten hervortreten lassen. Als typisch geworden ist hier zu nennen *adventabat* = war im Anmarsch, im Herankommen. Sall. Cat. 56, 4 *postquam Antonius cum exercitu adventabat . . .* Sall. Jug. 36, 4 *postquam comitiorum dies adventabat.* Sall. Jug. 99, 1 *ubi lux adventabat.* Besonders ist *erant* häufig absolut, rein erzählend, so dass es auf ein anderes Factum nur inhaltlich, nicht zeitlich hinweist (— denn die zeitliche Hinweisung liegt nur in der Zeit-Partikel, nicht im Verbal-Tempus —); z. B. Plaut. Most. 640 *nam postquam haec aedes ita erant ut dixi tibi.* Sall. Jug. 58, 7 *postquam nox aderat.* Liv. 3, 60, 8 *postquam multa iam dies erat.* Auch *videri* im Imperfect oft von einer im Gemüth haftenden Stimmung, Sall. Cat. 6, 3 *postquam res satis prosperà satisque pollens videbatur.*

Diese Beispiele liessen sich durch sehr zahlreiche vermehren, allein schon das Angeführte genügt zu zeigen, dass an absoluten Imperfectis, d. h. solchen Imperfectis, die rein erzählend eine zum Zustand erweiterte Handlung ausdrücken, ohne Bezugnahme auf ein gleichzeitiges Hauptereigniss, auch das spätere Latein nicht arm ist. Dieses hat nur diejenigen Imperfecta, welche ein rein momentanes Sein darstellen, und deren wesentliche Bedeutung in der Gleichzeitigkeit liegt, im Zeitsatz nicht in ihrer absoluten Zeitgebung belassen, sondern dem Hauptereigniss subordinirt. Diese Ausbildung der Fähigkeit des Imperfectum, völlig relativ zu werden, ist eine für den Unterschied älterer und späterer lateinischen Sprache charakteristische Erscheinung.

In viel höherem Grade als beim Imperfect zeigt sich beim Plusquamperfect eine Verschiedenheit im Gebrauch des älteren und jüngeren Latein. Das ältere Latein besitzt für dieses Tempus in absoluter Zeitlage-Bestimmung mehrere Idiome, welche das spätere Latein eingebüsst hat. Das spätere Latein kennt besonders und gebraucht häufig das sogenannte logische Plusquamperfect, welches eine zum Zustand vollendete Handlung darstellt, wie *consueveram = solebam, cognoveram = sciebam, adveneram = aderam* u. a. Diese Darstellungsform kommt bei den verschiedensten Verben mit der gleichen Grundbedeutung eines Abgeschlossenseins zum Zustand vor, nur ist der Begriff des Zustandes bei manchen mehr, bei anderen weniger klar und positiv ausgedrückt. Dergleichen Plusquamperfecta finden sich in Zeitsätzen und anderen Sätzen aller Art. Sie haben absolute Zeitgebung; sie sind insofern erzählende Tempora, als sie auf einen anderen Punkt, einen Mittelpunkt der Erzählung, nicht hinweisen, dem sie etwa untergeordnet wären. Diese Plusquamperfecta braucht Livius sehr gern, besonders um einen eingetretenen Zustand vorbereitend zu schildern, während dessen Obwalten sich dann weitere Ereignisse entwickeln sollen. So Liv. 7, 25, 10 *Claudius moritur redierantque res ad Camillum.* Liv. 23, 29, 16 *ea pugna dubia Romanis adiunxit Hasdrubalique manendi nullam spem reliquerat.* Liv. 6, 21, 6 *exercitus propter pestilentiam eductus non est eaque cunctatio colonis spatium dederat deprecandi.* Und in Zeitsätzen: Caes. b. civ. 6, 63, 6 *ut ad mare cohortes nostrae excubuerant* (= waren auf Wache).

Was nun den Ausdruck des momentanen Seins im Plusquamperfect anlangt, so pflegt das spätere Latein dergleichen Ereignisse in diesem Tempus stets mit einer bestimmten Beziehung auf eine Haupthandlung darzustellen; wenigstens inhaltlich muss eine solche Hinweisung auf ein Hauptfactum vorhanden sein, damit das Plusquamperfect stehen könne. Das ältere Latein dagegen kann auch solche nur das momentane Sein ausdrückende Plusquamperfecta sehr wohl ohne jene Hinweisung setzen; es tritt dieser Fall besonders dann ein, wenn das bezeichnete Ereigniss in einem längeren Zwischenraum vom Moment des Redens entfernt liegt. Das Plusquamperfect hat hier erzählende Bedeutung, es stellt ein Factum selbständig hin und giebt ihm die Geltung eines für sich bestehenden und nachdrücklich erwähnten Ereignisses. Der Tempuscharakter zeigt sich hier nicht in der Beziehung von Nebenumständen auf ein anderes Factum, sondern in der Zurückverlegung in eine fernere Zeit; z. B. Most. 547 *unde is? :: conveni illum unde hasce aedis emeram*, conf. 822. Most. 820 *-pol mihi Eo pretio empti fuerant olim :: audin 'fuerant' dicere?* Rud. 555 *nunc si me adulescens Plesidippus viderit, Quo ab arrhabonem pro Palaestra acceperam . . .* Rud. 1186 *credebam edepol turbulentem praedam eventuram mihi, Quia illa mihi tam turbulenta tempestate evenerat.* Stich. 251 *iamne exta cocta sunt? quot agnis fecerat?* Cist. 1, 3, 38 *quam olim tollere, Quom ipse exponebat, ex insidiis viderat.* Besonders aber ist *dixeram* beliebt bei Plautus: Capt. 194 *ad fratrem quo ire dixeram mox ivero.* Amph. 919 *testem quem dudum te adducturum dixeras.* Bacch. 957 *nam dudum primo ut dixeram nostro seni mendacium . . .* Casin. 3, 4, 9 — *nempe tute dixeras, Tuam arcessituram esse uxorem . . .* Mercat. 760 *nempe uxor ruri st tua quam dudum dixeras Odisse te aeque atque anguis.* Ebenso iubere Curc. 425 *quod istic scriptum esset, id te orare iusserat Profecto ut faceres.* Aul. 4, 6, 14 *quamquam hic manere me erus sese iusserat . . .* Bei *volueram* ist schon nicht mehr an eine rein momentane Handlung zu denken, sondern an ein zuständliches Verhalten; z. B. Capt. 309 *Hegio, hoc te monitum, nisi forte ipse non vis, volueram.* Es geht aber aus all diesen leicht beträchtlich vermehrbaren Beispielen hervor, dass das ältere Latein den Gebrauch des absoluten, in seiner selbständigen eigenen Zeitgebung aufgefassten Plusquamperfect in viel ausgedehnterem Maasse kannte, als die spätere Sprache. Das spätere Latein setzte in den Fällen, wo es sich um momentane Facta der Vergangenheit handelte, ohne dass dieselben mit einer deutlichen Hinweisung auf eine andere Handlung ausgesagt werden, das Perfectum Indicativi. Es unterliegt keinem Zweifel, dass die Aussage Most. 547 *unde is? : : conveni illum, unde hasce aedis emeram* im späteren classischen Latein mit *emi* gegeben worden sein würde. Oder Terenz Phormio 4, 1, 10 - *sed venisse eas Salvas audivi ex nauta, qui illas vexerat,* würde wohl später *qui illas vexit* gelautet haben.

Es ist also nach all diesem nicht zu bezweifeln, dass der Grund des Indicativus Plusquamperfecti auch im Zeitsatz nach *Quom,* wo derselbe momentane Ereignisse der Vergangenheit ausdrückt, aus der dem älteren Latein eigenthümlichen grösseren Selbständigkeit der Nebentempora zu erklären ist. Das spätere Latein vermag es nicht mehr, momentane Ereignisse der Vergangenheit im Plusquamperfect auszudrücken, ohne auf eine andere Handlung als Hauptfactum deutlich hinzuweisen; daher tritt in der Regel der Indicativus Perfecti in die Functionen des Plusquamperfects. Im Zeitsatz jedoch, wo die Hinweisung auf ein anderes Factum zum Inhalt der Aussage gehört, musste nun das eine solche Hinweisung in sich tragende Plusquamperfect, während es im älteren Latein noch eigene Zeitgebung trotz inhaltlicher Relation bewahrte, im späteren Latein seinen letzten Rest von Selbständigkeit verlieren und dieser Verlust hatte den Eintritt des Conjunctiv zur Folge. Aus Plautus und Terenz lassen sich also Beispiele aufstellen wie Casin. 2, 8, 28 *idem me pridem, quom ei advorsum veneram, Facere atriensem voluerat sub ianua.* Aul. 2, 4, 33 *quin [quom] ipsi pridem tonsor unguis demp serat, Conlegit, omnia abstulit praesegmina.* Andr. 3, 2, 36 *quid ais? quom intellexeras Id consilium capere, quor non dixti extemplo Pamphilo?* Das spätere Latein würde hier den Conjunctiv gebieterisch gefordert haben.

Die Thatsache, welche sich uns aus dem hier Erörterten ergiebt, nämlich das allmäliche Zunehmen der Relativität der Nebenzeiten, ist eine Erscheinung von allgemeinerer Wichtigkeit und hohem Werthe für die Erkenntniss der Tempuslehre. Wir können es nunmehr als ein zunächst sicher für das Latein, aber gewiss auch ebenso unbestreitbar für das Griechische geltendes

Gesetz aufstellen, dass die Relativität der Nebentempora etwas nicht von Haus aus mit dem Wesen dieser Zeiten verbundenes ist.

Wir können bei Homer namentlich in der Ilias noch sehr deutlich jenen Entwicklungsprocess beobachten, wodurch das Imperfect aus einem erzählenden Tempus mit absoluter Zeitgebung ein relatives wurde, welches die Gleichzeitigkeit der Nebenhandlung mit der Haupthandlung bezeichnet. Eine grosse Zahl von Imperfectis bei Homer steht wesentlich nur zur Bezeichnung einer gesteigerten Intensität oder einer begrifflichen Erweiterung der Handlung, sie drücken also eine eigenthümliche Art der Verwirklichung der Handlung aus ohne Rücksichtnahme auf eine Haupthandlung. Sie unterscheiden sich dadurch wesentlich vom Aorist, dass dieser ganz einfach den Eintritt einer Handlung in die Wirklichkeit, ihr Dasein in der Vergangenheit bezeichnet, jene breitere und anschaulichere Darstellungsform der Verwirklichung nicht kennt. Wir wollen hier ganz kurz auf einige Beispiele aufmerksam machen. Das Imperfect bezeichnet oft den Eintritt eines Ereignisses und zugleich einen längeren Fortbestand der Wirkung dieses Ereignisses. So unterscheiden sich z. B. die Tempora Il. β 102 — 107, wo es von dem Scepter des Agamemnon heisst zuerst aoristisch Ἥφαιστος δῶκε ... Ζεὺς δῶκε ... Ἑρμείας δῶκε ... Πέλοψ δῶκε ... Ἀτρεὺς δὲ θνήσκων ἔλιπεν πολύαρνι Θυέστῃ und endlich im Imperfect αὐτὰρ ὁ αὖτε Θυέστ' Ἀγαμέμνονι λεῖπε φορῆναι. Also λεῖπε ist bei Demjenigen gesagt, welcher das Scepter noch führt. Aehnlich steht das Imperfect ἔλειπον von dem Verlassen theurer Lieben, an welche man immer zurückdenkt, z. B. Il. τ, 339 μνησάμενοι τὰ ἕκαστος ἐνὶ μεγάροισιν ἔλειπον. Od. λ, 68 Τηλεμάχου θ' ὃν μοῦνον ἐνὶ μεγάροισιν ἔλειπες und Od. δ, 112 -ὃν ἔλειπε νέον γεγαῶτ' ἐνὶ οἴκῳ. Dagegen ἔλιπον von dem rein äusserlichen Sich-entfernen, Il. δ, 292 ὣς εἰπὼν τοὺς μὲν λίπεν αὐτοῦ, βῆ δὲ μετ' ἄλλους. Il. β, 225 λίπεν ῥίον Οὐλύμποιο. Ferner unterscheiden sich ähnlich ἔτεκον und ἔτικτον, z. B. Il. ζ, 145 fgg., wo Glaukos seinen Stammbaum angiebt. Von seinen Vorfahren erzählt er 196 ἣ δ' ἔτεκε τρία τέκνα ... 199 ἣ δ' ἔτεκ' ἀντίθεον Σαρπηδόνα ..., bei sich selbst aber, dem noch Lebenden, sagt er 206 Ἱππόλοχος δ' ἔμ' ἔτικτε. Ganz ebenso erzählt Idomeneus Il. ν, 450 ὃς πρῶτον Μίνωα τέκε ... Μίνως δ' αὖ τέκεθ' υἱόν ... Δευκαλίων δ' ἐμὲ τίκτε. Ebenso

Il. ε, 546 ὅς τέκετ' Ὀρσίλοχον . . .Ὀρσίλοχος δ' ἄρ' ἔτικτε Διοκλῆα, den noch Lebenden. Aehnlich da, wo es sich um die Hauptperson der Erzählung handelt, auch wenn dieselbe nicht mehr in der Zeit des Redenden lebt, z. B. Il. ζ, 154 ὁ δ' ἄρα Γλαῦκον τέκεϑ' υἱόν, Αὐτὰρ Γλαῦκος ἔτικτεν ἀμύμονα Βελλεροφόντην. Später natürlich verwischten sich dergleichen Unterschiede und schon Hesiod braucht beide Tempora als völlig gleichbedeutend. Die Beispiele von dergleichen Homerischen Imperfecten liessen sich leicht vermehren: sie beweisen, wie damals das Wesen des Imperfects in der Darstellung einer Art des Seins bestand. In Rücksicht auf die Zeitgebung wurde das Imperfect dem Aorist völlig gleichstehend gebraucht und da auch oft der Begriff der Handlung in diesem Tempus ein von der Darstellung im Aorist wenig verschiedener ist, so hat das Imperfect häufig fast dieselbe Geltung wie der Aorist z. B. Il. η, 435 wo beide Tempora promiscue gebraucht sind τύμβον . . ποίεον . . . τεῖχος ἔδειμαν . . . πύλας ἐνεποίεον . . . τάφρον ὄρυξαν . . . σκόλοπας κατέπηξαν. Vielleicht liegt in dem Begriff des baulichen Anfertigens in ποιεῖν der Anlass zu dem gesteigerten Ausdruck im Imperfect. Die Gleichzeitigkeit einer momentanen Nebenhandlung mit einem Hauptfactum bezeichnet das Imperfect bei Homer noch verhältnissmässig selten. Interessant ist der Anfang dieses Gebrauchs bei der Wechselbeziehung von Erkennen und Handeln, z. B. Il. ζ, 191 ἀλλ' ὅτε δὴ γίγνωσκε ϑεοῦ γόνον ἠὺν ἐόντα, Αὐτοῦ μιν κατέρυκε.

So waren auch im älteren Latein anfänglich die Nebentempora absolut und bezeichneten eine Qualität des Seins an der Handlung, meist eine gesteigerte Energie oder eine Ausdehnung derselben. Weiterhin tritt in diesen Temporibus das Moment einer inhaltlichen Hinweisung auf eine andere Handlung hervor; es drückt sich in ihnen Relation auf ein anderes Factum aus, entweder Relation der Gleichzeitigkeit oder Relation der Vorzeitigkeit. Noch immer bewahren aber auch in diesem Stadium ihrer Weiterbildung die Tempora ihre zeitliche Selbständigkeit. Endlich aber wird die Beziehung der Nebenzeit auf das Hauptfactum eine so innerliche und wesentliche, dass das Hauptfactum allein als der durch selbständige Zeitgebung fixirte Punkt der Erzählung erscheint, und dass ihm die Nebenfacta zeitlich untergeordnet werden. Das Subject bestimmt aus seinem Bewusstsein und seiner Gegenwart heraus das Hauptfactum zeitlich, die

Neben-Ereignisse determinirt es aber eben durch das Hauptfactum, also nur mittelbar, so dass dieselben zeitlich untergeordnet erscheinen. Das Zeichen und die Folge dieser Zeit-
Unterordnung ist der Eintritt des Conjunctivs. Relative Zeiten,
im eigentlichen Sinn des Wortes sind also ein nicht primitives,
sondern hysterogenes Erzeugniss der Sprache. Hiermit ist ja wohl
auf die Bedenken geantwortet, welche Herr Charles Thurot in
der Anzeige des ersten Hefts der „Grammatischen Studien" in
der Revue critique 1868 No. 37 p. 163 hiergegen ausgesprochen hat.
Er sagt daselbst: „L. lance une assertion, qui me paraît loin
d'être demontrée: c'est que primitivement tous les temps étaient
a rapport simple, désignaient le temps d'action relativement au
moment de la parole; ce n'est que plus tard, qu'ils ont exprimé
le rapport de l'action à une autre action. Mais quelle était
donc la signification primitive du plusque-parfait, et. même celle
de l'imparfait?" Dass in dem Gebrauch der Nebenzeiten und
in ihrer modalen Afficirbarkeit ein Umschwung im Lateinischen
vor sich gegangen ist, ist eine Thatsache. Möchte nach dem
oben Erörterten dem gelehrten Mitforscher der Gedanke einer
Wandelung des Tempusbegriffs innerhalb jener Grenzen nicht
mehr so ganz fremdartig erscheinen!

§ 13.

Warum ist nur für Quom temporale und nicht auch für andere Zeit-Conjunctionen der Conjunctiv in regelmässigen Gebrauch gekommen?

Wir kommen nunmehr zu der dritten derjenigen Fragen,
welche sich der Annahme eines Zusammenhanges des Conjunctivs
in Temporalsätzen nach *Quom* mit der Relativität der Nebenzeiten entgegenzustellen scheinen: nämlich zu der Aufklärung
des Umstandes, dass eben nur bei *Quom* und nicht auch bei
anderen Zeitpartikeln im classischen Latein der Eintritt des Conjunctivs Regel geworden ist. Für die frühere Forschung existirte
die Frage nicht, denn für diejenigen Grammatiker, welche
diesen Conjunctiv aus Uebertragung der Causalitäts-Beziehung

herleiten zu müssen glaubten, war ohne Zweifel die Thatsache entscheidend, dass von allen Zeitpartikeln allein *Quom* diesen Modus annimmt, welches neben der temporalen auch die causale Bedeutung hat. Da ein solcher Zusammenhang mit der Causalbedeutung aber nicht zugegeben werden kann, so tritt also nunmehr die Frage nach dem Grund jener Ausnahms-Erscheinung an uns heran.

Für die Lösung dieser Frage ist die geschichtliche Betrachtung ganz besonders lehrreich: diese zeigt uns, wie schon in der Zeit, welche den Gebrauch von *Quom* temporale mit dem Conjunctiv noch gar nicht kannte, das Verhalten von *Quom* den historischen Temporibus gegenüber ein ganz anderes war, als dasjenige der übrigen Zeitpartikeln, so dass eigentlich der Eintritt des Conjunctivs nur der letzte Schritt in einer auch früher schon anders begonnenen und fortgesetzten syntaktischen Entwickelung bildete. Diese Sonder-Stellung von *Quom* gegenüber den anderen Zeitpartikeln beruht vielleicht auf einem mehr oder weniger zufälligen Grunde, da die Sprache auch wohl *ubi* und *simul* zu dieser bevorzugten Anwendung hätte auswählen können. Wir finden sogar deutliche Spuren davon, dass auch andere Zeitconjunctionen, die sonst ausschliesslich für *Quom* vorbehaltenen Idiome theilen, allein diess sind Ausnahms-Erscheinungen: *Quom* hat in dem Kampfe um den bevorzugten Platz die Oberhand behalten: es ist eine bestimmte Gattung von Tempus-Structuren in Zeitsätzen der Partikel *Quom* von der Sprache gleichsam zum Eigenthum gegeben worden, und eben aus diesen Structuren entspringt der Conjunctiv. An sich war es möglich, dass auch andere Zeitpartikeln eine solche Verbindung eingingen, und dann konnten und mussten auch sie den Conjunctiv zu sich nehmen, doch sind dafür nur wenige Zeugnisse vorhanden.

Um das Wesen des Unterschiedes in der Structur von *Quom* und den übrigen Zeitpartikeln zu erfassen, hat man nur nöthig, einen prüfenden Blick auf den Gebrauch der Zeitconjunctionen in ihrer Verbindung mit den verschiedenen Temporibus bei Plautus und Terenz zu werfen. Eine solche Prüfung lehrt, dass jede der verschiedenen Zeitconjunctionen, trotz des bei allen üblichen Gebrauches mit dem Indicativ, doch gewisse Eigenthümlichkeiten in ihren Structuren zeigt, welche ihr ein charakteristisches Gepräge geben; freilich ist *Quom* die in ihren Idiomen am reichsten und mannichfaltigsten entwickelte Partikel.

Wir beginnen unsere Prüfung mit *Postquam*. Dieses ist im älteren Latein noch wenig vielseitig in seinen Structuren entwickelt, doch macht sich schon ein Fortschritt von Plautus zu Terenz bemerklich. Die bei weitem häufigste Verbindung ist die mit dem Indic. Perf. Im Nachsatz folgt das Perfect, das historische Präsens oder das eigentliche Präsens. Beispiele sind Most. 971 *qui, postquam pater ad mercatum abiit hinc, tibicinam Liberavit.* Amph. 1107 *-postquam in cunas conditust, Devolant angues iubati deorsum in inpluvium duo.* Curc. 558 *postquam rem divinam feci, [post] mihi in mentem venit.* Persa 711 *postquam illic abiit, dicere hic quidvis licet* (vgl. sehr ähnliche Worte Trin. 998 Pseud. 1053). Terenz Hecyr. 3, 3, 13 *postquam intro adveni, extemplo eius morbum cognovi miser.* Dieses Idiom ist das überwiegend gebräuchliche bei Plautus und Terenz, der Erstere hat davon 96 Beispiele, der Letztere 28. Diese Zahlen vertheilen sich auf die einzelnen Stücke folgendermaassen:

Amph. 15.   Asin. keines.   Aul. 4.   Bacch. 3.   Capt. 4.
Casin. 7.   Cist. 4.   Curcul. 6.   Epid. 3.   Menaech. 9.
Mercat. 3.   Miles 5.   Mostell. 7.   Persa 3.   Poenul 1.
Pseud. 7.   Rud. 1.   Stichus 4.   Trinumm. 6.   Trucul. 4.
Adelph. 2.   Andr. 8.   Eun. 7.   Haut. 3.   Hec. 7.   Phorm. 1.

Ausser dem Perfect findet sich noch mit *Postquam* im Zeitsatz verbunden zunächst das Präsens, obschon in viel beschränkterem Maasse als das Perfect. Das Präsens ist entweder historisches Präsens, also in der Geltung dem aoristischen Perfect gleich, oder es ist wirkliches Präsens, jedoch dann sehr nahe an die Bedeutung des logischen Perfects streifend. Das historische Präsens ist nach *postquam,* wie es scheint, mit Vorliebe an gewisse Verba geknüpft; so an *videre* und *esse* und *fieri* z. B. Capt. 487 *abeo ab illis, postquam video me sic ludificarier* und Trin. 108, wo das Präsens *videt* einem Perfect nach *postquam* coordinirt ist *nam postquam hic eius rem confregit filius Videtque ipse ad pauperiem protractum esse se.* Ferner *esse* Menaechm. 24 *postquam iam pueri septuennes sunt, pater Oneravit navim magnam.* Mil. 124 *-deinde postquam occasiost, Conqueritur mecum mulier fortunas suas.* Mit *fieri* Curcul. 683 *postquam nil fit, clamore*

hominem posco: ille in ius me vocat.   Plautus hat von diesem
Idiom 5 Beispiele.

Zahlreicher ist dasjenige Präsens nach *Postquam*, welches
die wirkliche Gegenwart des Redenden bezeichnet, es waltet
jedoch stets hier die Modification der Bedeutung ob, dass die
Gegenwart als ein Zustand aufgefasst ist, welcher als bereits in
der Vergangenheit seit längerer Zeit eingetreten und von einem
bestimmten Anfangspunkt bis zur Gegenwart fortdauernd gedacht
wird.   So ist gesagt Menaech. 234 *hic annus sextust, postquam
ei rei operam damus.*   Most. 925 *quid? tibin unquam quicquam,
postquam tuus sum, verborum dedi?*   Trucul. 3, 2, 14 *heus tu,
iam postquam in urbem crebro conmeo, Dicax sum factus.*   So
namentlich *scire* Trucul. 2, 3, 24 *-nunc postquam scio Dulce
atque amarum quid sit ex pecunia..*   Curc. 325 *quae tibi sunt
parata, postquam scimus venturum :: vide.*   Hier heisst *scimus*
„wir haben erfahren und wissen“; es hat also *scimus* die Bedeutung des logischen Perfects *cognovimus.*   Plautus hat von dieser
Structur 11 Beispiele.   Im Ganzen hat also Plautus das Präsens
nach *Postquam* 16 Mal, während er das Perfect 96 Mal hat.

Ausser Perfect und Präsens hat Plautus nur noch ein einziges
Beispiel einer anderen Construction, nämlich *Postquam* mit dem
Imperfectum Indicativi.   Diess ist die Stelle Mostell. 640 *nam postquam haec aedes ita erant ut dixi tibi, Continuost alias aedes
mercatus sibi.*   Hier bezeichnet *erant* einen dauernden Zustand,
ist also ein absolutes Imperfect im eigentlichsten Sinn.   Die
Structur von *Postquam* mit *erant* ist im späteren Latein sehr
beliebt geblieben.   Liv. 3, 60, 8 *postquam multa iam dies erat.*
Sall. Jug. 53, 7 *postquam haud procul inter se erant.*

Wir betrachten jetzt *Postquam* in seinen mit den übrigen
Temporibus ausser dem Perfect gebildeten Idiomen bei Terenz.
Hier zeigt sich uns nun schon einige Veränderung.   Bei Terenz
überwiegt der Gebrauch des Perfects die übrigen Tempora bei
weitem nicht in dem Maas wie bei Plautus.   Wir prüfen zunächst
die Fälle der Verbindung mit dem Präsens.   Es ist auch hier
wieder der Gebrauch des rein historischen Präsens von dem des
wirklichen Präsens zu scheiden.   Das historische Präsens findet
sich bei Terenz ähnlich wie bei Plautus vorwiegend mit Verbis
der Wahrnehmung *videre, sentire* Hecyr. 1, 2, 83 *sed ut fit, postquam hunc alienum ab sese videt, Maligna et multo magis procax*

facta ilicost. Hecyr. 5, 3, 28 -*postquam [id] video, Nescio quid suspicarier, magis coepi instare ut dicat.* Und *sentio* Phorm. 4, 3, 27 *postquam hominem his verbis sentio mollirier..., inquam.* Doch auch andere Verba verbindet der Dichter in dieser Structur mit *Postquam* Hec. 1, 2, 45 -*sed postquam acrius Pater instat, fecit animi ut incertus foret.* Hec. 1, 2, 112 -*postquam arcessunt saepius, Aegram esse simulant mulierem.* Phorm. prol. 1 *postquam poeta vetus poetam non potest Retrahere ..., maledictis deterrere ... parat.* Terenz hat von diesem Idiom 8 Beispiele, also 3 mehr als Plautus. Das Präsens im Sinn eines in der absoluten Gegenwart obwaltenden, aber aus der Vergangenheit hinüberdauernden Zustandes kennt Terenz ebenfalls nach *Postquam* z. B. Adelph. 5, 1, 3 — *sed postquam intus sum omnium rerum satur, Prodeambulare huc lubitumst.* Hiervon hat Terenz 3 Beispiele.

Von besonderem Interesse ist es, dass Terenz ausser Perfect und Präsens in dieser Verbindung auch Imperfect und Plusquamperfect kennt, während Plautus nur das Imperfect braucht. Das Imperfect findet sich in einem einzigen Beispiel bei Terenz und ist auch bei ihm ein durchaus zuständliches Sein Phorm. 4, 1, 3 wo ein historisches Präsens vorangeht: *postquam videt me eius mater esse hic diutius, Simul autem non manebat aetas virginis Meam neglegentiam ..., profectam esse aibant.* Das Plusquamperfect bei Terenz ist dem Gebrauch des Plautus gegenüber eine Neuerung; es finden sich davon 2 Beispiele, welche beide Verba des geistigen Wahrnehmens und Beobachtens bezeichnen. Andr. 2, 1, 6 *qui postquam audierat, non datum iri filio uxorem suo, Nunquam quoiquam nostrum verbum fecit.* Phormio 5, 8, 15 *nam omnis posthabui res ..., Postquam tanto opere id vos velle animum advorteram.* Wir geben in Folgendem eine tabellarische Zusammenstellung:

Postquam

bei Plautus:		bei Terenz:	
mit Perfect	96 Mal	mit Perfect	28 Mal
mit Präsens historicum	5 Mal	mit historischem Präsens	8 Mal
mit wirklichem Präsens	11 Mal	mit wirklichem Präsens	3 Mal
mit Imperfect . . .	1 Mal	mit Imperfect . . .	1 Mal
		mit Plusquamperfect .	2 Mal

Wir sehen aus all diesem, dass *postquam* in der Epoche des älteren Latein, wo *Quom* noch den Indicativ bei sich hat, dennoch eine von *Quom* ganz verschiedene Structur-Weise befolgt: *Postquam* verbindet sich mit den für die relative Zeitgebung empfänglichen Temporibus sehr selten und wenn diess geschieht, so tragen diese Tempora entweder ganz unverkennbar den Charakter der Zuständlichkeit an sich, wie das Imperfect in dem je einen Beispiel bei Plautus und Terenz, oder drücken geistige Thätigkeiten des Erkennens aus, welche ja so sehr leicht in den Begriff des Zuständlichen übergeben, und so sind ohne Zweifel die Plusquamperfecta *audierat* und *animadvorteram* bei Terenz aufzufassen.

Wir gehen nun zu *Ubi* über, welches ebenfalls wieder seine ganz specielle Bedeutung als Zeitpartikel hat. *Ubi* wird mit allen drei Haupt-Temporibus verbunden. Doch berühren uns hier nur die auf die Vergangenheit und Gegenwart bezüglichen Gebrauchsweisen. Wir wollen zunächst *Ubi* mit dem Präsens kennen lernen. Es pflegt in dieser Structur meist eine allgemeine Beobachtung, eine Thatsache von gewohnheits- oder gesetzmässiger Geltung ohne Bezug auf eine bestimmte Zeit, gleichsam allzeitig gegenwärtig auszudrücken z. B. Mostell. 380 *igitur demum fodere puteum, ubi sitis fauces tenet.* Pseud. 311 *ilico vixit amator, ubi lenoni supplicat.* Mil. 915 -*ubi probus est architectus . . ., Facile esse navem facere.* Oder es wird eine in der absoluten Gegenwart sich wiederholende Handlung ausgedrückt z. B. Rud. 449 *ut etiam nunc misera timeo, ubi oculis intueor mare.* Oder endlich *ubi* bezeichnet eine in der Gegenwart erwartete Handlung, wie Men. 1106 *ubi lubet, roga: respondebo.* Von diesen Structuren hat Plautus 37 Beispiele, Terenz 12.

Ferner wird *Ubi* mit dem Perfectum verbunden, und zwar entweder zur Bezeichnung einer allgemeinen öfter wiederholten Thatsache, oder eines individuellen zeitlich bestimmten Factums. Der erstere Fall ist der weniger häufige; er gleicht dem Gebrauch von *Ubi* mit dem Präsens genau z. B. Mil. 753 *nam i solent quando accubuere, ubi cena adpositast, dicere.* Eun. 973 *ubi satias coepit fieri, conmuto locum.* Hecyr. 789 *nam nupta meretrici hostis est, a viro ubi segregatast.* Auch häufige wiederholte Ereignisse werden so ausgedrückt z. B. Stich. 178 (= Bacch. 471) *ubi quemque attigit.* Von dieser Gattung hat Plautus 15 Beispiele, Terenz 8.

Wir kommen nun zu dem Idiom, in welchem *Ubi* mit dem Perfect dem Ausdruck einer bestimmten individuellen Thatsache dient. Auf diesem Gebiete berührt es sich mit *Postquam* und *Quom:* Wir kennen *Postquam* in dieser Verbindung z. B. Curc. 558 *postquam rem divinam feci, [post] mihi in mentem venit* und ebenso *Quom* Trin. 194 *posticulum hoc recepit, quom aedes vendidit.* Auch *Ubi* ist mit einer nicht unbedeutenden Zahl von Beispielen an diesem Idiom betheiligt. So bei Plautus Trin. 853 *ille qui me conduxit, ubi conduxit, abduxit domum.* Mil. 109 *ubi primum evenit militi huic occasio.* Mil. 123 *ubi contra aspexit me, oculis mihi signum dedit.* Auch bei Terenz nicht selten z. B. Eunuch. 116 *mater ubi accepit, coepit studiose omnia Docere, educere* ... Eun. 512 *ubi veni, caussam, ut ibi manerem repperit.* So verwandt auch *Ubi* hier mit *Quom* zu sein scheint, so ist doch die Bedeutung beider Partikeln zwar fein, aber bestimmt geschieden. Es giebt Fälle dieser Art, in denen *Ubi* nicht stehen könnte, nämlich da, wo der Zeitbegriff stark hervorgehoben wird z. B. Casin. prol. 39 -*annos factumst sedecim, Quom conspicatus est primo crepusculo Puellam exponi* oder Hecyra 4, 1, 22 -*sed nunc mi in mentem venit De hac re quod locuta's olim, quom illum generum cepimus.* Von der Zukunft wird *Ubi* auch so gebraucht z. B. Capt. 327 *est etiam ubi profecto damnum praestet facere quam lucrum.* Eunuch. 719 -*inveniam edepol hodie, parem ubi referam gratiam*, allein hier wiegt das räumliche Moment der Bedeutung vor. Von *Ubi* mit dem Indicativus Perfecti zum Ausdruck des einzelnen Factums hat Plautus 29 Beispiele. Der Gebrauch ist bei Terenz verhältnissmässig sehr viel häufiger, da Terenz 24 Fälle dieser Art bietet. Von *Quom* hatte Plautus in der gleichen Structur 16 Beispiele (Al), Terenz 11 (An, Ao*)*. Bei Letzterem überwiegt die erzählende Darstellungsweise, während Plautus den lebhafteren Dialog vorzieht.

Dem aoristischen Perfect ist das historische Präsens gleichbedeutend und auch dieses Tempus ist öfter mit *Ubi* verbunden. Beispiele aus Plautus sind Bacch. 289 *ubi portu eximus, homines remigio sequi.* Most. 1051 *ubi egomet video rem vorti in meo foro, quantum potest Facio idem* ... Cist. 1, 3, 12 *is ubi malam rem scit se meruisse, ilico Pedibus perfugium peperit.* Häufiger noch Terenz Eun. 260 *is ubi miser famelicus videt me esse tanto honore* . . Haut. 128 *ubi video, haec coepi cogitare* . . Plautus hat von dieser Verbindung 8 Fälle, Terenz 12.

Wir kommen nun zu der für unsere Untersuchung wichtigsten und interessantesten Structur von *Ubi*, nämlich zu der Verbindung dieser Partikel mit den Nebenzeiten. *Ubi* findet sich, obgleich sehr selten, bei Plautus und bei Terenz mit dem Imperfect sowohl als Plusquamperfect Indicativi. Es zeigt sich aber auch hier, wie bei *Postquam* in diesen Verbindungen, nicht nur eine numerisch beträchtlich geringere Verwendung, sondern auch ein anders gearteter Gebrauch, als bei *Quom*. Was die Plautinische Behandlung des Idioms betrifft, so hat dieser Dichter ein Paar mal das Imperfectum Indicativi. Es ist zunächst ein Beispiel zu erwähnen, wo im Zeitsatz ein öfter und gewohnheitsmässig eintretendes Ereigniss steht, im Nachsatz mit gleicher Bedeutung des Imperfects Mil. 856 *ubi bacchabatur aula, cassabant cadi.* Hier ist das Imperfect mit entschieden absoluter Zeitgebung gebraucht. Auch in einem zweiten Beispiel ist die absolute Zeitgebung unverkennbar. Trin. 504 *eheu! Ubi usus nihil erat [ei] dicto, 'spondeo' Dicebat,* die Bedeutung von *ubi* ist hier mehr local als temporal; auch ist eine Mehrzahl solcher Fälle gemeint, wie aus dem Imperfect *dicebat* hervorgeht. Das einzige Beispiel, in welchem eine momentane Handlung im Imperfect mit *Ubi* verbunden wird, ganz ähnlich wie bei *Quom*, ist Bacch. 685 *quid, ubi reddebas aurum, dixisti patri?* Hier ist eine momentane Handlung desshalb ins Imperfect gesetzt, weil sie in strenger Gleichzeitigkeit mit dem Hauptereigniss gedacht ist. Eine solche Handlung kann in der weiteren Entwickelung der Sprache die volle Relativität annehmen. Im älteren Latein ist ihre Relation auf die Haupthandlung noch eine mehr inhaltliche, sie coincidirt in die objective Zeit der Haupthandlung, besitzt aber noch ihre eigene Zeitlage, soweit diese durch das Subject bestimmt wird. Wir sehen also wie auch *Ubi* in diesem einen Beispiel ganz wie *Quom* gebraucht wird. So steht *Quom* z. B. Most. 1117 *loquere: quoiusmodi reliqui, quom hinc abibam, filium?* Menaechm. 1062 *eripui, homines quom ferebant te sublimen quattuor.* Indess ist eben in solchen Verbindungen in der Plautinischen Sprache *Quom* die gebräuchlichere Partikel, während *Ubi* mehr mit den Temporibus sich verbindet, welche im vollsten Sinn des Worts absolut und relationslos bleiben. Von *Ubi* mit dem Imperfect hat Plautus nur diese drei Beispiele.

Das Plusquamperfect hat Plautus nur an einer Stelle nach *Ubi*, wo eine Gewohnheit, ein zuständliches Sein ausgedrückt ist Asin. 209 *ubi quid dederam, quasi columbae pulli in ore ambae meo Usque eratis.*

Wir gehen nun zu Terenz über. Auch bei ihm zeigt sich im Imperfect und Plusquamperfect nach *Ubi* die Vorliebe für den Ausdruck des Zuständlichen in dieser Verbindung. Vom Imperfect ist nur ein Beispiel bei ihm vorhanden, an einer Stelle, wo es dem Plusquamperfect in der Schilderung einer Gewohnheit coordinirt ist, Eun. 403 *-tum sicubi eum satietas Hominum aut negoti siquando odium ceperat, Requiescere ubi volebat ..., Tum me conviram solum abducebat sibi.* An dieser Stelle ist also das Plusquamperfect *ceperat* mit *sicubi*, das Imperfect mit *ubi* verbunden. Eine zweite Stelle für das Plusquamperfect ist Hecyra 130 *ubi quomque datum erat spatium solitudinis.* Auch hier ist ein gewohnheitliches Thun geschildert. Ein drittes Beispiel zeigt uns freilich ein momentanes Factum, in derselben Art wie *Quom* construirt wird: Phorm. 573 *-quid illic tam diu Quaeso igitur commorabare, ubi id audiveras?* Hier haben wir also einen Fall der Gleichstellung von *Ubi* und *Quom*, und dass an sich selbst *Ubi* mit solchen Prädicaten verbunden werden konnte, ist auch kein Grund vorhanden zu leugnen; allein die Sprache hatte sich eben gewöhnt, besonders gern *Quom* in diesen Verbindungen zu brauchen. Uebrigens ist *audiverat* eben als Plusquamperfect eines Verbum sentiendi sehr zu der Auffassung als zuständliches Sein qualificirt. Auch mit *Postquam* sahen wir oben zwei solche Verba im Plusquamperfect verbunden; dasselbe *audierat* und *animadvorteram.* Wir geben nun die tabellarische Uebersicht der Beispiele mit *Ubi:*

Ubi bei Plautus			bei Terenz		
Präsens allgemein . .	37	Mal	Präsens allgemein . .	12	Mal
Perfect allgemein . .	15	„	Perfect allgemein . .	8	„
Perfect aoristisch . .	29	„	Perfect aoristisch . .	24	„
historisches Präsens .	8	„	historisches Präsens .	12	„
Imperfect Indicativi .	3	„	Imperfect Indicativi .	1	„
Plusquamperf. Indicat.	1	„	Plusquamperf. Indicat.	3	„

Wir gehen zu *Ut* über, welches als Zeitpartikel im älteren Latein eine zwar nicht ausgedehnte, aber interessante Anwendung findet. Bei *ut* ist als die Grundbedeutung „wie" anzunehmen, es vergleicht ursprünglich die Beschaffenheit zweier Handlungen; aus dieser frühesten Bedeutung haben sich dann andere entwickelt. Wenn die Beschaffenheit der Handlung des Vordersatzes die Veranlassung der Handlung des Nachsatzes wird, so geht das Verhältniss der Vergleichung in den Sinn eines Causal-Verhältnisses über. Oft ist die Scheidegrenze zwischen modaler und causaler Beziehung kaum erkennbar z. B. Most. 268 *ut speculum tenuisti, metuo ne olant argentum manus.* Andererseits kann die Vergleichung der Beschaffenheit zweier Handlungen auch sich vorwiegend auf die Zeit beziehen, in welcher sie stattfinden, so dass es also wesentlich nur ihre Zeitbeschaffenheit ist, welche der sprachliche Ausdruck bestimmt; dann nimmt *ut* die Bedeutung einer Zeitpartikel an. Auch hier grenzen die beiden Bedeutungen, modale und temporale, oft sehr nahe aneinander z. B. Hecyr. 251 *adii te heri de filia: ut veni, itidem incertum amisti,* hier ist noch die modale Bedeutung vorwiegend; in einem anderen Fall sind beide Bedeutungen vermischt: Persa 577 *nam [ut] heri in portum noctu navis venit, vaeniri hanc volo.* Denn dass *[ut]* hier mit Recht und sehr elegant von Ritschl eingefügt ist, unterliegt keinem Zweifel. Wir wollen nun die einzelnen Gebrauchsweisen betrachten.

Das rein modale *Ut* gehört nicht in unsere Untersuchung, wir wollen also solche Fälle ausschliessen, wie Persa 576 *-venio, adduco hanc, ut tibi dudum dixeram.* Nur das causale und temporale *ut,* die ebenfalls oft sehr nahe aneinander grenzen, wollen wir näher hier kennen lernen. Das Haupttempus, mit welchem sich *Ut* verbunden findet, ist das Perfect; in sehr beschränktem Umfang findet sich das Präsens, Imperfect und Plusquamperfect. Beim Gebrauch mit dem Perfect scheiden wir die Bedeutungen, indem wir die causale und temporale, so weit es sich thun lässt, auseinanderhalten. Dass beide so nahe verwandt in dieser Partikel erscheinen, ist eben lehrreich für die Genesis der Bedeutungen.

Zunächst mögen hier diejenigen Beispiele stehen, in welchen die modale Bedeutung zwar noch vorherrscht, aber sich der causalen und temporalen schon sehr annähert, z. B. Rud. 915

*nam ut de nocte multa impigreque exurrexi, Lucrum praeposivi
sopori et quieti*, d. h. „darin dass ich das und das gethan habe,
habe ich . . .“ Amph. 1067 *ut iacui, exurgo: ardere censui aedis.*
Amph. 873 *nunc memet Amphitruonem, ut occepi semel, [Iterum]
esse adsimulabo.* Hiervon hat Plautus diese 3 Beispiele.

Die causale Bedeutung grenzt meist sehr nahe an die temporale und ist desshalb auch besonders oft mit Verbis der Be-
wegung verbunden Aul. 4, 8, 5 *nam ut dudum hinc abii, multo
illo adveni prior.* Bacch. 106 *nam ut in navi vecta's, timida's.*
Pseudul. 661 *nam ut lassus veni de via, Me colo curare.* An
die modale Bedeutung streift nahe Most. 268 *ut speculum tenuisti,
metuo ne olant argentum manus.* Plautus hat hiervon 4 Beispiele.

Die temporale Bedeutung ist zahlreicher vertreten und zeigt
auch grössere Mannigfaltigkeit. Zunächst wird das Perfect von
einer öfter wiederholten gewohnheitsmässigen Handlung gebraucht,
wovon 1 Beispiel bei Plautus Mil. 1264 *omnes profecto mulieres
te amant, ut quaeque adspexit.* Mit dem eine bestimmte Einzel-
handlung ausdrückenden Perfect wird *Ut* in einer doppelten Bedeutung gebraucht; nämlich entweder verbindet sich damit der
Begriff einer bereits längere Zeit vor dem Hauptfactum vollendeten Handlung, so dass also *Ut* „nachdem“ bedeutet, oder der
Begriff einer mit dem Hauptfactum in denselben Zeitpunkt fallenden oder doch in ihrem Verlauf noch nicht ganz abgeschlossenen Handlung, wo *Ut* „als“ bedeutet. Wir lernen die erstere
Bedeutung aus zahlreichen Beispielen kennen; das Perfect hat
in denselben die Geltung der Vor-Vergangenheit. Epid. 4, 2, 30
quid ego, qui illam ut primum vidi, nunquam vidi postea? Bacch.
388 *nam ut in Ephesum hinc abii, (hoc factumst ferme abhinc
biennium), Ex Epheso huc . . . litteras misi.* Amph. 602 *nam ut
dudum ante lucem a portu me praemisisti domum . . ., ante aedis
stabam.* Amph. 733 *neque pedem meum huc intuli etiam in aedis,
ut cum exercitu Hinc profectus sum ad Teleboas hostisque eos ut
vicimus.* Most. 470 *-pedem Nemo intro tetulit, semel ut emigra-
vimus.* Daher nimmt auch *Ut* die Bedeutung von „seit“ an
Stich. 29 *nam viri nostri domo ut abierunt, Hic tertiust annus.*
Plautus hat von dieser Gattung der Structur nach *Ut* 9 Beispiele.

Hiervon unterschieden ist die Verbindung, in welcher das
Verbum eine noch nicht vor der Haupthandlung abgeschlossene
Handlung bezeichnet, *Ut* heisst dann „als“. Bacch. 374 *quae*

ut adspexi, me continuo contuli protinam in pedes. Bacch. 278
-forte ut adsedi in stega, Dum [me] circumspecto, atque ego lem-
bum conspicor, wo *atque* im Nachsatz steht; ebenso steht *atque*
im Nachsatz nach *ut* Poenul. 3, 3, 37 *nisi dudum mane ad portum*
uti processimus, Atque istum e navi[d] exeuntem oneraria Videmus,
wo Geppert mit Unrecht *atque* in *at* verwandelt. Eine zu dieser
Structur gehörige Stelle, welche aber nicht ganz sicher herzustellen ist, ist Cistell. 4, 2, 45 *nam dudum ut adcucurrimus ad*
Alcesimarchum, vitam Suam ne interimeret, tum [puto] timore [mi]
excidisse Cistellam. So hat nach Camerarius' Vorgang Bothe die
Worte hergestellt; der B hat *accurrimus ad Alc. ne se vitam*
interemerit. Plautus hat von dieser Construction 5 Beispiele.

Diesem Gebrauch mit dem aoristischen Perfect schliesst sich
wieder derjenige mit dem historischen Präsens an; allein von
diesem hat Plautus nur ein Beispiel Mercat. 100 *discubitum noctu*
ut imus, ecce ad me advenit. Ausserdem verbindet sich *Ut* temporale noch mit dem Präsens einer wiederholten gewohnheitsmässigen Handlung Curcul. 59 *immo ut illam censes? ut quaeque*
illi occasiost, Subrupere se ad me. Men. 522 *quid hoc est negoti?*
satin', ut quemque conspicor, Ita me ludificant? Hiervon hat Plautus
nur diese 2 Beispiele.

Bei Terenz ist *Ut* temporale überhaupt sehr selten: mit dem
Perfect hat es in den 2 Beispielen, in denen es vorkommt, die
Bedeutung „nachdem": Phorm. 859 *ut modo argentum tibi dedimus*
apud forum, recta domum Sumus profecti. Hecyr. 752 *-id pol-*
licerer tibi, Laches, Segregatum habuisse, uxorem ut duxit, a me
Pamphilum. Andere Fälle dieser Art bietet Terenz nicht, denn
Hec. 251 *-ut veni, itidem incertum amisti* ist *ut* modal zu fassen.
Das Präsens nach *Ut* temporale braucht Terenz nicht.

Wir kommen nun zur Betrachtung des Gebrauchs von *Ut*
mit den Nebentemporibus. Hier ist die Bemerkung zu machen,
dass unter allen Zeitconjunctionen *Ut* sich mit *Quom* am nächsten
berührt, da es verhältnissmässig am häufigsten mit solchen Prädicaten verbunden wird, welche momentane Handlungen bezeichnen und welche also am leichtesten sich zur temporalen Relativität
qualificirten. *Ut* erscheint also gleichsam als Nebenbuhlerin von
Quom; gleichwohl hat letzteres den Sieg behauptet. Schon der
numerische Bestand der Beispiele ist bei Plautus und Terenz für
Ut geringer als für *Quom.*

Wir prüfen zunächst die Beispiele mit dem Imperfect. Ein Fall findet sich zunächst, wo das Imperfect eine Wiederholung bezeichnet; im Nachsatz steht ebenfalls das Imperfect: Mercat. 216 *quin quicque ut dicebam, mihi credebat.* Eine andere Stelle zeigt uns eine dauernde Handlung im Vordersatz, eine momentane im Nachsatz: Asin. 343 *rerum in tonstrina ut sedebam, me insit percontarier.* Dergleichen Beispiele sind für *Quom* häufig, z. B. Amph. 427 — *legiones quom pugnabant maxume, Quid in tabernaclo fecisti?* Ferner sind zwei Beispiele zu erwähnen, wo die Handlung des Vordersatzes als eine momentane gedacht ist; eines, in welchem das Imperfect einem Plusquamperfect coordinirt ist:

Meu. 63 nam rus ut ibat forte ut multum pluverat,
ingressus fluvium . . . ., is subduxit pedes,

und ein anderes aus der Vidularia, welches Nonius p. 124, 1 anführt

ibi ut piscabar, fuscina ici vidulum.

Plautus hat nur diese 4 Beispiele von *Ut* mit dem Imperfect.

Terenz hat ein sehr interessantes Beispiel

Adelph. 3, 3, 52 nam ut numerabatur forte argentum, intervenit.

Hier ist das Imperfect der Ausdruck vollkommener Gleichzeitigkeit mit der Haupthandlung, also ganz in der Form ausgesagt, welche später der zeitlichen Relativität anheimfällt.

Was das Plusquamperfect anlangt, so zeigt es dieselben Idiome, wie das Imperfect, es erscheint bald als Ausdruck eines zuständlichen Seins, bald als der eines momentanen vollendeten Vorgangs. Die frequentative Bedeutung finden wir Poenul. 2, 39 *ut quisque acciderat, eum necabant ilico.* Den momentanen Vorgang drücken aus Curcul. 646 *nam ut illo ventumst, iam ut me conlocarerat, Exoritur ventus turbo,* und mit dem Imperfect verbunden Menaechm. 63 *nam rus ut ibat forte, ut multum pluverat, Ingressus fluvium . ., is subduxit pedes.* Ein eigenthümlicher Fall ist Bacch. 957, wo *ut* „dadurch dass" bezeichnet und den Inhalt des Factums im Hauptsatz ausdrückt, also nicht eigentlich temporal, sondern explicativ ist; *nam dudum primo ut dixeram nostro seni mendacium —, ibi signum ex arce iam abstuli.* Plautus hat 4 Beispiele des Plusquamperfects nach *Ut.*

Terenz hat nur ein Beispiel mit frequentativer Bedeutung Hecyr. 802 -*ut quisque venerat, Accedebam.* Wir geben nun die tabellarische Uebersicht der Beispiele von *Ut:*

Ut bei Plautus:

Perfect modal-causal	. . . .	3
„ causal	. . . .	4
„ temporal allgemein	. . . . .	1
„ „ „nachdem"	. . . . .	9
„ „ „als"	. . . .	5
Präsens historicum	. . . .	1
„ allgemein	. . . .	2
Imperfect	. . . .	4
Plusquamperfect	. . . .	4

Ut bei Terenz:

Perfect modal	. . . . . .	1
„ temporal „nachdem"	.	2
Imperfect	. . . .	1
Plusquamperfect	. . . . .	1

Wir gehen nun zu dem temporalen *Quoniam* über; die temporale Bedeutung dieser Partikel, welche die frühere war, ist später ausser Anwendung gekommen und nur die causale blieb in Gebrauch; das ältere Latein kennt jedoch die erstere Bedeutung noch in beachtenswerthem Umfang, namentlich Plautus. Bei Terenz ist sie schon kaum noch wahrnehmbar. Den eigentlich und ungemischt causalen Gebrauch wollen wir hier bei Seite liegen lassen, er ist natürlich im älteren Latein bereits ganz entwickelt, z. B. Amph. 396 *ut lubet, quod tibi lubet fac, quoniam pugnis plus vales.* Mercat. 989 *temperi edepol: quoniam, ut aliter facias, non est copia.* Wir wollen hier nur denjenigen Gebrauch kennen lernen, welcher uns die temporale Bedeutung entweder rein und unvermischt zeigt, oder der causalen beigemischt. Es giebt nämlich viele Fälle, die völlig auf der Grenze der causalen und temporalen Bedeutung stehen und offenbar beide Beziehungen in sich vereinigen; z. B. Menaech. 1151 *quoniam haec evenerunt nobis frater ex sententia, In patriam redeamus ambo.* Bacch. 299 *quoniam videmus auro insidias fieri, Capimus consilium.* Bei anderen Beispielen dagegen ist die Temporal-Beziehung ausschliesslich und allein die maassgebende, z. B. Asin. 711 *quid nunc? quoniam ambo nos ut est delubitum delusistis, Datisne argentum?* Aulul. prol. 9 *is quoniam moritur, ita avido ingenio fuit, Nunquam indicare id filio voluit suo.* Wir wollen beide Bedeutungen, die rein temporale und die causal-temporale in ihren Beispielen kennen lernen. *Quoniam* wird in diesen Bedeutungen nur mit den Haupttemporibus verbunden und zwar mit dem Perfect oder historischen Präsens. Die Nebentempora kommen bei dieser Conjunction weder bei Plautus noch Terenz in Anwendung.

Wir wollen zunächst das rein temporale *Quoniam* betrachten. Es giebt einige Fälle dieses Idioms, wo die Beimischung einer Causalbeziehung noch so fern liegt, dass eher ein gegensätzliches Verhältniss zwischen Vorder- und Nachsatz besteht. Amph. 586 *qui quoniam erus quod imperavit neglexisti persequi, Nunc venis etiam ultro inrisum dominum* und das vorhin angeführte Beispiel Aul. prol. 9. Rein zeitlich ist ferner Asin. 350 *quoniam ille elocutust haec sic . . ., Extemplo facio facetum me.* Mil. 129 *-quoniam inspexi mulieris sententiam, Cepi tabellas.* Ein merkwürdiger Fall ist Trin. 149 *quoniam hinc profectust [ire] peregre Charmides, Thensaurum demonstravit mihi in hisce aedibus.* Hier ist *quoniam* jedenfalls rein zeitlich, da in *profectust* nicht der Ausdruck desjenigen Beweggrundes liegt, welcher zu dem *demonstravit* die Veranlassung geben konnte; *profectust* ist rein erzählend. Anders ist diess in der ähnlichen Aussage Trin. 112 *quoniam hinc iturust ipsus in Seleuciam, Mihi commendavit . .* Hier liegt im periphrastischen Futurum der Ausdruck des Planes, welcher die Handlung des Hauptsatzes zur Folge hatte. Ausserdem gehört noch hierher Asin. 711 *quid nunc? quoniam ambo nos ut est delubitum delusistis, Datisne argentum?* und Capt. 930 *-quid nunc, quoniam servavi fidem Tibique hunc reducem in libertatem feci?* Diess sind die 7 Beispiele aus Plautus, in denen allein die Bedeutung von *Quoniam* noch unzweifelhaft rein temporal ist.

Die Zahl der Beispiele, wo sich der temporalen Beziehung eine causale beimischt, ist viel grösser; freilich ist hier der Grad, in welchem sich das causale Moment neben dem temporalen geltend macht, ein sehr verschiedener, bald ist dasselbe deutlicher, bald weniger deutlich, bald überwiegt dieses Moment, bald jenes. Wir wollen zunächst hier Fälle anführen, in denen das causale Moment das schwächere ist: Pocnul. 3, 3, 52 *is inde aufugit*

quoniam capitur oppidum. Stich. 676 *quoniam nuntiatumst Ista-
rum venturos viros, ibi festinamus omnes.* Namentlich die interessanten Fälle aus der Erzählung des Chrusalus Bacch. 290
- *quoniam sentio Quae res gereretur, navem extemplo statuimus.*
292 *quoniam vident nos stare, occeperunt ratem Servare in portu.*
299 *quoniam videmus . . . 304 quoniam extemplo a portu ire
nos cum auro vident, Subducunt lembum.* Es ist bemerkenswerth,
dass die häufige Verbindung von *Quoniam* mit *videre* und *sentire*
stets in dem Präsens historicum gegeben ist. *Videre* findet sich
7 Mal in dieser Structur (Trin. 14. Stich. 411. Rud. 67. Poenul.
prol. 68 und die 3 Stellen aus den Bacchides); *sentire* zwei Mal
(Men. 481. Bacch. 290). In anderen Beispielen ist das causale
Moment das hervorstechendere, z. B. Trin. 14 *quoniam qui me
aleret nil video esse relicui.* Rud. 67 *ego quoniam video virginem
asportarier, Tetuli et [ei] auxilium.* Capt. 30 *et quoniam heri
indaudivit de summo loco . . . captum esse equitem ex Alide, Nil
pretio parsit.* Plautus hat von dieser Gattung, in welcher *Quoniam* eine causal und temporal nüancirte Bedeutung besitzt,
17 Beispiele.

Bei Terenz sind nur zwei Beispiele von *Quoniam*, welches
dieser Dichter überhaupt sehr selten braucht, in der gemischten
Bedeutung vorhanden. Mehr temporal als causal ist Eun. 237
- *quoniam miser quod habui perdidi, en Quo redactus sum.* Umgekehrt überwiegt die causale Beziehung Andr. 250 - *ea quoniam
nemini obtrudi potest, Itur ad me.* Die tabellarische Uebersicht
über *Quoniam* ergiebt also folgende Zahlen:

Quoniam bei Plautus:

Quoniam rein temporal	7	Mal
„ gemischt das temporale Mo- ment überwiegend	8	„
„ „ das causale Mo- ment überwiegend	9	„

Quoniam bei Terenz:

Quoniam rein temporal	—	Mal
„ gemischt das temporale Moment über- wiegend . . .	1	„
„ „ das causale Mo- ment überwie- gend	1	„

Wir haben nun also diejenigen Zeitpartikeln kennen gelernt, welche gleichsam von Anfang an die Nebenbuhlerinnen von *Quom* waren, indem auch sie der Bezeichnung vergangener Ereignisse, zuständlicher sowohl als momentan gedachter, dienen. Wir wiederholen nunmehr, nachdem wir die Verbreitung und den Gebrauch dieser Conjunctionen im älteren Latein kennen gelernt haben, die Frage: warum ist *Quom* allein von der weiter sich entwickelnden Sprache ausgewählt worden, in die Verbindung mit dem Conjunctiv einzutreten? welches Motiv kann vorgelegen haben, wesshalb man allein *Quom* mit diesem subjectiven Ausdruck der historischen Darstellung verband? Wir müssen so fragen. Denn wenn man früher für diese Sonder-Eigenthümlichkeit von *Quom* den Grund anführte, dass *Quom* als Causalpartikel den Conjunctiv schon von Haus aus gehabt habe, und dass es eine Uebertragung der Causal-Beziehung auf den temporalen Gebrauch von *Quom* sei, aus welcher der Conjunctiv herrühre, so haben wir im Obigen gesehen, dass eine solche Beweisführung unhaltbar ist. Wenn also *Quom* nicht um seiner causalen Bedeutung willen, sondern als Temporal-Partikel den Conjunctiv hat, so muss nun der Umstand aufgeklärt werden, dass dasselbe unter allen Temporal-Partikeln allein die regelmässige Structur mit dem Conjunctiv ausgebildet hat.

Die Antwort auf diese Frage liegt in den so eben von uns vorgelegten statistischen Angaben über den Gebrauch von *Postquam, Ubi, Ut, Quoniam*. Wir sehen, wie diese Partikeln sämmtlich eine sehr überwiegende Neigung zum Gebrauch mit Haupttemporibus haben und der Gebrauch mit Nebentemporibus nur sehr spärlich bei ihnen vertreten ist. *Quoniam* temporale sogar wird nur mit Haupttemporibus verbunden. Innerhalb des Gebrauchs mit Nebentemporibus ist dann auch wieder noch die Verbindung mit den Imperfectis und Plusquamperfectis der Zuständlichkeit eine hervorstechende, so dass für die Structur mit den momentanen Handlungen der Vergangenheit, welche ja zunächst hauptsächlich das Gebiet und der Sitz der Conjunctiv-Construction sind, nur ein sehr kleiner Bestand von Beispielen übrig bleibt. Gerade bei derjenigen Gattung des Seins also, bei welcher der Eintritt der zeitlichen Relativität hauptsächlich Regel geworden ist, weil sie am meisten dazu qualificirt war, ist *Quom* von je her auch in der Zeit, wo noch die Zeitgebung bei allen Präteritis absolut war, mehr in Anwendung gewesen. An und für sich waren auch die anderen Zeitpartikeln gewiss nicht unbefähigt mit diesen temporalen Seinsdarstellungen in Verbindung zu treten, und namentlich *Ut* scheint für *Quom* eine sehr hoffnungsvolle Concurrentin gewesen zu sein, allein *Quom* hat eben schliesslich diejenigen Structuren, welche vor allen anderen zur Annahme der zeitlichen Relativität und desshalb des Conjunctivs befähigt waren, allein an sich gezogen. Hierin liegt eine vielleicht nicht weiter aufzuklärende Willkür der Sprache. Eine vergleichende Uebersicht des Gebrauches von *Quom* in seiner Verbindung mit den Temporibus der Vergangenheit mit dem Gebrauch der anderen Zeitpartikeln wird uns das schon früh begründete Uebergewicht von *Quom* zeigen. Wir fassen hierbei nur die Idiome in's Auge, welche wirkliche Präterita darstellen, also z. B. nicht das logische oder das eine Wiederholung bezeichnende Perfect. Hiernach stellen sich die Zahlenverhältnisse so:

Plautus. **Terenz.**

Postquam

Plautus			Terenz		
Perfect	96	101	Perfect	28	36
historisches Präsens	5		historisches Präsens	8	
Imperfect	1	1	Imperfect	1	3
Plusquamperfect	—		Plusquamperfect	2	

Ubi

Plautus			Terenz		
Perfect	29	37	Perfect	24	36
historisches Präsens	8		historisches Präsens	12	
Imperfect	3	4	Imperfect	1	4
Plusquamperfect	1		Plusquamperfect	3	

Ut

Plautus			Terenz		
Perfect	15	16	Perfect	2	2
historisches Präsens	1		historisches Präsens	—	
Imperfect	4	8	Imperfect	1	2
Plusquamperfect	4		Plusquamperfect	1	

Quom

Plautus			Terenz		
Perfect (Ak, Al, Am)	29	41	Perfect (An, Ao, Ap)	16	24
historisches Präsens	12		historisches Präsens	8	
Imperf. (As, At, Au, Av)	28	31	Imperfect (Aw)	4	6
Plusquamperfect	3		Plusquamperfect	2	

Das Wichtigste in dieser Tabelle ist das Verhältniss, in welchem die Zahlen der historischen Haupttempora zu denen der Nebentempora stehen. Es zeigt sich in dieser Hinsicht, dass von *Postquam, Ubi, Ut* die letztere Partikel das für die Nebenzeiten günstigste Verhältniss bietet, bei Plautus stehen Haupt- und Nebenzeiten nach *Ut* zu einander wie 16 : 8. Bei Terenz ist *Ut* so selten, dass sich das mehr zufällige Verhältniss von 2 : 2 ergiebt. Bei *Quom* dagegen sind die Nebentempora in ein noch viel günstigeres Verhältniss gerückt; bei Plautus stehen hier die Haupt- zu den Nebenzeiten wie 41 : 31, bei Terenz wie 24 : 6. Jedenfalls sind die Plautinischen Zahlen hier die für die ganze Physiognomie des Gebrauches am meisten charakteristischen. Aus ihnen geht also hervor, warum *Quom* in späterer Zeit die den Conjunctiv hauptsächlich regierende Zeitpartikel geworden ist: nämlich weil *Quom* sich schon früher vorwiegend mit den Temporibus verband, welche die Zeit-Relativität anzunehmen befähigt sind.

Wir haben oben auszuführen gesucht, dass der Eintritt des Conjunctivs der Nebenzeiten nicht in irgend einer specifischen Bedeutung von *Quom* seinen Grund hat, wodurch gerade diese Partikel unter allen anderen Zeitconjunctionen für die ausschliessliche Verbindung mit jenem Modus prädestinirt gewesen wäre: der Hauptgrund des Conjunctivs liegt vielmehr in dem eigenthümlichen Verhältniss der Tempora des Vorder- und Nachsatzes selbst, welches sich zu einer zeitlichen Abhängigkeit und Unterordnung des Nebenfactums unter das Hauptfactum steigerte. Der merkwürdige Umstand, dass allein *Quom* an der Spitze solcher Zeitsätze, in denen dieses Verhältniss obwaltet, gefunden wird, ist von uns durch den Nachweis erklärt worden, dass auch schon in der indicativischen Periode dieser Sätze *Quom* das Uebergewicht erlangt hatte. Indessen darf hierbei nicht vergessen werden, dass die übrigen Zeitpartikeln eigentlich an sich mit *Quom* gleichberechtigt zur Verbindung mit den Nebentemporibus der momentanen Handlung waren. Diese Thatsache müssen wir uns durchaus gegenwärtig halten, um nicht *Quom* ein etwa in seiner zur Causalität hinneigenden Bedeutung begründetes Uebergewicht einzuräumen. Der thatsächliche Gebrauch der anderen Zeitconjunctionen beweist ihre Befähigung zu der gleichen syntaktischen Geltung mit *Quom* genugsam; wir dürfen nur folgende

Beispiele vergleichen: für *Postquam* Andr. 2, 1, 6 *qui postquam audierat non datum iri filio uxorem suo, Nunquam quoiquam nostrum verbum fecit.* Für *Ubi* Bacch. 685 *quid, . ubi reddebas aurum, dixisti patri?* Phorm. 573 *-quid illic tam diu Quaeso igitur commorabare, ubi id audiveras?* Für *Ut* Menaechm. 63 *nam rus ut ibat forte, ut multum pluverat, Ingressus fluvium ... is subduxit pedes.* Adelphoe 3, 3, 52 *nam ut numerabatur forte argentum, intervenit.* Diese Fälle stehen demjenigen Gebrauche nach *Quom*, aus welchem der Conjunctiv hervorgegangen ist, völlig gleich, z. B. Most. 1117 *loquere quoiusmodi reliqui, quom hinc abibam, filium?* Menaechm. 1062 *eripui, homines quom ferebant te sublimen quattuor.* Da also an und für sich diese anderen drei Zeitconjunctionen *Ubi, Postquam, Ut* dem *Quom* gleichstanden und da ferner der Conjunctiv nicht von einem für *Quom* allein eigenthümlichen Bedeutungs-Ingrediens (etwa dem causalen) herrührt, sondern aus dem Zeitverhältniss des Nebenereignisses zu dem Hauptereigniss entstanden ist, so würde es sehr wunderbar sein, wenn wir nicht wenigstens Anfänge und Spuren eines Conjunctiv-Gebrauches nach den anderen Zeitconjunctionen nachweisen könnten, da an und für sich offenbar die Präsumption statthaft ist, dass solche Keime und Ansätze existirt haben müssen, welche allerdings von der mehr und mehr zur Alleinherrschaft gelangten Verbindung mit *Quom* verdrängt und verdunkelt worden sind.

Ein ganz besonders glücklicher Zufall hat uns ein sehr charakteristisches Beispiel für *Ut* mit dem Conjunctivus Imperfecti erhalten und zwar bei Terenz, der doch, wie wir oben gesehen haben, sehr wahrscheinlicher Weise *Quom* mit dem Conjunctiv in directer Rede noch nicht kennt: auch hieraus sieht man wieder, eine wie mächtige Concurrentin *Ut* für *Quom* gewesen ist. Jene Stelle aus Terenz, welche unzweifelhaft zu den wichtigsten und interessantesten geschichtlichen Zeugnissen über Entwickelung der syntaktischen Gesetze des Latein gehört, ist Hecyr. 3, 3, 18 wo ohne Variante überliefert ist:

> mater consequitur: iam ut limen exirem, ad genua accidit lacrumans misera: miseritumst.

Man darf zunächst nicht daran zweifeln, dass *Ut* hier Zeitpartikel ist, und nicht etwa Final-Partikel oder Partikel für einen Objectivsatz. Es könnte vielleicht auf den ersten Blick scheinen, als ob *ut limen exirem* hier als Absichtssatz zu *ad genua accidit,* oder als Objectssatz zu *lacrumans (= cum lacrumis orans)* stünde: allein das verträgt sich mit dem Sinn der Stelle und der ganzen Situation nicht. Pamphilus stürzt hinaus: v. 16 *corripui ilico me inde lacrumans.* Myrrina will ihn zurückhalten, weil sie mit ihm sehr wichtige Dinge zu besprechen hat, nur nothgedrungen verweilt er: also kann hier *ut limen exirem* nicht heissen: *dass* ich die Schwelle verlassen möchte. Die Erklärer haben auch stets diese Stelle so aufgefasst, dass sie *ut* als Zeit-partikel ansahen, welches hier an einer in ihrer Art einzigen Stelle, ganz gegen die sonstige Gebrauchsweise von *Ut,* mit dem Conjunctiv construirt sei. Guyetus in seinem Commentar zu Terenz (Argentorati 1657) sagt: „ut limen exirem" id est tum quom limen exirem. Joh. Herbst in seiner deutschen Uebersetzung des Terenz giebt die Stelle: „die Mutter folgt mir nach: als ich die Schwelle Betreten will, wirft weinend sich die Arme Auf ihre Knie, ich fühlte Mitleid." Holtze, Synt .2, 186 hat diese Stelle aus-führlicher besprochen. Er sagt darüber „difficilior est ad expli-candum coniunctivus post temporis particulam *ut* positus Hecyr. 3, 3, 18 *„ut limen exirem",* quem Schmiederus ita explicare studet, ut sic haec circumscribat: cum iam in eo essem ut limen exirem. Puto ad analogiam vocabuli *quom* poetam etiam *ut* hoc loco imperfecto coniunctivi iunxisse." Es ist also ausser Zweifel, dass *ut* hier temporale Bedeutung hat. Die Erklärung des Con-junctivs, welche Holtze giebt, nämlich, dass *Ut* hier nach der Analogie von *Quom* mit dem Conjunctivus Imperfecti construirt sei, ist nicht annehmbar, da *Quom* eben bei Plautus den Con-junctiv bestimmt gar noch nicht hat, bei Terenz wahrscheinlich auch noch nicht, wenigstens ruht seine Beglaubigung bei diesem Dichter nur auf der einzigen Stelle Eunuch. prol. 22: *magistratus quom ibi adesset, occeptast agi,* wo wahrscheinlich *adsedit* für *adesset* zu schreiben ist. Aber zugegeben auch, dass der Con-junctiv hier richtig sei, so konnte ein damals noch so verein-zelter Gebrauch unmöglich eine Analogie begründen, welcher auch andere Zeitpartikeln, gegen die sonst ihnen eigenthümliche Construction, sich hätten unterwerfen mögen. Vielmehr ist an dieser Stelle *ut* selbständig mit dem Conjunctiv construirt und der Conjunctiv steht eben als Ausdruck der zeitlichen Subordi-nation des Neben-Ereignisses unter das Hauptereigniss, weil an dieser Stelle offenbar der Dichter die strenge Gleichzeitigkeit beider Handlungen hervorheben wollte. Es ist hier ganz ebenso, wie mit dem ersten nachweisbaren Beispiel der Structur nach *Quom* bei Ennius: Ann. 508 ed. Vahl. *Quomque caput caderet, carmen tuba sola peregit.* Es werden an beiden Stellen streng gleichzeitige Ereignisse erzählt, allein die Zeitgebung geschieht nicht für Haupt- und Nebenfactum in derselben Weise: denn das Erstere wird unmittelbar vom Standpunkt des Redenden aus bestimmt; das Nebenfactum mittelbar, indem es dem selbständig fixirten Hauptereigniss gleichzeitig gesetzt, seine Zeitlage-Bestimmung durch dieses erhält. Dadurch verliert es seine volle Objectivität und geht nun in den Bereich der subjectiven Darstellung, des Conjunctivs, über. So hätten wir also ein Beispiel dafür, wie in der frühesten Zeit des Relativ-Werdens der Nebentempora auch eine andere Conjunction als *Quom* sich mit dem äusseren Ausdruck dieser Relativität, dem Conjunctiv, verbinden konnte.

Indessen die Möglichkeit einer solchen Verbindung beschränkte sich nicht auf diese frühesten Anfangs-Zeiten, sondern es bestand vereinzelt und durch die anerkannte Structur von *Quom* ver· dunkelt jener Gebrauch fort, nach welchem da, wo die temporalen Bedingungen der Relativität vorhanden sind, auch nach anderen Conjunctionen der Conjunctiv eintritt, obschon gewöhnlich diese Conjunctionen nur mit Temporibus verbunden werden, welche der Unterordnung nicht fähig sind. Schon Hoffmann, Zeitpartikeln S. 39, der die Stelle aus Terenz nicht benutzt hat, hat ein Paar Stellen nachgewiesen, in denen *Posteaquam* mit dem Relativitäts-Conjunctiv verbunden ist. Die Ueberlieferung bietet diese Structur unzweifelhaft dar. Die meisten Herausgeber haben Anstoss daran genommen und die Partikel mit *Quom* vertauscht oder anders geändert, allein die Lesart der Handschriften ist durchaus richtig von Hoffmann geschützt. Die hier zunächst in Betracht kommende Stelle ist Cic. d. imp. Cn. Pompei 4, 9 *Mithridates* —, *qui posteaquam maximas aedificasset ornassetque classes exercitusque permagnos quibuscunque ex gentibus potuisset comparasset et se Bosporanis — bellum inferre simularet, usque in Hispaniam legatos et litteras misit* ... Hier haben die Herausgeber verschiedene Aenderungsvorschläge gemacht. Benecke will: *postea quom quam*, oder *postea quom*, was auch Madvig aufnimmt: Baiter *qui cum*. Andere haben die Ueberlieferung vertheidigt:

Zumpt, Lat. Gramm. § 507 b am Ende führt die Stelle ohne jeden
Zweifel an der Richtigkeit der Lesart an, nur mit dem Prädicat
„merkwürdig"; eine auch nur einigermaassen annehmbare Erklärung giebt er nicht.   In besonders beachtenswerther und eingehender Weise hat Halm in seiner Ausgabe der Rede, Leipzig 1848
S. 100, diese Stelle behandelt.   Er folgt zunächst Reisig, welcher
Vorles. S. 535 sagt: „Da bei *quom* in der ursächlichen Bedeutung
der Sprachgebrauch für den Conjunctiv sich festgesetzt hatte, so
ging er auch auf andere Partikeln über, welche an sich gar
nicht diese Bedeutung führen, aber im Zusammenhange ein
solches Verhältniss geben, dass eine Ursache zum Grunde gelegt
wird, oder der Begriff von *quamvis*.   So steht bei *posteaquam*,
indem eine historische Sache erzählt wird, der Conjunctiv bei
Cic. de leg. Manil. 4 § 9 ... Diess ist gesagt, indem die Construction von *quom* vorschwebte."   Halm führt diess näher dahin
aus, dass er sagt: „vertas igitur, nachdem er doch erbaut hatte";
er scheint also concessive Bedeutung in *posteaquam* anzunehmen:
allein dem widerspricht der Sinn des ganzen Satzes, denn im
Nachsatz folgt kein dem Vordersatz inhaltlich entgegengesetzter
Gedanke, sondern vielmehr eine denselben fortsetzende Schilderung von den weiteren Rüstungen des Königs. Halm sucht den
Gegensatz darin, dass der König, nachdem und obschon er bereits
bei sich daheim so grosse Rüstungen gemacht, nun auch an ent-
fernte Feinde des Römischen Volkes sich gewendet habe. Allein
dieser Gegensatz würde allzu künstlich sein und liegt auch durch
Nichts in den Worten ausgesprochen.   Es ist also wohl jedenfalls die vorliegende Stelle ein Analogon zu der vorhin für *Ut*
aus Terenz angeführten Hecyr. 3, 3, 18 *mater consequitur: iam
ut limen exirem, ad genua accidit lacrumans misera.*   Hier kann
ausschliesslich nur an Zeitbestimmung gedacht werden: jede
Annahme einer concessiven, adversativen, causalen Beziehung ist
hier völlig unmöglich.   Durch die Vergleichung dieser Stelle wird
also auch jener Fall bei Cicero geschützt vor Aenderungen und
allzu künstlichen Interpretations-Versuchen.

Hoffmann hat a. a. O. noch eine Reihe anderer Stellen aus
verschiedenen Schriftstellern zusammengestellt, in denen er die
Verbindung der drei anderen Zeitconjunctionen *Postquam*, *Ubi*
und *Ut* mit dem Conjunctiv in directer Rede anerkennen zu
müssen glaubt. Als hinreichend sichere und zuverlässige Belege

dieses verschollenen Idioms dürfen aus dieser Sammlung noch folgende Beispiele gelten: auct. belli Africae 91, 4 nach *Post-quam: postquam Juba ante portas diu multumque primo minis pro imperio egisset —, dein cum se parum proficere intellexisset, precibus orasset — —, tertio petit ab iis .·. .* Ferner nach *Ubi* auct. belli Afr. 78, 4 wo im ersten Glied der Indicativus Perfecti, im zweiten der Conjunctivus Plusquamperfecti steht: *quod ubi coeptum est fieri et equis concitatis Juliani impetum fecissent, Pacidius suos equites in longitudinem exporrigere coepit.* Ferner nach *posteaquam* Vitruv. 2, 9, 16 *posteaquam flamma circa illam materiam virgas comprehendisset, ad caelum sublata effecit opinionem uti videretur iam tota moles concidisse,* und Val. Maxim. V. 7 ext. 2 *postquam filium in cornu scribae humiliorem fortuna sua locum obtinentem conspexisset, non sustinuit infra se collocatum intueri.* Wenn Weissenborn zu Liv. 22, 1, 2 diese Structur dadurch erklären zu können glaubt, dass er sie derjenigen von *Quom* nachgebildet nennt, so ist auch ihm zu erwidern, dass diess eben der geschichtlichen Entwickelung widerspricht, in welcher der Conjunctiv nach der Partikel *Ut,* welche in dieser Hinsicht *Postquam* völlig gleichsteht, schon sehr früh üblich ist, früher wahrscheinlich, wenigstens für die Sprache des gewöhnlichen Lebens, als der Conjunctiv nach *Quom.* Von den übrigen von Hoffmann a. a. O. beigebrachten Beispielen sind wohl die Meisten auf andere Idiome zurückzuführen, namentlich auf den Conjunctivus Imperfecti der Frequenz, so z. B. die Stelle p. Cluent. 64, 181 *posteaquam illa abducturam se filiam, mutaturam testamentum minaretur, mulieri crudelissimae servum - in quaestionem tulit.* Hier ist von den Herausgebern meist *postea cum* nach Lambinus' Vorgang geschrieben worden. Ebenso wohl Tacit. histor. 2, 40 *Titianus et Proculus, ubi consiliis vincerentur, ad ius imperii transibant* und ähnlich wird auch Liv. 22, 1, 2 *postquam — viderent* zu erklären sein. Es ist derselbe Fall wie Livius 8, 8, 9 *ubi his ordinibus exercitus instructus esset, hastati omnium primi pugnam inibant.* Andere Fälle, wo scheinbar der Conjunctiv von der Zeitconjunction abhängig ist, sind als indirecte Rede zu erklären, denn der Einfluss derselben auf Nebensätze erstreckt sich sehr weit z. B. Cic. ad fam. 2, 19, 1 *posteaquam mihi nihil . . . de adventu tuo scriberetur, verebar . . .* An anderen Stellen ist die Lesart nicht sicher, wie Cic. p. Deiot.

13, 36 *Antiochus Magnus [cum] posteaquam a L. Scipione derictus Tauro tenus regnare iussus esset omnemque hanc Asiam — amisisset, dicere est solitus,* wo *cum* nur in geringeren Handschriften steht und vielleicht Interpolation ist, entsprungen aus der Absicht, die ungewöhnliche Structur von *posteaquam* mit dem Conjunctiv mit der gewöhnlichen zu vertauschen. Am ehesten dürfte noch eine Stelle aus Livius als Zeugniss des von *postquam* abhängigen Conjunctiv hierher gezogen werden Liv. 4, 13, 10 *quae postquam sunt audita et undique primores patrum et prioris anni consules increparent, - - tum Quinctius consules immerito increpari ait . . .* An dieser Stelle ist die Aenderung *increpare* (statt *increparent*) mit Streichung von *et* vor *undique* ebenso unberechtigt, wie die Erklärung von Wex zu Tac. Agr. 33 „est enim illud: his auditis quum increparent primores.“

<h2 style="text-align:center">§ 14.</h2>

<h2 style="text-align:center">Erklärung der scheinbaren Unregelmässigkeiten des Modusgebrauches nach Quom temporale im classischen Latein aus dem Princip der zeitlichen Relativität.</h2>

Wir haben in dem zuletzt Dargelegten eine Reihe von Einwendungen zu erledigen gesucht, welche sich derjenigen Behauptung, wonach der Conjunctiv nach *Quom* temporale mit der Relativität der Nebentempora zusammenhängt, entgegenstellen. Es bleibt nun weiter noch eine Frage zur näheren Betrachtung übrig, nämlich die, wie sich nun wohl das entwickelte, fertige Idiom des Conjunctivs der Nebenpräterita nach *Quom* dieser Auffassung gegenüber verhält. Wir haben schon früher gesehen, dass das fertige Idiom der classischen Epoche des Latein auf den ersten Anblick eine gewisse Unbeständigkeit in seiner Anwendung zeigt und ohne feste Regel und Gesetz bald eintritt, wo man es nicht erwartete, bald nicht eintritt, wo man es erwartete. Diese Inconsequenz hat schon Zumpt zu der charakteristischen Aeusserung veranlasst: Latein. Gramm. § 579 Anm.: „es finden sich freilich bei dem häufigen Gebrauch dieser

Conjunction manche Stellen, welche der hier aufgestellten Regel
zu widersprechen scheinen oder wirklich widersprechen, denn in
der That hat die Lateinische Sprache eine Art Vorliebe für die
Verbindung von quom mit dem Conjunctiv, namentlich mit dem
Conjunctiv Imperfecti". Fabian, de Quum particula Königsb. 1844
p. 1 sagt: „adeo enim varia ac mutabilis et vis huius particulae
est et constructio, ut speciem quandam veri prae se ferre videatur
sententia eorum, qui nullo discrimine indicativum et conjunctivum
huic particulae adiungi posse statuerunt." Die gewöhnliche Regel,
dass *Quom* temporale mit dem Indicativ der Haupt- und Conjunctiv der Nebenzeiten construirt werde, ist so oft durchbrochen,
dass jene Klage nur allzu berechtigt erscheint. Es ist namentlich eines der nebenzeitlichen Idiome, das jeder Regel spottet,
nämlich der Fall, wo im temporalen Vordersatz ein Factum von
dauernder Verwirklichung, ein zuständliches Sein, ausgedrückt
ist. Hier wechseln Conjunctiv und Indicativ so seltsam, dass die
Aufstellung eines Gesetzes fast unmöglich erscheint. So heisst
es bei Tibull. 1, 10, 19 *tum melius tenuere fidem, quom paupere
cultu Stabat in exigua ligneus aede deus* und ib. V. 7 *nec bella
fuerunt, Faginus adstabat quom scyphus ante dapes.* Cic. p.
Planc. 18, 45 *in eo genere fuimus ipsi, quom ambitionis nostrae
tempora flagitabant.* Dagegen wird das dauernde Sein auch im
Conjunctiv ausgedrückt: Cic. nat. deor. 1, 21 § 59 *Zenonem, quom
Athenis essem, audiebam frequenter.* Hier pflegen die neueren
Grammatiker zu der Einmischung der Causalbeziehung ihre Zu-
flucht zu nehmen, obschon eine solche Annahme sehr gezwungen
ist. Krüger Lat. Gr. § 626 Anm. sagt: „Der Aufenthalt des
Cotta zu Athen lässt sich hier auch als ein Grund für denselben
denken, den Zeno zu hören." Ganz ähnlich Fabian a. a. O. II.
p. 7. Ferner Nepos Milt. 1, 1 *Miltiades .. quom .. gloria maxume floreret eaque esset aetate ut ..., accidit ut Athenienses ..
colonos mittere vellent.* Es fragt sich nun für uns, ob nach der
von uns oben aufgestellten Erklärung, dass der Grund des Conjunctivs in der relativen Zeitbeschaffenheit des Vordersatzes
gegenüber dem Nachsatz liege, diese scheinbaren Unregelmässigkeiten sich auf Ordnung und Regel zurückführen lassen möchten.
Es wird hierfür zunächst nöthig sein, das Wesen der Relativität
noch etwas näher zu bestimmen.

Durch die zeitliche Relativität wird die Zeitlage des Neben-factums vermittelst der festen, vom Standpunkt des Redenden aus angesetzten Zeitlage des Hauptereignisses gegeben. Nun kann aber das Hauptfactum sowohl als das Nebenfactum von einer doppelten Tempus-Beschaffenheit sein, nämlich entweder sind sie dauernde, zuständliche Ereignisse, die demnach nicht auf einen Zeitpunkt beschränkt sind, sondern einen Zeitraum einnehmen, oder aber sie sind momentane Ereignisse, welche in dem Zeitpunkt ihres Eintretens aufgefasst werden. Diese Unter-scheidung ist von sehr grosser Bedeutung für den Eintritt der Relativität des Nebenereignisses. Es ergiebt sich nämlich aus der Möglichkeit jener doppelten Beschaffenheit des Neben- und Haupttempus eine vierfache Grundform der Verbindung, in welcher Neben- und Hauptfactum in Rücksicht auf ihre Zeit-qualität auf einander bezogen werden können. Nämlich ent-weder erstens sind in Vorder- sowohl als Nachsatz dauernde Ereignisse dargestellt, oder zweitens es ist im Vordersatz eine dauernde Handlung, im Nachsatz dagegen eine momentane Hand-lung ausgesagt, oder drittens im Vordersatz steht ein momentanes Ereigniss, im Nachsatz ein dauerndes, oder viertens im Vorder-satz sowohl als im Nachsatze ist ein momentanes Ereigniss aus-gesagt. Wir haben nunmehr zu untersuchen, wie sich in diesen vier verschiedenen Verbindungsformen die zeitliche Relativität des Vordersatzes gegenüber dem Nachsatze darstellt und wie in dem thatsächlichen Sprachgebrauche der classischen Zeit sich der Eintritt des Conjunctivs zu jenen verschiedenen Grundformen der Verbindung von momentanen und dauernden Ereignissen verhält. Unserer oben gegebenen Erklärung gemäss müsste der Conjunctiv immer gerade denjenigen Verbindungsformen eigen sein, in welchen das Nebenereigniss dem Hauptereigniss gegen-über sich zeitlich relativ darstellt.

Wir wollen nun diese vier Verbindungsformen einzeln in Rück-sicht auf ihre Befähigung zu relativer Zeitgebung und den daraus entspringenden Modus-Gebrauch kennen lernen. Die erste Form zeigt uns eine dauernde Handlung im Vordersatz und dauernde im Nachsatz. Die Relativität der Nebenhandlung ist hier keine nothwendige Consequenz des Begriffsverhältnisses. Beide Hand-lungen sind Zeiträume und laufen neben einander hin. Man könnte wohl den Einen zeitlich durch den anderen bestimmen, aber das Verhältniss der Gleichstellung ist hier natürlicher. Das Ereigniss des Nebensatzes als zuständliches Sein ist auch mehr qualificirt zu zeitlicher Selbständigkeit als Abhängigkeit. In dieser Gattung der Verbindung ist also der Nichteintritt der Relativität das Gewöhnlichere und das Regelmässige, da die zeitliche Bestimmung eines Zeitraums durch einen Zeitraum eine dem Bewusstsein nicht naheliegende und geläufige Vorstellungsweise ist. Der Ausdruck dieser Verbindungsform ist nun der Indicativus Imperfecti oder Plusquamperfecti im Vorder- und Nachsatz. Sall. orat. Philipp. 6 *equidem quom Etruriam conjurare . . . rempublicam lacerari videbam, maturandum putabam.* Cic. fam. 9, 16, 7 *quom rem habebas, quaesticulus te faciebat attentiorem.* Cic. Orat. 13 § 41 *quom a nostro Catone laudabar, vel reprehendi me a ceteris facile patiebar.* Cic. Tusc. 5, 20, 57 *Dionysius tyrannus ne tum quidem, quom omnia se posse censebat, quae concupierat consequebatur.* Liv. 36, 5, 1 *haec quom agebantur, comitiorum appetebat dies.* Cic. Acad. 1, 3, 11 *philosophiae praecepta renovabam, quom licebat, legendo.* Auch das Plusquamperf. Indicativi steht unter diesen Bedingungen Cic. Verr. 5, 10, 27 *cum autem ver esse coeperat, cuius initium iste non a Favonio neque ab aliquo astro notabat, sed quom rosam viderat, tum incipere ver arbitrabatur, dabat se labori atque itineribus.* Cic. Verr. 5. 11, 27 *quom ad aliquod oppidum venerat, eadem lectica usque in cubiculum deferebatur.* Hier sind also in Vorder- und Nachsatz absolute Zeiten gesetzt. Allein die Relativität des Neben-Ereignisses ist in dieser Verbindungsform auch nicht völlig ausgeschlossen. Es ist zwar etwas nicht geläufiges, aber auch nicht etwas undenkbares, einen Zeitraum durch einen Zeitraum zeitlich zu bestimmen. Daher findet sich der Conjunctiv auch in dieser Form z. B. Cic. nat. deor. 1, 21, 59 *Zenonem . . ., quom Athenis essem, audiebam frequenter.* Cic. Tusc. 2, 14, 34 *pueri verberibus accipiuntur . . . nonnunquam etiam, ut, quom ibi essem, audiebam, ad necem.* Man braucht also nicht mit Krüger § 626 und Fabian II p. 7 an eine Causal-Beziehung in diesen Beispielen zu denken. Cic. fam. 8, 1, 2 *Marcellus . . . eos sermones expressit, qui de eo tum fuerant, quom nos Romae essemus;* für diesen Fall gesteht auch Fabian II p. 12 die Unmöglichkeit zu, eine causale Beziehung als Grund des Conjunctiv anzunehmen, er führt ihn daher mit Zumpt § 579 Anm. auf eine „Vorliebe" der Römer für den Conjunctiv in diesen

Nebensätzen zurück. Ferner: Liv. 6, 3, 1 *quom in ea parte, in qua . . . Camillus erat, ea fortuna esset, aliam in partem terror ingens ingruerat.* Es ist freilich jedenfalls einzuräumen, dass causale sowohl als adversative Beziehungen sich der temporalen Auffassung besonders da gern und leicht beimischen, wo der Vordersatz ein zuständliches Sein ausdrückt, da Neben-Umstände in zuständlicher Form auch leicht. den Charakter von Wesens- oder Verwirklichungsbedingungen für das Haupt-Ereigniss annehmen. Auf diese Weise sind zu erklären Fälle wie Cic. Verr. 3, 41, 94 *antea quom equester ordo iudicaret, improbi magistratus in provinciis inserviebant publicanis.*

Wir kommen nun zu der zweiten Verbindungsform, in welcher der Vordersatz ein dauerndes zeiträumliches Ereigniss, der Nachsatz ein momentan aufgefasstes Factum bezeichnet. Es fragt sich nun zunächst, ob ein Zeitraum durch einen Zeitpunkt bestimmt werden kann. Wir müssen auch hier die Möglichkeit dieser Bestimmung zugeben, dürfen ihr aber eine innere Noth- wendigkeit nicht beilegen. Wenn man sich einen Zeitpunkt fixirt denkt, so kann man einen auf ihn bezogenen Zeitraum, oder bildlich und anschaulicher, eine Zeitlinie durch ihn bestimmt denken, wenn man diese an ihm als ihrem Mittelpunkt gleichsam haftend denkt. Indess ist diese Vorstellung nichts Nothwendiges und auch hier ist das Relativwerden des Nebenereignisses etwas bald Eintretendes, bald Nicht-Eintretendes; wir finden daher neben dem Hauptsatz im Perfect den Nebensatz bald im Indi- cativ bald im Conjunctiv der Nebenzeiten. Ein Unterschied scheint sich indessen angeben zu lassen, nämlich: wenn das Ereigniss des Hauptsatzes im Perfect seinem Wesen nach mehr ein dauernder Zustand ist, also ein wirkliches Perfect, so steht der Nebensatz im Indicativ; ist es dagegen ein momentanes Factum, also das Perfect aoristisch, so steht meistens der Con- junctiv, denn dann lässt das Nebenereigniss sich dem Haupt- ereigniss besser zeitlich unterordnen. Die Beispiele bestätigen diese Unterscheidung. Tibull. 1, 10, 19 *tum melius tenuere fidem, quom paupere cultu Stabat in exigua ligneus aede deus.* Hier ist *tenuere fidem* zwar zusammenfassend und als vollendetes Factum erzählend dargestellt, allein seinem Wesen nach bezeichnet es doch eine länger dauernde Zeitfrist. Ebenso Cic. Philipp. 13, 20, 47 *qui quasi cornua duo tenuerunt Caesaris tum, quom illae vere partes vocabantur.* Cic. p. Planc. 18, 45 *in isto genere fuimus ipsi, quom ambitionis nostrae tempora postulabant.* Cic. de Or. 1, 37, 157 *referta quondam Italia Pythagoreorum fuit tum, quom erat in hac gente magna illa Graecia.* Cic. p. Mur. 3, 6 *tum quom respublica vim et severitatem desiderabat, vici naturam et tam vehemens fui, quam cogebar.* Cic. p. Flacco 7 § 17 *quod si haec Athenis tum, quom illae . . . enitebant, accidere solita sunt.* Cic. p. Sulla 17, 49 *an vero, quom honos agebatur familiae vestrae amplissimus . . ., succensuit pater tuus, quom Sullam et defenderent et laudarent,* wo das erste Imperfect *agebatur* temporal, das zweite im Conjunctiv nach *Quom* causal und subjectiv ist. Cic. Phil. 2, 44, 114 *qui tum rex fuit, quom Romae esse licebat.*

In anderen ebenfalls zahlreichen Beispielen ist der Conjunctiv im Zeitsatz gewählt, während im Hauptsatze ein momentanes Factum steht; hier ist das Nebenereigniss zeit-unselbständig geworden. Dahin gehören folgende Fälle Nepos Milt. 1, 1 *Miltiades . . . quom . . . gloria maiorum et sua modestia unus omnium maxume floreret eaque esset aetate ut non iam solum de eo bene sperare . . . cives possent . . ., accidit ut Athenienses Chersonnesum colonos vellent mittere.* Cimon. 3, 1 *quibus rebus quom unus in civitate maxume floreret, incidit in eandem invidiam.* Chabrias 2, 1 *Chabrias quom dux Atheniensium esset, multa in Europa bella administravit.* Caes. bell. Gall. 1, 22, 1 *quom summus mons a Labieno teneretur, Considius equo admisso ad eum venit.* Ebenso ist wohl zu fassen Liv. 6, 1, 6 *quom civitas in opere ac labore adsiduo reficiendae urbis teneretur, interim Q. Fabio . . . dicta dies est.* Ebenso Caes. bell. Gall. 2, 2, 2 *ipse quom primum pabuli copia esse inciperet, ad exercitum venit.* Cic. de Or. 2, 13, 56 *(Thucydides) hos libros tum scripsisse dicitur, quom expulsus esset.* In manchen Fällen kommt zu der Temporal-Beziehung noch Causal- oder Adversativ-Beziehung hinzu, und dann steht natürlich immer der Conjunctiv. Cic. in Verr. 5, 4, 8 *tum quom fugitivorum bello Italia arderet, Norbanus in summo otio fuit.* Cic. Philipp. 3, 2, 3 *Caesar adolescens . . ., quom maxume furor arderet Antonii quomque eius a Brundisio reditus timeretur . . ., firmissimum exercitum comparavit.* Liv. 34, 39, 7 *quanto enim facilius abire fuit, quom procul abessemus?* Cic. p. Mur. 3, 8 *neque enim si tum, quom peteres consulatum, adfui, nunc, quom Murenam ipsum petas, adiutor . . . esse debeo.*

Wir kommen nun **drittens** zu derjenigen Verbindungsform von Vorder- und Nachsatz, in welcher der Vordersatz das momentane, der Nachsatz das dauernde Ereigniss enthält. Es ist hier sogleich klar, dass eine Relativität des Nebenereignisses nicht stattfinden könne, denn es kann ein Zeitpunkt (als welcher der Zeitsatz hier sich darstellt) nicht in seiner Zeitlage durch einen Zeitraum bestimmt werden, da er innerhalb desselben hin und her schwanken würde. Eine solche Form der Zeitbestimmung ist undenkbar. In dieser Verbindungsform kann also Relativität des Prädicats im Temporalsatz nicht eintreten und daher tritt auch hier der Conjunctiv der Nebenzeiten niemals ein, sondern das Ereigniss des Nebensatzes steht immer im aoristischen Perfect; z. B. Caes. b. Gall. 6, 12, 1 *quom Caesar in Galliam venit, alterius factionis principes erant Haedui, alterius Sequani.* Gerade diese Fälle sind ein recht schlagender Beweis für die Richtigkeit unserer Herleitung des Conjunctiv aus der Relativität der Zeit des Nebensatzes, da in dieser Verbindung, wo die Relativität dem Princip nach ausgeschlossen ist, auch im thatsächlichen Gebrauche sich keine Conjunctivi finden. So heisst es immer indicativisch: Sall. Cat. 51, 32 *quom Sulla Damasippum ingulari iussit, quis non eius factum laudabat?* Liv. 34, 16, 6 *quom Tarraconem venit, iam omnis — Hispania perdomita erat.* Liv. 23, 49, 5 *quom hi commeatus venerunt, Iliturgi oppidum — oppugnabatur.* Liv. 2, 51, 1 *quom haec accepta clades est, iam C. Horatius et T. Menenius consules erant.* (Hainebach, de part. Quum, Giessener Gymn. Progr. 1867 p. 14).

Endlich bleibt uns noch der **vierte** Fall der Verbindung von Vorder- und Nachsatz zu betrachten übrig, dessen Charakter darin besteht, dass er im Temporal- und Hauptsatz momentane Ereignisse ausdrückt. Hier ist also ein Zeitpunkt durch einen Zeitpunkt zu bestimmen, und diess ist das eigentliche Gebiet der Relativität der Nebenzeiten. Das momentane Ereigniss des Nebensatzes nimmt sehr leicht den Charakter eines zeitlich untergeordneten Nebenumstandes an, und während das Hauptereigniss in seiner Zeit unmittelbar vom Standpunkt des Redenden fixirt wird, lehnt sich das Nebenfactum zeitlich an das Hauptfactum an. In diesen Fällen, wo die Relativität das natürliche und nächstliegende Verhältniss ist, tritt denn nun auch regelmässig der Conjunctiv ein. Es sind diess diejenigen Structuren, welche nach der gewöhnlichen Auffassungsweise ein wahres Kreuz der

Grammatiker sind, da sie sich der causalen Auffassung gar nicht fügen und nur durch eine der Tortur ähnliche Interpretation auf eine causale oder adversative Beziehung zurückgeführt werden können. Dieses Idiom ist das häufigste unter den vier angeführten: Nep. Agesil. 8, 6 *Agesilaus quom ex Aegypto reverteretur . . ., venissetque in portum qui Menelai vocatur, in morbum implicitus decessit.* Nepos de Reg. 3, 2 *ex his Antigonus in proelio, quom adversus Seleucum et Lysimachum dimicaret, occisus est.* Cic. ad Q. f. 3, 1, 17 *quom iam epistolam complicarem, tabellarii a vobis venerunt.* Hier ist das Nebenereigniss vollständig zeitlich relativ geworden. Plautus braucht allerdings in dieser Verbindung noch die absolute Zeitgebung für das Nebenereigniss, z. B. *posticulum hoc recepit, quom aedes vendidit*; Nonius 384, 12 citirt diesen Vers in der später üblichen Form *posticulum hoc recepit, quom aedes venderet.*

Wir haben vermöge dieser Prüfung gesehen, dass Relativität der Nebenzeiten und Eintritt des Conjunctivs auf das Engste zusammenhängen und dass die scheinbare Unregelmässigkeit der späteren Sprache in der Anwendung des Conjunctivs und Indicativs sich mittelst dieses Erklärungsprincips auf innere Gesetze zurückführen lässt. In allen einzelnen Structuren und Fällen wird bei genauerer Prüfung sich immer dieses Grundgesetz als das wahrscheinlichste Mittel der Erklärung bewähren. So z. B. ist es leicht verständlich, dass wenn der Hauptsatz nur einen Zeitbegriff giebt, der im Nebensatz näher bestimmt werden soll, dieser letztere den Indicativ hat, da alsdann für den Zeitsatz eigene Zeitlage erforderlich ist, weil der Hauptsatz ein bestimmtes Ereigniss gar nicht bietet, an welches sich der Nebensatz anlehnen könnte. Ein sehr schönes Beispiel hierfür ist Cic. de Invent. 1, 2, 2 *fuit quoddam tempus, quom in agris homines . . . vagabantur et sibi victu fero vitam propagabant, nec ratione quidquam . . . administrabant, nondum . . . ratio colebatur, nemo nuptias viderat legitimas, non certos quisquam inspexerat liberos, non, ius . . quid utilitatis haberet, acceperat.* Hier sind die Imperfecta und Plusquamperfecta von absoluter Zeitgebung. Liv. 7, 32, 13 *fuit quom hoc dici poterat.* Cic. pro Lig. 7, 20 *atque ille eo tempore paruit, quom parere necesse erat.* Allerdings kommt in diesen Fällen auch der Conjunctiv vor; derselbe ist aber mitunter ein unabhängiger Conjunctiv, welcher eine Ungewissheit des Redenden ausdrückt; Varro r. r. III, 1 *quod fuit tempus quom rura colerent homines neque urbem haberent.* Ebenso ist wohl aufzufassen Cic. de Or. 1, 1, 1 *ac fuit, quom mihi quoque initium requiescendi . . . concessum arbitrarer.* Caes. b. Gall. 6, 24, 1 *ac fuit antea tempus, quom Germanos Galli virtute superarent, ultro bella inferrent, propter hominum multitudinem . . . colonias mitterent.* Indess in sehr seltenen Fällen kann wohl auch in dieser Structur eine zeitliche Subordination unter die Zeit des Hauptsatzes angewendet sein, z. B. Cic. fam. 3, 8, 10 *haec scripsi postridie eius diei, quom castra haberem Mopsuhestiae.*

Auf dem Wechsel absoluter und relativer Zeitgebung in den Nebenpräteritis beruhen auch Indicativ und Conjunctiv in manchen Beispielen, wo zwei Vordersätze einem Nachsatz voraufgehen und zwar mit verschiedenen Modi, z. B. Cic. de Or. 2, 67, 272 *quom Africanus censor tribu movebat eum centurionem, qui in Paulli pugna non affuerat, cum ille se custodiae caussa diceret in castris remansisse quaereretque, cur ab eo notaretur: non amo, inquit, nimium diligentes.* Aehnlich de Or. 2, 70, 282. Bisweilen ist der Wechsel auffallend, z. B. Cic. de leg. agr. 2, 24, 64 *tum quom haberet haec respublica Luscinos Calatinos Acidinos, homines . . . honoribus . . . ornatos, et tum quom erant Catones Phili Laelii, quorum sapientiam temperantiamque . . . perspexeratis, tamen huiuscemodi res commissa nemini est.* Hier ist im letzteren Gliede die absolute Zeitbestimmung gewählt, weil die letztgenannten Männer noch fast an die eigene Zeit des Redenden heranreichten. In anderen Fällen ist *Quom* nicht eigentlich Temporalpartikel, sondern inhaltangebend, indem es den Begriff des Hauptfactum reproducirt und näher bestimmt: hier tritt auch natürlich keine relative Zeitgebung ein; z. B. Cic. Off. 3, 10, 40 *quom Collatino Brutus imperium abrogabat, poterat videri facere iniuste.* Nach dieser Analogie ist der Indicativ in der viel besprochenen Stelle aufzufassen: Cic. de fin 2, 19, 61 *num P. Decius, quom se devoveret et equo admisso in mediam aciem irruebat, aliquid de voluptatibus suis cogitabat?*

Wir haben bis jetzt in der voranstehenden Untersuchung das Bestehen einer Thatsache zu erweisen gesucht, einer Thatsache, die darin besteht, dass der Conjunctiv der Nebenzeiten nach *Quom* regelmässig dann eintritt, wenn das Ereigniss des Temporalsatzes sich demjenigen des Hauptsatzes zeitlich subordinirt.

Der Beweis dieser Thatsache beruht besonders darauf, dass wir im älteren Latein die Zeitsätze noch weit überwiegend mit absoluter Zeitgebung ausgestattet finden, und dass der Conjunctiv bei seinem ersten Eintreten sich innerhalb gerade derjenigen Structuren zeigt, welche eine relative Zeitgebung im strengeren Begriff des Wortes anzunehmen befähigt sind. Die Fortbewegung nach dem Conjunctiv fällt innerhalb des Gebiets derjenigen Zeitdarstellungen, welche mehr und mehr das Moment der Abhängigkeit von der Zeit eines anderen Ereignisses an sich entwickeln. Vermöge dieser Thatsache erklärt sich auch das sonst fast unerklärbare Vorkommen des Conjunctivs auch nach anderen Zeitpartikeln schon in frühester Zeit, wo durch *Quom* mit dem Conjunctiv noch keine Analogie ausgebildet sein konnte, ferner giebt uns diese Thatsache Aufschluss über das regelmässige und unregelmässige Auftreten des Conjunctivs oder Indicativs in gewissen Zeitsatz-Gattungen der classischen Latinität. Wir werden also diese Thatsache als eine wohl immerhin gegründete betrachten dürfen; es kann kein Zufall sein, dass der Conjunctiv mit der Relativität in dieser Consequenz vereinigt auftritt.

Mit dieser Feststellung des Sachverhaltes ist nun aber freilich noch keine Erklärung desselben gegeben; noch bleibt die Frage offen: warum das Relativ-Werden der Nebenereignisse ihre Darstellung im Conjunctiv hervorbrachte. Die Antwort auf diese Frage darf wohl keineswegs eine weit hergeholte sein, sie wird vor allem von dem Wesen des Conjunctivs und dem der relativen Zeitgebung auszugehen haben. Zu einer streng objectiven Darstellung der Ereignisse gehört offenbar auch ihre selbständige Zeitgebung. Die Denkform der Zeit ist ein Grundbedingniss für die Vorstellung der Existenz eines Seienden. Ist nun ein Nebenumstand nicht allein inhaltlich auf ein Haupt-Ereigniss bezogen, sondern auch in der Art, dass sein Eintreten in der Zeit abhängig ist von einem anderen, seinerseits fixirten Ereigniss, so fehlt jenem Neben-Ereigniss ein Attribut der vollen Objectivität: die Vorstellung des Redenden hat einen wesentlichen Antheil an seiner Darstellungsform; es ist dem Gebiet der realen Wirklichkeit entrückt und tritt in den Modus, der das mögliche vorgestellte Sein ausdrückt, den Conjunctiv. Der Conjunctiv ist in diesem Idiom zu der speculativsten und reifsten Entwickelungsform gelangt, deren er fähig ist, er tritt als Modus des Nicht-

wirklichen als solchen auf. Man könnte wohl sagen, der Conjunctiv stehe hier als Modus der Vorstellung, da die relative
Zeitgebung einen bedeutsamen Antheil des Subjects an der Darstellung des Ausgesagten nöthig macht; allein richtiger wird es
sein, wenn man hier den Conjunctiv als Modus des Nicht-Seien-
den, des Nicht-Wirklichen, auffasst. Die Begriffe der Modi, die
in ihren Anfängen ja gewiss mehr oder weniger auf Rückwirkun-
gen des sinnlichen Wahrnehmens und Empfindens beruhen, ver-
feinern und entwickeln sich im Verlauf der alten Sprachen mehr
und mehr zu Formen des Denkens, welche die Unterschiede des
Seienden, das ontologische Verhalten der Dinge, abspiegeln, dem
Subject nicht durch Reflexion bewusst, aber doch klar und
mächtig in seiner Seele wirkend.

Beilagen.

Aa.
Plautus 48.

Amph. 865 huc autem quom extemplo adventum adporto, ilico
    Amphitruo fio.
    quo extemplo *B, Pall.*

Epid. 1, 2, 44 novi ego nostros. mihi dolet, quom ego vapulo.

Rud. 71 vehemens sum exoriens, quom occido vehementior.

Rud. 972 quos quom capio, si quidem cepi, mei sunt . . .

Rud. 1290   quom mentionem
    fieri audio unquam viduli, quasi palo pectus tundor.

Trin. 103 haec quom audio in te dici, discrucior miser.
    dici discrucior *Ritschl, Kampmann: de 'Ab' praepositione p.* 19
    dicis excrucior *B*   dicis excrutior *CD.*

Trin. 290 lacrumas mi haec, quom video, eliciunt
    mi haec *Ritschl*   haec mihi *Codd, Brix*   quom *A*   quon *B*   cum *rell.*

Poen. 4, 2, 20 haec quom hic video fieri, crucior.

Truc. 2, 7 15 haec quom video fieri, subfuror, subpilo,
    de [praeda] praedam capio.
    cum *BCD*   fieri *Z*   si fieri *BCD*   suppilo *Z, Nonius p.* 12, 30.
    sopplicio *B*   supplicio *C*   [praeda] *Z, Nonius.*

Asin. 200 quom a pistore panem petimus, vinum ex oenopolio,
    si nes habent dant mercem.

Pseud. 683 stulti haud scimus frustra ut simus, quom quid cupienter
                      dari Petimus nobis
    frustra ut scimus *BCD, em. von Camerarius*   cum *Codd.*
    quod *für* quid *Codd. em. von Lipsius.*

Truc. 1, 2, 88 hoc nobis vitium maxumumst: quom amamus tum
                   perimus.
    cum *für* quom *ABCD.*

Asin. 495 lupus est homo homini, non homo, quom qualis sit non novit.

Asin. 900　　　　　nunc amo quia non adest : :
　　quid, quom adest? : : perisse cupio.
Aulul. 2, 4, 23 quin quom it dormitum follem, obstringit ob gulam.
　　cum *B.*
Aulul. 2, 4, 29 aquam hercle plorat, quom lavat, profundere.
　　plorat hercle cum *B, richtig in J, Pall.*
Capt. 73 amator, talos quom iacit, scortum invocat.
Capt. 80 quasi quom caletur cochleae in occulto iacent
　　vgl. Truc. 1, 1, 46.
Curc. 21 nunquam ullum verbum muttit: quom aperitur, tacet.
Epid. 2, 1, 1 plerique [omnes] homines quos, quom nil refert, pudet,
　　　　　　　　　　ubi pudendum est
　　ibi eos deserit pudor, quom usust, ut pudeat. is adeo tu es.
　　[omnes] *Hermann El. doct. metr. p.* 315.　*Zwei Senare nimmt
　　　　Kiessling an Rhein. Mus. Bd.* 24 *p.* 120 plerique homones,
　　　　quos quom nil refert pudet, Quom usust ut pudeat, ibi eos
　　　　deserit pudor.
Menaechm. 759 nam rés plurumas pessumas quom advenit fert (aetas).
　　quom *Bb, F.*　　quam *Ba*　　cum *rell.*
Merc. 295 senex quom extemplo iam nec sentit nec sapit,
　　aiunt solere cum rusum repuerascere.
　　qñ *B*　　cum *rell.*　　extemplo est iam *Codd. emendirt von Ritschl*
Merc. 550 adulescens quom scis, tum quomst sanguis integer
　　quom scis *A*　　cum sis *rell.*　　tum quom est *A*　　tum cum
　　(tecum cum *B*) est *rell.*
Merc. 956 tam propitiam reddam, quam quom propitiast Juno Jovi.
　　cum *Codd. nur in B vier Buchstaben ausradirt.*
Most. 766 immo edepol vero, quom usquequaque umbrast, tamen ...
　　cum *CDZ*
Mil. 2 quam solis radii esse olim, quom sudumst, solent
　　quom *BE*　　cum *rell.*
Mil. 647 et meam partem itidem tacere quom alienast oratio.
　　taceret *BCD*　　tacere *FZ*
Mostell. 129 ad légionem quom itur, ʼAdminiculum eis danunt tum
　　quom itur *F, Codd. Pyladis, Ritschl*　　comita *B mit überge-
　　schriebenem* tum comita *C*　　cõita *D*　　cũ itum *Z*　　quom itant
　　Camerarius, Bothe.
Poenul. 1, 2, 143　　　　　tam tranquillam ...
　　quam mare olimst quom ibi alcedo pullos educit suos.
　　alcedo *Prisc. VI. p.* 683　alcyo *AB* alycio *C*
Pseud. 1114 metuo quom hic non adest, ne metuam quom adsiet.
　　qum hic *B*　　cum hic *rell.*　　ne quom adsiet metuam *BCD*
　　(*doch CD* cum)

Pseud. 747   quid, quom manufesto tenetur?:: anguillast: elabitur.
  cum *Codd.*

Stich. 116   ubi facillumo spectatur mulier, quae ingeniost bono?::
  quoi male faciundist potestas, quom, ne id faciat, temperat.
  quoi *B* cui *A, rell.*   cum *Acidalius.*   quom ne *Ritschl.*
  quae ne *Codd mit A*   id faciat *A*   faciat id *rell.*

Trin. 523   primum omnium olim terra quom proscinditur
  cum *Codd. fehlt in A.*

Trin. 529   post id frumenti quom alibi messis maxumast
  quom *A, Camerarius*   quo *BC*   quando *Z*   maximast *Z*
  maxima est *A*   maxima sim *rell.*

Trin. 671   quom inopiast cupias.
  quom *B*   qum *A*   cum *rell.*

Truc. 1, 1, 46   quam olim muscarumst quom caletur maxume.
  cum *für*   quom *BCD vgl. Capt.* 80.

Bacch. 548   atque i se quom frustrant, frustrari alios stolidi existu-
                  mant.
  quom *F*   qum *B*   cum *rell.*   frustrantur *Codd. emend. von*
  Acidalius.

Bacch. 22   quam folles taurini halitant, quom liquescunt Petrae

Capt. 78   quom res prolatae sunt, quom rus homines eunt

Most. 107   hic iam aedibus vitium additur, bonae quom curantur male.
  quom *statt* cum *nur F.*

Pseud. 544   quasi quom in libro scribuntur calamo litterae
  in libro cum *Codd. em. von Guyetus.*

Pseud. 804   quia enim quom extemplo veniunt conductum coquom,
                  nemo illum quaerit . . .
  cum *Codd.*   exemplo *BCD*   cocum *CD*   coqum *B*

Pseud. 819   ei homines cenas ubi cocunt, quom condiunt
  ubi c . . unt *A*   libico quint *B*   sibi coquint *CD*   com *B*
  cum *rell. und (A).*

Truc. prol. 17   nam omnis id faciunt, quom se amari intellegunt.
  cum *BCD.*

Pseud. 612   non soles respicere te, quom dicis iniuste alteri?
  quom *(A) B*   cum *rell.*   dicis *A*   dicas *rell. ältere Vulgate.*

Capt. 463   ille miserrumus est qui quom esse cupit, [id] quod edit
                  non habet.
  cupit quod *Codd.*   cupit [id] quod *Brix*   cupiit quod *Fleckeisen.*

Merc. 970   suapte culpa [damnum] capiunt, genus ingenio quom
                  improbant.
  [damnum] capiunt *Ritschl*   genere capiunt *Codd*   ingenio
  quom *Ritschl*   ingenuum *BCD*   ingenium *F.* „*Poteris etiam*
  de si vel ubi cogitare" Ritschl.

Truc. 2, 6, 7 non placet quom illi plus laudant qui audiunt, quam
       qui vident.
  cum *BCD* quom *Acidalius, Spengel* quam qui *Z* q qui *B*
   quia qui *CD*
  Der Vers fehlt im Paris. , von Spengel als unecht bezeichnet.

*Pseud. 768 quoi servitutem di danunt lenoniam
   puero, [simitu quom] addunt turpitudinem
   atque eidem si *Codd, nur* idem *C.* [simitu quom] *Ritschl.*

Aa.
Terenz 7.

Adelph. 5, 3, 37 duo quom idem faciunt, saepe ut possis dicere...

Phorm. 2, 1, 11 quamobrem omnes quom secundae res sunt maxume,
       tum maxume
   meditari secum oportet, quo pacto advorsam aerumnam ferant.

Andr. 2, 1, 9 facile omnes, quom valemus, recta consilia aegrotis
       damus.

Adelph. 4, 1, 18 quom fervet maxume, tam placidum quasi ovem
       reddo. :: quo modo?
   quam ovem *Codd* quasi ovem *Priscian.* IX. *p.* 866.

Ad. 2, 3, 1 abs quivis homine, quomst opus, beneficium accipere
       gaudeas.

Phorm. 2, 1, 36 hic in nóxiast, ille ad dicendum causam adest:
   quom illest, hic praestost: tradunt operas mutuas.
   hic in noxiast *Bemb. Basil. Vatic.* [cum] in noxia hic est *Bentley*
   ad dicendam causam *Fleckeisen* ad defendendam causam *Codd*
   ad defendendum *Bentley* ille est *Vatic. Basil. Victor.* ille
   abest *Bemb.*

Adelph, 1, 2, 63 ... nam itast homo:
   quom placo advorsor sedulo ac deterreo,
   tamen vix humane patitur.
   quod placo *Bemb.* cum placo *zweite Hand im Bemb. und die*
   anderen Codd advorsor *Bemb. Vindob.* advorsor *rell.*

*Haut. 1, 1, 102. verum néque illum tu satis noveras,
   nec te ille; hoc quom fit, ibi non vere vivitur.
   hoc quom fit, ibi *Bergk* hocque fit ubi *Bemb.* hoc qui fit
   ubi *Codd. bei Faernus* hoc quod fit ubi *Bentl.* hoc confit ubi *Groehe: Quaestt. de usu Terentiano particularum tem-*
   poralium. Diss. inaug. Vratisl. 1867 *p.* 34.

*Eun. 5, 4, 14 quae cum amatore suo cum cenant ligurriunt.
   Als unecht von Bentley erkannt.

Ab.
Plautus 27.

Amph. 447 set quom cogito, equidem certo idem sum qui semper fui.
. quomodo *B*   quom *Pall*

Curcul. 583 attat, Curculio hercle verba mihi dedit, quom cogito.

Mil. 1375 quom egomet mecum cogito, Stulte feci qui hunc amisi
cum ego et *BCD*, *emend. von Camerar.*

Most. 554 [perii, rem] quom cogito.
quom cogita *BCD*, *emend. und ergänzt von Ritschl.*

Most. 702 quóm magis cógito cúm meo ánimo,
si quis dotátam uxorem átque [eam] ánum habet,
[eúm] hominem sollicitat sopor.
quom *BCD* cum *A* [eam] *Spengel: de versib. cret. p.* 37 [cum]
hominem *Ritschl* neminem *Codd mit A.*

Stich. 448   set quom cogito,
potius quam inveniam invidiam, est etiam hic ostium
aliut posticum.

Capt. 51 homunculi quanti sunt, quom recogito

Capt. 1022 nunc demum in memoriam redeo, quom mecum recogito

Curc. 375 verum hercle vero belle quom recogito . . .
quom velle recogito *B, codd. Langiani*   convellere cogito *Pall.* .
quom belle *Pareus*   belle quom *Fleckeis.*

Merc. 742 coquenda cenast. atqui quom recogito,
nobis coquendast, non quoi conducti sumus.
atque qm̃ *B*   atque cum *rell. emend. von Ritschl*

Stich. 301 set tandem quom recogito, qui potis est scire haec
scire me?
cum *Codd mit A*   potuit *Codd, emend. von Ritschl.*

Miles 561 nunc demum a me insipienter factum esse arbitror,
quom rem cognosco. —   quom *F* cum *rell.*

Poenul. 5, 4, 12 (20) spero equidem et pol ego, quom ingeniis
quibus sumus atque aliae cognosco.

Trin. 257 haec égo quom cum animo meó reputo,
ubi quí eget, quam preti sít parvi, Ápage amor, nón places
quum *A* cum *rell.*   ago cum meo animo et recolo *BCD*
cum animo meo reputo *A vgl. Studemund Rhein. Mus. Bd.* 1,
592. *Anapästen erkannt von Brix.*

Casina 3, 2, 25 . . . quom eam mecum rationem puto,
si quid eius esset, esset mecum postulatio.
quom *fehlt im Paris.*   ratione *B.*

Trin. 404 estne hoc quod dico Stasime? : : quom considero,
meminisse videor fieri.
quom *B*   qum *A*   cum *rell.*

Truc. 2, 5, 4　quomque eám rem in corde ágito, Nimió minus per-
　　　　　　　　　hibémur
　　　malaé quam sumus ingénio
　　　cumque *BCD*　　agit onimio *BCD.*

Rud. 771　quom coniecturam egomet mecum facio, haec illast simia

Bacch. 449 .. quom huius dicta intellego,
　　　mira sunt ni Pistoclerus Ludum pugnis contudit.
　　　cum *Codd*

Bacch. 597　quom ego huius verba interpretor, mihi cautiost
　　　quom *F*　cum *rell.*

Menaech. 1064　pol profecto haud est dissimilis, meam quom formam
　　　　　　　　　noscito.
　　　meam　quam　formam *B* (quam *Bb*)　　mea quä formä *CD,*
　　　emend. von Acidalius.

Amph. 441　certe edepol quom illum contemplo et formam cognosco
　　　　　　　　　meam,
　　　— — — nimis similist mei.
　　　quomodo illum *B*　　quom illum *Pall.*

Menaech. 254　audin Menaechme?　quom inspicio marsuppium,
　　　viaticati hercle admodum acstive sumus.
　　　quom *F*　　quum *D*　　qum *Bc*

Poen. 1, 2, 71 (74)　heu, ecastor: quom ornatum adspicio nostrum
　　　　　　　　　ambarum, paenitet.

Pseud. 1214　edepol ne istuc magis magisque metuo, quom verba
　　　　　　　　　audio.
　　　quum *B*　cum *rell.*

Persa 564　edepol qui quom hanc magis contemplo, magis placet.
　　　quin *Bothe*　　cum *Codd*　　quam *Lambinus.*

Amph. 293　　　　　quom [recogito,]
　　　illic homo hoc [meum] denuo volt pallium detexere.
　　　quom in mentem venit *B*　　[recogito] *Fleckeisen*　　hoc homo *B*
　　　[meum] *Fleckeisen.*

*Rud. 685　miserae [quom venit] in mentem
　　　mihi mortis, metus membra occupat
Lücke vor in *in BC*　　[ubi venit] *Camerar.*　　[quom venit] *Fleckeisen.*

Ab.
Terenz 5.

Eun. 3, 2, 44 ... quid rides? :: istuc quod dixti modo:
　　　et illud de Rhodio dictum quom in mentem venit.

Hec. 3, 3, 45　lacrumo, quae posthac futurast vita quom in mentem
　　　　　　　　　venit.

Hec. 5, 1, 8 ego pol quoque etiam timida sum, quom venit in
mentem quae sim.
> mihi venit *Codd*   venit *Faernus.*

Hecyr. 3, 3, 25 sed quom orata eius reminiscor, nequeo quin lacrumem miser.

Haut. 2, 4, 5 et quom egomet nunc mecum in animo vitam tuam
considero . . .,
> et vos esse istiusmodi et nos non esse haud mirabilest.

Ac.
Plautus 13.

Amph. 416 egomet mihi non credo, quom illaec autumare illum
audio.

Mil. 1324 ne fle :: non queo, Quom te video. — q̃m *B*   cum *rell.*

Rud. 742 o filia, Quom ego hanc video, mearum me absens miseriarum commones.

Stich. 146 nunc places, quom recte monstras: nunc tibi ausculta-
bimus
> places *A* placet *rell.* quom *A* cum *rell.*

Trucul. 2, 2, 18 nunc places, quom mi inclementer dicis. : : quid hoc
quod te rogo?
> cum mihi inclementer *A* cum me illi vel inmentiri *B* cum me
> illi velim mentiri *CD* hoc quod *A* quod *BCD.*

Asin. 144 eadem nunc, quomst melius, me quoius operast ignoras
mala.

Aul. 2, 2, 17 nunc petit, quom pollicetur: inhiat aurum ut devoret.
> cum *B.*

Aul. 4, 4, 2 qui modo nusquam conparebas: nunc, quom conpares,
peris.
> cum *B.*

Merc. 178 qui nunc, quom malum audiendumst, flagitas me ut
eloquar.
> q̃m *B*   cum *rell.*

Rud. 1279 nunc non censet, quom volo.

Trin. 504 nunc hic, quom opus est, non quit dicere.
> quom *B* cum *A* quoniam *rell.*

Trin. 566 licitumst si velles: nunc, quom nihil est, non licet.
> licitum est si *A* licitu si *rell.* quõ *B* cum *A* quoniam *rell.*

Mil. 1045 magnum me faciam Nunc quo[m] illaec me sic conlaudat.
> quo[m] *Ritschl*   quo *B* quoniam *DF, Bothe, fehlt in C* illic
> me illic *Codd* illaec me sic *Ritschl.*

Ac.
Terenz 6.

Adelph. 4, 7, 20 ... nunc quom non queo, animo aequo fero.

Eun. 1, 1, 1 quid igitur faciam? non eam? ne nunc quidem,
   quom accersor ultro?

Hecyr. 4, 4, 26 etiamsi dudum fuerat ambiguom hoc mihi,
   nunc non est, quom eam sequitur alienus puer.

Haut. 3, 1, 39 nunc quom sine magno intertrimento non potest
   haberi, quidvis dare cupis.

Haut. 4, 8, 1 multo omnium me nunc fortunatissimum.
   factum esse puto, gnate, quom te intellego
   resipisse.

Phorm. 3, 3, 5 quin, quom opus est, beneficium rursum eï experi-
                         mur reddere?
   experimur *Faernus* experiemur *Bemb.* experiamur '*nostri omnes*'
   Bentley.

* Adelph. 5, 8, 23 merito [tuo] te amo . verum ... :: quid? :: ego
                         dicam, hoc quom fit quod volo. ::
   quid nunc? quid restat?
   hoc cum fit quod volo '*nostri universi*' *bei Bentley, und so Bent-*
      ley selbst und Fleckeisen hoc confit quod volo *Donat zu*
      dieser Stelle und zu Andria 1, 1, 140 *gebilligt von Gröhe,*
      Rhein. Museum Bd. 22, 643.

Ad.
Plautus 6.

Plautus Fretum ap. Gell. 3, 3, 8 nunc illud est, quom Arreti ludis
                         magnis responsum datur
   quod arietinum responsum ludis magis (*vel magis ludis Codd*
      Gellii emend. von M. Hertz, Ramentorum Gellianor. mantissa
      Vratisl. 1868 (*semisaecular. Univ. Bonnens. gratulatio*) *p.* 19.

Poen. 4, 2, 102 Di inmortales, quanta [pestis], quanta advenit ca-
                         lamitas
   hodie ad hunc lenonem! Sed ego nunc est quom me[met] moror.
   pestis *ergänzt von Geppert* quom me[met] moror *Bothe* est
      cum me moror *A* est cum memoret *B* est cum me
      morer *D* quom *schützt M. Hertz, Ramentorum Gellianor.*
      mantissa (Vratisl. 1868) *p.* 19 *und, von diesem citirt, Fleck-*
      eisen. nunc quid est, cur me morer *Geppert.*

Rudens 664 nunc id est, quom omnium copiarum atque opum
   — viduitas nos tenet.

Aulul. prol. 4 hanc domum Jam multos annos est quom possideo
et colo.
quom *B, wofür* ut *Nonius p.* 250, 11.
Merc. 534 quid ais tu? iam bienniumst, quom habet rem tecum? : :
certo.
cum tecum rem habet *BCD* quom habet rem tecum *A.*
Amph. 302 agite pugni: iam diust quom ventri victum non datis.
iam diust quod *B.*
*Capt. 518 hic illest dies, quom nulla vitae meae salus sperabilist.
hic est ille dies *B, Pall. Ein wahrscheinlich unechter Vers.*

Ad.
Terenz 2.

Eun. 3, 5, 3 nunc est profecto, interfici quom perpeti me possum.
Andr. 1, 1, 125 prope adest, quom alieno more vivendumst mihi.

Ae.
Plautus 25.

Amph. 969 iam hic ero, quom illi censebis esse me.
Asin. 749 horrescet faxo lena, leges quom audiet.
Bacch. 59 quia quom tu aderis huice mihique haut faciet quisquam
iniuriam.
quom *F* cum *rell.*
Cist. 2, 1, 58 (63) illam extrudet, quom hanc uxorem Lemniam
ducet domum.
Men. 996 ego ibo ad medicum: praesto ero illi, quom venietis.
illi cum *BC* illic ut *DF.*
Merc. 492 unde erit argentum quod des, quom poscet pater?
quom *A* qm̃ *B* cum *rell.*
Mil. 860 excruciabit me erus domum si venerit,
quom haec facta scibit.
quomodo *B* quom *rell.*
Most. 985 . . . qui quom istaec sciet
facta ita, amburet ei misero corculum carbunculus.
cum *BCD.*
Stich. 63 quom ego revortar, vos monumentis conmonefaciam bubulis.
quom *AB.*
Asin. 872 mox quom imitabor Sauream, caveto ne suscenseas.
quom Sauream imitabor *B, emend. von Fleckeisen.*
Casina 2, 2, 39 móx magis quom otium et mihi erit et tibi,
igitur tecum loquar.
et mihi erit et tibi *Parisin. Geppert* mihi et tibi erit *B, Pall.*

Merc. 220　poste, quom te aspiciet timidum esse atque exanimatum,
　　　　　　　ilico
　　retinebit, rogitabit . . .
　　　　poste quom te aspiciet *Ritschl*　postea aspicito *B und, nur
　　　　　　aspicit te, CD*　postcaquam aspiciet te *Camerarius, jedoch
　　　　　　vgl. Ritschl, Opuscula Bd. 2, 547.*

Bacch. 517　subblandibitur Tum quom nihilo plus . . . refcret
　　　quom *F*　cum *rell.*

Cas. 1, 1, 51　quom mihi haec dicentur dicta, tum tu furcifer . . .

Bacch. 145　quom videbis, tum scies. — quom *F*　cum *rell.*

Capt. 785　quod quom scibitur, [tum] per urbem inridebor
　　　com scibitur *B*　[tum] *Fleckeisen.*

Mil. 933　hanc ad nos quom extemplo a foro venicmus, mittitotc.
　　　cum *Camerarius*　quam *Codd.*

Mil. 635 . . . magis quóm periclum facies, magis nosces meam
　　　cómitatem erga te amantem. — cum *Codd.*

Most. 232　mágis amabunt, Quom [me] videbunt gratiam referre
　　　quom *BF*　cum *CD*　quando *Camerarius*　[me] *Gruter, Ritschl.*

Poen. 2, 15　contentiores mage erunt atque avidi minus,
　　　quom scibunt . . .
　　　qum *B*　cum *rell., vgl. Ritschl, Prooem. ind. schol. Bonnens.* 1865.

Amph. 129　nunc quom esse credent scrvom et conservom suum,
　　　haut quisquam qui sim quaeret.

Trin. 664　in occulto iacebis, quom te maxume clarum voles.
　　　cum *Codd mit A.*

Trin. 423　pater quom peregre venict, in portast locus
　　　quum *A*　cum *rell.*

Amph. 952　is adeo impransus [hodie] ludificabitur,
　　　dum ego Amphitruonem collo hinc obstricto traham.
　　　quom ego *B ältere Vulgate, Bothe, Holtze*　dum ego *Hermann
　　　　und Fleckeisen, der Epist. crit. ad Frid. Ritschel. p. XX sagt:
　　　　sed defensione non caret　quod libri habent* 'quom ego'.

Asin. 375　quaeso aequo animo patitor : : patitor tu item, quom ego
　　　　　te referiam.

Ae.
Terenz 7.

Phorm. 1, 2, 82　quom tu horum nil refelles, vincam scilicet.

Phorm. 4, 4, 14　quom argentum repetent, nostra causa scilicet
　　　in nervom potius ibit?

Haut. prol. 33　de illius pcccatis plura dicet, quom dabit
　　　alias novas.

Haut. 4, 4, 5 ... Clitipho quom in spe pendebit animi,
decipiam ac non veniam.
in spe *Bemb.*   spe *rell.*

Eun. 1, 1, 7 (si) quom nemo expetet,
infecta pace ultro ad eam venies ..., actumst, ilicet.

Hecyr. 5, 2, 3 séd quom tu eris satura atque ebria, ut puer satur
sit facito.
quom tu eris satura atque ebria *Fleckeisen*   cum tu satura atque
ebria eris *Codd, Priscian.* VI *p.* 701   tú cum satura atque
ébria es *Bentley und, nur* eris, *Lachmann ad Lucr. p.* 129
ut puer satur *Fleckeisen* . puer ut satur *Codd, Priscian.,*
Lachmann   et puer ut satur *Bentley.*

Af.

Plautus 8.

Mil. 359 credo ... tibi esse pereundum extra portam,
dispessis manibus patibulum quom habebis.

Bacch. 826 ... orabis me quidem ultro ut auferam,
quom illum rescisces ... quanta in pernicie siet.
quom *F* qum *B* cum *rell.* pernitie *BDb* permittie *CDa.*

Casin. 1, 1, 46 unde auscultare possis, quom ego illanc deosculer,
quom mihi illa dicet „mi animule, mi Olympio“
Lachmann ad Lucr. p. 388 *verlangt wegen des vorhergehenden*
deosculer den Conjunctiv dicat: allein Verschiedenheit des Modus
bei gleicher Abhängigkeit zweier Glieder ist im älteren Latein
nicht selten. vgl. Haupt im Hermes 1869 *S.* 337.

Poen. 3, 4, 17 ... volo ergo vos conmeminisse omnia
mox ad praetorem, quom usus veniet :: meminimus.
cum ad praetorem usus *Codd, Spengel 'Plautus' p.* 196   ad
pr. quom usus *Geppert.*

Mil. 811 ut [tum] quom etiam hic aget, actutum partes defendas tuas.
[tum] quom *Ritschl* cum *CD* nunc *B* aget *Ritschl* agit *Codd.*

Merc. 146 aut ne laborem capias, quom illo uti voles.
cum *Codd.*

Pseud. 163 haec, quom ego a foro revortar, facite ut offendam parata.
cum *Codd* revortar *Ritschl* revortor *CD* revertor *BF.*

Cas. 3, 1, 13 fac habeant linguam tuae aedes :: quid ita? :: quom
veniam vocent.

Af.

Terenz 4.

Adelph. 4, 5, 34 (quid illi tandem creditis fore animi,)
quom hanc sibi videbit praesens praesentem eripi?

Haut. 4, 5, 54 ... quia videbitur
    magis verisimile id esse, quom hic illi dabit.

Adelph. 3, 3, 30 videre videor iam diem illum, quom hinc egens
    profugiet aliquo militatum.

Hec. 4, 1, 60 simul vereor Pamphilum ne orata nostra nequeat
                    diutius
    celare, quom sciet alienum puerum tolli pro suo.

Ag.
Plautus 15.

Amph. 197 ea nunc meditabor quo modo illi dicam, quom illo ad-
                  venero.

Rud. 1206 atque adorna ut rem divinam faciam, quom intro ad-
                  venero.

Capt. 786 quom extémplo ad forum advenero omnes loquentur...

Trin. 725 egomet quom extemplo arcum et pharetram mi et sagittas
                  sumpsero,
    ... dormibo placidule in tabernaculo.
    egomet quom *Hermann*   egomet aũ quome *B*   egomet autem
        quo me *rell.*

Poen. 1, 2, 193 mox dabo, quom ab re divina rediero ...

Bacch. 417 iam aderit tempus, quom sesc etiam ipse oderit: morem
                  geras.
    quom *statt* cum *B*.

Mil. 1176 quom extemplo hoc erit factum, ubi intro haec abierit,
                  ibi tu ilico ...
    quom *Lindemann*   quam *Codd.*

Amph. 466 iam ille illuc ad erum quom Amphitruonem advenerit,
    narrabit ...

Amph. 1001 aspellam virum De supero, quom huc accesserit.

Cas. 2, 5, 28 quom ad deos minores redierit regnum tuum,
    quis mihi subveniet?

Merc. 649 quid, quom illuc, quo nunc ire paritas, veneris?
    cum *Codd*

Rud. 766 ibo hercle aliquo quaeritatum ignem :: quid, quom in-
                  veneris?

Bacch. 358 set quid futurumst, quom hoc senex resciverit?
    quom se excucurisse illuc frustra sciverit?
    quom *für* cum *beide Male nur F.*

Merc. 1003 recte dicis: sed istuc uxor faciet, quom hoc resciverit.
    qm̃ *statt* cum *B*

Most. 881 hóc die crastini quom erus resciverit,
    male castigabit ...

Poen. 5, 6, 23 perii hercle. :: immo haud multo post [quom] in
ius veneris.
[quom] *Douza fehlt in Codd. mit A.*

Ag.
Terenz 8.

Eun. 5, 8, 37 ... quod quom dixero, si placuerit, Facitote.

Haut. 4, 4, 4 aut quom venturam dixero et constituero ...,
decipiam ac non veniam.

Hec. 3, 1, 20 quod quom ita esse inveneró, quid restat, nisi porro
ut fiám miser?

Hecyr. 4, 1, 28 nám id innatumst . at pol iam aderit, se quoque
etiam quom oderit.

nam id innatumst *Bentley in der Anmerkung, Fleckeisen* nam id
omnibus innatumst *Codd*   nam id ómnibus innatum *Bentley*
im Text, unmetrisch   aderit *Bentley*   aderit tempus *Codd*
se quoque etiam quom *Bentley*   cum se quoque etiam *Codd*
Aehnlich Plaut. Bacch. 417 iam aderit tempus, quom sese
etiam ipse oderit.

Haut. 3, 2, 46 ... de istoc quom usus venerit,
videbimus quid opus sit.
quod opus sit '*meliores nostri melius*' *Bentley.*

Haut. 4, 4, 5 ... quom is certe Renuntiarit ...,
decipiam ac non veniam.
certo Renuntiabit *Bentley.*

Hecyr. 3, 5, 25 ... apud te meo erit ingenio fides,
quom illa quae nunc in me iniquast, aequa de me dixerit.

Phorm. 1, 4, 8 quod quom audierit, quod eius remedium inveniam
iracundiae?

*Andr. alter exitus 16 ... quom ad eum te adplicaveris,
studium exinde ut erit tute existumaveris.

Ah.
Plautus 10.

Capt. 143 quom quae in potestate habuimus ea amisimus.

Capt. 256 etiam quom cavisse ratus est, saepe is cautor captus est.

Most. 101 aedés quom extemplo sunt paratae expolitae
quom *BF* cum *rell.*

Most. 277 itidem olent quasi quom una multa iura confudit cocus.
quom *für* cum *nur F* confundit *FZ*

Persa 435   citius ... a foro
fugiunt, quam ex porta ludis quom emissust lepus.
cum *Codd.*

Pseud. 401   set quasi poeta, tabulas quom cepit sibi
   cum *Codd*, *nur* concepit *C*.

Trin. 492   scintillulam animae qui quom extemplo emisimus
   scintillulam *Brix*   scintillula *Fleckeisen*   satillum *A*   salillum
   BCD *vgl. Rh. Mus. Bd.* 21 *S.* 609.   qui quum *A*   qui cum *rell.*
   quam quom *Pius, Acid., Ritschl*   emisimus *A F*   amisimus *rell.*

Trin. 242   nám qui habet, quod amát, quom extemplo
   sáviis sagittátis percúlsus est
   qui habet quod amat *Brix*   qui amat quod amat *A, Ritschl*
   quá ad quod damat *B*   q' ad quod clamat *C*   quom *Bothe*
   quem *F*   quam *rell. mit A*   savis perculsus est *A*   savis
   sagittatis percussust *B und, nur* percussus est, *CD*   *das*
   Metrum erkannt von Studemund: de canticis Plaut. p. 16.

Epidic. 2, 2, 44   at tributus quom imperatus est, negant pendi pote.
   potest *(A)*   potesse *B*   *Geppert hält diesen und den folgenden*
   Vers für unecht.

Asin. 168   modo quom accepisti, hau multo post aliquid quod poscas
   paras.
   quod (quid *Pal* 5) accepisti *B, Pall, emend. von Bothe*   quod
   accepsti *Weise.*

*Amphitr. 104   nam ego vos novisse credo iam ut sit meus pater, —
   — quantusque amator, si ei quid complacitumst semel.
   si ei quid *Fleckeisen*   siet quod *B, Holtze*   sit quod *Bothe*   quom
   quid *Weise.*

<h1 style="text-align:center">Ah.</h1>

Terenz 1.

Hecyr. 3, 1, 28 . . . nam saépe est, quibus in rebus alius ne iratus
   quidemst,
   quom de eádem caussast iracundus factus inimicissumus.

<h1 style="text-align:center">Ai.</h1>

Plautus 4.

Amph. 599   ordine omnia, ut quicque actumst, quom apud hostes
   sedimus.
   omne uti quicq' *B und, nur* quidquid, *Pall. emend. von Fleckeisen*
   quom *Fleckeisen*   dum *Codd.*

Menaech. 1033   ne minus [nunc] imperes mihi, quam quom tuus
   servos fui.
   [nunc] *Ritschl, der auch für möglich hält:* ne [nunc] minus mihi
   imperes quam quando tuus servos fui.

Stich. 579 . . . quom hic non adfui,
   cum amicis deliberavi iam et cum cognatis meis.
   cum hic *Codd*   dum hic *Göller.*

Most. 135 postea, quom inmigravi ingenium in meum,
perdidi operam fabrorum ilico oppido.
postea quom *Guyetus*   posteaquam *Codd,* „*kein Plautinisches Wort*"
Ritschl, Opuscula Bd. 2, 547.

Ak.
Plautus 3.

Amph. 249 namque égo fui illi in re praesenti et meus, quom pugnatumst, pater.

Most. 162 .. - mihi quae modestiam omnem
detexit, tectus qua fui, quom mihi Amor et Cupido
in pectus perpluit meum. — quom *Ritschl* quam *Codd.*

Rud. 846 etiamne in ara tunc sedebant mulieres,
quom ad me profectu's ire?

Al.
Plautus 16.

Trin. 194 posticulum hoc recepit, quom aedis vendidit.
quom *B* cum *rell.* vendidit *Codd, Nonius p.* 54, 16 venderet
Nonius p. 384, 12.

Men. 62 (= Poenul. prol. 77) eumque heredem fecit, quom ipse obiit
diem.
cum *Pius, Codd im Poenul.* quam *Codd. in Men.* qua ... die
Camerarius.

Pon. 5, 2, 110 et is me heredem fecit, quom suum obiit diem.

Poen. 4, 2, 82 is in divitias homo adoptavit hunc, quom diem obiit suum.

Men. 393 scilicet qui dudum tecum venit, quom pallam mihi
detulisti . — quom *FZ* qum *CD* cum *B*

Trin. 879 census quom [sum], iuratori recte rationem dedi.
[sum] *Acidal.* cum iuratori *BCD* coniuratori *Z*

Rud. 1184 (sumne ego homo scelestus) qui —
aut, quom excepi, qui non alicubi in solo abstrusi loco?

Menaech. 1056 quom argentum dixi me petere et vasa, tu quantum potest
praecucurristi. — cum *Codd* potis *Fleckeisen.*

Merc. 393 mihi quoque ita pol visast, quom illam vidi.
mihi quidem edepol *Codd, emend. von Ritschl* cum *Codd.*

Pseud. 623 olim quom abiit, haec dies Praestitutast
quom *B* cum *rell.*

Most. 1050 quom [eum] convocavi, atque illi, me ex senatu segregant.
quom convocavi *B* qm̃ ĕvocavi *CD* [eum] *Ritschl* atque *im*
Nachsatz, wie Epid. 2, 2, 23.

Casina prol. 17 haec quom primum actast, vicit omnes fabulas.
vgl. Ritschl, Opuscul. Bd. 2, 660.

Amph. 91   etiam   histriones anno, quom in proscenio hic
        Jovem invocarunt, venit.

Rud. 497   utinam [ego], quom in aedes me ad te adduxisti [tuas],
        in carcere illo potius cubuissem die.
        [ego] *und* [tuas] *Fleckeisen.*

Amph. 1137   tu grávidam item fecisti, quom in exercitum Profectu's

Bacch. 961   quom censuit Mnesilochum cum uxore esse dudum militis,
        ibi vix me exolui. — cum *statt* quom *Codd mit A*

*Stich. 460   quom strena [mi] obscaevavit, spectatum hoc mihist:
        quom strena obscac.avit *A*   cum strena   obscevavit (obscenavit
            D) BCD   [mi] *Ritschl, welcher auch* bona strena mi obscae-
            vavit, quom spectumst mihi *für möglich hält.*

<h2 style="text-align:center">Am.</h2>

<h3 style="text-align:center">Plautus 10.</h3>

Merc. 541   nam illi quidem haut sane diust, quom dentes exciderunt.
        quom *A*   q̄ *B*   cum *rell.*

Asin. 251   iam diust factum, quom discesti ab ero atque abiisti ad forum.

Asin. 890   iube vinum dari: iam dudum factumst, quom primum bibi.

Trin. 1010   adde gradum, adpropera: iam dudum factumst, quom
                abiisti domo.
        cum *Codd*   abisti *Codd, Ritschl*   abiisti *Fleckeisen, Exercit. p.* 42.

Cas. prol. 39 . . . annos factumst sedecim,
        quom conspicatus est primo crepusculo
        puellam exponi.

Menaech. 446   plus triginta natus annis [ego] sum, quom interea loci
        nunquam quicquam facinus feci peius neque periurius.
        [ego] *Ritschl*   quom *FZ*   qum *BCD*   annis sum quando *Ca-*
            merarius.

Merc. 533   ecastor iam bienniumst, quom mecum rem occeptavit
        quom *A*   cum *rell*   occeptavit *Ritschl*   coepit *Codd*

Most. 470   quia septem menses sunt, quom in hasce aedis pedem
        nemo intro tetulit.

Persa 137   sicut istic leno hau dum sex mensis Megaribus
        huc est quom commigravit. — est cum *Codd*

Trin. 402   minus quindecim dies sunt, quom pro hisce aedibus
        minas quadraginta accepisti a Callicle.
        quam *A*   q̄ *C*   cum *B*   quod *Z*

<h2 style="text-align:center">An.</h2>

<h3 style="text-align:center">Terenz 7.</h3>

Phorm. 5, 3, 32 . . . nam perliberalis visast, quom vidi, mihi.

Hecyr. 4, 1, 22 . . . sed nunc mi in mentem venit

de hac re quod locuta's olim, quom illum generum cepimus.
de hac re *Donatus zu Hecyr.* 4, 4, 89 ex hac re *Codd.*

Andr. prol. 1 poeta quom primum animum ad scribendum adpulit ...

Andr. 1, 1, 94 quae quom mihi lamentari practer ceteras
visast ..., accedo ad pedisequas.
quae tum '*nostri codices summo consensu*' *Bentley* quae cum *Bentley.*

Hecyra prol. II, 33 quom primum eam agere coepi, pugilum gloria,
— strepitus, clamor — Fecere ut ante tempus exirem foras.

Hecyr. prol. I, 1 ... haec quom datast
nova, [ei] novom intervenit vitium et calamitas.
[ei] *Bentley.*

Hecyr. 4, 1, 57 nam quom compressast gnata, forma in tenebris
nosci non quitast.

A o.
Terenz 4.

Hecyr. 3, 3, 51 ea me abstinuisse in principio, quom datast.

Phorm. prol. 9 quod si intellegeret, quom stetit olim nova ...
olim quom stetit nova *Bentley. Die L A der Codd schützt Klette:
Exercitatt. Terentianae p.* 4.

Andr. 2, 5, 17 ego [quom] illam vidi, virginem forma bona
memini videre: quo aequior sum Pamphilo
[quom] *Bentley; fehlt in den Codd. und bei Fleckeisen.*

Eun. 3, 3, 4 iam tum quom primum iussit me ad se arcessier,
roget quis: quid tibi cum illa?

A p.
Terenz 5.

Andr. 5, 3, 12 olim istuc, olim, quom ita animum induxti tuum — —,
eodem die istuc verbum vere in te accidit.

Phorm. 5, 8, 19 olim quom honeste potuit, tum non est data.

Haut. 2, 3, 21 tum, quom gratum mihi esse potuit, nolui.

Eun. 2, 3, 42 nisi nunc, quom minime vellem, minimeque opus fuit.

Haut. 1, 1, 1 quamquam haec inter nos nuper notitia admodumst,
inde adeo quom agrum in proxumo hic mercatus es ...
quom *Fleckeisen* quod *Codd.*

A q.
Plautus 12.

Capt. 282 quid pater? vivitne? :: vivom, quom inde abimus, liquimus
linquimus *B a.*

Capt. 887 set Stalagmus quoius erat tunc nationis, quom hinc abit?

Most. 25   haecine mandavit tibi, quom peregre hinc it, senex?
  cum *CD* iit *Codd* it *Fleckeisen, Exerc. p.* 9.

Epid. 2, 2, 33   quom ad portum venio, atque ego illam illic video
                                praestolarier.
  atque *im Nachsatz, vgl. Gell.* X, 9.

Amph. 668   gravidam ego illanc hic reliqui, quom abeo : : hei, perii
                                miser.
  quam habeo *B, Pall.* 2. 4.   quam abeo *Pall. rell.*

Merc. 617   iam addicta atque abducta erat, quom ad portum venio : :
                                vae mihi.
  qm̃ *B* quom *F* cum *rell.*

Men. 29   Tarenti forte ludi erant, quom illuc venit. — cum *Codd.*

Persa 834   credo, quia non inconciliat, quom te emo.
  in concilia ut cum *BC, emend. von Pylades.*

Men. 1136   hunc censebat te esse, credo, quom vocat te ad prandium.
  quom *B* cum *rell.*

Stich. 511 . . . ni dixisset mihi
  te apud se cenaturum esse hodie, quom me ad se ad cenam vocat.
  quom *A* cum *rell.*

Men. 1115   quot eras annos gnatus [tum], quom pater a patria te
                                avehit?
  [tum] *Fleckeisen* cum *CDF* quã *B* te pater *Codd, Brix* patria
  avehit *Codd, emend. von Fleckeisen.*

Rud. 65   ad portum [quom] adolescens venit,
  illorum navis longe in altum apscesserat.
  [quom] *Fleckeisen.*

Aq.
Terenz 8.

Andr. 2, 2, 25   quom illo advenio, solitudo ante ostium: iam id
                                gaudeo.
  illoc *Cadd, Donatus.*

Eun. 4, 4, 57 . . . quia quom inde abeo, iam tum inceperat
  turba inter eos.

Eun. 2, 3, 51 . . . abeo. quom huc respicio ad virginem,
  illa sese interea commodum huc advorterat
  in hanc nostram plateam . . . huc quom advenio, nulla erat.

Eun. 4, 7, 23 . . . responde: quom tibi do istam virginem,
  dixtin hos mihi dies soli dare te?

Haut. 4, 1, 37   quom exponendam do illi, de digito anulum
  detraho.

Eun. 3, 3, 15 . . . ecqua inde parva periisset soror;
  ecquis cum ea una; quid habuisset, quom perit.

Hecyr. prol. II, 31 primo actu placeo: quom interea rumor venit
  datum iri gladiatores, populus convolat.

Ar.
Plautus 1.

Menaech. 1054 tu clamabas deum fidem atque hominum omnium,
  quom ego accurro teque eripio vi pugnando, ingratiis.
    qum *BCD* quin *Z*
*Aulul. 3, 5, 43 iam hosce absolutos censeas: cedunt petunt
  trecenti: [cir]cumstant phylacistae in atriis
    treceni *BJ* trecenti *cod. Harleian.* 3439 cum stant *BJ*
    [cir]cumstant *Acidalius, Wagner (edit. Aululariae Cambr. 1866).*
*Aulul. 3, 5, 46 datur aes. iam hosce absolutos censeas,
  quom incedunt infectores corcotarii
    quom *B* cum *J, Nonius* 549, 26 incedunt *BJ* incendunt
    Nonius l. l. corcotarii *W. Wagner, de Plauti Aul. Bonn.* 1864
    p. 14 crocotarii *B, Nonius* crocotarum *J* *Beide Verse
    crweist als unecht Wagner a. a. O. p.* 21.

Ar.
Terenz 2.

Hecyr. 1, 2, 40 ... hanc Bacchidem
  amabat, ut quom maxume, tum Pamphilus,
  quom pater uxorem ut ducat orare occipit.
Eunuch. 4, 2, · 5 longe iam abieram, Quom sensi.

As.
Plautus 6.

Trin. 1092 (aquam) Tibi petam? :: res quom animam agebat, tum
                          esse offusam oportuit.
    quō *B* quoniam *CD* cum *F*
Epid. 3, 3, 50 (3, 4, 21) egomet quod factitavi in adulescentia,
  quom militabam: pugnis memorandis meis
  eradicabam hominum auris.
    Die Verse nach 3, 4, 21 *umgestellt von Acidalius* Vor quom *in*
    B *eine Lücke.*
Truc. 4, 2, 20 quia enim plus dedi :: plus etiam es intromissus,
                          quom dabas.
    etiam es *Spengel* enim so *CD* enī so *B*
Amph. 427 ... legiones quom pugnabant maxume,
  quid in tabernaclo fecisti?
Stich. 244 ... risi te hodie multum ...
  hic, quom auctionem praedicabas pessumam.

Merc. 754   haecine tuast amica, quam dudum mihi
       te amare dixti, quom obsonabas?
    qm̃ *für* cum *B*

At.
Plautus 13.

Bacch. 421   eademne erat haec disciplina tibi, quom tu adulescens
                              eras?
    quom *F*   qum *B*   cum *CD*

Asin. 207   tum mi aedes quoque arridebant, quom ad te veniebam,
                              tuae.

Amph. 199   nam quom pugnabant maxume, ego tum fugiebam
                              maxume.

Pseud. 500   non a me scibas pistrinum in mundo fore,
       quom ea mussitabas?
    fore *Ritschl*   tibi *Codd*   cum *Codd.*

Rudens 1252   sed quom inde suam quisque ibant divorsi domum,
       nullus erat illo pacto, ut illi iusserant.

Pseud. 1180   noctu in vigiliam quando ibat miles, quom tu ibas simul,
       conveniebatne in vaginam tuam machaera militis?
    quom *Ritschl*   quu. *A*   tum *rell.*

Epid. 1, 2, 35   desipiebam mentis, quom illas scriptas mittebam tibi.

Asin. 907   modo quom dicta in me ingerebas, odium non uxor eram.

Rud. 1250   spectavi ego pridem comicos ad istum modum
       . . . dicere atque is plaudier,
       quom illos sapientis mores monstrabant poplo.

Truc. 2, 4, 29   verum tempestas quondam dum vixi fuit,
       quom inter nos sordebamus alter de altero.
       quondam dum vivixi fuit *A*   memini quondam fuit *BCD*   memini
           cum quondam fuit *ältere Vulgate*   cum *ACD*   cũ *B*   sorde-
           bamus *oder* sorbebamus *A*   sorderemus *BCD*   alter de al-
           tero *A*   alteri *BCD*   unus alteri *frühere Vulgate.*

Capt. 247   ne me secus honore honestes, quam quom servibas mihi.

Asin. 204   aliam nunc mihi orationem . . . praedicas,
       [longe aliam, inquam, praebes nunc atque olim, quom dabam]
       aliam atque olim, quom inliciebas me ad te blande et benedice.
       Vers 205 von Fleckeisen als unecht bezeichnet   aliam mihi inquam
       Reiz, mihi *aus V. 204 versetzend.*

Most. 221   eundem animum . . .
       atque olim, priusquam id extudi, quom illi subblandiebar.
    quom *statt* cum *BF.*

Au.
Plautus 5.

Most. 1117 loquere: quoiusmodi reliqui, quom hinc abibam, filium?

Men. 1052 eripui, homines quom ferebant te sublimen quattuor.
   quom *Ritschl* qui *Codd* te ferebant *Codd, emend. ron Gruter.*

Curc. 541 idem ego istuc quom credebam credidi,
   te nihil esse redditurum.

Men. 1145 nam illa quom te ad se vocabat, me[met] esse credidit.
   me[met] *Ritschl*

Men. 632 te ... cum corona florea
   vidi astare, quom negabas mihi esse sanum sinciput.
   quom *F* qum *BCD*

Av.
Plautus 4.

Aul. 2, 2, 1 praesagibat mi animus frustra me ire, quom exibam
                            domo.
   Angeführt ron Cicero de dir. 1, 31, 65 mi *schU bei Cic.* cum *B*
   exirem *Cicero.*

Mil. 181 hicine etiam nunc est? :: quom exibam hic erat.
   qm *B* quŏ *CD*

Rud. 307 nam quom modo exibat foras, ad portum se aibat ire.

Cist. 1, 3, 38 meretricem illam invenire, quam olim tollere,
   quom ipse exponebat, ex insidiis viderat.

Aw.
Terenz 4.

Andr. 1, 1, 69 quom id mihi placebat, tum uno ore omnes omnia
   bona dicere et laudare fortunas meas.

Andr. 3, 3, 13 alium esse censes nunc atque olim, quom dabam?

Eun. 2, 3, 19 scis te mihi saepe pollicitum esse ...,
   quom in cellulam ad te patris penum omnem congerebam clan-
             culum ...

Hecyr. 3, 4, 7 dies triginta aut plus eo in navi fui,
   quom interea semper mortem expectabam miser.

*Eun. 5, 4, 4 nam ut mittam quod ei amorem difficillumum,
   carissumum, ab meretrice avara virginem
   quom amabat, eum confeci sine molestia ..
   quom amabat *Fleckeisen* quam amabat *Codd, Gröhe: de particul.*
   temporal. p. 10 quo amabat *Bentley* eum *Bentley* eam *Codd.*

Ax.
Plautus 3.

Cas. 2, 8, 28   idem me pridem, quom ei advorsum veneram,
facere atriensem voluerat sub ianua.

Aul. 2, 4, 33   quin [quom] ipsi pridem tonsor unguis demserat,
conlegit, omnia abstulit praesegmina.
Angeführt von Nonius p. 151, 30 *und p.* 273, 28   [quom] *O. Seyffert,
Philologus Bd.* 25, 442.

Bacch. 424   id quom optigerat, hoc etiam ad malum arcessebatur
malum.
id quom *Bothe, Ritschl*   id quoi *B*   id quo *CDb*   id quio *Da*

Ax.
Terenz 2.

Andr. 3, 2, 36   quid ais?   quom intellexeras,
id consilium capere, quor non dixti extemplo Pamphilo?
quom intellexeras *Codd*   ubi intellexeras *Bentley, der Jamben
vermuthet.*

Andr. 5, 1, 20   vero voltu: quom ibi me adesse neuter tum praesenserat.
vero *Bentley*   at vero *Codd.*

Ba.
Plautus 12.

Epid. 5, 2, 53   sed ut acerbumst, pro benefactis quom mali messim
metas.
mali messim *ältere Vulgate*   malis me sim *B*   malis messim *Jacob.*

Merc. 610   odiosast oratio, quom rem agas, longinquom loqui.
odiosa est oratio *Camerarius*   odio sane oratio *CD*   hodie sat
st oratio *B*   cum *Codd*

Miles 820   sed quia consimile est, quom stertas, quasi sorbeas.
quom *Acidal.*   quid *Codd*

Bacch. 442   quom patrem adeas postulatum, puero sic dicit pater ...
cum *Codd*

Merc. 550   adulescens quom seis, tum quomst sanguis integer ...
quom seis tum quom *A*   cum sis tum cum *rell, nur tecum
cum B*

Pseud. 142   at faciem quom aspicias eorum, haut mali videntur:
opera fallunt.
qum *A*   cum *rell.*   aspicias *Camerarius, Ritschl*   aspicies *Codd*
eorum *tilgt Bothe*   *Den Vers bezeichnet als unecht Usener:
Prooem. ind. schol. Gryphiswald.* 1865.

Bacch. 540   multi more isto atque exemplo vivont, quos quom censeas

esse amicos, reperiuntur falsi falsimoniis.
  quom *für* cum *F* falsi *Pius* falsis *Codd.*

Persa 356   etiam tum vivit, quom esse credas mortuam.
  cum *Codd*

Cas. 3, 2, 32   sed eccum incedit . at quom aspicias tristem, frugi
                    censeas.

Trin. 1051   quom repetas, inimicum amicum invenias benefacto tuo.
  quô *B*   qum *A*   qm̃ *CD*   quoniam *E*   cum *F*   ·

Pseud. 137   quos quom ferias tibi plus noceas. eo enim ingenio
                   hi sunt flagritribac
  quom *Ritschl*   qu.m *A*   dum *rell. ältere Vulgate.*

Merc. 553   demum igitur quom scis iam senex, tum in otium
  te conloces, dum potis ames
  quom . . . s iam senex *A*   cum sis senex *B*   cum si sim (sum *D*)
  senex *CD*

<h2 style="text-align:center">Bb.</h2>
<h3 style="text-align:center">Plautus 2.</h3>

Capt. 516   nunc illut est, quom me fuisse, quam esse nimio mavelim.

Most. 157   iam pridem ecastor frigida non lavi magis libenter,
  nec quom me melius, mea Scapha, rear esse deficatam.
  quom me *B, geschützt von Lorenz*   cum me *CDF*   quod me
    Ritschl, unter Vergleichung von V. 691   melius . . . non fuit
    . . ., néc quod una ésca me iúverit magis.   *Vgl. unten Bn.*

<h2 style="text-align:center">Bc.</h2>
<h3 style="text-align:center">Terenz 6.</h3>

Adelph. 4, 7, 21   ita vitast hominum, quasi quom ludas tesseris. ·
  quasi cum *Codd, Donatus*   quasi si *Bentley.*

Phorm. 2, 2, 30   haec quom rationem ineas quam sint suavia et
                  quam cara sint,
  ea qui praebet, non tu hunc habeas plano praesentem deum?

Andr. 5, 2, 15   quom faciem videas, videtur esse quantivis preti.

Haut. 5, 3, 21   ipse egreditur, quam severus: rem quom videas, censeas.

Eun. 5, 1, 22   vide amabo, si non, quom aspicias, os inpudens Videtur.

Eun. 4, 3, 17   virgo ipsa lacrumat neque, quom rogites, quid sit
                  audet dicere.

<h2 style="text-align:center">Bd.</h2>
<h3 style="text-align:center">Terenz 2.</h3>

Andr. 1, 1, 132   simul sceleratus Davos siquid consili
  habet, ut consumat nunc, quom nil obsint doli.
  obsint *Codd*   obescent *Groehe, de particulis temporal. p.* 12.

Ad. 3, 2, 1 nunc illud est, quom si omnia omnes sua consilia conferant
    atque huic malo salutem quaerant, auxili nil adferant.
    quom si *Fleckeisen*   quod si *Codd*, *Bentley*.

Be.
Plautus 2.

Bacch. 1191 egon, quom haec cum illo accubet inspectem?
    cum *für* quom *Codd*

Cas. 1, 1, 45 unde auscultare possis, quom ego illanc deosculer.

Bf.
Plautus 16.

Asin. 185 ... etiam catulo meo
    subblanditur novos amator, se ut quom videat, gaudeat.

Stich. 113 ... ut per urbem quom ambulent,
    omnibus os opturent, ne quis merito male dicat sibi.
    quom *stalt* cum A

Bacch. 140 non par videtur, neque sit consentaneum,
    quom hic intus sit et una cum amica accubet,
    quomque osculetur et convivae alii accubent,
    praesente ibus una paedagogus ut siet.
    cum hic intus sit *FZ*   quom haec intus sit *B*   cum haec intus
        intus sit *CD*   cumque *BCD*   et] et cum F   praesente ibus
      *   una paedagogus *Scaliger, vgl. Nonius p.* 76, 17 *und p.* 154, 16
        praesentibus illis paedagogus una *Codd*

Persa 190 set te volo curare ut domi sis, quom ego te esse illi
                    censeam.
    set te volo *Ritschl*   sed ita volo te *Codd*   cum *Codd mit A*

Persa 191 .. quo ergo nunc is? :: domum: uti domi sim, quom
                    illi censeas.

Amph. 542 ut quom absim me ames, me tuam apsentem tamen.
    metuam te apsentem *B*

Capt. 494 ... inrogabo multam, ut mihi cenas decem
    meo arbitratu dent, quom cara annona sit . sic egero.

Aul. 2, 3, 11 ibo intro, ut crus quae imperavit, facta quom veniat sient.
    cum veniat *B nach Wagner edit. Aululariae p.* LXIX.

Curc. 252 ... parasito ut sit paratum prandium, Quom veniat.
    conveniat *B, Pall, emend. von Pareus*.

Mil. 578 ut, miles quom extemplo a foro adveniat domum,
    domi comprehendar.
    ut miles cum *AB*   ut mihi cum *C*   domi comprehendat *BCD*,
    emend. von Acidalius.

Most. 249 ornata ut sim, quom huc [ad]veniat Philolaches, voluptas mea.
quom *BF* cum *rell.* [ad]veniat *Ritschl.*

Aul. 2, 3, 6 curata fac sint, quom a foro redeam domum.
cum *B.*

Stich. 65 facite sultis nitidae ut aedes meae sint, quom redeam
domum.
quom *A* cum *rell.*

Amph. 983 atque ut ministres mihi, quom sacruficem mihi.
cum mihi sacruficem *B, emend. von Pareus.*

Persa 152 et ut adficat, quom ea memoret :: etiam tu taces?

Most. 1064 ilico intra limen ista state, ut quom extemplo vocem,
continuo exiliatis . . .
limen ista state ut quom *Ritschl* limen astate illic ut cum
BCD und, nur quom, F

Bg.
Plautus 5.

Asin. 776 quom surgat, neque [illa] in lectum inscendat proxumum,
neque quom descendat inde, det quoiquam manum.
[illa] *Fleckeisen.*

Asin. 780 quom iaciat 'te' ne dicat, nomen nominet. .
iacet *B, Pall.* 1. 3. 5 *doch diese von zweiter Hand* 'iaciat' iaciet
Weise.

Pseud. 1114 metuo quom hic non adest, ne metuam, quom adsiet.
qum hic *B* cum hic *CDF* ne cum (quom *B*) adsiet metuam
BCDF, emend. von Ritschl.

Pseud. 168 intro abite atque haec celerate, ne mora quae sit, cocus
quom veniat.
haec celerate *Ritschl* haec cito celebrate *Codd* cum *Codd*
veniat *Ritschl* veniat mihi *Codd.*

Poenul. prol. 26 ne et hic varientur virgis et loris domi,
si minus curassint, quom eri [re]veniant domum.
[re]veniant *Bothe.*

Bh.
Plautus 1.

Aulul. 4, 10, 60 qui homo culpam admisit in se, nullust tam parvi preti,
quom pudeat, quin purget sese.
quom *Bothe* quin *B* quâ *J*

Bi.
Terenz 6.

Haut. 4, 3, 33 vera dicendo ut eos ambos fallam: ut, quom narret
senex
voster nostro esse istam amicam guati, non credat tamen.

Andr. 2, 3, 20   patri dic velle: ut, quom velit, tibi iure irasci non
queat.

Adelph. 3, 2, 56   curre, obstetricem arcesse, ut quom opus sit ne
in mora nobis siet..

Andr. 2, 5, 13   i nunciam intro, ne in mora, quom opus sit, sies.

Haut. 5, 3, 15   quid? metuis ne non, quom velis, convincas esse
illum tuum?

Phorm. 5, 5, 11   ne, quom hic non videant, me conficere credant
argentum suum.

*Haut. 4, 6, 1   nullast tam facilis res, quin difficilis siet,
quam invitus facias.
    quam *Codd*   quom *Fleckeisen, allein die LA der Codd schützt
Brix zu Plaut. Menaech.* 396 (2, 3, 46), *wo mit den Codd zu
lesen ist:* dic, quid est id quod negem, quod (quom *Ritschl*)
fecerim?

Bk.
Plautus 5.

Menaech. 453   non ad eam rem [hercle] otiosos homines decuit deligi,
qui nisi adsint quom citentur, census capiant ilico?
    [hercle] *Ritschl*   quom *A*   qum *CD*   cum *B*

Capt. 961 ... set neque vere [tu] neque recte adhuc
fecisti unquam :: quod ego fatear, credin pudeat, quom autumes?
    [tu] *Aldina.*

Bacch. 58   set ego aput me te esse ob eam rem, miles quom veniat,
volo ...
    quom *F*   cum *BCD*

Bacch. 76 ... miles quom huc adveniat, te volo Me amplexari.
    quom *F*   quam *BCD*

Merc. 344   neque is quom roget, quid loquar cogitatumst.
    cum *Codd.*

*Cas. 3, 3, 1   stultitia magnast mea quidem sententia,
hominem amatorem ullum ad forum procedere
in eum diem, quom quod amet in mundo siet.
    quom *Geppert*   qui *B, Pall.*   quoi *Paris*   qui *Langiani, Bothe.*

Bk.
Terenz 2.

Andr. 2, 1, 30   ego, Charine, ne utiquam officium liberi esse hominis puto,
quom is nil mereat, postulare id gratiae adponi sibi.
nil promereat *Codd*   nil mereat *Donatus, Servius ad Aen.* 6, 664,
Bentley.

Phorm. 5, 4, 2 quam scitumst, ciusmodi parare in animo cupiditates,
quas quom res advorsae sient, paulo mederi possis.

* Adelph. 1, 1, 9 et tibi bene esse soli, sibi quom sit male.
Der ganze Vers fehlt im Bembinus. sibi quom *Ambrosian. Bentley* quom tibi *dic andren Codd.*

Bl.
Plautus 10.

Rud. 1248 ego nisi quom lusi[m] nil morer ullum lucrum.
ego mihi quom lusi *BC* ego nisi quom lusi *Bothe* ego nisi
quom lusi[m] *Fleckeisen* moror *BC* morer *Fleckeisen.*

Mil. 1150 non tu scis, quom ex alto puteo sursum ad summum
escenderis,
maxumum periclum inde esse, ab summo ne rursum cadas?
cum *AFZ*

Trin. 621 (amicum) Quoi tuam quom rem credideris, sine omni cura
dormias.
cum *Codd*

Cas. 1, 1, 42 post id quom lassus fueris et famelicus,
noctu ut condigne te cubes curabitur.

Menaech. 543 ut te libenter videam, quom ad nos veneris.
quom *FZ* quŏ *B* quâ *CD*

Capt. 434 ne tu me ignores, quom extemplo meo e conspectu apscesseris,
quom me servom in servitute pro te hic reliqueris.
V. 435 *von Fleckeisen und Brix als unecht bezeichnet.*

Rud. 979 quippe quom extemplo in macellum pisces prolati sient,
nemo emat.

Truc. 2, 1, 23 nugae sunt, nisi modo quom dederit, dare iam lubeat
denuo.
modo quom *Bothe* qui modo cum *A* quodo modo cum *B*
quod amodo cum *CD*

Trin. 722 atque aliquem ad regem in saginam [quo]m erus se con-
iexit meus,
credo ad summos bellatores acrem fugitorem fore.
[quo]m erus se *Ritschl* merus seso *B* meruisse so *CD* me
erus et se *F* si erus se *Hermann.*

Capt. 473 eos requirunt, qui lubenter quom ederint, reddant domi.
comederint *B* quom ederint *Pall.*

Bl.
Terenz 5.

Haut. 4, 8, 13 et illam aiunt velle uxorem, ut quom desponderim
des qui aurum ac vestem atque alia quae opus sunt comparet.
illam *Bentley* illum *Codd.*

Hecyr. 4, 4, 73   ut cum illa vivas, testem hanc quom abs te amo-
veris.

Eun. 5, 4, 11   mature ut quom cognorit perpetuo oderit.

Phorm. 5, 6, 8   num mirum aut novomst revocari, cursum quom
institeris? : : Geta.

> institeris *Handschriften des Guyetus* institueris '*nostri perperam*'
> *Bentley.*

Haut. 5, 4, 1   si unquam ullum fuit tempus, mater, quom ego voluptati tibi

fuerim, — — obsecro ...

Bm.

Plautus 5.

Amph. 127   atque ut ne qui essem familiares quaercrent,
    vorsari hic crebro quom viderent me domi.

Bacch. 955 (tria fuisse audivi fata ...)
    tertium, quom portae Phrygiae limen superum scinderetur.
    cum *Codd.*

Merc. 70   ibi multo primum sese familiarium
    laboravisse, quom haec pater sibi diceret ...
    qm *B* cum *rell.*

Bacch. 432 ... in sella apud magistrum adsideres,
    [ibi] librum quom legeres, si unam peccavisses syllabam,
    fieret corium tam maculosum, quamst nutricis pallium.
    [ibi] *Ritschl* librum quom *Ritschl* cum librum *Codd.*

Poen. 3, 3, 68   videre equidem vos vellem, quom huic aurum darem.

*Rud. 1124   vidi petere miluom, etiam quom nil auferret tamen.
    aufert *B* auferet *C*

*Bacch. 283   adeon me fuisse fungum, ut illi crederem:
    quom mi ipsum nomen eius Archidemidis
    clamaret dempturum esse, si quid crederem.
    qum *für* cum *B*

Bn.

Terenz 4.

Eun. 2, 3, 40   illum liquet mihi deierare his mensibus
    sex septem prorsus non vidisse proxumis,
    nisi nunc, quom minime vellem minimeque opus fuit.

Haut. 3, 2, 48   nunquam commodius unquam erum audivi loqui,
    nec quom malefacere crederem mi inpunius Licere.
    malefacere *Muret* malefaccrem *Codd. Tiefere Verderbnisse ver-*
      muthet Gröhe: de Particul. temporal. p. 20 fg., allein es ist zu
      quom crederem aus dem vorhergehenden audivi *ein fuit zu cr-*

gänzen, wie ganz ähnlich bei Plautus Most. 158 vor quom
geschehen muss (vgl. oben Bb):
iam pridem ecastor frigida non lavi magis lubenter,
nec quom me melius, mea Scapha, rear esse deficatam.

Hecyr. 4, 4, 30 ... hunc videre saepe optabamus diem,
quom ex te esset aliquis, qui te appellaret patrem.

Phorm. 3, 2, 17 neque, Antipho alia quom occupatus esset sollicitudine,
tum hoc esse mi obiectum malum.

Bo.
Plautus fälschlich 3.

*Trucul. 2, 4, 29 verum tempestas memini quondam fuit,
quom inter nos sorderemus [alter] alteri.
*So BCD [alter] Bothe tempestas quondam dum vivixi fuit A
sordebamus oder sorbebamus A alter de altero A*

*Mercat. 980 quem quidem hercle ego in exilium quom iret, redduxi
domum:
nam ibat exulatum.
*in exilium Codd. von Ritschl als Glossen bezeichnet, an dessen
Stelle etwa zu setzen sei: [hodie peregre] oder [peregre e
patria] cum Codd. cum iret ist neben ibat auch sehr verdächtig.*

*Trucul. 1, 2, 61 O Astaphium, haut istoc modo solita's me ante
appellare,
sed blande, quom illuc quod aput vos nunc est aput me haberem.
cum Codd. aρ̑ B beide Male haberḗ B

Bp.
Terenz 1 (?).

Eunuch. prol. 21 perfecit sibi ut inspiciundi esset copia.
magistratus quom ibi adesset, occeptast agi.
*adessent 'recte tres ex nostris antiquissimi' Bentley. Den Con-
junctiv Imperfecti nach causalem quom an dieser Stelle hält
Gröhe: de Particul. temporal. p. 18 für unverdächtig. Dagegen
nimmt Fabian: de constructione particulae Quum, Königsberg
(Kneiphöfisches Gymnasium) 1844 p. 11 aus dem Umstand,
dass sich sonst weiter kein Beispiel dieser Structur in directer
Rede bei Terenz finde, Anlass, an dieser Stelle die Interpunction
zu ändern. Er setzt hinter copia das Komma und zieht den
Satz mit quom zu der vorhergehenden indirecten Rede. Hinter
adesset setzt er volle Interpunction.*

Bq.
Plautus 4.

Epid. 3, 2, 19 inveni. nam ita suasi seni atque hanc habui orationem,
** ut quom redisses ne tibi eius copia esset. :: euge.
 inveni. nam *R. Mueller, de Epidico p.* 6 inveniam *Codd   die
Lücke erkannt von Müller a. a. O.*

Rud. 533 utinam fortunam nunc ego anatinam uterer,
 uti, quom exivissem ex aqua, arerem tamen.

Asinar. 442 quid relicuom? :: aibat reddere, quom extemplo redditum esset,
 nam retineri, ut quod sit sibi operis locatum ecficeret.
 quom *Bothe* quam *Codd*

Mil. 390 (arguere visust, me cum alieno esse ausculatam,)
 quom illa ausculata mea soror gemina esset suumpte amicum.
 quom *B* cum *rell. mit A* suumpte *Gruter* sumptu *Ba* suum
rell.

Br.
Plautus fälschlich 1.

*Asin. 2, 3, 14 (394) ... ubist? :: ad tonsorem ire dixit. ::
 quid? post non rediit? :: non pol [huc] venit: set quid volebas?
 quid? post non rediit? *Fleckeisen* quom venisset post non rediit
 B, Pall 1. 2. 3. 5 *und ältere Vulgate* .quom ivisset *in Pal* 4
 übergeschrieben, Bothe non pol [huc] venit: set q. v. *Fleckeisen* non edepol. quid volebas *B und ältere Vulgate.*

B s.
Terenz 1.

Phorm. 2, 3, 49 ita ut dicis. ego tum quom advenissem, qui mihi
cognata ea esset dicerem ; itidem tu face.
 cum advenissem *Bemb. Donatus* si advenissem *(doch si über
einer Rasur) Victorianus und 'nostri omnes' Bentley* ego istuc
 si advenisset *Gröhe: de Part. temporal. p.* 22.

Ca.
Plautus 24.

Most. 719 amice facis, Quom me laudas. — quom *Codd.*

Poen. 3, 2, 12 et bene et benigne facitis, quom ero amanti operam
datis.

Stich. 99 bonas ut aequomst facere facitis, quom tamen absentis viros
proinde habetis, quasi praesentes sint.
 quom *A B* cum *rell.* proinde *A* perinde *rell.*

Trin. 633 qui mihi bene quom simulas facere, male facis, male
consulis.

qui bene cum simulas facere mihi te *Codd*, *emend. von Ritschl*
quom *tilyt Bothe*.

Trin. 634   quid male facio? :: quod ego nolo id quom facis.
cum *Codd*.

Mil. 1070 ... facis nunc ut [te] facere acquomst,
quom quae te volt eandem tu vis.
ut facere aequum *CD*   facere acquum *B, emend. von Ritschl*
quodipto *C*   qdq' *B*   quod quae *Camerarius*   quom quae
Lambinus   quod quae te *Gruter, Lorenz*   [illaec] *statt* te
Ritschl   eandem *CD*,   eadem *B*.

Pseud. 1131   Venus mihi haec bona datat, quom adigit huc lucri-
fugas.
quum hos huc adigit *A und, nur* quom, *B*   quom adicit huc
CD, emend. von Ritschl.

Truc. 1, 2, 16   nam ipsi vident eorum quom auferimus bona atque
étiam ultro ipsi adgérunt ad nos.
eorum cum *A*   cum eorum *BCD*   auferimus *Spengel*   aggerimus
(A)BCD

Cist. 4, 2, 24   set memet moror, quom hoc ago setius.
Halisca, hoc age.
ago setius *fehlt in den Pall.*

Epid. 5, 2, 26   tibi moram facis, quom ego solutus adsto: age, inquam, colliga.
age *R. Mueller: de Plauti Epid. Berol. 1865 p. 24*   alege *B*

Men. 152   te morare, mibi quom obloquere.
ne morare *Bb*   quom *FZ*   quam *CD*   quin *B*

Merc. 468   me moror, quom heic adsto.
quom heic *A*   cum hic *rell.*

Pseud. 1134   me nunc commoror, quom foris has non ferio.

Men. 298   pro sano loqueris, quom me appellas nomine.
qum me *BC*   quin me *D*   qui me *F*   appelles *Camerarius*

Persa 207   - quom ut digna's dico, bene, non male loquor.
quom *B*   cum *rell.*

Trin. 342   sed ego hoc verbum quom illi quoidam dico, praemonstro
tibi
cum *Codd mit A*

Amph. 763   quaeso edepol, num tu quoque etiam insanis, quom id
me interrogas?
quom *B*   quando *Pal. 1. 2*   quoniam *die andren Pall.*

Poen. 3, 5, 15   quid iam? :: quia os nunc frigefactas, quom rogas.

Pseud. 931   occidis me, quom istuc rogitas.
rogas *Bothe, Fleckeisen.*

Capt. 615 ornamenta absunt: Aiacem, hunc quom vides, ipsum vides.

Persa 228   quia enim nihil amas, quom ingratum amas.
    quom *B* cum *rell.*

Stich. 685 ita me di ament, lepide accipimur, quom hoc recipimur in loco.
    amant *C* accipiamur *BCD* accipiemur *F* qm̅ *BCD* quoniam
        FZ cum *Camerarius* recipiamur *BCD* recipiemur *FZ*
    accipimur *und* recipimur *Guyetus.*

Trin. 398   suae senectuti is acriorem hiemem parat,
    quom illam inportunam tempestatem conciet.
    quom *B* cum *rell.* oportunam (opp. *F*) *DFZ*

Capt. 371   tu tibi ... prodes plurumum,
    quom servitutem fers ita ut ferri decet.
    ita fers ut *B, Pall.*

*Men. 107   sed quoniam cari, quom intruontur, deserunt,
    nunc ad eum inviso.
    L A des Textes von Ritschl id. quoque iam cari qui instruuntur
    deserunt *Codd* id quoque iam cari qui instruuntur deserit
    Palmerius und ebenso, nur instruantur, *Scaliger.*

Cb.
Plautus 17.

Bacch. 337 ... sapienter saltem fecit filius,
    quom diviti homini id aurum servandum dedit.
    quom *F* cum *rell.*

Men. 702   nimis stulte dudum feci, quom marsuppium
    Messenioni cum argento concredidi.
    qum *B* cum *rell.*

Men. 668   male mihi uxor se fecisse censet, quom exclusit foras.
    se *Pylades* sese *Codd* quom *FZ* qum *C* cum *B*

Bacch. 166 ... fecisti furtum —,
    quom istaec flagitia me celavisti et patrem.
    cum *Codd*

Bacch. 161   compendium ... haut aetati optabile
    fecisti, quom istanc nanctu's inpudentiam.

Capt. 297   fecit officium hic suum, Quom tibist confessus verum.

Stich. 655 ... fecisti, ere, facetias,
    quom hoc donavisti dono tuom servom Stichum.
    cum *Codd*

Men. 447   nunquam quicquam facinus feci peius neque scelestius,
    quam hodie, quom in contionem mediam me inmersi miser.
    cum *BCD*

Bacch. 482   quae illum facere vidi —,
    quom manus sub vesfimenta ad corpus tetulit Bacchidi.
    quom *F* qum *B* cum *rell.*

Capt. 499   bene rem gerere bono puplico, sicut feci
   ego heri, quom emi hosce homines.
     sicut ego feci eri *B, Pall, emend. von Fleckeisen.*

Mil. 1072   facis — ut [te] facere aequomst, Quom ...
   quomque oratricem hau sprevisti sistique exorare ex te.
     quomque *Bothe, Ritschl* quũ me *B* cumque me *CD*

Capt. 411   fecisti ut redire liceat ad parentes denuo,
   quom apud hunc confessus es et genus et divitias meas.

Casin. 4, 4, 18 (22)   Venus múltipoténs, bona múlta mihi
   dedisti, huius quóm copiám mihi dedisti.
     bona multa mihi *Studemund, de Cantic. Plaut.* p. 24, *der das*
       Metrum (quaternarius anap. und tetr. bacch.) erkannt hat.
     multa bona mihi *A* bonam vitam mihi *B, Pall* dedisti *A,*
     Pall dedesti *B*

Bacch. 677   erras :: at quidem tute errasti, quom parum inmersti
                   ampliter.
   cum *Codd*

Capt. 453   ... edepol rem meam
   constabilivi, quom illos emi de praeda a quaestoribus.

Amph. 1071   neque nostrum quisquam sensimus, quom peperit, neque
               providimus.

Poen. 3, 4, 13   vidistis, leno quom aurum accepit? :: vidimus.

*Most. 695   non mihi forte visum ilico fuit,
   melius quom prandium, quam solet, dedit.
     quom prandium *Gulielmus* quam prandium *A, Codd* quod pran-
       dium *hält Lorenz für wahrscheinlich* quam solet *A, Ritschl*
     quam solum *Ba CD* quom solum *Bb* quod solum *FZ*
     quam solitum *Gulielmus.*

Cc.
Plautus 3.

Mil. 506. ... inspectavisti meum apud me hospitem,
   amplexam amicam quom osculabatur suam.
     quom *BF* cum *rell.*

Capt. 303   memini quom dicto haut audebat: facto nunc laedat licet.

Epid. 3, 3, 38   ego illic me autem sic adsimulabam quasi
   stolidum, quom bardum me faciebam. :: immo ita decet.

Cd.
Plautus 26.

Asinar. 545   Perfidiae laudes gratiasque habemus merito magnas,
   quom ... *das Verbum fehlt.*

Capt. 926   Jovi disque ago gratias —, Quom ...

quomque hunc [ego] conspicio in potestate nostra
hunc [ego] *Fleckeisen*   istunc *Brix*

Curcul. 699   Aesculapio huic habeto, quom pudica es, gratiam.
quom *B*   quod *Pall*

Stich. 402   quom bene re gesta salvos convortor domum,
Neptuno gratis habeo et tempestatibus
quom *A*   cum *rell.*

Trin. 823 ·   (dis gratis habeo)
quom suis me ex locis in patriam urbem usque incolumem reducem faciunt.

quõ *B*   qm̄ *CDF*   quoniam *Z*   urbem usque incolumem *Ritschl*
urbis cũmã *B*   urbis cumã *CD*

Poen. 5, 4, 84 (99)   eas dis est aequom gratias nos agere sempiternas,

quom nostram pietatem adprobant decorantque dei immortales.
eas *Codd*   eius *Geppert· unrichtig: auch Persa* 756 *ist* eas
grates habeo *überliefert.*   dei *A*

Capt. 373   habeo gratiam tibi,
quom copiam istam mi et potestatem facis

Trin. 505   quom adfinitate vostra me arbitramini
dignum, habeo vobis Philto magnam gratiam.
quom *B*   cum *A, rell.*

Capt. 216   obnoxii Ambo vobis sumus propter hanc rem, quom quae
volumus nos copiae facitis nos compotes.
cumque *B, Pall*   copiast ea facitis *A, Pall* 1. 2. 3. 5   copia
ea facitis *Pal.* 4   primum copi ea facitis *Pal.* 6

Capt. 355   di tibi omnes omnia optata offerant,
quom me tanto honore honestas quomque ex vinclis eximis.

Mil. 1419   di tibi bene faciant semper, quom advọcatus bene mi ades.
qm̄ *B*   cum *rell.*   evocatus *B*   mihi benest *A*   mihi bene adõ *B*
bene mihi es *CD, emend. von Ritschl*

Poen. 3, 3, 54   di deaeque vobis multa bona dent, quom mihi
et bene praecipitis et bonam praedam datis.

Poen. 3, 3, 74   multa tibi di dent bona, quom me salvom esse vis.
quom *A*   quo *B*   cum *C, Paris.*

Amph. 681   et quom gravidam et quom te pulcre plenam aspicio,
gaudeo.

et quom et *B*

Epid. 5, 2, 46   etiam inclamitor quasi servos? :: quom tu es liber,
gaudeo.

Menaechm. 1031   salve mi patrone.   quom tu liberas me serio,
gaudeo :: credo hercle vero.

quom tu liberes messenio gaudeo.   SER. credo hercle vobis *B* und, *mit Auslassung von SER, CD, emend. von Balbach, Obs. crit. p.* 29.

Menaechm. 1148   liber esto : : quom tu's liber, gaudeo, Messenio.
quŏ *Ba*   quo"' *Bb*   cum *rell.*

Most. 1128   iubeo te salvere et salvos quom advenis, Theuropides, peregre, gaudeo.
quom *F*   cum *rell.*   advenis teuropides *F*   advenisset heuropides *CD*   adveninisset heuropides *B*

Capt. 152   laudo, malum quom amici tuum ducis malum. .

Rudens 1183   quom te di amant, voluptatist mihi.

Asin. 517   verum ego meas queror fortunas, quom illo quem amo prohibeor.

Most. 149   cor dolet, quom scio ut nunc sum atque ut fui.
cum *BCD*

Trin. 1170   quom ille ita est ut [cum] esse nolo, id crucior
quom *B*   cum *rell.*   istast *Codd*   [cum] *Ritschl.*

Aul. 1, 2, 28   discrucior animi, quom ab domo abeundumst mihi.
quom ab *Wagner*   quia ab *BJ*   quia *Guyetus* „*contra Plauti morem qui praepositiones repetere solet*" *Wagner.*

Men. 304   hei mihi, Quom nihil est qui illic homini dimminnam caput
qum *B*   cum *rell.*   illic *Ritschl*   illi *Codd.*

Mil. 1358   hei mihi, quom venit mi in mentem, ut mores mutandi sient
hei mihi *Bothe*   haeum *Codd zu Ende des vorhergehenden Verses*   quom — sient *fehlt in B*   com *CD*   cum *F*

*Most. 82   nunc rus abibo: nam hic quom erilem filium
video corruptum [ita] ex adulescente optumo ...
hic quom *Ritschl, so dass der Nachsatz ausgefallen wäre.*   equum *B*   eccum *CD*   [ita] *Ritschl*

Ce.
Plautus 24.

Capt. 923   Jovi disque ago gratias merito magnas,
quom te — patri reddiderunt, Quomque ex miseriis — exeme-
runt,
quomque huius repertast fides firma nobis.

Persa 755   quom béne nos, Juppiter, invisti dique Alii omnes caelipotentes,
eas vóbis gratis hábeo atque ago, qui próbe sum ultus meum
inimicum.
*Die handschriftliche LA bleibt unverändert bei anapästischer Mes-
sung, wie Studemund, de canticis Plaut. p.* 66 *sic vorschlägt;
Ritschl, der trochäische Octonare annimt, wirft in V.* 755 *bene*

aus und schreibt V. 756 ea re vobis gratis habeo atque ago
qui probe inimicum sum ultus. *Allein eas vobis gratis habeo
ist eine echt Plautinische Phrase, welche fast ebenso auch Poenul.*
5, 4, 143 *in den Handschriften steht:* eas dis est aequom
gratias nos agere sempiternas, *wo Geppert statt* eas *unrichtig*
eius *schreibt.*

Poen. 5, 4, 103 (119) di deaeque omnes vobis habeo merito magnas
gratias,
quom me hac laetitia adfecistis tanta et tantis gaudiis.

Rud. 908 Neptuno has ago gratias meo patrono,
quom me ex suis locis pulcre ornatum expedivit.

Most. 431 habeo Neptuno gratiam magnam tibi,
quom me[d] amisisti a te vix vivom modo.
me[d] *Ritschl, neue Plaut. Exc. Leipz.* 1869 *S.* 49 quoniam me
Ritschl in der Ausgabe 1851 *nach Gruter.*

Rud. 1207 rem divinam faciam —
Laribus familiaribus, quom auxerunt nostram familiam.

Poen. 1, 1, 81 ... multa tibi di dent bona,
quom hoc mihi obtulisti tam lepidum spectaculum.

Merc. 843 spem speratam quom obtulisti nunc mihi, tibi grates ago.
speratam quä *CDF* spera tamquä *B* speratam cum *DF in der
Wiederholung dieses Verses oben nach V.* 598

Poen. 1, 2, 46 ecquid gratiae[st], quom huc foras te evocavi?
gratiae[st] *Ritschl*

Captivi 941 quom bene fecisti, referetur gratia id quod postulas:
et id et aliud quod me orabis impetrabis.
quom *Fleckeisen* quod *B, Pall. und Brix* id quod *Codd* et
quod *Brix* et id et aliud quod *Codd* et si tu aliud quid *Brix.*

Truc. 2, 4, 33 quid id est? :: primumdum quom tu's aucta liberis
quomque bene provenisti salva, gratulor.
Vers 33 *nur in A erhalten* cum tu es *A* cumque *Codd* gratulor *A* gaudeo *BCD*

Truc. 2, 6, 35 quom tu recte provenisti quomque es aucta liberis,
gratulor, quom mihi tibique magnum pepcristi decus.
cum tu *Codd* cumque es *Z* quä qua es *BCD* cum mihi *BCD*

Rud. 1178 .. quóm ista res male evenit tibi, Gripe, gratulor.

Rud. 1270 quid, patri etiam gratulabor, quom illam invenit? ::
censeo.

Rud. 1365 quóm istaec res tibi ex sententia Pulcre evenit, gaudeo.

Casin. 2, 6, 65 victus es, Chaline :: quom nos di iuvere, Olympio,
gaudeo :: pietate factumst mea.
cum *B* tum *Pall* nos di iuvere *Spengel, Philologus Bd.* 25, 348
nos diu vivere *Codd*

Poenul. 5, 2, 117   iterum mihi gnatus videor, quom te repperi.
   quom scripsi   quoat *B*   quoa *C*   quod *Paris, vulgo*   quia *Weise.*
Amph. 642   set hoc me beat saltem, quom perduelles
   vicit et domum laudis conpos revenit.
   quam *B*   qm̄ *Pall*   quom *ältere Vulgate*   quod *Bothe, Weise*
      quoniam perdvellis vicit *Fleckeisen: Epistula critica ad
      Ritschel. p.* XVIIII *Die voranstehende Lesart ist nach Holtze's
      Vorgang (Ausgabe Leipz.* 1846*) hergestellt von O. Seyffert, de
      Bacchiacorum versuum usu ap. Plaut. Berolin.* 1864 p. 7.
Poenul. 5, 7, 41 ... quom istas invenisti filias,
   ita me di ament, mihi voluptati est.
   mihi voluptatis est *Codd*   [id] mihi volupe est *Geppert*   mihi
   voluptati est *Hasper.*
Mil. 1211   saltem id volup est, quom ex virtute formae [id] evenit tibi.
   voluptas est *B*   quom *B*   cum *rell.*   [id] *Guyetus, Ritschl*   ex
   formai virtute evenit *Lachmann ad Lucr. p.* 161.
Poen. 5, 5, 48 ... gaudeo et volup est mihi,
   si quidem quid lenoni optigit magni mali,
   quomque e virtute vobis fortuna optigit.
Rud. 1176   volup est, quom istuc ex pietate vostra vobis contigit.
Capt. 995   eheu, quom ego plus minusque feci [illi] quam aequom
                           fuit.
   quum *Codd*   quor *Brix*   [illi] *Fleckeisen*   [me] aequom *Brix*
Poen. 3, 5, 46   eheu, quom ego habui [hos] ariolos haruspices.
   quam *ältere Vulgate*   quom *B, Andr. Spengel: 'Plautus' p.* 195
   cum *C*   [hos] *Geppert; den Hiat vertheidigt Spengel a. a. O.*

<h2 style="text-align:center">Cf.</h2>
<h2 style="text-align:center">Plautus 5.</h2>

Bacch. 925   cluent fecisse facinus maxumum,
   quom Priami patriam Pergamum ... subegerunt.
   cum *Codd*
Poen. 2, 26 (475 Ritschl)   de illac pugna Ptenanthropica,
   quom sexaginta milia hominum — occidi
   pentetronica *BCD, emend. von Ritschl, Prooem. schol. aest. Bonn.*
   1865   quom *A, Ritschl*   quo *BCD*   qua *FZ*
Poen. 5, 4, 34 (48)   sed hoc e multis maxumumst (vitium),
   quom sibi nimis placent minusque addunt operam uti placeant
                           viris.
   minusque *AC*   nimisque *Paris.*   addunt operam *A*   operam daⁿt
   Paris.   operam *ohne* dant *C*   ut *Codd*   uti *Geppert*
Trin. 638   nullum beneficium esse duco id, quom quoi facias non
                           placet.
   cum cui *A*   quod quoi *B*   quod cui *rell, und ältere Vulgate.*

Menaech. 734   quae mea flagitia? :: pallam et aurum [quom] meum
    domo suppilas clam tuae uxori
    [cum] pallam *Camerarius*   [quom] meum *Ritschl.*

*Menaechmi 229 (voluptas) maior, non dicam dolo,
    si adveniens terram videas, quae fuerit tua.
   si *Acidalius*   quam si *Codd, Lactantius in Statii Thebaid.* 2, 194
    quom *Bothe.*

Cg.
Plautus 5.

Poen. 4, 2, 92   at enim nihil est, nisi dum calet hoc agitur :: le-
                              pidu's, quom mones.
   commones *Paris.*

Persa 349   enimvero odiosa's :: non sum neque me esse arbitror,
    quom parva natu recte praecipio patri.
    qum *A*   cum *rell.*

Casina 2, 3, 16   obsecro sanun es? :: sanus, quom ted amo.
    quom ted amo *Langiani, Bothe*   quam ted amo *B, Pall* 1. 2. 4.
    quando te amo *ältere Vulgate.*

Most. 587   beatus vero es nunc, quom clamas. :: meum peto.
    clamas meum peto *B*   damus meum puto *C*   clamas meum
    puto *D.*

Persa 650   hominem miserum praedicas,
    quom [et] ipsus probe perditust et benevolentis perdidit.
   cum *Codd.*   [et] *Ritschl*   prope *Codd. em. von Bothe.*

*Men. 899 ... hic dies pervorsus atque advorsus mi optigit,
    [quom], quae me clam ratus sum facere, omnia ea fecit palam
    parasitus. — [quom] *Ritschl; die L A der Codd schützt Brix*

*Pseud. 208   vah, taco :: quid est :: male mihi morigeru's, quom
                           sermoni huius obsonas.
    vah *fehlt in A*   male morigerus male facis mihi cum *BCD*
    male facis mihi quo *ohne* male morigerus *A*   quor, *aus* quo
    des *A, Ritschl* sermone huic *BCD*   sermoni huic *oder* huius
    Ritschl   quom sermoni huius *Fleckeisen.*   O. *Seyffert, Philo-*
    logus Bd. 25, 451 *behält durchaus die L A der Codd BCD*
    (nur morigeru's*) bei, indem er drei trochäische Quaternarien*
    misst: Vah tace :: quid ést? :: male e. q. s.

Ch.
Terenz 3.

Adelph. 1, 2, 16   nullum huius simile factum . haec quom illi,
                            Micio,
    dico, tibi dico.
    simile factum *Bemb.*   factum simile *Basilic. Vatican.* 'nostri uni-
    versi' *Bentley*   Micio] mio *Bemb.*

Andr. 2, 5, 10 ... facis ut te decet,
    quom istuc quod postulo impetro cum gratia.
Andr. prol. 18   qui quom hunc accusant, Naevium Plautum Ennium
    accusant.

Ci.
Terenz 5.

Adelph. 1, 2, 58   unum vis curem, curo . et est dis gratia,
    quom ita ut volo est.
Andr. 4, 4, 31 ... dis pol habeo gratiam,
    quom in pariundo aliquot adfuerunt liberae.
Adelph. 5, 7, 19 ... di tibi, Demea,
    benefaciant, quom te video nostrae familiae
    tam ex animo factum velle.
Hecyr. 3, 5, 33   haud invito ad aures sermo mi accessit tuos,
    quom te postputasse omnes res prae parente intellego.
Andr. 3, 5, 17   ei mihi, Quom non habeo spatium, ut de te sumam
                         supplicium ut volo.
    quom *'omnes antiqui libri'* Faernus   cur *'unus tantum ex nostris
    recentior'* Bentley
Haut. 2, 4, 1 ... laudo et fortunatam iudico,
    id [tu] quom studuisti, formae ut mores consimiles forent.
    [tu] *Fleckeisen*   studuisti formae *Fleckeisen*   studuisti isti formae
    Codd

Ck.
Terenz 3.

Adelph. prol. 18   eam laudem hic ducit maxumam, quom illis placet
Haut. 2, 3, 57   magnum hoc quoque signumst, dominam esse extra
                    noxiam,
    quom eius tam negleguntur internuntii.
Phorm. prol. 31   ne simili utamur fortuna, atque usi sumus,
    quom per tumultum noster grex motus locost.

Cl.
Terenz 1.

Adelph. 5, 6, 9   bonus es, quom haec existumas.

Cm.
Terenz 1.

Phorm. 5, 8, 73 ... hoc fretus, Chremes,
    quom e medio excessit unde haec susceptast tibi.

Da.
Plautus 8.

Bacch. 536   salvos sis, Mnesiloche :: salve :: salvos peregre quom
advenis,
cena detur. — quom peregre *BF* cum peregre *CD*, *emend.
von G. Hermann.*

Curc. 561 ... salve: salvos quom advenis
in Epidaurum, hic hodie apud me nunquam delinges salem.

Truc. 2, 4, 8 salve: hicin cenas hodie, salvos quom advenis?
hicine *A* hic ne *BC* cenas hodie *A* hodie cenas *rell.* saluus
cum *Codd mit A*

*Trucul. 1, 2, 26 (34) quid agis? :: valeo et validúm teneo.
peregré [salvos] quóniam advenis cena détur.
[salvos] *A. Kiessling, Jahns Jahrbücher 1868 S. 624 quoniam
ACD qm̄ B quom Usener, Prooem. scholar. Gryphiswald.
1865 p. 11, der zuerst Bacchien erkannte. Als anapästisch
fasst A. Spengel auch V. 27 auf, wesshalb er datur schreibt.*

Pseud. 822   hoc hic quidem homines tam brevem vitam colunt,
quom hasce herbas huiusmodi in suum alvom congerunt
qolunt *A* quom *A* cum *rell* suum alvom] *vgl. Servius ad
Aen. 2, 50.*

Rud. 1234   isto tu's pauper, quom nimis sancte piu's.

Truc. 1, 2, 50   em istoc pol tu otiosu's, Quom et illi et hic pervorsus es.
idĕ istoc *BD*   idem estoc *C, emend. von Geppert* illic *Codd*
illi *Bothe.*

Trin. 617   o ere Charmide[s], quom absenti hic tua res distrahitur tibi,
utinam te redisse salvom videam .
Charmide[s] *Ritschl* quom *B* qm̄ *D* quoniam *rell* absente te
Codd absenti *Hermann, Ritschl*

Rud. 244   tu facis me quidem vivere ut nunc velim,
quom mihi te licet tangere.
quam *BC* quom *Parcus* quando *Weise*

*Truc. 2, 4, 19 benene ambulatumst? :: huc quidem hercle ad te bene,
quia tui videndi copiast.
benene ambulatumst *A* bene nābulasti *B* benenam ambulasti
CD quia *A, Spengel* quā *B* quam *CD* quoniam *Paris. Pareus*
quom *Bothe* tu videndi copia est *A* tui videndum est copia *BCD*

Db.
Plautus 5.

Capt. 280   tum igitur ei quom in Aleis est gratia tanta ut praedicas,
quid divitiae? — tanta gratia est *B*

Casina prol. 7 [atqui] antiqua opera et verba quom vobis placent,
aequomst placere ante [alias] veteres fabulas.
[atqui] *Haupt, Rhein. Mus. Bd.* 1, 468   [alias] *Ritschl,
Parerga* 1, 200.

Merc. 521   bonae hercle te frugi arbitro, a matura iam inde aetate
quom facere officium scis tuum, mulier.
arbitror matura *Codd, emend. von Ritschl*   quom *AF*   qm *B*
cum *rell*   scis facere officium *Codd mit A, emend. von Ritschl*
quoniam scis officium tuum *G. Hermann.*

Merc. 577   scio pol te amare, quom istaec praemonstras mihi.
qm *B*   cum *CF*   .

Pseud. 476   quid censes? :: edepol merito esse iratum arbitror,
quom aput te tam parvast ei fides. :: iam sic sino.
quom *B*   cum *rell*   tam parvast ei *Ritschl*   parum ste *BCD*
paruum est *F*   parum stet *Z*   stet parum *Bothe. Ritschl
hält auch* tam parvi cius stet fides *oder* tam parva sit fide
für zulässig.

<h3 style="text-align:center">Dc.
Plautus 8.</h3>

Amph. 1134   multo adeo melius quam illi, quom sum Juppiter.
quom sum *BZ Fleckeisen*   qui sum *Pall* 1. 2. 5. 6   qm sum
Pall. 3. 4   quom sim *ältere Vulgate (Bothe, Weise)*

Cistell. 1, 1, 117   amiculum hoc sustolle saltem :: sine trahi, quom
egomet trahor.

Trin. 900   mihi quoque edepol, quom hic nugaturị, contra nugari
lubet.
quŏ *B*   qm *CD*   quoniam *F*

Most. 1156 ... illum prodire pudet in conspectum tuum
propter ea quae fecit, quom te scire scit.
propterea qui fecit qum.te *B*   p. quia fecit quae te *D*   p. quia
facit que te *C*   *emend. von Ritschl, der auch* propterea quia te
quae fecit *für zulässig hält.*

Trucul. 2, 1, 32   nec satis accipimus, satis quom quod det non
habet.
cum *ABCD*

Stich. 81   faciant: quid mihi opust decurso aetatis spatio cum [m]eis
gerere bellum, quom nil quamobrem id faciam meruisse arbitror?
[m]eis *Lomann*   quom nihil *A*   cum nihil *rell*   id *nur A*   arbitror *Codd mit A*   arbitrer *Lambinus.*

Asin. 160   te ... ut merita's do me ... tractare exequar,
quom tu med ut meritus sum non tractas, quae [me] eicis domo.
quom tu me *B*   quom tu med *Bothe, Ritschl, Neue Plaut. Exc.
S.* 35 quoniam tu me *Fleckeisen*   [me] *Fleckeisen*   ciicias *Bothe*
eicias *Ritschl*

Most. 20   nam ego illum corruptum duco, quom his factis studet.
  cum *CD*

Dd.
Plautus 4.

Capt. 423   ergo quom optume fecisti, nunc adest occasio
  benefacta cumulare.

Poen. 5, 3, 18   tua pietas plane nobis auxilio fuit,
  quom huc advenisti ho[cc]die in ipso tempore.

  nobis plane *Codd*   plane nobis *Acidalius, Geppert, durch Poen.*
  5, 4, 107 gestützt.   ho[cc]die *Ritschl, neue Plaut. Excurse S.* 93.

Pseud. 906   (di) Caludorúm volunt servatum esse et lenonem extinctum,
  quom te adiutorem genuerunt mihi tam doctum hominem atque
  astutum.

  quom *B*   cum *rell.*

Curc. 105   sed quom adhuc naso, odos, obsecutu's meo,
  da vicissim meo gutturi gaudium.

De.
Plautus 4.

Asin. 80   praesertim quom is me dignum quoi concrederet
  habuit, me habere honorem eius ingenio decet.

Asin. 82   quom me adiit ut pudentem gnatum aequomst patrem,
  cupio esse amicae quod det argentum suae.

Asin. 111   (nemost quem metuam) quom tu mihi tua
  oratione omnem animum ostendisti tuum.
  quando tu tua *Weise*.

Capt. 430   et quo[m] minus dixi quam volui de te, animum advortas volo.
  quo minus *B, vertheidigt von Brix durch Vergleichung von Terenz
  Andr.* 4, 1, 31   quo tu minus scis aerumnas meas.   quod
  minus *Pall.* 1, 4, 5, 6, *Weise*   quo[m] minus *Fleckeisen hier
  und bei Terenz a. a. O.*

Df.
Terenz 3.

Andr. 4, 1, 31   immo etiam, quo[m] tu minus scis aerumnas meas,
  haec nuptiae non adparabantur mihi
  quo tu *Codd, Donat.*   quo[m] tu *Fleckeisen.*

Hecyr. 4, 1, 53   nam ut hic laturus hoc sit . . .
  non edepol clam me est, quom hoc quod leviust tam animo
  irato tulit.

Phorm. 1, 4 30   quom hoc non possum, illud minus possem.

*Adelph. 4, 5, 70 tu potius deos comprecare: nam tibi eos certo scio,
     quo vir melior multo es quam ego, obtemperaturos magis.
     quo[m] vir *Fleckeisen*.

Dg.
Terenz 3.

Hecyr. 5, 1, 37 nunc quom ego te esse praeter nostram opinionem
                              comperi,
     fac eadem sis porro.
     cum ego *Codd, Bentley* quam *Fleckeisen*.
Andr. 3, 2, 7 deos quaeso ut sit superstes, quandoquidem ipsest
                         ingenio bono,
     quomque huice veritust optumae adulescenti facere iniuriam.
     huice *Fleckeisen* huic *Codd*
Hecyr. 2, 1, 33 quae hic erant curares, quom ego vos curis solvi
                            ceteris.
     vos curis solvi *Bentley, Fleckeisen* vos solvi a curis '*quinque ex
     nostris*' *Bentley* solvi curis vos '*ex Regiis unus*' *Bentley*.
*Andr. alter exitus 10 nunc quom copia ac fortuna utrique ut ob-
                         sequerer dedit, Detur.

Ea.
Plautus 10.

Capt. 724 ibi quom alii octonos lapides ecfodiunt, nisi
     cotidiano sesquiopus confeceris ...
     ibi octonos quom alii *B, Pall* cotidianos *B* cottidianus *Pall*
     sesque *B*
Men. 831 hei mihi, insanire me aiunt, ultro quom ipsi insaniunt.
Pseud. 1145 set tu bone vir flagitare saepe clamore in foro,
     quom libella nusquamst. — cum *CDF*
Most. 168 quid tu te exornas, moribus lepidis quom lepida tute's?
     quid *Bothe* quin *Codd* cum *C*
Most. 251 quid opust speculo tibi, quom tute speculo's specimen
                         maxumum?
     quom *Ritschl, Lorenz* que *BF* quae *CD* speculo's specimen
     Ritschl speculo speculum es *Codd*
Stich. 35 an id doles, soror, quiá Illi suum officium nón colunt
     quom tú tuum facis? :: ita pol.
     quom tu tuum *A* cum (quom *B*) tuum *rell. Studemund, de
     Cantic. Plaut. p.* 59 *misst zwei anapästische Quaternarii.*
Stich. 29 nam viri nostri, domo ut abierunt,
     hic tertiust annus. :: ita ut memoras,
     quom ipsi interea [ut] vivant, valeant,

ubi sint, quid agant, ecqui [bene] agant,
neque participant nos, neque redeunt.
  quom *A*   cum *rell*   [ut] *O. Seyffert, Philologus Bd.* 25, *S.* 442
    ecqui [bene] agant *Ritschl*   ecquid agant *ABCD*   ecquid
    pariant *Seyffert*   ecquid ament nos *Lomann.*

Bach. 1122 pastor hárum Dormit, quom eunt sic a pecú palitántes.
    quom eunt sic *Ritschl*   quom hae eunt sic *B*   cum haec eunt
    sic *CD*   palitantes *Camerarius*   balitantes *Codd. conf. Charis.*
    p. 113.

Truc. 1, 1, 37 atque haec celamus nostra damna industria,
    quom rem fidemque nosque nosmet perdimus.
      nostra damna *Spengel*   nostra clammina (dammina *vielleicht B*)
      BC   damna nos industria *Bothe*   quŏ *B*   quoniam *C*

Truc. 1, 1, 40 quos quom celamus si faximus conscios
      cum *Codd*   nunc *O. Seyffert, Philologus Bd.* 25, 464   faximus
      Camerarius   facimus *BCD*

*Truc. 1, 1, 11 ob eam tres noctes dantur: [quom] interea loci
    [orando] aut aera aut vinum aut oleum aut triticum,
    temptat, benignusne an bonae frugi sies.
      dantur *Bothe*   dutor *B*   Tutor *CD*   ducunt *Paris.*   [quom]
      Geppert   [orando] *O. Seyffert, Philologus Bd.* 25 *S.* 464

*Trin. 807 diem conficimus quod iam properatost opus.
    quod *Codd., Ritschl*   quom *Fleckeis. Brix*

<h3 style="text-align:center">Eb.</h3>
<h3 style="text-align:center">Plautus 2.</h3>

Pers. 173 ovis si in ludum iret, potuisset fieri ut probe litteras
                      sciret,
    quom meum ingenium fans atque infans tu nondum etiam edi-
                      dicisti.
      ovis *O. Seyffert, Philol. Bd.* 25, 443   qui *A*   cuis *B*   cuius *CDF*
        fieri *Ritschl*   iam fieri *Codd* mit *A, Seyffert, der akatalektische
        anapästische Octonare misst*   quom *Ritschl*   quom (quum *A*
        cum *CD*) interim *Codd*   „*interim irrepsit e v.* 172" *Ritschl;
        Seyffert behält es bei.*   meum *Ritschl*   tu meum *AB, Seyffert*
        eum *CD*   nondum *Codd, Seyffert*   tu nondum *Ritschl*

Capt. 244 quom antehac pro iure imperitabam meo, nunc te oro
                      per precem.
      quom *Fleckeisen*   quod *B*

*Rud. 578 — — — eho, an te paenitet,
    in mari quia [semel] elavi, ni hic in terra iterum eluam?
      mari quia [semel] elavi *Lorenz, Philologus Bd.* 28, 184   mari q,
      elavi *B*   mari qd delavi *C*   mari quom [hac noctu] elavi *Fleck-
      eisen*   ni *Lorenz*   ne *C und, wahrscheinlich durch Correctur statt
      des früheren* ni *B*

Eo.
Terenz 2.

Phorm. 2, 2, 25   tenc asumbolum venire unctum atque lautum e
balineis,
otiosum ab animo, quom ille et cura et sumptu absumitur!
Phorm. prol. 23   de illo iam finem faciam dicundi mihi,
peccandi quom ipse de se finem non facit?

Fa.
Plautus 11.

Aul. 1, 3, 35 (113 Wagner) nam nunc, quom celo sedulo omnes,
ue sciant,
omnes videntur scire.
Bacch. 1005   satis sic suspectus sum, quom careo noxia.
cum *Codd.*
Bacch. 1139   ne balant quidem, quom a pecu cetero absunt.
cum *Codd*
Capt. 255   qui cavet ne decipiatur, vix cavet, quom etiam cavet.
Rud. 383 ... qui it lavatum
in balineas, quom ibi sedulo sua vestimenta servat,
tam subrupiuntur.
Poenul. 1, 2, 26   nam quom sedulo munditer nos habemus,
vix aegreque amatorculos invenimus.
vix aegreque *Codd, Priscian.* III. *p.* 612   ut egre *Nonius*
p. 510, 30
Most. 858   servi qui quom culpá carent, tamén malúm métuont,
hi solent esse éris utibiles.
Das Metrum erkannt von Studemund, Festgruss der philolog. Ge-
sellschaft zu Würzburg an die 26ste Philologen-Versammlung (1868)
p. 55   quom *BCF*   quò *D*   carint *BCDab*   carent *DcFZ und*
B in Menaechm. 984, *wo diese Verse eingeschoben sind;* Ritschl
Ueber die Unzulässigkeit von carint *R.* Schöll, *Legis* XII. *tabul.*
rell. p. 87   caruint *Hermann, El. doctr. metr. p.* 311
Stich. 123   quae — videtur — sapientissuma? ::
quae tamen, quom res secundae sunt, se poterit gnoscere.
cum *Codd mit A*   sicut *F*   cognoscere *A*   noscere *rell.* , gnoscere
Ritschl
Stich. 745 ... nam ita ingenium muliebrest:
bene quom lauta tersa ornata fictast, infectast tamen.
cum *Codd*
Truc. 1, 2, 89 (95)   si illud, quod volimus dicitur, palam quom
mentiuntur,
verum esse insciti credimus.
volimus *A*   volumus *BCD*   cum *ACD*   quò *B*

Pseud. 297 qui suum [quom] repetunt, alienum reddunt nato nemini
[quom] *Ritschl*

* Merc. 919   ego stultior, Qui isti credam, quom moratur.
   qui *B*   quid *rell*   quom moratur *Ritschl, der auch qui moratur*
   für möglich hält   commoratur *Codd*

Fb.
Plautus 1.

Truc. 4, 4, 35   quia quom multum abstulimus, haut adparet multum
quod datumst.
   quia *Bothe*   que *B*   quç *CD*   cum multum *BCD*   cum multum
   edd. rell.   haud *Parisin.*   aut *CD*   au *B*   mutu adparet *BCD*
   apparet multum *Bothe*   quom cupitum abstulimus hau cupitum
   adparet quod datumst *Spengel*

Fc.
Plautus 1.

Rud. 378   cavistin ergo tu atque erus, ne abiret, quom scibatis?

Fd.
Terenz 1.

Eun. 2, 2, 12   omnia habeo, neque quicquam habeo: nil quomst,
nil defit tamen.

Ga.
Plautus 4.

Bacch. 907   quid eo [nam] introibis? :: ut cum dictis plurumis
castigem, quom haec hic facta ad hunc faciat modum.
   [nam] *Ritschl*   hic facta ad hunc *Hermann, Ritschl*   facta sic ad
   hunc *BbCDF*   facta siadhuc *Ba*

Persa 290 ... tandem ut liceat,
   quom servos sis, servom tibi male dicere.
   quom *AB*   cum *rell.*

Trin. 730   ferme non potest, Ut eam perpetiar ire in matrimonium
sine dote, quom eius rem penes me habeam domi.   -
   quom] quin *B*   cum *rell*

Mil. 1342   heu, heu nequeo quin fleam, Quom abs ted abeam.
   heu heu *Acidalius*   heu *Codd*   nequeo quin fleam *FZ*   neque
   quin (quim *C*) fleat *BCD*   quom (qm̃ *B*) abs tc abeam *BCDF*
   tcd *Guyetus*

Gb.
Plautus 2.

Menaech. 361 ... mira videntur,
   tc hic stare foris, fores quoi pateant,
   magis, quam domus tua, domus quom haec tua sit.
   quom] quam *BCD*   cum *FZ*

Capt. 146   alienus quom eius incommodum tam aegro feras,
      quid me patrem par facerest, quoi ille est unicus?

Gc.
Plautus 1.

Most. 4, 2, 16 (895)   si sóbrius sis male nón dicas :: tibi optém-
                     perem, quom tu mihi nequeas?
    cum *für* quom *Codd* *Anapästen erkannt von Studemund, de cantic.*
    Plaut. p. 71 *Ritschl misst Jamben:* si sóbrius sis, male [mihi]
    non dicas :: tibi[ne, nequam,] Optemperem, quom tu mihi ne-
    queas [linguam abstinere?]

Gd.
Plautus 1.

Stich. 555   videlicet parcum fuisse illum senem, qui [id] dixerit,
      quom ille, illi qui pollicetur, cum cibum poposcerit.
    [id] *Loman* quom] quō *B* quoniam *CDF* ille illi pollicetur
    qui cum *Codd, emend. von Ritschl, der* ille, sibi qui p., eum *für*
    noch angemessener hält.

*Menaech. 397 ... dic quid est id quod negem, quod fecerim?
    quod fecerim *BCDF* quom fecerim *Ritschl. Die Lesart der
    Codd schützt Brix, indem er passend auf Terenz Haut.* 4, 6, 1
    verweist: nullast tam facilis res quin difficilis siet, quam invitus
    facias, *wo Fleckeisen gegen die Codd* quom *setzt.*

Ge.
Plautus 2.

Bacch. 283   adeon me fuisse fungum, ut qui illi crederem,
      quom mi ipsum nomen eius Archidemidis
      clamaret dempturum esse, si quid crederem.
      qum *B* cum *rell.*

Rudens 1124   vidi petere miluom, etiam quom nil auferret tamen.
    aufert *B* auferet *C*

Gf.
Terenz 8.

Andr. 5, 4, 40 ... egon huius memoriam patiar meae
      voluptati obstare, quom ego possim in hac re medicari mihi?
    quom ego] cum egomet *'tres ex nostris' Bentley*

Eun. 3, 5, 17 -quid ego eius tibi nunc faciem praedicem aut laudem,
                  Antipho,
      quom ipsus me noris quam elegans formarum spectator siem?
    quom ipsus *Fleckeisen* quom ipsum *Codd*

Hecyr. 4, 4, 36 nunc quom eius alienum a me esse animum
                                    sentiam . . .,
       quam obrem redducam?
Eun. 5, 2, 23 vero debeam Credo isti quicquam furcifero, si id
                                    fecerim:
       praesertim quom se servom fateatur tuum.
       si id fecero *Bembinus* fecerim '*omnes*' *Bentley*
Adelph. 3, 2, 42 . . . tum si maxume
       fateatur, quom amet aliam, non est utile hanc illi dari.
Hecyr. 3, 2, 6 non visam uxorem Pamphili, quom in proxumo hic
                                    sit aegra?
Haut. 3, 1, 4 verum quom videam miserum hunc tam excruciarier
       eius abitu, celem tam insperatum gaudium,
       quom illi pericli nil ex indicio siet?

Gg.
Terenz 4.

Phormio 1, 4, 24 . . . ergo istaec quom ita sint, Antipho,
       tanto magis advigilare aequomst: fortis fortuna adiuvat.
Haut. 3, 2, 32 et nunc quid expectas, Syre? an dum hinc denuo
       abeat, quom tolerare illius sumptus non queat?
       abeat *Codd* abigat *Bentley*
Phorm. 5, 8, 34 nam non est aequom me propter vos decipi,
       quom ego vostri honoris caussa repudium alterae
       remiserim.
Hecyr. 4, 1, 15 quid sit quam obrem tanto opere omnes nos celare
                                    volueris
       partum, praesertim quom et recte et tempori suo pepererit.
       tempori *Fleckeisen* tempore *Codd*

Gh.
Terenz 1.

Phorm. 5, 1, 6 quod ut facerem egestas me inpulit, quom scirem
                                    infirmas nuptias
       hasce esse, ut id consulerem, interea vita ut in tuto foret.

Gi.
Plautus 3.

Capt. 892 ain tu? dubium habebis etiam, sancte quom iurem tibi?
Mil. 1326 nam nil miror si lubenter, Philocomasium, tu hic eras,
       quom ego servos, quando aspicio hunc, lacrumem quia diiun-
                                    gimur.
       cum *B* quem *rell. (der Vers 1327 steht in den Codd hinter*
       Vers 1328 '*ita forma huius* . .') quin *Gruter* lacrumem *Pius*
       lacrumum *Codd.* lachrumor '*codd. ant.*' *Pyladis.*

Pseud. 184   eo vos vostrosque adeo pantices madefacitis, quom ego
sim hic siccus?

eo *ABCD*   enim *vermuthet Ritschl*   vos vestrosque adeo panti-
cis *Nonius* p. 394, 32   vos vestros panticesque adeo *BCD*
madefacitis *B*   madefactis *CD*   madefactatis *Nonius und, wie es
scheint A* (madefac . . . . s) *Usener: Prooem. ind. schol. Gryphisw.*
1866 *p.* 17 *vermuthet:* eo vos panticisque vostros madefactatis,
quom ego sim hic siccus?

*Epid. 1, 2, 5   quis erit, vitio qui id vortat tibi? : :
qui invident, omnes inimicos mihi istoc facto repperi.
at pudicitiae eius nunquam nec vim nec vitium attuli. : :
iam istoc probior es meo quidem animo, quom in amore temperes.

6. istoc *editt. vett.*   illoc *B Paris.*   factos *Classen bei Jacob.*
8. qui in amore temperes *Jacob, der am Conjunctiv nach causalem
quom Anstoss nimmt.   Die Verse 6—8* (qui invident — temperes)
*sind dem Text des Ambrosianus fremd, und zwar nicht durch
Zerstörung, denn auf V.* 5 (vortat tibi) *folgt sogleich noch Vers* 9
(nihil agit) *und* 10.   *Dann beginnt eine grössere Lücke. vgl. Geppert
'über den Cod. Ambr.'* p. 26. *und praef. ad edit. Epidici
(Berl.* 1865).

Gk.
Plautus 1.

Mil. 1287   verum quom multos multa admisse acceperim
inhonesta propter amorem atque aliena a bonis ...

qm̄ *B*   cum *rell*   acceperi *B*   inhonestū *B*   alienū a *Codd,
emend. von Gulielmus.   Der Nachsatz ist durch eine Lücke verloren.*

Gl.
Terenz 2.

Hecyr. 4, 4, 82   nam puerum iniussu credo non tollent meo,
praesertim in ea re quom sit mi adiutrix socrus.

tollet *Bembin.*   tollent *'nostri omnes' Bentley*

Adelph. 2, 1, 11   novi ego vestra haec 'nollem factum: dabitur
iusiurandum, indignum
te esse iniuria hac', indignis quom egomet sim acceptus modis.

iusiurandum dabitur *Codd*   dabitur iusiurandum *A. Richter,
'Donati commentarii quem usum habeant ...'* Bonn. 1854 p. 26;
Fleckeisen   indignum te esse *Donat. ad Hecyr.* 5, 1, 16, *gebilligt
von Richter, Fleckeisen*   te esse indignum *Codd, Bentley, der Wortbrechung annimmt*   te indignum esse *G. Hermann, Elem. doctr.
metr.* p. 174.